Schriften zum Medizinstrafrecht

herausgegeben von

Professor Dr. Christian Jäger,
 Friedrich-Alexander-Universität Erlangen-Nürnberg
Professor Dr. Matthias Krüger,
 Ludwig-Maximilians-Universität München
Professor Dr. Hans Kudlich,
 Friedrich-Alexander-Universität Erlangen-Nürnberg
Professor Dr. Brian Valerius,
 Universität Bayreuth

Band 7

Verein Arzneimittel und Kooperation im
Gesundheitswesen AKG e.V./Bundesverband der
Pharmazeutischen Industrie e.V. (BPI) (Hrsg.)

Kooperationen im Gesundheitswesen auf dem Prüfstand

Die §§ 299a,b StGB in der Praxis

Nomos

Die Deutsche Nationalbibliothek verzeichnet diese Publikation in
der Deutschen Nationalbibliografie; detaillierte bibliografische
Daten sind im Internet über http://dnb.d-nb.de abrufbar.

ISBN 978-3-8487-4274-5 (Print)
ISBN 978-3-8452-8537-5 (ePDF)

1. Auflage 2018
© Nomos Verlagsgesellschaft, Baden-Baden 2018. Gedruckt in Deutschland. Alle Rechte,
auch die des Nachdrucks von Auszügen, der fotomechanischen Wiedergabe und der
Übersetzung, vorbehalten. Gedruckt auf alterungsbeständigem Papier.

Inhaltsübersicht

1. Literaturverzeichnis   17

2. Einleitung   31

Bestechung und Bestechlichkeit im Gesundheitswesen   37
Prof. Dr. Hendrik Schneider

Kooperationen im Gesundheitswesen   101
RA Claus Burgardt

Kooperationen mit Institutionen   125
RA Dr. Daniel Geiger

Wettbewerbsrechtliche Implikationen   139
RA Michael Weidner

Kartellrechtliche Implikationen der §§ 299a, 299b StGB   165
RA Dr. Christian Burholt

Korruption im Gesundheitswesen – die strafrechtliche Praxis   181
Alexander Badle, Christian Konrad Hartwig, Dr. Andreas Raschke

Verteidigung im Korruptionsstrafrecht (§§ 299a, b StGB)   239
RA Felix Rettenmaier

Inhaltsverzeichnis

1. Literaturverzeichnis   17

2. Einleitung   31

Bestechung und Bestechlichkeit im Gesundheitswesen   37
3. Tatbestandsmerkmale der §§ 299a, 299b StGB und ihre Auslegung
   3.1 Normzweck/Rechtsgut   37
   3.2 Aufbau der §§ 299a, 299b StGB   39
         3.2.1 Differenzierung zwischen Vorteilsnehmern (§ 299a StGB) und Vorteilsgebern (§ 299b StGB)   39
               3.2.1.1 Spiegelbildlicher Aufbau der §§ 299a, 299b StGB   39
               3.2.1.2 Ausgestaltung des § 299a StGB als Sonderdelikt   39
         3.2.2 Anknüpfungspunkte für die Unrechtsvereinbarung – der Paradigmenwechsel vom 13.4.2016   41
               3.2.2.1 Wegfall der Berufsrechtspflichtverletzung als Anknüpfungspunkt für die Unrechtsvereinbarung   41
               3.2.2.2 Kriminalpolitische Bewertung der §§ 299a, 299b StGB in der zum 4.6.2016 in Kraft gesetzten Fassung   44
   3.3 (Taugliche Täter) Angehöriger eines Heilberufs, der für die Berufsausübung oder die Führung der Berufsbezeichnung eine staatlich geregelte Ausbildung erfordert   46
         3.3.1 Begriff des Heilberufs   46
               3.3.1.1 Aufzählung einzelner Heilberufe   46
               3.3.1.2 Abgrenzung zwischen Heilberuf und Gesundheitshandwerk   47
         3.3.2 Staatlich geregelte Ausbildung für die Berufsausübung oder die Führung der Berufsbezeichnung   48

	3.3.2.1	Rechtslage in Deutschland	48
	3.3.2.2	Ausländische HCP	50
3.4	Vorliegen eines Eigen- oder Drittvorteils		50
	3.4.1	Definition	50
		3.4.1.1 Leistung, auf die kein Anspruch besteht	50
		3.4.1.2 Einbezug immaterieller Vorteile	52
		3.4.1.3 Sozialadäquate Zuwendungen	54
		3.4.1.3.1 Begriff und Wertgrenzen	54
		3.4.1.3.2 Sozialadäquate Bewirtungen im In- und Ausland	55
	3.4.2	Einzelfälle zum Begriff des Vorteils – Kasuistik	57
		3.4.2.1 Sponsoring, insbesondere von Fortbildungsveranstaltungen	57
		3.4.2.2 Leistungsaustausch auf vertraglicher Grundlage	58
		3.4.2.3 Rabatte	61
		3.4.2.4 Drittmittel	62
		3.4.2.5 Spenden	63
		3.4.2.5.1 Begriff der Spende	63
		3.4.2.5.2 Zweckspenden	64
		3.4.2.5.3 Unzulässige Durchlaufspenden an bestimmte natürliche Personen	64
		3.4.2.6 Gewinnausschüttungen	65
3.5	Tathandlungen auf der (Nehmer- und) Geberseite		70
3.6	Vorliegen eines Wettbewerbs- bzw. Marktverhaltens		71
	3.6.1	Die Gegenstände des Marktverhaltens: Arznei-, Heil- und Hilfsmittel sowie Medizinprodukte, Patienten und Untersuchungsmaterial	71
	3.6.2	Das Marktverhalten im engeren Sinne: Die Begriffe Verordnung, Bezug und Zuführung	72
		3.6.2.1 Auslegung gemäß BT-Drucksache 18/6446	72
		3.6.2.2 Der Begriff der Verordnung, §§ 299a Nr. 1, 299b Nr. 1 StGB	73
		3.6.2.3 Der Begriff des Bezugs, Einschränkung des tatbestandsmäßigen Marktverhaltens, §§ 299a Nr. 2, 299b Nr. 2 StGB	73
		3.6.2.4 Der Begriff der Zuführung, §§ 299a Nr. 3, 299b Nr. 3 StGB	75

Inhaltsverzeichnis

	3.6.2.4.1 Auslegung des Tatbestandsmerkmals der Zuführung	75
	3.6.2.4.2 Rückgriffsverbot auf die Zuführungsvariante bei Bezugsentscheidungen und bei Verordnungen	78
3.6.3	Spezifischer Konnex zwischen Vorteil und Marktverhalten	79
3.7 Vorliegen einer Unrechtsvereinbarung		80
3.7.1	Grundsätze	80
	3.7.1.1 Der Aufbau von „Dankbarkeitsdruck"	80
	3.7.1.2 Vorliegen einer Wettbewerbslage	80
	3.7.1.2.1 Begriff des Wettbewerbs	80
	3.7.1.2.2 Einbezug des ausländischen Wettbewerbs	81
	3.7.1.3 Bevorzugung	84
	3.7.1.4 Unlauterkeit der Bevorzugung	85
3.7.2	Prinzip der asymmetrischen Akzessorietät – Bezug auf die Rechtsprechung in Wettbewerbssachen	86
	3.7.2.1 Grund und Grenzen des Prinzips der asymmetrischen Akzessorietät	86
	3.7.2.2 Ausprägungen des Prinzips der asymmetrischen Akzessorietät	87
	3.7.2.2.1 Primat des Selbstbestimmungsrechts des Patienten	87
	3.7.2.2.2 Freiheit heilberuflicher Entscheidungen von sachfremden Erwägungen	88
3.7.3	Prinzip der Legitimität der produktbezogenen Informationsvermittlung	88
3.7.4	Einhaltung der Regelungen der Industriekodices als Indiz gegen das Vorliegen unlauteren Verhaltens	89
3.7.5	Exkurs: Bemerkungen zum „Thüringer Sonderweg"	90
3.8 Bedeutung der Dienstherrengenehmigung bei §§ 299a, 299b, 299 StGB		93
3.9 Anwendbarkeit des Rückwirkungsverbots		94
3.10 Regelbeispiele gem. § 300 StGB		96
3.10.1 Vorteil großen Ausmaßes		96
3.10.2 Gewerbsmäßiges Handeln		96
3.10.3 Mitgliedschaft in einer Bande		97
3.11 Konkurrenzen		99

Inhaltsverzeichnis

    3.12 Telekommunikationsüberwachung   99

Kooperationen im Gesundheitswesen   101
4. Auswirkungen des Gesetzes auf Kooperationen im Gesundheitswesen
    4.1 Problembeschreibung   101
    4.2 Zum Merkmal der Unlauterkeit bei Kooperationen im Gesundheitswesen   103
    4.3 Erscheinungsformen der Kooperationen im Gesundheitssystem   106
    4.4 Verträge mit Krankenkassen   107
    4.5 Kooperationsverträge ohne Einbeziehung von Krankenkassen   111
        4.5.1 Nichtinterventionelle Studien und Anwendungsbeobachtungen   112
        4.5.2 Gesellschaftsrechtliche Beteiligungen   116
        4.5.3 Patienten-Compliance-Programme   117
        4.5.4 Beraterverträge   119
        4.5.5 Sonstige Dienstleistungsverträge   121
        4.5.6 Finanzielle Unterstützung der ärztlichen Fortbildung durch die Industrie   121
    4.6 Zusammenfassung   123

Kooperationen mit Institutionen   125
5. Kooperationen mit Institutionen
    5.1 Sponsoring, Spenden und Drittmitteleinwerbung   126
        5.1.1 Sponsoring   126
        5.1.2 Spenden   133
        5.1.3 Drittmitteleinwerbung   136

Wettbewerbsrechtliche Implikationen   139
6. Wettbewerbsrechtliche Implikationen des Gesetzes
    6.1 Kooperationen mit Apotheken   140
        6.1.1 Rabatte   141
            6.1.1.1 Rabatte für verschreibungspflichtige Arzneimittel   142
            6.1.1.2 Rabatte für nicht verschreibungspflichtige Arzneimittel   145

	6.1.1.3 Zielrabatte bzw. Rückvergütungsvereinbarungen	145
6.1.2	Fort- und Weiterbildungsmaßnahmen	148
	6.1.2.1 Produktschulungen	148
	6.1.2.2 Verkaufsschulungen	148
	6.1.2.3 Wissenschaftliche Weiterbildungsmaßnahme	149
6.1.3	Marketingformate	150
	6.1.3.1 Taschentücher und Co. (Werbehilfen und Werbegaben)	150
	6.1.3.2 Schaufenstermiete / Sichtwahlplatzierung	150
	6.1.3.3 Schaufensterdekoration / Schaufensterwettbewerb	153
	6.1.3.4 Werbekostenzuschüsse	156
	6.1.3.5 Internet- oder Printwerbung durch den Apotheker	159
	6.1.3.6 Musterabgabe an Apotheken	159
	6.1.3.7 On-Pack-Aktionen	162

Kartellrechtliche Implikationen der §§ 299a, 299b StGB — 165

7. Kartellrechtliche Implikationen der §§ 299a, 299b StGB

7.1 Gesetzeshistorie – Referentenentwurf und Regierungsentwurf aus kartellrechtlicher Sicht — 166

7.2 Die Rechtslage in der am 4. Juni 2016 in Kraft getretenen Fassung — 168

7.3 Rabattgewährung gegenüber den verschiedenen Akteuren im Gesundheitswesen — 168
    7.3.1 Rabatte an Offizinapotheker — 168
    7.3.2 Rabatte an Krankenhausapotheker — 170
    7.3.3 Belieferung von Ärzten mit Arzneimitteln, Medizinprodukten und Hilfsmitteln, die zur unmittelbaren Anwendung bestimmt sind — 171

7.4 Vorgaben des deutschen bzw. EU-Kartellrechts bei der Gewährung von Rabatten — 173
    7.4.1 Verstoß gegen das deutsche bzw. EU-Kartellverbot — 173
    7.4.2 Verstoß gegen das deutsche bzw. europäische Marktmachtmissbrauchsverbot — 174
        7.4.2.1 Marktbeherrschung und relative Marktmacht — 175
        7.4.2.2 Marktabgrenzung im Arzneimittelsektor — 176

Inhaltsverzeichnis

	7.4.2.3 Missbrauch einer marktbeherrschenden Stellung	177
7.5 Ergebnis		179

Korruption im Gesundheitswesen – die strafrechtliche Praxis 181
8. Korruption im Gesundheitswesen – die strafrechtliche Praxis
   8.1   Entstehung des Ermittlungsverfahrens   184
        8.1.1   Legalitätsprinzip   184
        8.1.2   Anonyme Strafanzeigen und Hinweise   184
        8.1.3   Institutionalisierte Anzeigeerstatter   185
   8.2   Gang des Ermittlungsverfahrens   188
        8.2.1   Einführung   188
        8.2.2   Strafprozessuale Zwangsmaßnahmen   189
            8.2.2.1   § 102 StPO-Durchsuchung beim Beschuldigten   190
                8.2.2.1.1   Voraussetzungen   190
                8.2.2.1.2   Rechtsmittel   192
            8.2.2.2   § 103 StPO-Durchsuchung beim Nichtverdächtigen   194
            8.2.2.3   Weitere Ermittlungsmaßnahmen   196
                8.2.2.3.1   Einholung behördlicher Auskünfte   196
                8.2.2.3.2   Zeugenbefragung   196
                8.2.2.3.3   Verdeckte Maßnahmen   197
                8.2.2.3.4   Untersuchungshaft   199
                      8.2.2.3.4.1   Haftgrund der Flucht(-gefahr)   199
                      8.2.2.3.4.2   Haftgrund der Verdunkelungsgefahr   201
        8.2.3   EDV-Daten als Beweismittel   201
        8.2.4   Abschlussentscheidung   204
            8.2.4.1   Einstellung nach Opportunitätsvorschriften   205
                8.2.4.1.1   Absehen von der Verfolgung nach § 153 StPO   205
                8.2.4.1.2   Einstellung nach § 153a StPO   206
            8.2.4.2   Anklageerhebung / Antrag auf Erlass eines Strafbefehls   207
   8.3   Unternehmensinterne Erkenntnisquellen   209
        8.3.1   Relevanz von Internal Investigations   209
            8.3.1.1   Ausgangspunkt und Zielrichtung   210

Inhaltsverzeichnis

		8.3.1.2 Konfliktpotential	212
	8.3.2	Definitionsmacht des Unternehmens bei internen Untersuchungen	213
		8.3.2.1 Sachebene	213
		8.3.2.1.1 Einschränkungen durch die ärztliche Schweigepflicht	214
		8.3.2.1.2 Interne Untersuchungen, Sozialadäquanz	216
		8.3.2.1.3 Einwilligung oder anonymisierte Informationen und zweistufige Überprüfung	217
		8.3.2.2 Personenebene	218
	8.3.3	Beschlagnahmefähigkeit	219
		8.3.3.1 Schutzbedürftiges Mandatsverhältnis	220
		8.3.3.2 LG Bochum, Beschluss v. 16.3.2016 – II-Qs 1/16	221
		8.3.3.3 LG Mannheim, Beschluss v. 3.7.2012 – 24 Qs 1/12	222
		8.3.3.4 Konsequenzen und die Zukunft des „mandatsähnlichen Näheverhältnis"	223
	8.3.4	Verwertbarkeit im Strafverfahren	224
		8.3.4.1 Rechtsprechung des LG Hamburg (HSH Nordbank) und Reaktionen aus der Literatur	225
		8.3.4.2 Verwertungsverbot als Ergebnis eines Abwägungsprozesses	226
		8.3.4.3 Notwendigkeit einer gesetzlichen Regelung	229
	8.3.5	Anwaltliche Kooperation mit Strafverfolgungsbehörden	229
		8.3.5.1 Primat des eigenen Mandats	229
		8.3.5.2 Anreiz der Bußgeldminderung	230
		8.3.5.3 BGH, Urteil. v. 9.5.2017 – 1 StR 265/16	232
8.4	Die Medienarbeit der Strafverfolgungsbehörden		233
	8.4.1	Grundsätzliche Bedeutung der Medienarbeit	233
	8.4.2	Rechtliche Grundlagen der Medienarbeit der Strafverfolgungsbehörden	234
	8.4.3	Praxishinweise für die Medienarbeit von Unternehmen und Strafverfolgungsbehörden	235

Inhaltsverzeichnis

8.5		Fazit und Ausblick auf die Entwicklung der Arbeit der Strafverfolgungsbehörden im Medizinwirtschaftsstrafrecht	236

Verteidigung im Korruptionsstrafrecht (§§ 299a, b StGB)   239
9. Verteidigung im Korruptionsstrafrecht (§§ 299a, b StGB)
- 9.1 Entstehung Ermittlungsverfahren   240
  - 9.1.1 Offizialdelikte   241
  - 9.1.2 Strafanzeige   241
  - 9.1.3 Sonstige Kenntniserlangung   242
- 9.2 Ablauf des Ermittlungsverfahrens   243
  - 9.2.1 Einleitung wegen Anfangsverdachts einer Straftat   243
  - 9.2.2 Geschlossene und offene Phase des Ermittlungsverfahrens   244
  - 9.2.3 Maßnahmen im Ermittlungsverfahren   245
    - 9.2.3.1 Durchsuchung/Beschlagnahme   245
    - 9.2.3.2 Vermögensarrest   250
    - 9.2.3.3 Vorläufiges Berufsverbot   251
    - 9.2.3.4 Vernehmungen   252
    - 9.2.3.5 Beauftragung von Sachverständigen   253
    - 9.2.3.6 Verdeckte Ermittlungen   253
- 9.3 Betroffene des Ermittlungsverfahrens   254
  - 9.3.1 Individualverteidigung   254
  - 9.3.2 Sockelverteidigung   255
  - 9.3.3 Strafrechtliche Unternehmensvertretung   256
- 9.4 Verteidigung in Korruptionsverfahren   258
  - 9.4.1 Beratung des Mandanten   258
  - 9.4.2 Ermittlung des Sachverhalts   259
  - 9.4.3 Beurteilung der Sach- und Rechtslage   259
  - 9.4.4 (Verteidigungs-)Strategie   260
- 9.5 Beendigung des Ermittlungsverfahrens   261
  - 9.5.1 Einzelperson   262
    - 9.5.1.1 Erhebung der öffentlichen Klage   262
    - 9.5.1.2 Strafbefehl   262
    - 9.5.1.3 Einstellung gemäß § 170 Abs. 2 StPO   263
    - 9.5.1.4 Einstellung §§ 153, 153a StPO   265
  - 9.5.2 Individualverteidigung im Zwischenverfahren   266
  - 9.5.3 Individualverteidigung in der Hauptverhandlung   267
  - 9.5.4 Nebenfolgen und Risiken   268
    - 9.5.4.1 Einziehung von Taterträgen   268

	9.5.4.2 Berufsrechtliche Folgen	269
9.5.5	Unternehmen	270
	9.5.5.1 Einziehung von Taterträgen	270
	9.5.5.2 Ordnungswidrigkeitenrecht	271
	9.5.5.3 Sonstiges	272

1. Literaturverzeichnis

Adick, Markus/*Bülte*, Jens, Fiskalstrafrecht – Straftaten gegen staatliche Vermögenswerte, 1. Auflage, Heidelberg 2015.
Albus, Esther, Die Zusammenarbeit zwischen Industrie und Ärzten an medizinischen Hochschuleinrichtungen – unter dem Verdacht der Vorteilsannahme und Bestechlichkeit gem. §§ 331, 332 StGB?, 1. Auflage, Baden-Baden 2007.
Aldenhoff, Hans-Hermann/*Valuett*, Susanne, Entwurf des BMJV zur Korruption im Gesundheitswesen (§ 299a StGB), medstra 2015, S. 195 ff.
Anders, Ralf, Internal Investigations – Arbeitsvertragliche Auskunftspflicht und der nemo-tenetur-Grundsatz, wistra 2014, S. 329 ff.
Anhalt, Ehrhard/*Dieners*, Peter, Medizinprodukterecht, 2. Auflage, München 2017.
Arzt, Gunther/*Weber*, Ulrich/*Heinrich*, Bernd/*Hilgendorf*, Eric, Strafrecht Besonderer Teil, 3. Auflage, Bielefeld 2015.
Auffermann, Niklas/*Vogel*, Sebastian, Wider die Betriebsblindheit – Verhalten bei Durchsuchungen in Arztpraxen und Krankenhäusern, NStZ 2016, S. 387 ff.
Badle, Alexander, Das Gesetz zur Bekämpfung von Korruption im Gesundheitswesen – Ein erstes Zwischenfazit aus der staatsanwaltschaftlichen Praxis, medstra 2017, S. 1 f.
Badle, Alexander, Übertriebene Erwartungen an einen Straftatbestand der Bestechlichkeit und Bestechung im Gesundheitswesen, medstra 2015, S. 2 ff.
Badle, Alexander, Betrug und Korruption im Gesundheitswesen – Ein Erfahrungsbericht aus der staatsanwaltschaftlichen Praxis, NJW 2008, S. 1028 ff.
Bäune, Stefan/*Dahm*, Franz-Josef/*Flasbarth*, Roland, GKV-Versorgungsstärkungsgesetz (GKV-VSG), MedR 2016, S. 4 ff.
Bahner, Beate, Das Gesetz zur Bekämpfung von Korruption im Gesundheitswesen - Das Praxishandbuch, 1. Auflage, Heidelberg 2017.
Ballo, Emanuel, Beschlagnahmeschutz im Rahmen von Internal Investigation – Zur Reichweite und Grenzen des § 160a StPO, NZWiSt 2013, S. 46 ff.
Bauer, Wolfram, Keine Beschlagnahmefreiheit für Unterlagen eines mit internen Ermittlungen beauftragten Rechtsanwalts, StraFo 2012, S. 488 ff.
Beckemper, Katharina, Strafbare Beihilfe durch alltägliche Geschäftsvorgänge, JURA 2001, S. 163 ff.
Becker, Ulrich/*Kingreen*, Thorsten, SGB V Gesetzliche Krankenversicherung, 4. Auflage, München 2014.
Berndt, Markus/*Theile*, Hans, Unternehmensstrafrecht und Unternehmensverteidigung, 1. Auflage, Heidelberg 2016.
Bernsmann, Klaus/*Gatzweiler*, Norbert, Verteidigung bei Korruptionsfällen, 2. Auflage, Heidelberg 2014.

1. Literaturverzeichnis

Beulke, Werner/*Moosmayer*, Klaus, Der Reformvorschlag des Bundesverbandes der Unternehmensjuristen zu den §§ 30, 130 OWiG – Plädoyer für ein modernes Unternehmenssanktionenrecht, CCZ 2014, S. 146 ff.

Beulke, Werner, Muß die Polizei dem Beschuldigten vor der Vernehmung „Erste Hilfe" bei der Verteidigerkonsultation leisten?, NStZ 1996, S. 257.

Birle, Jürgen/u.a., Beck'sches Steuer- und Bilanzrechtslexikon, 40. Edition.

Blassl, Johannes, Umgehung von Compliance als tatbestandsausschließender Exzess bei § 130 OWiG, CCZ 2016, S. 201 ff.

Blümich, Walter (Hrsg), Einkommensteuergesetz, Körperschaftsteuergesetz, Gewerbesteuergesetz: EStG, KStG, GewStG; Kommentar, 127. Auflage, München 2015.

Bock, Dennis, Untersuchungshaft auf Grund Fluchtgefahr (§ 112 Abs. II, Nr. 2 StPO) in Wirtschaftsstrafsachen – strukturelle Überlegungen anlässlich OLG München Beschl. v. 20.5.2016 (1 Ws 369/16) – StV 2016, 816, NZWiSt 2017, S. 23 ff.

Boemke, Susanne/*Schneider*, Hendrik, Korruptionsprävention im Gesundheitswesen, 1. Auflage, Düsseldorf 2011.

Böttger, Marcus, Wirtschaftsstrafrecht in der Praxis, 2. Auflage, Bonn 2015.

Bottke, Wilfried, Standortvorteil Wirtschaftskriminalrecht: Müssen Unternehmen „strafmündig" werden? Bemerkungen zum Stand des Wirtschaftskriminalrechts in der Bundesrepublik Deutschland, wistra 1997, S. 241 ff.

Brettel, Hauke/*Duttge*, Gunnar/*Schuhr*, Jan, Kritische Analyse des Entwurfs eines Gesetzes zur Bekämpfung von Korruption im Gesundheitswesen, JZ 2015, S. 929 ff.

Brettel, Hauke/*Mand*, Elmar, Die neuen Straftatbestände gegen Korruption im Gesundheitswesen, A&R 2016, S. 99 ff.

Brettel, Hauke/*Schneider*, Hendrik, Wirtschaftsstrafrecht, 1. Auflage, Baden-Baden 2014.

Broch, Uwe, Compliance-Gespenst „Anwendungsbeobachtungen"? Eine Versachlichung der Diskussion tut Not, PharmR 2016, S. 314 ff.

Bruhn, Manfred/*Mehlinger*, Rudolf, Rechtliche Gestaltung des Sponsoring, Bd. 1, Allgemeiner Teil, 2. Auflage, München 1995.

Bühlow, Peter/*Ring*, Gerhard/*Artz*, Markus/*Brixius*, Kerstin, Heilmittelwerbegesetz Kommentar, 5. Auflage, Köln 2015.

Burhoff, Detlef, Handbuch für das strafrechtliche Ermittlungsverfahren, 7. Auflage, Bonn 2015.

Busche, Jan/*Röhling*, Andreas, Kölner Kommentar zum Kartellrecht, Band 3, 1. Auflage, Köln 2013.

Cornelius, Kai, Cloud Computing für Berufsgeheimnisträger, StV 2016, S. 380 ff.

Cosack, Katrin, Korruptionsbekämpfung im Gesundheitswesen ohne Telekommunikationsüberwachung – eine legislative Lücke, ZRP 2016, S. 18 ff.

Czettritz, Peter von/*Thewes*, Stephanie, Zur arzneimittelpreisrechtlichen Beurteilung der Gewährung von Skonti durch den pharmazeutischen Großhandel, PharmR 2014, S. 450 ff.

Dahm, Franz-Josef/*Flasbarth*, Roland/*Bäune*, Stefan, Vertragsärztliche Versorgung unter dem GKV-Versorgungsstrukturgesetz – GKV-VStG, MedR 2012, S. 77 ff.

1. Literaturverzeichnis

Dahs, Hans, Handbuch des Strafverteidigers, 8. Auflage, Berlin 2015.

Damas, Jens-Peter, Praxisfragen der Korruption im Gesundheitswesen – Fallbeispiele zu §§ 299a und 299b StGB mit Erläuterungen und dogmatische Überlegungen, wistra 2017, S. 128 ff.

Dann, Matthias/*Scholz*, Karsten, Der Teufel steckt im Detail – Das neue Antikorruptionsgesetz im Gesundheitswesen, NJW 2016, S. 2077 ff.

De Lind van Wijngaarden, Martina/*Egler*, Philipp, Der Beschlagnahmeschutz von Dokumenten aus unternehmensinternen Untersuchungen, NJW 2013, S. 3549 ff.

Dieners, Peter, Die neuen Tatbestände zur Bekämpfung der Korruption im Gesundheitswesen, PhamR 2015, S. 529 ff.

Dieners, Peter, Handbuch Compliance im Gesundheitswesen, 3. Auflage, München 2010.

Dieners, Peter/*Lembeck*, Ulrich/*Taschke* Jürgen, Der „Herzklappenskandal" – Zwischenbilanz und erste Schlussfolgerungen für die weitere Zusammenarbeit der Industrie mit Ärzten und Krankenhäusern, PharmR 1999, S. 156 ff.

Dierlamm, Alfred, Compliance-Anreiz-Gesetz (CompAG) – Ein Vorschlag des Deutschen Instituts für Compliance – DICO e.V. für den Entwurf eines Gesetzes zur Schaffung von Anreizen für Compliance-Maßnahmen in Betrieben und Unternehmen (Compliance-Anreiz-Gesetz, Comp-AG), CCZ 2014, S. 194 ff.

Dölling, Dieter, Handbuch der Korruptionsprävention, 1. Auflage, München 2007.

Doepner, Ulf, Kommentar zum Heilmittelwerbegesetz, 2. Auflage, München 2000.

Duttge, Gunnar, Tatort Gesundheitsmarkt: Rechtswirklichkeit – Strafwürdigkeit – Prävention, 1. Auflage, Göttingen 2011.

Eichenhofer, Eberhard/*Wenner*, Ulrich, Kommentar zum SGB V, 2. Auflage, Köln 2016.

Eisenberg, Ulrich, Beweisrecht der StPO, 10. Auflage, München 2017.

Fenger, Hermann/*Göben*, Jens, Sponsoring im Gesundheitswesen – Zulässige Formen der Kooperation zwischen medizinischen Einrichtungen und der Industrie, 1. Auflage, München 2004.

Fischer, Thomas, Kommentar zum StGB, 50. Auflage, München 2001.

Fischer, Thomas, Kommentar zum StGB, 64. Auflage, München 2017.

Fischer, Thomas, Korruptionsverfolgung im Gesundheitswesen – dringender denn je!, medstra 2015, S. 1 f.

Flasbarth, Roland, Verlust des Kostenerstattungsanspruchs bei Verstoß gegen § 128 SGB V, Anm. LG Hamburg, 18.8.2016 – 618 KLs 6/15, MedR 2017, S. 578 ff.

Frank, Rainer/*Vogel*, Sebastian, Beschlagnahmefreiheit für Unterlagen anwaltlicher Compliance-Ombudspersonen, NStZ 2017, S. 313 ff.

Franzmann, Herbert, Mainachtsstreiche vor Gericht, JZ 1956, S. 241 ff.

Friedhoff, Tobias, Die straflose Vorteilsnahme, 1. Auflage, Rehm 2012.

Fürsen, Cay/*Schmidt*, Juana, Drittmitteleinwerbung – strafbare Dienstpflicht?, JR 2004, S. 57 ff.

1. Literaturverzeichnis

Fulda, Christian, Alter Wein oder alles Essig? Zur Erstreckung von § 128 SGB V auf die Arzneimittelversorgung in der GKV, PharmR 2010, S. 94 ff.

Gaede, Karsten/*Lindemann*, Michael/*Tsambikakis*, Michael, Licht und Schatten – Die materiellrechtlichen Vorschriften des Referentenentwurfs des BMJV zur Bekämpfung von Korruption im Gesundheitswesen, medstra 2015, S. 142 ff.

Gaede, Karsten, Patientenschutz und Indizienmanagement – Der Regierungsentwurf zur Bekämpfung von Korruption im Gesundheitswesen, medstra 2015, S. 263 ff.

Gädigk, Cornelia, Sonderrecht für Ärzte – Ein Entwurf aus Sicht der Ermittlungspraxis, medstra 2015, S. 268 ff.

Geiger, Daniel, Eine Staatsanwaltschaft auf Abwegen, medstra 2017, S. 193 ff.

Geiger, Daniel, Das Gesetz zur Bekämpfung von Korruption im Gesundheitswesen und seine Auswirkungen auf Strafverfolgung und Healthcare-Compliance, CCZ 2016, S. 172 ff.

Geiger, Daniel, Rabatte im Arzneimittelhandel – erwünschter Preiswettbewerb oder verbotene Korruption?, medstra 2016, S. 9 ff.

Geiger, Daniel, Neues Strafbarkeitsrisiko § 299a StGB – Chance für die Healthcare-Compliance?, medstra 2015, S. 97 ff.

Geiger, Daniel, Das Angemessenheitspostulat bei der Vergütung ärztlicher Kooperationspartner, A&R 2013, S. 99 ff.

Geiger, Daniel, Antikorruption im Gesundheitswesen, CCZ 2011, S. 1 ff.

Geiger, Daniel, Zur strafrechtlichen Problematik von Sponsoringverträgen, A&R 2009, 203, 209 ff.

Geiger, Daniel, Sponsoringverträge im Lichte des FSA-Kodex Fachkreise, A&R 2009, S. 203 ff.

Geiger, Daniel, Die Neufassung des FSA-Kodex Fachkreise – Auswirkungen auf die Einladung von Angehörigen der Fachkreise zu berufsbezogenen wissenschaftlichen Fortbildungsveranstaltungen, A&R 2008, S. 254 ff.

Geiger, Daniel, Drei Jahre Spruchpraxis der Freiwilligen Selbstkontrolle der Arzneimittelindustrie zur Ausrichtung von Fortbildungsveranstaltungen durch die Pharmaindustrie – eine Bilanz (Teil 1+2), PharmR 2007, S. 316 ff., S. 364 ff.

Gercke, Björn/*Julius*, Karl-Peter/*Temming*, Dieter/*Zöller*, Mark, Strafprozessordnung, 5. Auflage, Heidelberg 2012.

Goedel, Ursula, Spenden, Sponsoren, Staatsanwalt, PharmR 2001, S. 22 ff.

Göhler, Erich, Gesetz über Ordnungswidrigkeiten, 17. Auflage, München 2017.

Göpfert, Burkhart/*Merten*, Frank/*Siegrist*, Carolin, Mitarbeiter als „Wissensträger" – Ein Beitrag zur aktuellen Compliance-Diskussion, NJW 2008, S. 1703 ff.

Graf, Jürgen-Peter, Beck´scher Onlinekommentar zum OWiG, 16. Edition.

Graf, Jürgen-Peter, Beck´scher Onlinekommentar zur StPO, 28. Edition.

Grau, Ulrich/*Volkwein*, Tobias, Rechtliche Grenzen für die Skontogewährung des pharmazeutischen Großhandels, A&R 2016, S. 64 ff.

Greco, Luis/*Caracas*, Christian, Internal investigations und Selbstbelastungsfreiheit, NStZ 2015, S. 7 ff.

Gröning, Jochem/*Mand*, Elmar/*Reinhard*, Andreas, Heilmittelwerberecht, 5. Aktualisierung, Stuttgart 2015.

Großkopf, Volker/*Schanz*, Michael, Bestechung und Bestechlichkeit im Gesundheitswesen – im Spannungsverhältnis zwischen Korruption und Kooperation, RDG 2016, S. 220 ff.

Grützner, Thomas, Unternehmensstrafrecht vs. Ordnungswidrigkeitenrecht, CCZ 2015, S. 56 ff.

Grzesiek, Mathias/*Sauerwein*, Theresa, Was lange währt, wird endlich gut: § 299a und b StGB als „Allheilmittel" zur Bekämpfung von Korruption im Gesundheitswesen?, NZWiSt 2016, S. 369 ff.

Haeffcke, Maren, Beschlagnahmefähigkeit der Interviewprotokolle einer Internal Investigation, CCZ 2014, 39 ff.

Haeser, Petra, Erfahrungen mit der neuen Rechtslage im Korruptionsstrafrecht und Drittmittelrecht – aus Sicht des Staatsanwalts, MedR 2002, S. 55 ff.

Haft, Fritjof/*Schwoerer*, Max, Bestechung im internationalen Geschäftsverkehr; in: Heinrich et al. (Hrsg.): Festschrift für Ulrich Weber, Bielefeld 2004, S. 367 ff.

Halbe, Bernd, Moderne Versorgungsstrukturen: Kooperation oder Korruption. Bestandsaufnahme und Ausblick, MedR 2015, S. 168 ff.

Hannich, Rolf, Karlsruher Kommentar zur Strafprozessordnung, 7. Auflage, München 2013

Harneit, Paul, Beteiligung von Leistungserbringern an Unternehmen, MedR 2017, S. 688 ff.

Hartung, Wolfgang, Verschwiegenheitspflicht und sozialadäquates Verhalten, AnwBl. 2015, S. 649 ff.

Hartung, Markus/*Weberstaedt*, Jakob, Legal Outsourcing, RDG und Berufsrecht, NJW 2016, S. 2209 ff.

Hauschka, Christoph (Hrsg.), Corporate Compliance Handbuch, 3. Auflage, München 2016.

Haye, Rainer/*Herbold*, Marlies, Anwendungsbeobachtungen: Leitfaden für die praktische Durchführung, 1. Auflage, Aulendorf 2000.

Hehn, Paul von, Internal Investigations als Chance für bessere Compliance, Börsen-Zeitung Nr. 221, 2007, S. 15.

Heide, Isabella von der, Zur Benachrichtigungspflicht der Ermittlungsbehörden gegenüber einem nicht „als solchem" vernommenen Beschuldigten bei Einstellung des Verfahrens, NStZ 2008, S. 677.

Heil, Maria/*Oeben*, Marc, §§ 299a, 299b StGB auf der Zielgeraden – Auswirkungen auf die Zusammenarbeit im Gesundheitswesen, PharmR 2016, S. 217 ff.

Heinrich, Tobias/*Krämer*, Lutz/*Mückenberger*, Ole, Die neuen WpHG-Bußgeldleitlinien der BaFin – kritische Betrachtungen und europäische Perspektiven, ZIP 2014, S. 1557 ff.

Heintschel-Heinegg, Bernd von, Beck'scher Onlinekommentar zum StGB, 36. Edition.

Hiéramente, Mayeul, Ne bis in idem in Europa – Eine Frage der Einstellung, StraFo 2014, S. 445 ff.

1. Literaturverzeichnis

Hinze, Christian/*Gleiter*, Christoph/*Herbold*, Marlies, Nichtinterventionelle Studien (NIS) in Deutschland, 1. Auflage, Aulendorf 2017.

Ignor, Alexander, Rechtsstaatliche Standards für interne Erhebungen in Unternehmen – Die „Thesen zum Unternehmensanwalt im Strafrecht" des Strafrechtsausschusses der Bundesrechtsanwaltskammer, CCZ 2011, S. 143 ff.

Immenga, Ulrich/*Mestmäcker*, Ernst-Joachim, Wettbewerbsrecht Kommentar, Band 1, 5. Auflage, München 2012.

Jäger, Christian, Auswirkungen sozial- und berufsrechtlicher Regelungen auf Unrechtsvereinbarungen nach § 299a ff. StGB, MedR 2017, S. 694 ff.

Jäger-Siemon, Bettina, Antikorruptionsgesetz – Kriminalisierung der Ärzteschaft oder nur Konzentration auf die schwarzen Schafe?, Deutsches Ärzteblatt Thüringen, 2016, S. 162 ff.

Jahn, Matthias, Der Unternehmensanwalt als „neuer Strafverteidigertyp" und die Compliance-Diskussion im deutschen Wirtschaftsstrafrecht (Teil I), ZWH 2012, S. 477 ff.

Jahn, Matthias, Ermittlungen in Sachen Siemens/SEC, StV 2009, S. 41 ff.

Jahn, Matthias/*Kirsch*, Stefan, Keine Beschlagnahmefreiheit für Unterlagen eines mit internen Ermittlungen beauftragten Rechtsanwalts, StV 2011, S. 151 ff.

Jary, Kathrin, Anti-Korruption – Neue Gesetzesvorhaben zur Korruptionsbekämpfung im Gesundheitswesen und im internationalen Umfeld, PharmR 2015, S. 99 ff.

Joecks, Wolfgang/*Miebach*, Klaus (Hrsg.), Münchner Kommentar zum StGB, Band 5, 2. Auflage, München 2014.

Löwe, Erwald/*Rosenberg*, Werner, Die Strafprozessordnung und das Gerichtsverfassungsgesetz, 26. Auflage, Berlin 2008.

Katzenmeier, Christian, Der Behandlungsvertrag – Neuer Vertragstypus im BGB, NJW 2013, S. 817 ff.

Kaufmann, Marcel/*Voland*, Thomas, „Ich war noch niemals in New York…" – Die Auswirkungen des § 128 SGB V auf das Angebot von Schulungsmaßnahmen und sonstigen Leistungen durch die pharmazeutische Industrie, NZS 2011, S. 281 ff.

Kindhäuser, Urs/*Neumann*, Ulfrid/*Paeffgen*, Hans-Ullrich (Hrsg.), Strafgesetzbuch Kommentar, 5. Auflage, Baden-Baden 2017.

Klein, Franz (Hrsg.), Abgabenordnung, 13. Auflage, München 2016.

Klengel, Jürgen/*Buchert*, Christoph, Zur Einstufung der Ergebnisse einer „Internal Investigation" als Verteidigungsunterlagen im Sinne der §§ 97, 148 StPO, NStZ 2016, S. 383 ff.

Kloepfer, Michael/*Heger*, Martin, Das Umweltstrafrecht nach dem 45. Strafrechtsänderungsgesetz, 1. Auflage, Berlin 2015.

Kloesel, Arno/*Cyran*, Walter, Arzneimittelgesetz Kommentar, 132. Aktualisierung, Stuttgart 2017.

Knauer, Christoph/*Kudlich*, Hans/*Schneider*, Hartmut, Münchener Kommentar zur Strafprozessordnung, München 2016.

Knauer, Christoph/*Buhlmann*, Erik, Unternehmensinterne (Vor-) Ermittlungen – was bleibt von nemo- tenetur und fair-trail?, AnwBl. 2010, S. 387 ff.

Knauer, Christoph/*Gaul*, Michael, Internal Investigations und fair trail – Überlegungen zu einer Anwendung des Fairnessgedankens, NStZ 2013, S. 192 ff.

Knierim, Thomas/*Rübenstahl*, Markus/*Tsambikakis*, Michael, Internal Investigations – Ermittlungen im Unternehmen, 2. Auflage, Heidelberg 2016.

Köbler, Katharina, Angemessene ärztliche Vergütung am Beispiel von Referenten-/Beraterverträgen, MedR 2017, S. 783 ff.

Kölbel, Ralf, Korruption im Gesundheitswesen. Kriminologische Vorüberlegungen zur Einführung von § 299a StGB n.F., in: Arbeitsgemeinschaft Medizinrecht im Deutschen Anwaltsverein/Institut für Rechtsfragen der Medizin (Hrsg.): Aktuelle Entwicklungen für Rechtsfragen in der Medizin, Baden-Baden 2015, S. 57 ff.

Kölbel, Ralf, §§ 299a ff. StGB und die unzuträgliche Fokussierung auf den Wettbewerbsschutz, medstra 2016, S. 193 f.

Kottek, Petr, Unternehmensinterne Compliance-Ermittlungen – Arbeitsrechtliche Vernehmungen (Interviews), Einführung ins Strafverfahren und deren strafprozessuale Verwertbarkeit, wistra 2017, S. 9 ff.

Kraatz, Erik, Arztstrafrecht, 1. Auflage, Stuttgart 2013.

Kretschmer, Joachim, Anmerkungen zur strafrechtlichen Verantwortlichkeit der Unternehmensleitung für das Verhalten von Mitarbeitern – Begründung und deren Vermeidung unter Berücksichtigung von Compliance, StraFo 2012, S. 259 ff.

Krug, Björn/*Skoupil*, Christoph, Befragungen im Rahmen von internen Untersuchungen – Vorbereitung, Durchführung und Umfang mit den Ergebnissen, NJW 2017, S. 2374 ff.

Krüger, Matthias, Kooperation versus Korruption im Gesundheitswesen – Gedanken zu §§ 299a, 299b StGB, NZWiSt 2017, S. 129 ff.

Kubiciel, Michael/*Hoven*, Elisa (Hrsg.), Korruption im Gesundheitswesen, 1. Auflage, Baden-Baden 2016.

Kubiciel, Michael, Kriminalisierung der Korruption im Gesundheitswesen – Inhalt und Tragweite der §§ 299a, 299b StGB, jurisPR-StrafR 2016, Heft 11, S. 1 ff.

Kubiciel, Michael, Bestechung und Bestechlichkeit im Gesundheitswesen – Grund und Grenze der §§ 299a, 299b StGB – E, MedR 2016, S. 1 ff.

Kubiciel, Michael, Zur Legitimation der §§ 299a Abs. 1 Nr. 2, 299b Abs. 1 Nr. 2 StGB-E, KPzKP 2016, Heft 2, S. 3 ff.

Kuck, Katja, Das neue Entlassmanagement im Krankenhaus. Neue Regeln, alte Probleme?, NZS 2016, 256 ff.

Kügel, Wilfried/*Müller*, Rolf-Georg/*Hofmann*, Hans-Peter, Arzneimittelgesetz Kommentar, 2. Auflage, München 2016.

Lackner, Karl/*Kühl*, Kristian (Hrsg.), Kommentar zum StGB, 28. Auflage, München 2014.

Lambers, Mechthild/*Schneider*, Hendrik, Compliance Management at the Düsseldorf University Hospital, CEJ 2016/2, 27 ff.

Laufhütte, Willhelm Heinrich/*Rissing-van Saan*, Ruth/*Tiedemann*, Klaus (Hrsg.), Strafgesetzbuch Leipziger Kommentar, 10. Band, 12. Auflage, Berlin 2008.

1. Literaturverzeichnis

Lenk, Maximilian, Zur Nichtanwendbarkeit des § 299 Abs. 3 StGB bei Inlandstaten mit Auslandsbezug, wistra 2014, S. 50 ff.

Mand, Elmar, Arzneimittelpreisrecht und Absatzförderung mit Rabatten und Zuwendungen, A&R 2014, S. 147 ff.

Mand, Elmar, Healthcare Compliance Teil 1: Gesetzliche Zuwendungsbeschränkungen im Verhältnis von Industrie und medizinischen Fachkreisen, PharmR 2014, S. 275 ff.

Maur, Alexander, Gesetzliche Anforderungen an die Umsetzung von Patient-Support-Programmen durch die pharmazeutische Industrie, A&R 06/2013, S. 259 ff.

Meyer, Hilko, Rabattierbarkeit von Großhandelszuschlägen gem. § 2 AMPreisV und Rechtsnatur von Rabatten und Skonti, Anm. LG Aschaffenburg, Urteil v. 22.10.2015 – 1 HK O 24/15, PharmR 2016, S. 56 ff.

Meyer-Goßner, Lutz/*Schmitt*, Bertram, Strafprozessordnung, 60. Auflage, München 2017.

Minoggio, Ingo, Unternehmensverteidigung: Vertretung in Straf- und Ordnungswidrigkeitsverfahren, 3. Auflage, Bonn 2016.

Momsen, Carsten, Internal Investigations zwischen arbeitsrechtlicher Mitwirkungspflicht und strafprozessualer Selbstbelastungsfreiheit, ZIS 2009, 508 ff.

Moosmayer, Klaus, Modethema oder Pflichtprogramm guter Unternehmensführung? – 10 Thesen zu Compliance, NJW 2012, S. 3013 ff.

Müller, Eckhart/*Schlothauer*, Reinhold/*Schütrumpf*, Matthias, Münchner Anwalts Handbuch Strafverteidigung, 2. Auflage, München 2014.

Nöckel, Anja, Grund und Grenzen eines Marktwirtschaftsstrafrechts, 2012.

Nöckel, Anja, Grundprobleme zu § 299 StGB Bestechung und Bestechlichkeit im geschäftlichen Verkehr, ZJS 2013, S. 50 ff.

Orlowski, Ulrich/*Rau*, Ferdinand/*Wasem*, Jürgen/*Zipperer*, Manfred, GKV-Kommentar SGB V, 26. Aktualisierung 2012.

Pragal, Oliver/*Handel*, Timo, Der Regierungsentwurf zur Bekämpfung der Korruption im Gesundheitswesen – ein großer Wurf mit kleinen Schwächen (Teil 1), medstra 2015, S. 337 ff.

Pragal, Oliver, Die Korruption innerhalb des privaten Sektors und ihre strafrechtliche Kontrolle durch § 299 StGB, Köln 2006.

Pragal, Oliver, Das Pharma-„Marketing" um die niedergelassenen Kassenärzte: „Beauftragtenbestechung" gem. § 299 StGB, NStZ 2005, S. 133 ff.

Pragal, Oliver/*Apfel*, Henner, Bestechlichkeit und Bestechung von Leistungserbringern im Gesundheitswesen, A&R 2007, S. 10 ff.

Prütting, Dorothea, Medizinrecht Kommentar, 4. Auflage, München 2016.

Quedenfeld, Dietrich/*Füllsack*, Markus, Verteidigung in Steuerstrafsachen, 5. Auflage, Heidelberg 2016.

Radtke, Henning, Bestandskraft staatsanwaltschaftlicher Einstellungsverfügungen und die Identität des wiederaufgenommenen Verfahrens, NStZ 1999, S. 481 ff.

Raschke, Andreas, Legal Outsourcing im Spannungsfeld von Straf- und Prozessrecht, BB 2017, 579 ff.

Raschke, Andreas, Geldwäsche und rechtswidrige Vortat, 1. Auflage, Baden-Baden 2014.

Raschke, Andreas, Der intensivpflichtige Patient und die ärztliche Schweigepflicht, 1. Auflage, Halle-Wittenberg 2012.

Raschke, Andreas, „Clearingstellen" als Instrument der Health-Care-Compliance, medstra 2018, S. 20 ff.

Ratzel, Rudolf, Beteiligung von Ärzten an Unternehmen im Gesundheitswesen, ZMGR 2012, S. 258 ff.

Ratzel, Rudolf, Zusammenarbeit von Ärzten mit Orthopädietechnikern und Sanitätshäusern, GesR 2007, S. 200 ff.

Ratzel, Rudolf/*Lissel*, Patrick, Handbuch des Medizinschadensrechts, 1. Auflage, München 2013

Rauer, Nils/*Pfuhl*, Fabian, Das Gesetz zur Bekämpfung der Korruption im Gesundheitswesen, PharmR 2016, S. 357 ff.

Raum, Rolf, Die Verwertung Unternehmensinterner Ermittlungen, StraFO 2012, S. 395 ff.

Rehborn, Martin, Das Patientenrechtegesetz, GesR 2013, S. 257 ff.

Rektorschek, Jan Phillip, Preisregulierung und Rabattverbote für Arzneimittel, Hamburg 2012.

Rengier, Rudolf, Strafrecht Besonderer Teil II, 18. Auflage, München 2017.

Rettenmaier, Felix, Außerstrafrechtliche Folgen der Verfahrenseinstellung nach Erfüllung von Auflagen, NJW 2013, S. 123 ff.

Rettenmaier, Felix/*Palm*, Lisa, Das Ordnungswidrigkeitenrecht und die Aufsichtspflicht von Unternehmensverantwortlichen, NJOZ 2010, S. 1414.

Rettenmaier, Felix/*Rostalski*, Der Anfangsverdacht bei der Korruption im Gesundheitswesen, StV 2018 (im Erscheinen).

Richter, Christian, Sockelverteidigung, Voraussetzung, Inhalte und Grenzen der Zusammenarbeit von Verteidigern verschiedener Beschuldigter, NJW 1993, S. 2152 ff.

Rieger, Hans-Jürgen/*Dahm*, Franz Josef/*Katzenmeier*, Christian u.a., Heidelberger Kommentar, Arztrecht, Krankenhausrecht, Medizinrecht, 46. Erg.-Lieferung, Heidelberg 2013.

Rieß, Fabian, Programme zur Förderung der Arzneimittel-Compliance durch gesetzliche Krankenkassenrechtliche Hürden und Lösungsvorschläge, NZS 2014, S. 12 ff.

Rieß, Peter, die Zukunft des Legalitätsprinzips, NStZ 1981, S. 2 ff.

Rixen, Stephan/*Krämer*, Clemens, Apothekengesetz Kommentar, 1. Auflage, München 2014.

Rompf, Thomas, Vertragsärztliche Kooperationen im Lichte des ärztlichen Berufsrechts, MedR 2015, S. 570 ff.

Rosen, Rüdiger von, Internal Investigations bei Compliance-Verstößen: Praxisleitfaden für die Unternehmensleitung, Studien des Deutschen Aktieninstituts, 1. Auflage, Frankfurt am Main 2010.

Rosenau, Werner/*Leitner*, Henning, Wirtschafts- und Steuerstrafrecht, 1. Auflage, Baden-Baden 2017.

1. Literaturverzeichnis

Rotsch, Thomas, Criminal Compliance, 1. Auflage, Baden–Baden, 2014.

Rudolph, Tobias, Nemo tenetur und die Verwertbarkeit von Geschäftsunterlagen, StraFo 2017, S. 183 ff.

Rübenstahl, Markus, Steuer(Straf-)rechtliche Risiken der Medizinkorruption (§§ 299a, 299b StGB), medstra 2017, S. 194 ff.

Ruppert, Felix, Das Beweisverwertungsverbot in § 630c Abs. 2 S. 3 BGB – Anwendungsbereich und Reichweite, S. 448 ff.

Ruppert, Thorsten/*Hahn*, Michael/*Hundt*, Ferdinand, Remuneration for non-interventional studies – results of a survey in the pharmaceutical industry in Germany, GMS 2012, Vol. 10.

Sarhan, Amr, Unternehmensinterne Privatermittlungen im Spannungsfeld zur Strafprozessualen Aussagefreiheit, wistra 2015, S. 449 ff.

Satzger, Helmut/*Schluckebier*, Wilhelm/*Widmaier*, Gunther, Strafgesetzbuch Kommentar, 2. Auflage, Köln 2014.

Satzger, Helmut/*Schluckebier*, Wilhelm/*Widmaier*, Gunther, Strafprozessordnung Kommentar, 3. Auflage, Köln 2017.

Schelzke, Ricarda, Die „Vereinbarung" anlässlich einer Durchsuchung, NZWiSt 2017, S. 142 ff.

Schemmel, Alexander/*Ruhmannseder*, Felix/*Witzigmann*, Tobias, Hinweisgebersysteme – Implementierung in Unternehmen, 1. Auflage, Heidelberg 2012.

Schmidt, Friedrich, Keine Datenlöschung nach eingestelltem Ermittlungsverfahren, Bedeutung für die Praxis zum Urteil OLG Zweibrücken, Beschluss vom 9.8.2006 – 1 VAs 14/06, SVR 2007, S. 251.

Schmola, Gerald/*Rapp*, Boris, Compliance, Governance und Risikomanagement im Krankenhaus-Rechtliche Anforderungen-Praktische Umsetzung-Nachhaltige Organisation, Heidelberg 2016.

Schneider, Hendrik, Die Dienstherrengenehmigung des § 331 Abs. 3 StGB. Bedeutung und Reichweite am Beispiel der Kooperation zwischen Ärzten und der Arzneimittel- bzw. Medizinprodukteindustrie, in: Esser u.a. (Hrsg.): Festschrift für Hans-Heiner Kühne zum 70. Geburtstag, Heidelberg 2013, S. 477 ff.

Schneider, Hendrik, Über die Erstarrung der deutschen Kriminologie zwischen atypischem Moralunternehmertum und Bedarfswissenschaft, in: Kempf/Lüderssen/Volk (Hrsg.): ILFS Band 6: Wirtschaft – Strafrecht – Ethik, Berlin 2009, S. 61 ff.

Schneider, Hendrik, Das Gesetz zur Bekämpfung der Korruption im Gesundheitswesen und die Angemessenheit der Vergütung von HCP. Wie viel Unsicherheit steckt im Vernunftstrafrecht?, medstra 2016, S. 195 ff.

Schneider, Hendrik, Sonderstrafrecht für Ärzte? – Eine kritische Analyse der jüngsten Gesetzentwürfe zur Bestrafung der "Ärztekorruption", HRRS 2013, S. 473 ff.

Schneider, Hendrik, Unberechenbares Strafrecht. Vermeidbare Bestimmtheitsdefizite im Tatbestand der Vorteilsannahme und ihre Auswirkungen auf die Praxis des Gesundheitswesens; in ders. (Hrsg.): Festschrift für Manfred Seebode zum 70. Geburtstag, Berlin 2008, S. 331 ff.

Schneider, Hendrik, Wachstumsbremse Wirtschaftsstrafrecht. Problematische Folgen überzogener Steuerungsansprüche und mangelnder Randschärfe in der wirtschaftsstrafrechtlichen Begriffsbildung, NK 2012, S. 30 ff.

Schneider, Hendrik, Strafrechtliche Grenzen des Pharmamarketings – zur Strafbarkeit der Annahme umsatzbezogener materieller Zuwendungen durch niedergelassene Vertragsärzte, HRRS 2010, S. 241 ff.

Schneider, Hendrik, Das Unternehmen in der Schildkröten-Formation – Der Schutzbereich des Anwaltsprivilegs im deutschen und US-Strafrecht, ZIS 2016, S. 626 ff.

Schneider, Hendrik/*Ebermann*, Thorsten, Das Strafrecht im Dienste gesundheitsökonomischer Steuerungsinteressen, Zuweisung gegen Entgelt als "Korruption" de lege lata und de lege ferenda, HRRS 2013, S. 219 ff.

Schneider, Hendrik/*Ebermann*, Thorsten, Der Regierungsentwurf zur Bekämpfung von Korruption im Gesundheitswesen, A&R 2015, S. 202 ff.

Schneider, Hendrik/*Kaltenhäuser*, Niels, An den Grenzen des kreativen Strafrechts – Das Problem der akzessorischen Begriffsbildung im Wirtschaftsstrafrecht des Arztes, medstra 2015, S. 24 ff.

Schneider, Hendrik/*Seifert*, Laura, Sieg der Vernunft! Korruptionsbekämpfungsgesetz: Der Krimi von Berlin, Der Krankenhaus-Justiziar 2016, Heft 2, S. 8 f.

Schneider, Hendrik/*Strauß*, Erik, Die Zukunft der Anwendungsbeobachtungen. Rechtssichere Grenzen zwischen Korruption und zulässiger Kooperation angesichts der aktuellen Vorlagebeschlüsse des 3. und 5. Strafsenats des Bundesgerichtshofs, HRRS 2011, S. 333 ff.

Schönke, Adolf/*Schröder*, Horst (Hrsg.), Kommentar zum Strafgesetzbuch, 29. Auflage, München 2014.

Scholz, Karsten, Die Unzulässigkeit von Zuwendungen und Vorteilen nach § 73 Abs. 7 und § 128 Abs. 2 S. 3 SGB V, GesR 2013, S. 12 ff.

Schröder, Thomas, Korruptionsbekämpfung im Gesundheitswesen durch Kriminalisierung von Verstößen gegen berufsrechtliche Pflichten zur Wahrung der heilberuflichen Unabhängigkeit: Fünf Thesen zu den §§ 299a, 299b StGB des Regierungsentwurfs vom 29.7.2015, Teil 1, NZWiSt 2015, S. 321 ff.

Schünemann, Bernd, Der Gesetzesentwurf zur Bekämpfung der Korruption – überflüssige Etappe auf dem Niedergang der Strafrechtskultur, ZRP 2015, S. 68 ff.

Schulz-Merkel, Philipp, Reform der strafrechtlichen Vermögensabschöpfung, jurisPR-StrR 16/2017.

Schuster, Peter, Beschlagnahme von Interviewprotokollen nach „Internal Investigations" – HSH Nordbank, Anmerkung zu LG Hamburg, Beschluss vom 15.10.2010 – 608 Qs 18/10, NZWiSt 2012, S. 26 ff.

Seifert, Laura, Das Konkurrenzverhalten zwischen §§ 299a, 299b StGB und §§ 299, 331 ff. StGB, medstra 2017, S. 280 ff.

Siduh, Karl/*Eckstein*, Ken, Im Labyrinth des Korruptionsstrafrechts: die ICC Guidelines on Gifts and Hospitality, CCZ 2015, S. 34 ff.

Siduh, Karl/*Saucken*, Alexander von/*Ruhmannseder*, Felix, Der Unternehmensanwalt im Strafrecht und die Lösung von Interessenkonflikten, NJW 2011, S. 881 ff.

1. Literaturverzeichnis

Sommer, Ulrich/*Schmitz*, Christian, Praxiswissen Korruptionsstrafrecht, 2. Auflage, Bonn 2016.

Spehl, Stephan/*Momsen*, Carsten/*Grützner*, Thomas, Unternehmensinterne Ermittlungen – Ein internationaler Überblick Teil II: „Zulässigkeit und rechtliche Anforderungen verschiedener Ermittlungsverfahren in ausgewählten Ländern", CCZ 2014, S. 2 ff.

Spickhoff, Andreas, Medizinrecht, 2. Auflage, München 2014.

Stallberg, Christian, Die Verpackung von Arzneimitteln als Werbeträger?, WRP 2011, S. 1525 ff.

Statistisches Bundesamt, Justiz auf einen Blick, 2015.

Steenbreker, Thomas, Korruptionsbekämpfung in sonstiger Weise: § 299a E-StGB und Strafgesetzgebung im Gesundheitswesen, MedR 2015, S. 660 ff.

Süße, Sascha/*Püschel*, Carolin, Collecting Evidence in Internal Investigations in the Light of Parallel Criminal Proceedings, CEJ 2016/1 S. 26 ff.

Taschke, Jürgen, Verteidigung von Unternehmen – Die wirtschaftsrechtliche Unternehmensberatung, StV 2007, S. 495 ff.

Taschke, Jürgen/*Zapf*, Daniel, §§ 299a, 299b StGB-E. Folgen für die Kooperation zwischen Pharmaunternehmen und Medizinprodukteherstellern mit niedergelassenen Ärzten, medstra 2015, S 332 ff.

Theile, Hans, Die Herausbildung normativer Orientierungsmuster für Internal Investigations – am Beispiel selbstbelastender Aussagen, ZIS 2013, 378 ff.

Theile, Hans, Internal Investigations und Selbstbelastung, StV 2011, S. 381 ff.

Theile, Hans, Wirtschaftskriminalität und Strafverfahren, 1. Auflage, Tübingen 2009.

Tillmann, Christian, Patienten-Compliance-Programme im Lichte des Werbeverbotes für verschreibungspflichtige Arzneimittel, WRP 2012, S. 914 ff.

Tsambikakis, Michael, Kommentierung des Gesetzes zur Bekämpfung der Korruption im Gesundheitswesen, medstra 2016, S. 131 ff.

Ulsenheimer, Klaus, Arztstrafrecht in der Praxis, 5. Auflage, Heidelberg 2015.

Veit, Franziska, Runder Tisch zum Antikorruptionsgesetz, Deutsches Ärzteblatt Thüringen 2017, S. 292 f.

Volk, Klaus, Münchener Anwaltshandbuch Verteidigung in Wirtschafts- und Steuerstrafsachen, 2. Auflage, München 2014.

Vormbaum, Thomas, Probleme der Korruption im geschäftlichen Verkehr. Zur Auslegung des § 299 StGB, in: Festschrift für Friedrich-Christian Schroeder, Heidelberg 2006, S. 649 ff.

Wabnitz, Heinz-Bernd/*Janovsky*, Thomas, Handbuch des Wirtschafts- und Steuerstrafrechts, 4. Auflage, München 2014.

Wagner, Jens, „Internal Investigation" und ihre Verankerung im Recht der AG, CCZ 2009, S. 8 ff.

Walz, Christian, Das Ziel der Auslegung und die Rangfolge der Auslegungskriterien, ZJS 2010, S. 482 ff.

Webel, Dirk, Sachkosten im Krankenhaus – Medizinischer Sachbedarf, 1. Auflage, Stuttgart 2017.

Wehnert, Anne, die Verwertung unternehmensinterner Ermittlungen, StraFo 2012, S. 253 ff.

Weiand, Niel George, Rechtliche Aspekte des Sponsoring, NJW 1994, S. 227 ff.

Weihrauch, Matthias/*Bosbach*, Jens, Verteidigung im Ermittlungsverfahren, Praxis der Strafverteidigung, Band 3, 8. Auflage, Heidelberg, 2015.

Weiß, Matthias, Compliance der Compliance, Strafbarkeitsrisiken bei Internal Investigations, CCZ 2014, S. 136 ff.

Welzel, Hans, Das Deutsche Strafrecht, 1. Auflage, Berlin 1969.

Wessels, Johannes/*Hettinger*, Michael, Strafrecht Besonderer Teil 1, 40. Auflage, Heidelberg 2016.

Wigge, Peter, Grenzen der Zusammenarbeit im Gesundheitswesen – der Gesetzesentwurf zur Bekämpfung von Korruption im Gesundheitswesen, NZS 2015, S. 447 ff.

Wissing, Volker/*Cierniak*, Jürgen, Strafbarkeitsrisiken des Arztes und von Betriebsinhabern nach dem Entwurf eines Gesetzes zur Bekämpfung von Korruption im Gesundheitswesen, NZWiSt 2016, 41.

Wittig, Petra, Wirtschaftsstrafrecht, 4. Auflage, München 2017.

Wittmann, Christian/*Koch*, Detlef, Die Zulässigkeit gesellschaftsrechtlicher Beteiligung von Ärzten an Unternehmen der Hilfsmittelbranche im Hinblick auf § 128 Abs. 2 SGB V und das ärztliche Berufsrecht, MedR 2011, S. 476 ff.

Wollschläger, Sebastian, Die Anwendbarkeit des § 299 StGB auf Auslandssachverhalte – frühere, aktuelle und geplante Tatbestandsfassung, StV 7/2010, S. 385 ff.

2. Einleitung

Mit dem Werk wird ein interdisziplinärer Ansatz einer juristischen Beurteilung von Kooperationsformen im Gesundheitswesen – speziell der Pharma – und Medizinprodukteindustrie mit Angehörigen der Heilberufe – im Lichte des Gesetzes zur Bekämpfung von Korruption im Gesundheitswesen vom 30. Mai 2016 (BGBl I., S. 1254) verfolgt. Der fachliche Austausch im Gesundheitswesen ist für medizinische Theraphieentscheidungen unerlässlich. Der Stand der wissenschaftlichen Erkenntnisse über die richtige und fachgerechte Therapie ist stets zu hinterfragen und gegebenenfalls anzupassen. Der bewährte Austausch der Stakeholder im Gesundheitswesen über den Stand der wissenschaftlichen Erkenntnisse ist in den letzten Jahren allgemein in die Kritik geraten. Deshalb stehen insbesondere die Pharma- und Medizinprodukteindustrie als auch Angehörige der Heilberufe im 21. Jahrhundert vor der Herausforderung, zum einen die berechtigten Erwartungen der Patienten zu erfüllen, als auch die rechtliche Zulässigkeit der Zusammenarbeit rechtfertigen zu können. Zur Bewältigung dieser Herausforderung soll die Publikation einen wesentlichen Beitrag liefern.

Neben der strafrechtlichen Bewertung werden die zur Beurteilung der Tatbestände des Korruptionsstrafrechts unverzichtbaren Rechtsgebiete des Sozial-, des Berufs-, des Wettbewerbs- und des Kartellrechts mit in die Darstellung einbezogen. Darüber hinaus gibt die Publikation umfassenden Einblick in die strafrechtliche Praxis bei der Bekämpfung von Korruption im Gesundheitswesen – sowohl aus staatsanwaltschaftlicher Sicht als auch aus der Perspektive der Verteidigung. Insbesondere im Korruptionsstrafrecht ist die Kenntnis der strafrechtlichen Praxis der Ermittlungsbehörden von entscheidender Bedeutung, um durch präventives Verhalten keine Anhaltspunkte für die Eröffnung eines Ermittlungsverfahrens zu liefern.

Das Leitmotiv "Prävention vor Sanktion" prägt denn auch die Arbeit des Vereins "Arzneimittel und Kooperation im Gesundheitswesen" (AKG e.V.) in Zusammenarbeit mit dem Bundesverband der Pharmazeutischen Industrie (BPI e.V.). BPI und AKG haben in verschiedenen Informationsveranstaltungen versucht, einen Beitrag zur Auslegung der einschlägigen Tatbestandsmerkmale und damit zu mehr Rechtssicherheit zu leisten. Einladungen zu Fortbildungsveranstaltungen oder zu Arbeitsessen können bei

2. Einleitung

Nichtbeachtung der rechtlichen Grenzen nunmehr für alle Angehörigen der Heilberufe strafrechtlich sanktioniert werden. Das vorliegende Dokument ist aus der Tätigkeit der vom BPI eingerichteten Arbeitsgruppe Antikorruption entstanden.

Nach einem zähen Ringen der politischen Akteure um die richtige Fassung des Gesetzes und einem bemerkenswerten Paradigmenwechsel am 13.4.2016[1], ist mit Wirkung zum 04. Juni 2016 das Gesetz zur Bekämpfung der Korruption im Gesundheitswesen (BT-Drs. 18/8106 v. 13.04.16) in Kraft getreten.

Ziel des Gesetzes ist die Schließung von Strafbarkeitslücken im bisher geltenden Korruptionsstrafrecht durch Einbezug der niedergelassenen Ärzte in den Anwendungsbereich der auf der Seite der Vorteilsnehmer als Sonderdelikte ausgestalteten Straftatbestände. Der Gesetzgeber folgt damit einem Appell des Großen Senats des Bundesgerichtshofs in Strafsachen, der am Schluss seiner bekannten Vertragsarztentscheidung (vom 29.3.2012, GSSt 2/11) zu Recht dargelegt hat, das Schließen von Strafbarkeitslücken sei nicht Aufgabe der Rechtsprechung, sondern der Strafgesetzgebung[2].

Die hoch komplexen Straftatbestände der §§ 299a und 299b StGB knüpfen an das besondere persönliche Merkmal (§ 28 Abs. 1 StGB) „Angehöriger eines Heilberufs" an, so dass nunmehr auch niedergelassene Ärzte und grundsätzlich auch Apotheker taugliche Täter eines Bestechungsdeliktes sein können. Diese Berufsgruppen umfassen derzeit rund 123.629 Ärzte und 17.387 Apotheker (siehe dazu Statistik des IFB zur zahlenmäßigen Struktur der Selbstständigen in Freien Berufen, Stand 1.1.2014), die sich seit 4.6.2016 erstmals wegen Bestechlichkeit (im Gesundheitswesen) strafbar machen können.

Der BPI hat dieses Regelungsanliegen seit Beginn der Diskussion im Anschluss an die Entscheidung des Großen Strafsenats vom 29.3.2012 grundsätzlich gestützt. Denn der Umstand, dass Ärzte in Kliniken für die Annahme von Vorteilen und das Vorliegen einer Unrechtsvereinbarung schwer bestraft werden konnten, während ihre niedergelassenen Kollegen straffrei blieben, stellte ein Gleichheits- und Gerechtigkeitsdefizit dar. Außerdem war die Rechtspraxis darum bemüht, die Regelungslücke durch

---

1 Näher zu den politischen Hintergründen: *Schneider*, medstra 2016, 195 ff.; sowie *Schneider/Seifert*, Der Krankenhaus-Justiziar 2016, Heft 2, 8 f.
2 Näher zu diesen mittlerweile rechtshistorischen Zusammenhängen: *Geiger*, medstra 2015, 97 ff., 98; sowie *Wissing/Cierniak*, NZWiSt 2016, 41 ff.

2. *Einleitung*

extensive Auslegung anderer Straftatbestände (namentlich der Untreue oder des Betruges) zu schließen. Dies führte zu einer kriminalpolitisch nachvollziehbaren Überdehnung der genannten Tatbestände, die aber mit einem Verlust an Berechenbarkeit und Rechtssicherheit einherging. Vor diesem Hintergrund ist nunmehr durch Einführung der §§ 299a, 299b StGB Klarheit geschaffen worden.

Wir danken den Autoren für Ihre hervorragenden fachlichen Beiträge, die den Leserinnen und Lesern einen umfassenden Überblick über nahezu alle praxisrelevanten Fallkonstellationen und deren rechtliche Würdigung geben. Insbesondere danken wir Herrn Professor Schneider für seine zielgerichtete und konstruktive Koordination von Verlag, Herausgebern und Autoren. Bedanken möchten wir uns schließlich auch bei Frau Yvonne Kaser und Frau Laura Posch für ihre engagierte und umsichtige redaktionelle Unterstützung.

This publication applies an interdisciplinary approach to the juridical assessment of forms of cooperation in the healthcare sector – especially between the pharmaceutical and medical device industries and members of healthcare professions—in light of the Law to Combat Corruption in Healthcare of 30 May 2016 (BGBl I., p. 1254). The exchange of professional expertise within the healthcare sector is essential for therapeutic decision making. Professionals need to continuously question and update the state of the art concerning scientific knowledge and the correct and most appropriate treatments available. The valuable exchange of information between stakeholders in healthcare concerning scientific developments has been subjected to general criticism in the past years. This is why the 21st century sees both the pharmaceutical/ medical device industires and the healthcare professions facing the challenge of fulfilling the expectations of patients while also justifying the legality of cooperating with each other. This publication is intended to help address this challenge.

Besides criminal law, the assessments of penal provisions under anti-corruption legislation presented here will also incorporate the essential legal perspectives of social, professional, fair competition and anti-trust laws. Beyond this, this publication will give a comprehensive view of the enforcement practices in fighting corruption in healthcare, both from the perspective of the public prosecutor as well as the defence. Knowledge of the enforcement practices of the investigative authorities are of critical importance with regard to criminal codes for anti-corruption law, since these

2. Einleitung

give important insights for avoiding giving cause for the opening of investigative proceedings through preventive behavior.

The guiding principle „Prevention before sanction" shapes the activities of the "Pharmaceuticals and Co-operation in Healthcare" (AKG e.V.) association, in cooperation with the German Pharmaceutical Industry Association (BPI e.V.). In various information events, BPI and AKG have tried to make a contribution toward interpreting the key criteria for criminal breaches and thereby to help establish legal certainty. Invitations to continuing education events or working luncheons/dinners can now lead to legal sanctions for all healthcare professionals if the legal boundaries are not respected. This publication is the result of the activities of a working group of the BPI.

After a intense struggle and a striking paradigm shift on 13 April 2016[3], the political actors settled on the right version of the Law to Combat Corruption in Healthcare (BT-Drs. 18/8106 v. 13 April 2016), which came into force on 4 June 2016.

The goal of this legislation is to close loopholes in the previously existing anti-corruption criminal codes by drawing the private-practice physicians into the scope of application on the side of the beneficiaries (of corrupt practices) in the form of special statutory offences. In doing so, the lawgivers followed the appeal of the Grand Senate of the German Federal Court of Justice, which – at the conclusion of its decision on statutory health insurance-accredited physicians (29 March 2012, GSSt 2/11) – stated that the responsibility for the closing of those loopholes lies not with the judiciary, but rather with legislators[4].

The highly complex criminal offences in §§ 299a and 299b StGB are connected to the specific personal characteristic (§ 28 section 1 StGB) „healthcare professional", so that private-practice physicians – and also, in principle, pharmacists – are now numbered among the possible perpetrators of a bribery offence. These professions currently encompass ca. 123,629 physicians and 17,387 pharmacists (see statistics of IFB on the figures for the self-employed in the free professions, dated 1 January 2014) who are (since 4 June 2016) liable to prosecution for corruption (in healthcare).

---

3 More on the political background: Schneider, medstra 2016, 195 ff.; also Schneider/Seifert, Der Krankenhaus-Justiziar 2016, volume 2, 8 f.
4 More on these now historic connections: Geiger, medstra 2015, 97 ff.; also Wissing/Cierniak, NZWiSt 2016, 41 ff.

2. Einleitung

The BPI has endorsed the general purpose of this legislation from the start of discussions following the decision of the Grand Senate of the Federal Court of Justice on 29 March 2012, since the circumstance that physicians in hospitals could be severely punished for accepting privileges and for entering into a unlawful agreement, while their private-practice colleagues remained exempt, constituted a deficit in equity and justice. Beyond this, the judicial praxis had already been attempting to close the legislative loopholes through extensive interpretation of other criminal offices (e.g. embezzlement and fraud). Unterstandably, this led to an interpretive overextension of the aforementioned offences from a criminal policy perspective, which was accompanied by a lack of predictability and legal certainty. In this context, the promulgation of §§ 299a, 299b StGB has delivered clarity.

We would like to thank the authors for their excellent articles, which will give readers a comprehensive overview over nearly all practically relevant case constellations and their legal appraisal. We especially thank Professor Schneider for his acute and constructive coordination of the activities of the publisher, editors and authors. Last, but not least, we thank Yvonne Kaser and Laura Posch for their tireless and efficient editorial support.

Berlin, im Februar 2018   Ulf Zumdick, BPI e.V.
                                    Kai Christian Bleicken, AKG e.V.

Bestechung und Bestechlichkeit im Gesundheitswesen

Prof. Dr. Hendrik Schneider, Inhaber des Lehrstuhls für Strafrecht (u.a.) an der Juristenfakultät der Universität Leipzig

3. Tatbestandsmerkmale der §§ 299a, 299b StGB und ihre Auslegung

3.1 Normzweck/Rechtsgut

Straftatbestände dienen dem Schutz von Rechtsgütern. Hierunter versteht man rechtlich geschützte Interessen des einzelnen Menschen (Individualrechtsgüter) oder der Gesellschaft (Kollektivrechtsgüter). Rechtsgüter haben bei der Auslegung der Strafgesetze eine wichtige Funktion. So kann beispielsweise ein Verhalten, das zwar unter den Wortlaut einer Norm subsumiert werden kann, aber das geschützte Rechtsgut nicht beeinträchtigt, aus dem Anwendungsbereich des Strafgesetzes ausgeschieden werden (teleologische Reduktion). Ferner ist die Auslegung nach dem geschützten Rechtsgut eine zentrale Methode der Gesetzeshermeneutik. Vor diesem Hintergrund gilt es, das Rechtsgut der §§ 299a, 299b StGB zu bestimmen.

In der Gesetzesbegründung ist ausgeführt, dass §§ 299a, b StGB einem Rechtsgutspluralismus verpflichtet sind:

> „Die Straftatbestände verfolgen einen doppelten Rechtsgüterschutz. Er dient der Sicherung eines fairen Wettbewerbs im Gesundheitswesen und kommt damit der ganz großen Mehrheit der ehrlich arbeitenden und Korruptionsrisiken vermeidenden Ärzte, Apotheker und sonstigen Heilberufsausübenden zugute. Er dient ferner dem Schutz des Vertrauens der Patienten in die Integrität heilberuflicher Entscheidungen. Mittelbar wird der Straftatbestand auch die Vermögensinteressen der Wettbewerber im Gesundheitswesen sowie der Patienten und der gesetzlichen Krankenversicherung schützen."[1]

Die Begründung unterscheidet folglich zwischen Rechtsgütern einerseits (Sicherung des fairen Wettbewerbs und Schutz des Vertrauens der Patienten in die Integrität heilberuflicher Entscheidungen) und so genannten

---

1 BT Drs. 18/6446, 12 f. (eigene Hervorhebung).

„Schutzreflexen" andererseits (Vermögensinteressen der Wettbewerber im Gesundheitswesen sowie der Patienten und der gesetzlichen Krankenversicherung).

Bei näherem Hinsehen ist indessen auch der „Schutz des Vertrauens in die Integrität heilberuflicher Entscheidungen" ein Schutzreflex des primär geschützten Wettbewerbs.[2] Auch bei § 299 StGB wird der Schutz des Verbrauchers im Tatbestand nicht erwähnt. Dies ist nicht erforderlich, weil vom Schutz eines lauteren Wettbewerbs auch der Verbraucher profitiert.[3] § 299a StGB schützt daher den inländischen und ausländischen Wettbewerb im Gesundheitswesen. Dies ist eine Teilmenge des Wettbewerbs insgesamt. Durch dessen Schutz wird folglich auch der Patient (Teilmenge der Verbraucher) geschützt.

Die Schutzreflexe haben keine eigenständige Funktion bei der Auslegung der Straftatbestände. Insbesondere ist es seitens des Gesetzgebers nicht beabsichtigt, dass die Schutzreflexe eine Korrektivfunktion (im Rahmen der teleologischen Reduktion) übernehmen sollen und etwa die Korruption nur dann strafbar wäre, wenn der zugewendete Vorteil (zum Nachteil des Patienten oder des Kostenträgers der ärztlichen Behandlung) zum Beispiel in das verordnete Medikament eingepreist ist.

Zu demselben Ergebnis kommen diejenigen Autoren, die nach Wegfall der auf die Berufsrechtspflichtverletzung abstellenden Variante der Unrechtsvereinbarung der Auffassung sind, der in den Gesetzesmaterialien betonte Bezug auf das Doppelrechtsgut sei aufgrund der „Engführung auf den Wettbewerbsschutz" lediglich eine „Leerformel".[4]

---

2 Wie hier: *Geiger*, CCZ 2016, 172, 174; ausführliche Rekonstruktion des Meinungsstandes und Begründung bei NK/*Gaede*, Wirtschafts- und Steuerstrafrecht, 1. Aufl. 2017, § 299a StGB Rn. 10 ff.: keine „auslegungsleitenden Rechtsgüter".
3 Vgl. MüKo/*Krick*, StGB, 2. Aufl. 2014, § 299 Rn. 2.
4 *Kölbel*, medstra 2016, 193.; ferner: *Dann/Scholz*, NJW 2016, 2077: „Die im Rechtsausschuss des Bundestags vertretene Auffassung, es werde gleichrangig das zuvor umschriebene Patienteninteresse geschützt, findet im Wortlaut der Normen keine Stütze und stellt daher eine unverbindliche Rechtsmeinung dar, die für die Auslegung unbeachtlich ist"; *Tsambikakis*, medstra 2016, 131: Die Sicherung des fairen Wettbewerbs im Gesundheitswesen dürfte „das einzig geschützte Rechtsgut darstellen"; a.A. *Bahner*, Gesetz zur Bekämpfung von Korruption im Gesundheitswesen, 22: „Das Patientenvertrauen unterliegt ... nicht etwa nur einem mittelbaren, sondern sogar einem unmittelbaren Schutz"; NK/*Dannecker/Schröder*, StGB, 5. Aufl. 2017, § 299a Rn. 33: „Es sprechen jedenfalls gute Gründe dafür, das Vertrauen in die Integrität heilberuflicher Entscheidungen als zweites Rechtsgut beizubehalten ...".

3.2 Aufbau der §§ 299a, 299b StGB

3.2.1 Differenzierung zwischen Vorteilsnehmern (§ 299a StGB) und Vorteilsgebern (§ 299b StGB)

3.2.1.1 Spiegelbildlicher Aufbau der §§ 299a, 299b StGB

Ebenso wie § 299 StGB und §§ 331 ff. StGB sind §§ 299a, b StGB spiegelbildlich aufgebaut. § 299a StGB ist einschlägig für die Vorteilsnehmer. § 299b StGB bezieht sich demgegenüber auf die Vorteilsgeber. Die Strafrahmen beider Straftatbestände sind identisch. Dies stellt einen Systembruch dar, denn nur die Tathandlung des Vorteilsnehmers beeinträchtigt die geschützten Rechtsgüter unmittelbar. Die Tat des Vorteilsgebers ist somit ein Fall der zur Täterschaft hochgestuften Teilnahme an der Tat des Vorteilsnehmers. Dies wäre durch abgestufte Strafrahmen zu berücksichtigen gewesen.[5]

3.2.1.2 Ausgestaltung des § 299a StGB als Sonderdelikt

Wie nachstehend näher ausgeführt wird, ist § 299a StGB als echtes Sonderdelikt ausgestaltet.[6] Als echtes Sonderdelikt wird jeder Straftatbestand bezeichnet, der nur von einem Täter mit bestimmten besonderen persönlichen Merkmalen, z.B. durch Innehaben einer bestimmten Pflichtenstellung, begangen werden kann.[7] Der Vorteilsnehmer muss „Angehöriger eines Heilberufs sein, der für die Berufsausübung oder die Führung der Berufsbezeichnung eine staatlich geregelte Ausbildung erfordert". Die Umschreibung des Kreises der sonderdeliktsverpflichteten Angehörigen von Heilberufen ist ein strafbegründendes besonderes persönliches Merkmal im Sinne des § 28 Abs. 1 StGB. Daraus folgt, dass Personen, die dieses Merkmal nicht aufweisen (zum Beispiel die Ehefrau des bestochenen Arztes, die als Anwältin tätig ist und ihr Konto für die Überweisung des tatbe-

---

5 so auch Wessels/*Hettinger*, Strafrecht BT I, Rn. 1098 (bzgl. §§ 331 ff. StGB).
6 allg. Meinung, NK/*Dannecker/Schröder*, StGB, 5. Aufl. 2017, § 299a Rn. 92; *Fischer*, StGB, 64. Aufl. 2017, § 299 Rn. 7; NK/*Gaede*, Wirtschafts- und Steuerstrafrecht, 1. Aufl. 2017, § 299a StGB Rn. 32.
7 vgl. *Brettel/Schneider*, Wirtschaftsstrafrecht, § 2 Rn. 5.

standsmäßigen Vorteils zur Verfügung stellt), keine Täter, das heißt auch keine Mittäter, sondern nur Teilnehmer sein können.[8]

Praktische Bedeutung hat dies zum Beispiel beim Sponsoring von Kongressen, bei dem die Verträge, zum Beispiel über Standmieten, häufig mit einer Kongressagentur abgeschlossen werden. Geschäftsführer der Kongressagentur ist in vielen Fällen kein Angehöriger eines Heilberufes. Allerdings werden die maßgeblichen Absprachen in der Regel mit dem ärztlichen Leiter der Veranstaltung und dem sponsernden Industrieunternehmen geschlossen. Soweit im Einzelfall aufgrund besonderer Umstände eine Unrechtsvereinbarung vorliegt, wird der ärztliche Leiter der Veranstaltung als Vorteilsnehmer im Sinne des § 299a StGB in Betracht kommen. Soweit der Vorteil dem Konto der Kongressgesellschaft gutgeschrieben wird, liegt ein Drittvorteil vor. Die Verantwortlichen der Kongressagentur kommen demgegenüber nur als Teilnehmer an fremder Tat in Betracht (§§ 299a, 27 StGB). Teilnahme (Anstiftung und Beihilfe) ist nach den allgemeinen Regeln möglich.[9]

Der Vorteilsgeber, der bei den hier interessierenden praxisrelevanten Fallkonstellationen in der Regel in einem Unternehmen der Arzneimittelindustrie tätig sein wird, kann demgegenüber „Jedermann" sein. Er oder sie muss daher keine besonderen persönlichen Merkmale erfüllen, um strafbar wegen Bestechung im Gesundheitswesen gem. § 299b StGB zu sein. Da sich nach deutschem Strafrecht nur natürliche Personen (Menschen) und keine Unternehmen strafbar machen können, trifft die strafrechtliche Verantwortlichkeit die konkret handelnden Mitarbeiter. Dies wirft schwierige wirtschaftsstrafrechtliche Abgrenzungsfragen zwischen

---

[8] BGH v. 8.1.1975 – 2 StR 567/74, zu den Amtsdelikten der §§ 331 ff.; *Fischer*, StGB, 64. Aufl. 2017, § 331 Rn. 38; Schönke/Schröder/*Heine*, StGB, 29. Aufl. 2014, Vorbem. §§ 331 ff. Rn. 5; BeckOK/*von Heintschel-Heinegg*, StGB, 34. Edition, § 331 Rn. 49; MüKo/*Korte*, StGB, 2. Aufl. 2014, § 331 Rn. 187 f.; NK/*Kuhlen*, StGB, 5. Aufl. 2017, § 331 Rn. 139; Lackner/Kühl/*Heger*, StGB, 28. Aufl. 2014, Vorbem. §§ 331 ff. Rn. 2; Spickhoff/*Schuhr*, Medizinrecht, 2. Aufl. 2014, §§ 331-338 StGB Rn. 83; Arzt/Weber/*Heinrich/Hilgendorf*, Strafrecht BT, § 49 Rn. 5 f.; ferner: NK/*Dannecker/Schröder*, StGB, 5. Aufl. 2017, § 299a Rn. 96: „Wer als Vermittler für den Heilberufsangehörigen tätig ist und nicht selbst als Heilberufsangehöriger im Zusammenhang mit der Ausübung seines Berufs handelt, kann selbst bei gewichtigen Tatanteilen wegen des Charakters der Tat als Sonderdelikt nur Teilnehmer sein".

[9] Allg. Meinung, für alle: NK/*Gaede*, Wirtschafts- und Steuerstrafrecht, 1. Aufl. 2017, § 299a StGB Rn. 96.

Täterschaft und Teilnahme auf. Ist der Außendienstmitarbeiter, der ein von der Leitung Marketing entwickeltes und von der Geschäftsführung toleriertes Vertriebskonzept, das unter § 299b StGB fällt, umsetzt, Täter oder Teilnehmer oder wird unter Umständen nur der Mitarbeiter auf der höheren Hierarchieebene zur Verantwortung gezogen? Die Thematik wird im Wirtschaftsstrafrecht unter dem Stichwort der Abgrenzung von Täterschaft und Teilnahme in hierarchischen Organisationsstrukturen erörtert[10] und ist noch nicht abschließend geklärt.

3.2.2 Anknüpfungspunkte für die Unrechtsvereinbarung – der Paradigmenwechsel vom 13.4.2016

3.2.2.1 Wegfall der Berufsrechtspflichtverletzung als Anknüpfungspunkt für die Unrechtsvereinbarung

Wie bereits in der Einleitung dargelegt, kam es am 13.4.2016 zu einem kriminalpolitischen Richtungswechsel, der sich in Aufbau und Wortlaut der zum 4.6.2016 eingeführten Straftatbestände niedergeschlagen hat.[11]

Noch der Regierungsentwurf vom 21.10.2015 (BT-Drs. 18/6446) enthielt zwei Anknüpfungspunkte für eine tatbestandsmäßige Unrechtsvereinbarung, auf die in § 299a Abs. 1 StGB-E vom 21.10.2015 und § 299b StGB-E vom 21.10.2015 Bezug genommen wurde. Nur Absatz 1 der §§ 299a, 299b StGB-E vom 21.10.2015 bezog sich alternativ auf zwei unterschiedliche tatbestandliche Gegenleistungen des Heilberuflers für die Vorteilsgewährung: (1) unlautere Bevorzugung und (2) Berufsrechtspflichtverletzung. Abs. 2 der §§ 299a, b StGB bezog sich demgegenüber ausschließlich auf die Berufsrechtspflichtverletzung. Die dargelegte Unterscheidung stand im Zusammenhang mit den tatbestandlichen Varianten des Verhaltens auf dem Gesundheitsmarkt (kurz: Marktverhalten). Soweit es um Arzneimittel geht, wurden und werden nur solche Zuwendungen als tatbestandsmäßig angesehen, die im Zusammenhang mit der Verordnung, Abgabe oder dem Bezug von Arzneimitteln stehen.

---

10 Näher: *Brettel/Schneider*, Wirtschaftsstrafrecht, § 2 Rn. 50 ff.
11 Näher: *Tsambikakis*, medstra 2016, 131; *Schneider*, medstra 2016, 195; kritisch: *Kubiciel*, jurisPR-StrafR 2016, Heft 11, 1: „Es ist eine Frage der Zeit, bis Europäische Kommission und internationale Organisationen die lückenhafte Fassung der §§ 299a, 299b StGB kritisieren werden"; sowie *Kölbel*, medstra 2016, 193.

Dem Gesetzgeber des Regierungsentwurfes vom 21.10.2015 war nun daran gelegen, Vorteilsgewährungen im Zusammenhang mit dem Bezug von Arzneimitteln unter engeren Voraussetzungen unter Strafe zu stellen, als Zuwendungen im Zusammenhang mit der Verordnung oder Abgabe der Arzneimittel. Hintergrund war die Erkenntnis, dass

> „sich bei Bezugsentscheidungen die Unlauterkeit einer Bevorzugung auch aus Verstößen gegen Preis- und Rabattvorschriften ergeben kann, bei denen es an einem korruptionsspezifischen Unrechtsgehalt sowie an einer Beeinträchtigung des Vertrauens in die Integrität heilberuflicher Entscheidungen fehlt."[12]

Ziel war es also, Verstöße gegen Preis und Rabattvorschriften, deren Verletzung nach HWG als Ordnungswidrigkeit geahndet werden kann, nicht zu einer Korruptionstat „hochzustufen". Um dies zu erreichen, bezog sich der Regierungsentwurf vom 21.10.2015 in §§ 299a Abs. 2, 299b Abs. 2 StGB-E, in dem das Marktverhalten des Bezugs geregelt war, lediglich auf die Berufsrechtspflichtverletzung und nicht auf die unlautere Bevorzugung im Wettbewerb.

Im weiteren Gesetzgebungsprozess und aufgrund der Kritik unter anderem auch des BPI wurde sodann die Berufsrechtspflichtverletzung als Anknüpfungspunkt für die Unrechtsvereinbarung fallen gelassen. In der Stellungnahme des Herrn Dr. Marco Luczak, Mitglied des Bundestages der CDU und stellvertretender Vorsitzender des Ausschusses für Recht und Verbraucherschutz zu dem dargestellten Richtungswechsel wurde dies mit denselben Argumenten begründet, die seitens des BPI und anderer[13] zuvor im Rahmen einer verfassungsrechtlich fundierten Kritik der Regelung vorgetragen wurden. Wörtlich führt Luczak in seiner damaligen Presse-erklärung wie folgt aus:

> „Der Bundesgesetzgeber hätte hier nämlich auf Berufspflichten Bezug genommen, die in den einzelnen Bundesländern durch die Berufskammern sehr unterschiedlich geregelt und ausgelegt werden. Folge wäre nicht nur ein Legitimationsdefizit gewesen, sondern möglicherweise auch eine unterschiedliche Strafbarkeit. Diese verfassungsrechtlichen Zweifel haben wir als Gesetzgeber ernst genommen und daher die zweite Tatbestandsalternative gestrichen. Denn das gleiche Verhalten eines Arztes darf nicht in einem Bundesland erlaubt, in einem anderen Land aber als Korruption strafbar sein. Ein solcher

---

12 BT Drs. 18/6446, 22.
13 z.B. *Gaede/Lindemann/Tsambikakis*, medstra 2015, 142., 152 f.; *Aldenhoff/Valuett*, medstra 2015, 195, 196 f.; *Dieners*, PharmR 2015, 529, 531 f.; *Geiger*, medstra 2015, 97, 103; *Schneider*, HRRS 2013, 473, 473 ff.; *Schneider/Kaltenhäuser*, medstra 2015, 24, 30; *Steenbreker*, MedR 2015, 660, 662 f.

Flickenteppich hätte zu Rechtsunsicherheit geführt, das wollte ich unbedingt vermeiden."

Der Richtungswechsel[14] war das Ergebnis einer Auseinandersetzung zwischen zwei unterschiedlichen Meinungen in Kriminalpolitik und strafrechtswissenschaftlichem Schrifttum. Auf der einen Seite wurde von den Befürwortern des Regierungsentwurfs vom 21.10.2015 geltend gemacht, die Variante der „Berufsausübungspflichtverletzung" sei kriminalpolitisch erforderlich, weil es Korruption in Märkten ohne Wettbewerb gäbe. Die verfassungsrechtlichen Kritikpunkte der Gegner des Entwurfes hätten keinen Bestand.[15] Auf der anderen Seite stand das Argument, bei dem Begriff der Berufsausübungspflichtverletzung handele es sich um ein Blankettmerkmal, das den Anforderungen des Art. 103 Abs. 2 GG nicht standhalte. Die inhaltliche Ausgestaltung der Berufsrechtspflichtverletzung durch die von den Landesärztekammern verabschiedeten Berufsordnungen verletze ferner die Wesentlichkeitstheorie. Nach dieser vom Bundesverfassungsgericht entwickelten Lehre dürfen Grundrechtseingriffe, die, wie das Strafrecht, die grundgesetzlich garantierten Freiheiten wesentlich beschneiden können, nur durch ein Parlamentsgesetz erfolgen. Schließlich wurde der kriminalpolitische Bedarf des Auffangtatbestands verneint.[16]

---

14 Näher NK/*Dannecker/Schröder*, StGB, 5 Aufl. 2017, § 299a Rn. 23 ff.
15 Vgl. die Arbeiten von *Gädigk*, medstra 2015, 268; *Fischer*, medstra 2015, 1, 2; *Schröder*, NZWiSt 2015, 321; *Kubiciel*, KPzKP 2016, Heft 2, 3 ff.; *Kubiciel*, MedR 2016, 1; vergleichbare Argumentation, wenn auch abgeschwächt, ferner bei *Schröder*, NZWiSt 2015, 321, 325.
16 Vgl. *Gaede/Lindemann/Tsambikakis*, medstra 2015, 142, 152, die, aufgrund der nur wenigen im Entwurf selbst aufgezeigten denkbaren Fallvarianten, in denen es an einem Wettbewerb fehlen sollte, keine Rechtfertigung für die Weite der Nr. 2 sahen; Als „lebensfremd und hypothetisch" bezeichnen etwa *Aldenhoff/Valueett*, medstra 2015, 195, 196 f. die im Entwurf angeführte Konstellation der Monopolstellung des Vorteilsgebers und des fehlenden Wettbewerbs; *Dieners*, PharmR 2015, 529, 531, sah die Berufsrechtsakzessorietät als verfassungsrechtlich bedenklich an; differenzierter argumentiert *Geiger*, medstra 2015, 97, 103: „Soweit von einer neuen Strafnorm darüber hinaus die Berufsordnungen der Landesärztekammern in Bezug genommen werden..., würde in verfassungswidriger Weise strafrechtliche Normierungsgewalt auf die Selbstverwaltung der Heilberufe übertragen, weil diese damit zum ‚kleinen Gesetzgeber' des Strafrechts würde, wofür ihr verfassungsrechtlich aber Kompetenz und demokratische Legitimation fehlen."; Vgl. ferner die Argumente bei *Schneider*, HRRS 2013, 473; *Schneider/Kaltenhäuser*, medstra 2015, 24, 30; *Schneider/Ebermann*, A&R 2015, 205, 207; und *Steenbreker*, MedR 2015, 660, 662 f. sowie *Brettel/Duttge/Schuhr*, JZ 2015, 929, 931 f.; und *Taschke/Zapf*, medstra 2015, 332, 336.

Mit dem Abschied von der Berufsausübungspflichtverletzung als tauglichem Anknüpfungspunkt für das Vorliegen einer Unrechtsvereinbarung wurde sodann auch die Unterscheidung zwischen Absatz 1 und Absatz 2 in den Tatbeständen der Korruption im Gesundheitswesen obsolet. Sowohl § 299a StGB als auch § 299b StGB enthalten daher lediglich einen Absatz. Die Gegenleistung des Bestochenen für die Vorteilszuwendung erfüllt nur dann den Tatbestand, wenn sie in einer zumindest ins Auge gefassten unlauteren Bevorzugung im Wettbewerb besteht.

3.2.2.2 Kriminalpolitische Bewertung der §§ 299a, 299b StGB in der zum 4.6.2016 in Kraft gesetzten Fassung

Die Beschränkung des Anwendungsbereichs der §§ 299a, 299b StGB auf Fälle der unlauteren Bevorzugung im Wettbewerb ist grundsätzlich zu begrüßen.[17] Die Berufsrechtspflichtverletzung als weiterer Anknüpfungspunkt für eine weitere tatbestandsmäßige Unrechtsvereinbarung ist überflüssig und aus Gründen der Prävention schädlich. Sie hätte weitere Zonen unberechenbaren Strafrechts eröffnet und einer „Aufladung" des Strafrechts mit den jeweils für richtig gehaltenen gesundheitspolitischen Vorstellungen Vorschub geleistet. Ein markantes Beispiel für diese Instrumentalisierung des Strafrechts bereits auf der Grundlage der geltenden, restriktiven Fassung der §§ 299a, 299b StGB ist der „Thüringer Sonderweg".[18]

Danach hat sich

> „die Staatsanwaltschaft (in Thüringen) unter anderem intensiv mit der Thematik Fortbildung und Einladung zu Fortbildungsveranstaltungen befasst. Die Staatsanwaltschaft sieht entgegen der Regelung in § 32 Abs. 2 und § 32 Abs. 3 Berufsordnung der Landesärztekammer Thüringen den Anfangsverdacht strafbaren Verhaltens nach § 299a StGB dann als gegeben an, wenn die Teilnahme an einer Fortbildungsveranstaltung von der Industrie finanziert wird. Ebenso kritisch sieht die Staatsanwaltschaft die Thematik des Veranstaltungssponsorings. Entgegen § 32 Abs. 3 Berufsordnung der Landesärztekammer Thüringen, nach dem Sponsoring in angemessenem Umfang erlaubt ist, soll jedwede Annahme von Beiträgen Dritter zur Durchführung von Veranstaltungen den Anfangsverdacht des § 299a StGB begründen."

---

17 *Schneider*, medstra 2016, 195.
18 Zu den Hintergründen: *Veit*, Ärzteblatt Thüringen 2017, 290, 292 f.; *Geiger*, medstra 2017, 193.

Die methodisch angreifbare (mittlerweile wieder fallen gelassene, siehe ÄrzteZeitung vom 08./9.12.2017, S. 14) Position der Staatsanwaltschaft in Thüringen führt bereits ohne Einleitung eines Ermittlungsverfahrens zu einer Anpassungs- und Ausweichreaktion der Industrie und zeigt das Steuerungspotential des Wirtschaftsstrafrechts. Je interpretationsoffener die Tatbestandsmerkmale ausgestaltet sind, desto anfälliger ist das Strafrecht für die Durchsetzung kriminalpolitischer Vorstellungen[19] der mit „Definitionsmacht" ausgestatteten Instanzen der formellen Sozialkontrolle oder der jeweiligen Benefiziare einer bestimmten Auslegung des Gesetzes (z.B. Wettbewerber, GKV).

Der Gesetz gewordene Entwurf der §§ 299a, 299b StGB aufgrund des Paradigmenwechsels am 13.4.2016 folgt daher der Maxime des „Vernunftstrafrechts"[20] und stellt eine abgewogene Regelung der Korruption im Gesundheitswesen dar[21], auch wenn der Verfasser grundsätzlich eine Ausdifferenzierung des Strafrechts nach Berufsgruppen nach wie vor kritisch sieht.[22]

---

19 Es geht um Kriminalpolitik und nicht um Strafrechtsdogmatik, wie beispielsweise die Argumentation *Fischers* (StGB, 64. Aufl. 2017, § 299a, Rn. 11b) zeigt: „Dringend der Überprüfung unter dem Gesichtspunkt der §§ 299a, 299b und der MBO bedarf das medizinische Kongress- und Fachtagungswesen. Die Tatsache, dass der überwältigende Teil der in Deutschland angebotenen Fachtagungen für Medizinberufe von Anbietern von Medikamenten, Heilmitteln und Hilfsmitteln ausgerichtet, veranstaltet, konzipiert und/oder finanziert ist, ist in der Öffentlichkeit kaum bekannt, wird durch ein fast unüberschaubares Geflecht von ‚Verbänden' und Finanzierungswegen verschleiert und spiegelt auf geradezu bedrückende Weise das Maß, in welchem private und öffentliche Interessen hier zu einem scheinbar undurchdringlichen System verbacken sind."; Kritisch zum „Sendungsbedürfnis" der „Kriminalpolitiker in Robe": *Schneider*, Neue Kriminalpolitik 2012, 30 ff.
20 Zur Terminologie *Schneider*, medstra 2016, 195.
21 Zustimmend auch NK/*Gaede*, Wirtschafts- und Steuerstrafrecht, 1. Aufl. 2017, § 299a StGB Rn. 29: „Tatsächlich dürfte nun eine Rechtslage erreicht sein, die für absehbare Zeit eine taugliche und sinnvolle Grundlage für die – wie stets – mit Augenmaß zu betreibende Korruptionsverfolgung im Gesundheitswesen darstellt".
22 Hierzu *Schneider*, HRRS 2013, 473; missinterpretiert bei NK/*Dannecker/Schröder*, StGB, 5. Aufl. 2017, § 299a Rn. 54 (Fn. 190).

Prof. Dr. Hendrik Schneider

3.3 (Taugliche Täter) Angehöriger eines Heilberufs, der für die Berufsausübung oder die Führung der Berufsbezeichnung eine staatlich geregelte Ausbildung erfordert

3.3.1 Begriff des Heilberufs

Hinsichtlich des Begriffs des Heilberufs, der für die Bestimmung des Sonderdeliktspflichtigen auf der Nehmerseite der möglichen Unrechtsvereinbarung maßgeblich ist, rekurrieren § 299a StGB und § 299b StGB auf das Heilpraktikergesetz, in dem der Begriff des Heilberufs in § 1 Abs. 2 wie folgt definiert wird: „berufs- oder gewerbsmäßig vorgenommene Tätigkeit zur Feststellung, Heilung oder Linderung von Krankheiten, Leiden oder Körperschäden bei Menschen, auch wenn sie im Dienste von anderen ausgeübt wird". Der Kreis der Sonderdeliktsverpflichteten wird demnach in § 299a StGB ebenso umrissen, wie in § 203 Abs. 1 Nr. 1 StGB. Darauf weist auch die Entwurfsbegründung explizit hin.[23]

3.3.1.1 Aufzählung einzelner Heilberufe

Zu den Heilberufen zählen diejenigen Berufe, deren Tätigkeit durch die Arbeit am und mit dem Patienten geprägt ist.[24]

Angehöriger Heilberuf (unabhängig von der Frage, ob diese GKV Patienten oder nur PKV Patienten versorgen):
Arzt/Ärztin
Zahnarzt/Zahnärztin
Psychologische/r Psychotherapeut/in
Kinder- und Jugendlichenpsychotherapeut/in
Apotheker/in
Tierarzt/Tierärztin
Gesundheits- und Krankenpfleger/in
Gesundheits- und Kinderkrankenpfleger/in

---

23 BT Drs. 18/6446, 17.
24 Nähere Darstellung mit Systematisierung zwischen akademischen Heilberufen und nicht akademischen Heilberufen sowie zu Sonderfällen, wie Hochstaplern: NK / *Dannecker/Schröder*, StGB, 5. Aufl. 2017, § 299a Rn. 94 ff. Eine Liste der Heilberufe findet sich auf der Homepage des Bundesministeriums für Gesundheit: http://www.bundesgesundheitsministerium.de/themen/gesundheitswesen/gesundheitsberufe/gesundheitsberufe-allgemein.html#c933 (Stand: 15.8.2017).

Hebamme/Entbindungspfleger
Ergotherapeut/in
Logopäde/Logopädin
Orthoptist/in
Physiotherapeut/in
Masseur/in und medizinischer Bademeister/in
Krankengymnasten
Diätassistent/in
medizinisch-technische/r Laboratoriumsassistent/in
medizinisch-technische/r Radiologieassistent/in
medizinischtechnische/r Assistent/in für Funktionsdiagnostik
veterinärmedizinisch-technische/r Assistent/in
Podologe/Podologin
Notfallsanitäter/in
pharmazeutisch-technische/r Assistent/in
Altenpfleger/in

3.3.1.2 Abgrenzung zwischen Heilberuf und Gesundheitshandwerk

Nicht zu den Heilberufen gehören demnach die sogenannten Gesundheitshandwerker. Die Frage ist aber noch nicht abschließend geklärt.[25]

Zu den Gesundheitshandwerkern zählen die Augenoptiker, Hörgeräteakustiker, Orthopädieschuhtechniker, Orthopädiemechaniker und Bandagisten sowie die Zahntechniker. Weshalb diese durch den Gesetzesentwurf ausgeklammert bleiben, wird in der Entwurfsbegründung nicht erläutert.[26] Auch die Angehörigen dieser Berufsgruppen können in Korruption verstrickt sein. Sie treten aber in der Regel nicht in der Rolle des Vorteilsnehmers, sondern des Vorteilsgebers auf.[27]

Da die §§ 299a, b StGB auf der Seite der Vorteilsgeber als Jedermanndelikte ausgestaltet sind, entstehen durch die Begrenzung der Nehmerseite

---

25 *Heil/Oeben*, PharmR 2016, 217, 218: „Begrifflich wird in der Praxis regelmäßig zwischen Gesundheitsfachberufen und Gesundheitshandwerkern unterschieden, so dass bei der strafrechtlich gebotenen restriktiven Auslegung des Täterkreises einiges dafür spricht, dass die Gesundheitsfachhandwerke nicht umfasst sein sollen."; Ferner NK/*Gaede*, Wirtschafts- und Steuerstrafrecht, 1. Aufl. 2017; § 299a Rn. 34: „Die Erstreckung auf Gesundheitshandwerker ist zweifelhaft".
26 BT Drs. 18/6446, 17.
27 Vgl. aus dem Bereich der Versorgung mit Hörgeräten den Fall BGH v. 15.11.2001 – I ZR 275/99.

auf Angehörige von Heilberufen insoweit keine wesentlichen Strafbarkeitslücken.

Es kommt nicht darauf an, ob es sich um einen akademischen oder einen nicht akademischen Heilberuf handelt. Dies ergibt sich aus dem Wortlaut der Norm, der keinen Anhaltspunkt im Hinblick auf eine Eingrenzung auf akademische Heilberufe enthält, sowie aus der Gesetzesbegründung. [28]

3.3.2 Staatlich geregelte Ausbildung für die Berufsausübung oder die Führung der Berufsbezeichnung

3.3.2.1 Rechtslage in Deutschland

Weiterer gesetzlicher Anknüpfungspunkt für die Bestimmung des Täterkreises ist, dass die Führung der Berufsbezeichnung oder die Berufsausübung eine staatlich geregelte Ausbildung erfordern. Damit geht die Neufassung der §§ 299a, 299b StGB deutlich weiter als beispielsweise der bayerische Entwurf des § 299a StGB.

Die in §§ 299a, 299b StGB geregelte Strafbarkeit der Bestechlichkeit und Bestechung im Gesundheitswesen gilt somit nicht nur für Ärzte, sondern für sämtliche Angehörige von Heilberufen, die für die Berufsausübung oder die Führung der Berufsbezeichnung eine staatlich geregelte Ausbildung erfordern.

Hierunter fallen Ärzte vgl. § 2 Abs. 1 BOÄ, Zahnärzte gem. § 1 Abs. 1 ZHG, Tierärzte nach § 2 Abs. 1 BTÄO, Psychologische Psychotherapeu-

---

[28] BT Drs. 18/6446, 17: „Bei Gesundheitsfachberufen kann es insbesondere zu korruptiven Absprachen kommen, die die Weiterverweisung von Patienten an andere Leistungserbringer zum Gegenstand haben, mit der Folge, dass andere Leistungserbringer, die sich nicht auf solche Praktiken einlassen, im Wettbewerb benachteiligt werden und sich Patienten nicht mehr darauf verlassen können, dass die Entscheidung ausschließlich medizinischen Erwägungen folgt und dem Patientenwohl dient. Es ist daher auch für diese Leistungen mit den Mitteln des Strafrechts sicherzustellen, dass sie wettbewerbskonform und frei von unzulässiger Einflussnahme erbracht werden. Dies gilt umso mehr, als jedenfalls im Bereich der gesetzlichen Krankenversicherung eine Übertragung ärztlicher Aufgaben auf nicht-ärztliche Heilberufsgruppen zu beobachten ist (vgl. § 63 Absatz 3c SGB V) und mit einer Ausklammerung dieser Heilsberufsgruppen Schutzlücken entstehen würden.".

ten gem. § 1 Abs. 1 PsychThG, Kinder- und Jugendlichenpsychotherapeuten gem. § 1 Abs. 1 PsychThG und Apotheker vgl. § 2 Abs. 2 BApO als auch die sogenannten Gesundheitsfachberufe wie z. B. Gesundheits- und Krankenpfleger, Ergotherapeuten, Logopäden und Physiotherapeuten, deren Ausbildung ebenfalls gesetzlich geregelt ist.

Angehöriger Heilberuf	Regelnde Norm
Arzt/Ärztin	Bundesärzteordnung – BÄO
Zahnarzt/Zahnärztin	Gesetz über die Ausübung der Zahnheilkunde – ZHG
Psychologische/r Psychotherapeut/in	Psychotherapeutengesetz – PsychThG
Kinder- und Jugendlichen-psychotherapeut/in	Psychotherapeutengesetz – PsychThG
Apotheker/in	Bundes-Apothekenordnung – BApO
Tierarzt/Tierärztin	Bundes-Tierärzteordnung – BTÄO
Gesundheits- und Krankenpfleger/in	Krankenpflegegesetz – KrPflG
Gesundheits- und Kinderkrankenpfleger/in	Krankenpflegegesetz – KrPflG
Hebamme/Entbindungspfleger	Hebammengesetz – HebG
Ergotherapeut/in	Ergotherapeutengesetz – ErgThG
Logopäde/Logopädin	Logopädengesetz – LogopG
Orthoptist/in	Orthoptistengesetz – OrthoptG
Physiotherapeut/in	Masseur-/Physiotherapeutengesetz – MPhG
Masseur/in und medizinische/r Bademeister/in	Masseur-/Physiotherapeutengesetz – MPhG
Krankengymnasten	Masseur-/Physiotherapeutengesetz – MPhG
Diätassistent/in	Diätassistentengesetz – DiätAssG
medizinisch-technische/r Laboratoriumsassistent/in	MTA-Gesetz
medizinisch-technische/r Radiologieassistent/in	MTA-Gesetz
medizinischtechnische/r Assistent/in für Funktionsdiagnostik	MTA-Gesetz
veterinärmedizinisch-technische/r Assistent/in	MTA-Gesetz
Podologe/Podologin	Podologengesetz – PodG
Notfallsanitäter/in	Notfallsanitätergesetz – NotSanG
Rettungsassistent/in (lief zum 31.12.2014 aus)	Rettungsassistentengesetz – RettAssG
pharmazeutisch-technische/r Assistent/in	PTA-Gesetz – PharmTAG
Altenpfleger/in	Altenpflegegesetz – AltPflG

3.3.2.2 Ausländische HCP

Da §§ 299a, 299b StGB nicht nur den inländischen, sondern auch den ausländischen Wettbewerb schützen, stellt sich die Frage, welche Maßstäbe bei nichtdeutschen HCP und heilberuflicher Tätigkeiten im Ausland anzulegen sind.

Mit Blick auf das geschützte Rechtsgut werden grundsätzlich Abschlüsse im Ausland und in Deutschland erfasst. Es kommt demnach nur darauf an, ob der HCP über einen staatlich geregelten Berufsabschluss verfügt und nicht auf die Frage des Vorliegens eines in- oder ausländischen Abschlusses.

Auch der Tätigkeitsort ist für die Anwendbarkeit der §§ 299a, 299b StGB nicht maßgeblich. Soweit das deutsche Strafrecht überhaupt anwendbar ist, gehört zu den tauglichen Tätern auch der

> „in den USA zum Arzt ausgebildete Australier, der sich – bei gegebenenfalls verwaltungsrechtlich illegaler – Ausübung seines Heilberufes in Großbritannien im dortigen Wettbewerb bestechen lässt".[29]

3.4 Vorliegen eines Eigen- oder Drittvorteils

3.4.1 Definition

3.4.1.1 Leistung, auf die kein Anspruch besteht

Hinsichtlich dieser für die §§ 299, 331 ff. StGB grundlegenden Rechtsbegriffe des Eigen- oder Drittvorteils, die sich auch in §§ 299a, 299b StGB finden, kann weitgehend auf die gefestigte Rechtsprechung zum geltenden Recht Bezug genommen werden.[30] Unter einem Vorteil ist demnach

> „jede Leistung zu verstehen, auf die der Amtsträger keinen Anspruch hat und die seine wirtschaftliche, rechtliche oder auch nur persönliche Lage objektiv verbessert."[31]

---

[29] NK/*Dannecker/Schröder*, StGB, 5. Aufl. 2017, § 299a Rn. 105.
[30] So auch BT Drs. 18/6446, 17.
[31] BGH v. 23.5.2002 – 1 StR 372/01; BGHSt 47, 295, 304; *Fischer*, StGB, 64. Aufl. 2017, § 299a Rn. 12; Beck-OK/*von Heintschel-Heinegg*, StGB, 34. Edition, § 331 Rn. 16; NK/*Kuhlen*, StGB, 5. Aufl. 2017, § 331 Rn. 39; Lackner/*Kühl/Heger*, StGB, 28. Aufl. 2014, § 331 Rn. 4; MüKo/*Korte*, StGB, 2. Aufl. 2014, § 331 Rn. 60; Schönke/Schröder/*Heine/Eisele*, 29. Aufl. 2014, § 331 Rn. 14; Spickhoff/

Drittvorteile sind solche, die der Vorteilsnehmer nicht selbst vereinnahmt, sondern die einem anderen zugutekommen. In der Praxis des Gesundheitswesens handelt es sich insofern zum Beispiel um die Krankenhausbetreibergesellschaft, für die der Vorteilsnehmer tätig ist[32], um einen Verein, zum Beispiel eine medizinische Fachgesellschaft oder eine Kongressagentur (Vermittlung von Standgebühren), für die der Angehörige des Heilberufs Vorteile einwirbt oder annimmt.

Der Patient ist nicht Dritter im Sinne der §§ 299a, 299b StGB. Eine Zuwendung, die ausschließlich ihm zu Gute kommt und für sonstige Dritte keine ersparten Aufwendungen begründet, verwirklicht den Tatbestand nicht.[33] Dies ergibt sich aus der historischen Auslegung der §§ 299a, 299b StGB:

> „Für eine Strafbarkeit nach § 299a Absatz 1 Satz 2 StGB gelten im Übrigen die Tatbestandsvoraussetzungen des § 299a Absatz 1 Satz 1 StGB entsprechend. Erfasst sind demnach auch Vorteile für Dritte. Da die Pflicht zur Wahrung der heilberuflichen Unabhängigkeit dem Schutz des Patienten dient (vgl. Spickhoff/Scholz, Medizinrecht, 2. Aufl. 2014, § 30 MBO Rn. 1), können Vorteile, die dem Patienten zugutekommen,... nicht den Tatbestand erfüllen."[34]

Die teleologische Auslegung bestätigt dieses Ergebnis. Geht man davon aus, dass die Interessen des Patienten von §§ 299a, 299b StGB im Rahmen eines Rechtsreflexes mit geschützt werden, fällt ein Verhalten, das den Interessen des Patienten dient, nicht unter den Schutzbereich des Strafgesetzes.

Nachträgliche Vorteile sind nicht tatbestandsmäßig. Dies folgt aus der grammatikalischen Auslegung („bevorzuge") und aus dem Vergleich mit §§ 332, 334 StGB („vorgenommen hat oder künftig vornehme"). In der Praxis wird eine Verteidigungsstrategie, die sich darauf beruft, man habe

---

Schuhr, Medizinrecht, 2. Aufl. 2014, §§ 331-338 StGB Rn. 23; ferner: *Gädigk*, medstra 2015, 268, 269; *Gaede/Lindemann/Tsambikakis*, medstra 2015, 142, 149; *Kubiciel*, MedR 2016, 1, 3; *Wissing/Cierniak*, NZWiSt 2016, 41, 43; *Tsambikakis*, medstra 2016, 131, 134; NK/*Gaede*, Wirtschafts- und Steuerstrafrecht, 1. Aufl. 2017, § 299a Rn. 34; Auch in der Gesetzesbegründung wird explizit auf diese Definition Bezug genommen, vgl. BT Drs. 18/6446, 17.

32 Hierzu explizit *Bahner*, Gesetz zur Bekämpfung der Korruption im Gesundheitswesen, 43.
33 So auch *Bahner*, Gesetz zur Bekämpfung der Korruption im Gesundheitswesen, 51.
34 Vgl. BT Drs. 18/6446, 23.

den Vorteil im Nachhinein gewährt, allerdings als nicht belastbar erweisen. Denn erstens handelt es sich häufig um fortlaufende Beziehungen zwischen einem HCP und der Industrie, so dass die nachträgliche Belohnung in der Regel auch Bindungen für die Zukunft erzielen sollen und zweitens kann der nachträgliche Vorteil ein Indiz für eine im Vorfeld getroffene Unrechtsvereinbarung darstellen.[35]

3.4.1.2 Einbezug immaterieller Vorteile

§§ 299a und b StGB wollen ausweislich der Entwurfsbegründung, ohne dies im Wortlaut im Vergleich zu §§ 331 ff., 299 StGB kenntlich zu machen, auch immaterielle Vorteile in den Anwendungsbereich des neuen Rechts einbeziehen. So heißt es in der Entwurfsbegründung:

> „Der Straftatbestand des neuen § 299a StGB geht darüber nur insoweit hinaus als auch immaterielle Vorteile, beispielsweise Ehrungen und Ehrenämter..., einbezogen werden." [36]

Im neueren Schrifttum wird im Anschluss an die Gesetzesmaterialien davon ausgegangen, dass immaterielle Vorteile grundsätzlich einbezogen sind[37], auch wenn insoweit gefordert wird, der immaterielle Vorteil müsse „greifbar"[38] bzw. „objektiv messbar"[39] sein.

Insofern könnte ein Health Care Professional etwa mit dem Angebot bestochen werden, ihm werde (ohne Vergütung) die Möglichkeit offeriert, in einer Fachzeitschrift zu publizieren. In der Kommentarliteratur (*Dannecker/Schröder* a.a.O.) wird ferner auf eher praxisferne Beispiele, wie „die Mitgliedschaft in begehrten Vereinen, Clubs etc.", abgestellt.

Lehnt man den Einbezug immaterieller Vorteile nicht grundsätzlich ab, können ferner Zuwendungen problematisch sein, durch die ein Leistungserbringer im Gesundheitswesen sein Angebot erweitern kann, auch wenn ihn die Zuwendung wirtschaftlich nicht unmittelbar besserstellt. So liegt es etwa, wenn eine Apotheke einem Arzt entgegen § 11 ApoG einen „Abholservice" für die Rezepte von Heimbewohnern anbietet. Der Arzt er-

---

35 NK/*Dannecker/Schröder*, StGB, 5. Aufl. 2017, § 299a Rn. 122.
36 BT Drs. 18/6446, 17.
37 NK/*Gaede*, Wirtschafts- und Steuerstrafrecht, 1. Aufl. 2017, § 299a StGB Rn. 42; NK/*Dannecker/Schröder*, StGB, 5. Aufl. 2017, § 299a Rn. 121.
38 *Dannecker/Schröder* a.a.O.
39 *Gaede* a.a.O.

spart hierdurch zwar keine Aufwendungen. Der Service ist aber für Heimbewohner (und Pflegeheime mit Verträgen nach § 12a ApoG) attraktiv, weil diesen Wege abgenommen werden, und er verschafft dem Arzt einen Wettbewerbsvorteil gegenüber anderen Ärzten, deren Patienten (bzw. Bevollmächtigte) Rezepte ggf. selbst in der Arztpraxis abholen müssen.

Der BGH ist der Ausdehnung des Vorteilsbegriffes auf immaterielle Vorteile in seiner Grundsatzentscheidung zum Drittmittelrecht zurecht kritisch entgegengetreten.[40]

Der im Entwurf vorgesehenen Ausdehnung des Vorteilsbegriffs ist mit der herrschenden Meinung[41] im strafrechtswissenschaftlichen Schrifttum zu §§ 299, 331 ff. StGB eine Absage zu erteilen. Die Frage, wann eine immaterielle Besserstellung vorliegt und ob sie den für die Korruptionstatbestände maßgeblichen Dankbarkeitsdruck ausüben kann, lässt sich nicht mit der für das Strafrecht erforderlichen Sicherheit und Berechenbarkeit feststellen. So könnten auch Schmeicheleien und Akte der Wertschätzung und Anerkennung unter den Begriff des Vorteils subsumiert werden (ein anerkennender Blick; ein Augenzwinkern; ein Schreiben, mit dem zu einer

---

40 BGH v. 23.5.2002 – 1 StR 372/01: „Soweit gerade im Blick auf eine berufliche Stellung ein solcher Vorteil immaterieller Art in Betracht zu ziehen ist, muß dieser allerdings einen objektiv meßbaren Inhalt haben und den Amtsträger in irgendeiner Weise tatsächlich besser stellen.... Ob dazu schon die bloße "Befriedigung des Ehrgeizes" oder die Erhaltung oder Verbesserung von "Karrierechancen" genügen kann, wie dies vereinzelt vertreten wird..., kann hier dahingestellt bleiben, weil das Landgericht darauf nicht abgehoben hat und sich solches auch aus den Feststellungen nicht ergibt. Es erscheint dem Senat zudem eher fernliegend. Ansehensmehrung und Steigerung der wissenschaftlichen Reputation des Angeklagten hier als Vorteil im Sinne des § 331 Abs. 1 StGB begreifen zu wollen, hieße ihm letztlich anzulasten, daß er seine forschungs- und klinikbezogenen Aufgaben möglichst gut zu erfüllen versuchte; eine solche Betrachtung würde den Bereich der objektiven Meßbarkeit oder Darstellbarkeit eines Vorteils verlassen und ins Unbestimmte abgleiten."; Näher zu der Problematik und mit weiteren Nachweisen: Friedhoff, Die straflose Vorteilsannahme, 30; MüKo/*Korte*, StGB, 2. Aufl. 2014, § 331 Rn. 64 ff.; *Fischer*, StGB, 64. Aufl. 2017, § 331 Rn. 11e; Beck-OK/*von Heintschel-Heinegg*, StGB, 34. Edition, § 331 Rn. 18; Lackner/Kühl/*Heger*, StGB, 28. Aufl. 2014, § 331 Rn. 4; NK/*Kuhlen*, StGB, 5. Aufl. 2017, § 331 Rn. 45; Schönke/Schröder/ *Heine*, StGB, 29. Aufl. 2014, § 331 Rn. 45; Spickhoff/*Schuhr*, Medizinrecht, 2. Aufl. 2014, §§ 331-338 StGB Rn. 29; ferner: *Gaede/Lindemann/Tsambikakis*, medstra 2015, 142, 149; *Kubiciel*, MedR 2016, 1, 3; *Gädigk*, medstra 2015, 168, 169.
41 MüKo/*Korte*, StGB, 2. Aufl. 2014, § 331 Rn. 67; NK/*Kuhlen*, StGB, 5. Aufl. 2017, § 331 Rn. 39; Schönke/Schröder/*Heine/Eisele*, 29. Aufl. 2014, § 331 Rn. 18.

Forschungsleistung, zu eingeworbenen Drittmitteln gratuliert wird usw.). Dies führt zu einer „Vergeistigung" des Vorteilsbegriffs, die im Strafrecht nicht hinnehmbare Auslegungsspielräume eröffnet.

Ob zu §§ 299a, 299b StGB etwas Anderes lediglich aufgrund des in den Materialien erklärten Willens des Gesetzgebers vertreten werden kann, darf bezweifelt werden. Die amtliche Begründung in BT-Drucksache 18/6446 ist eine Quelle im Rahmen der historischen Auslegung des gesetzlichen Straftatbestandes. Auf sie kommt es entscheidend im Rahmen der sogenannten subjektiven Auslegungstheorie an. Diese Theorie bezieht sich als Auslegungsziel auf den Willen des Gesetzgebers und nicht den Willen des Gesetzes, wie dies von der objektiven Auslegungstheorie befürwortet wird.[42]

Die objektive Theorie ist heute herrschend und wird insbesondere auch vom Bundesverfassungsgericht herangezogen.[43]

Das Gegenargument, bei Ausklammerung der immateriellen Vorteile drohe die „Straffreistellung leicht erzielbarer Umgehungserfolge"[44], überzeugt nicht, weil der erwünschte „net-widening-effect" mit einer Preisgabe der Bestimmtheit erkauft wird.

3.4.1.3 Sozialadäquate Zuwendungen

3.4.1.3.1 Begriff und Wertgrenzen

Kein Vorteil liegt vor, wenn die Zuwendung sozialadäquat ist (nach anderer Auffassung fehlt es insofern am Vorliegen einer Unrechtsvereinbarung).[45]

Die beispielsweise für Streuwerbeartikel maßgebliche Grenze des HWG (§ 7 Abs. 1 Nr. 1), auf die beispielsweise auch § 21 Abs. 1 AKG Verhaltenskodex Bezug nimmt, wird im Schrifttum zurecht im Hinblick auf die besondere strafrechtliche Erheblichkeitsschwelle als nicht maßgeblich und zu gering erachtet.[46] Die Grenze der Sozialadäquanz ist jedenfalls

---

42 Näher: *Walz*, ZJS 2010, 482.
43 St. Rechtsprechung, zuerst BVerfG v. 21.5.1952 – 2 BvH 2/52.
44 NK/*Dannecker/Schröder*, StGB, 5. Aufl. 2017, § 299a Rn. 121.
45 Näher: *Wittig*, Wirtschaftsstrafrecht, § 26 Rn. 44 f., 72.
46 *Bahner*, Gesetz zur Bekämpfung von Korruption im Gesundheitswesen, 49.

bei Zuwendungen unterhalb der Schwelle von 25,- Euro gewahrt.[47] Überwiegend wird zur Bestimmung der Sozialadäquanz auch auf das geschäftliche Umfeld, die entsprechenden Gepflogenheiten sowie auf die Lebensumstände der Beteiligten abgestellt.[48] Dem kann zugestimmt werden, weil die Frage, in welcher Höhe Zuwendungen den Zuwendungsempfänger in Richtung auf einen Dankbarkeitsdruck beeinflussen können, vom persönlichen Lebenszuschnitt und den eigenen finanziellen Möglichkeiten abhängt.

Schließlich können sich auch einzelne bagatellhafte Zuwendungen zu insgesamt nicht mehr geringwertigen Vorteilen summieren. So liegt es zum Beispiel bei fortlaufenden Zahlungen.[49]

3.4.1.3.2 Sozialadäquate Bewirtungen im In- und Ausland

Im strafrechtswissenschaftlichen Schrifttum wird ferner noch nicht ausreichend reflektiert, welche Maßstäbe im Rahmen des Prinzips der Sozialadäquanz bei Bewirtungen anzulegen sind. Nach hier vertretenem Standpunkt, der freilich nicht durch eine höchstrichterliche Entscheidung abgesichert ist, übersteigen jedenfalls Bewirtungen im Rahmen der Sterne- oder der Erlebnisgastronomie die Grenze der Sozialadäquanz. Bei Angehörigen akademischer Heilberufe (Ärzte und Apothekern) können Bran-

---

47 vgl. zu diesem Betrag etwa MüKo/*Korte*, StGB, 2. Aufl. 2014, § 331 Rn. 130, wonach die Sozialadäquanz ab 25,- € problematisch sein soll; ferner zu dieser Grenze: *Rengier*, Strafrecht BT II, § 60 Rn. 14a (50,- €); *Fischer*, StGB, 64. Aufl. 2017, § 331 Rn. 26a (30,- € bei Werbegeschenken); 50. Aufl. 2001, § 331 Rn. 26 (50,- DM); zustimmend zu der 30,- € Grenze auch *Wittig*, Wirtschaftsstrafrecht, § 27 Rn. 34; *Tsambikakis*, medstra 2016, 131, 134 bezieht sich beispielhaft auf „Werbekalender, Kugelschreiber oder kleine Präsente von Patienten"; *Bahner*, Gesetz zur Bekämpfung von Korruption im Gesundheitswesen, 49 orientiert sich an der Grenze von 35,- €, weil dies die Grenze für die steuerliche Absetzbarkeit von Geschenken an Geschäftspartner darstelle; *Heil/Öben*, PharmR 2016, 217, 221 (bis 50,- €).
48 *Nöckel*, ZJS 2013, 50. (mit weiteren Nachweisen); vergleichbare Argumentation bei *Tsambikakis*, medstra 2016, 131, 134: objektive Eignung zur Beeinflussung der heilberuflichen Entscheidung.
49 Vgl. den der Entscheidung des LSG Niedersachsen v. 8.6.2016 – L 3 KA 6/13 zugrundeliegenden Sachverhalt. Ein Labormediziner hatte einer Urologin „schon seit den frühen 90er Jahren für jeden Untersuchungsauftrag mit Übersendung von Untersuchungsmaterialien einen Betrag von 0,50 DM gezahlt".

chengepflogenheiten, die zur Bestimmung der Sozialadäquanz Aussagen beinhalten, auch aus den Branchenkodices abgeleitet werden.

So kann den Erläuterungen zum Begriff der angemessenen Bewirtung des FSA Kodex Fachkreise eine Wertgrenze von 60,- € entnommen werden. Sie gilt unmittelbar, soweit die Bewirtung in Deutschland stattgefunden hat, es sich um eine Einladung zu einer berufsbezogenen wissenschaftlichen Fortbildungsveranstaltung handelt und die Bewirtung im Zusammenhang mit dieser Veranstaltung stattfindet.

Vergleichbare Maßstäbe sollen nach FSA Kodex Fachkreise auch für Bewirtungen bei Geschäftsessen gem. § 22 Abs. 1 gelten:

> „Eine Bewirtung ist nur im Rahmen von internen Fortbildungsveranstaltungen sowie Arbeitsessen und in einem angemessenen und sozialadäquaten Umfang zulässig. Der Anlass eines Arbeitsessens ist zu dokumentieren. Eine Bewirtung von Begleitpersonen ist unzulässig."

Gemäß RdNr. 9.4 Leitlinie gem. 6 Abs. 2 i.V.m. § 20 Abs. 11 zur Auslegung der Begriffe „angemessene Bewirtung" (§ 20 Abs. 2 Satz 2) und „angemessener Rahmen von Unterbringung und Bewirtung" (§ 20 Abs. 3 Satz 1 FSA-Kodex) gelten bei einer Bewirtung im Ausland allerdings flexiblere Maßstäbe. Der FSA führt insofern aus:

> „Bei einer Bewirtung im Ausland sollte sich die Angemessenheit der Bewirtung am Maßstab der geltenden steuerlichen Pauschalbeträge für Verpflegungsmehraufwendungen im Ausland orientieren, da hierdurch ein gegebenenfalls bestehendes höheres Preisniveau abgebildet wird. Die Angemessenheit einer Bewirtung im Ausland kann insofern durch einen Vergleich der geltenden Pauschalbeträge mit dem für das Inland geltenden Pauschalbetrag ermittelt werden (FS I 2006.8-135). Die oben unter Ziff. 5.1 genannte Orientierungsgröße kann sich daher, je nach dem im Ausland bestehenden Preisniveau, um einen bestimmten Prozentsatz erhöhen."

Hieraus ergibt sich beispielhaft Folgendes: Bei 24-stündiger Abwesenheit beträgt der steuerfreie Pauschalbetrag bei einer Dienstreise in Deutschland 24,- €. Gemäß der „Übersicht über die ab 1. Januar 2016 geltenden Pauschalbeträge für Verpflegungsmehraufwendungen und Übernachtungskosten im Ausland" BStBl I 2015 Seite 34 ff. beträgt die Abweichung gegenüber dem in Deutschland maßgeblichen Betrag z.B. in Washington 138%. Bezieht man sich auf die Grenze von 60,- € bei der Bewirtung in Deutschland, stünde hier ein Betrag von 142,80 € (138% von 60,- € = 82,20 € + 60,- € = 142,80 €) pro Person zur Verfügung.

Ob das Ergebnis vollumfänglich belastbar ist, darf bezweifelt werden. Immerhin beziehen sich die auf Einschätzungen des Bundesfinanzministeriums beruhenden Pauschalbeträge auf eine Tagesverpflegung und nicht eine einzige Mahlzeit. Ferner hebt der FSA Kodex Fachkreise grundsätzlich hervor, dass keine „extravaganten" Veranstaltungen gefördert werden dürfen und kein Unterhaltungswert gegeben sein darf, vgl. § 20 Abs. 3 FSA Kodex Fachkreise. Vergleichbare Regelungen trifft § 23 AKG Verhaltenskodex.

Zu verweisen ist ferner auf die aktuellen Änderungen des FSA Kodex Fachkreise: Obwohl in der neuesten Fassung des Kodex RdNr. 9.4 Leitlinie gem. 6 Abs. 2 gleich geblieben ist, wurde § 22 Abs. 2 inhaltlich überarbeitet. Gemäß der aktuellen Regelung gilt nunmehr:

„Für die Bemessung der Angemessenheit und Sozialadäquanz bei Bewirtungen im Ausland findet ausschließlich der jeweils am Veranstaltungsort geltende Kodex Anwendung, durch den der EFPIA Code on the Promotion of Prescription-only Medicines to, and Interactions with, Healthcare Professionals umgesetzt wird."

Die praxisrelevanten Kodices[50] der Länder Frankreich, Schweiz, Spanien, Großbritannien und USA eröffnen keine wesentlichen Spielräume für großzügigere Bewirtungen.

Nicht alle Kodices enthalten Wertgrenzen. Sofern eine Wertgrenze angegeben ist, beträgt diese 60,- EUR.[51] Einzige Ausnahme stellt Großbritannien dar, wo die Wertgrenze 75,- Pfund beträgt, also ca. 87,- EUR.[52]

3.4.2 Einzelfälle zum Begriff des Vorteils – Kasuistik

3.4.2.1 Sponsoring, insbesondere von Fortbildungsveranstaltungen

Einzelfälle aus dem Bereich der Korruption im Gesundheitswesen im Spiegel der höchstrichterlichen Rechtsprechung sind z.B. das Sponsoring:

---

50 Die Kodices sind veröffentlicht unter: http://transparency.efpia.eu/codes-of-conduct/countries (Frankreich, Schweiz, Spanien, Großbritannien); http://www.phrma.org/codes-and-guidelines/code-on-interactions-with-health-care-professionals (USA).
51 Vgl. Ziffer 1.2.1 lit. c) Dispostiones Deontologiques Professionnelles (Frankreich); Title I, Chapter II, Art. 11.1 Code of Practice fort the Pharmaceutical Industry (Spanien).
52 Vgl. Ziffer 22.2 abpi Code of Practice for the Pharmaceutical Industry.

„Hinsichtlich der Übernahme der Kosten für Kongressreisen des Angeklagten... liegt dessen auch persönlicher Vorteil auf der Hand".[53]

Auch die Entwurfsbegründung[54] bezieht sich explizit auf „Einladungen zu Kongressen, die Übernahme der Kosten von Fortbildungsveranstaltungen", die tatbestandsmäßige Vorteile darstellen können.

3.4.2.2 Leistungsaustausch auf vertraglicher Grundlage

Nach der Rechtsprechung des Bundesgerichtshofs liegt ein Vorteil auch dann vor, wenn ein Leistungsaustausch auf vertraglicher Grundlage vorliegt. Hierdurch soll vermieden werden, dass Unrechtsvereinbarungen durch die Einkleidung in „Scheinverträge" wirksam „getarnt" werden können.

Der BGH führt dementsprechend pauschal aus:

> „Ein solcher Vorteil kann bereits im Abschluss eines Vertrages liegen, auf den der Amtsträger keinen Rechtsanspruch hat".[55]

Dem schließt sich die Entwurfsbegründung an.[56]

Die genannte Ausdehnung des Vorteilsbegriffs wird in der Literatur überwiegend befürwortet. Auch zu §§ 299a, b StGB finden sich derartige Ausführungen (ohne jeden kritischen Unterton).[57]

---

53 Vgl.: *Tsambikakis*, medstra 2016, 131, 134; BGH v. 23.10.2002 – 1 StR 541/01.
54 BT Drs. 18/6446, 18.
55 BGH v. 21.6.2007 – 4 StR 99/07; vgl. auch MüKo/*Diemer/Krick*, StGB, 2. Aufl. 2014, § 299 Rn. 9; *Halbe*, MedR 2015, 168, 175; *Tsambikakis*, medstra 2016, 131, 134.
56 BT Drs. 18/6446, 18: „Ein Vorteil kann zudem grundsätzlich auch im Abschluss eines Vertrages liegen, der Leistungen an den Täter zur Folge hat, und zwar selbst dann, wenn diese nur das angemessene Entgelt für die von ihm selbst aufgrund des Vertrags geschuldeten Leistungen sind. Demnach kann auch in der Verschaffung von Verdienstmöglichkeiten, die beispielsweise in der Teilnahme an einer vergüteten Anwendungsbeobachtung und im Abschluss eines Behandlungsvertrags zu sehen sind, ein Vorteil liegen.".
57 Vgl. *Kubiciel*, MedR 2016, 1, 3: „Von besonderer praktischer Bedeutung ist der Hinweis in den Gesetzesmotiven, schon im Abschluss eines Vertrages, der eine vergütete Tätigkeit zum Inhalt hat, könne ein Vorteil liegen, und zwar auch dann, wenn das Entgelt in einem angemessenen Verhältnis zur erbrachten Leistung steht. Dahinter steckt der Gedanke, dass bereits die Eröffnung einer Nebentätigkeitsmöglichkeit durch ein Pharmaunternehmen dazu führen kann, dass sich der so Bevorteilte mit einer Bevorzugung der Produkte dieses Unternehmens revanchiert.

Wer den Vorteilsbegriff im Fall des nachweislich erbrachten Leistungsaustausches bejaht, hat im Rahmen der Unrechtsvereinbarung zu prüfen, ob die gewährte Vergütung angemessen war.[58] Die Kräfte des Marktes, die den Preis über die Determinanten des Angebots und der Nachfrage bestimmen, werden somit durch die Angemessenheitsvorstellungen der Strafverfolgungsorgane gefesselt. Es gilt das marktwirtschaftsfeindliche „Je weniger, desto besser".

Nach dem Standpunkt des Verfassers[59] ist im Rahmen der Angemessenheitsprüfung eine zweistufige Prüfung vorzunehmen. Auf der ersten Stufe ist zu prüfen, ob an der vergüteten Leistung ein nachvollziehbares Interesse besteht und ob die Auswahl des Heilberuflers als Schuldner der vergüteten Dienstleistung nachvollziehbar ist. Stellt sich heraus, dass das Interesse des Dienstleistungsgläubigers an der vergüteten Dienstleistung gleich Null war, liegt es nahe, dass jeder Cent der Vergütung für die Erzeugung von Absatzeffekten und damit für eine unlautere (durch den Vorteil bewirkte) Bevorzugung gezahlt wurde. Die Frage der Verhältnismäßigkeit der Vergütung stellt sich unter diesen Voraussetzungen nicht. Die Leistung war eine „Fingerübung" des Arztes, mit der Funktion eines „Feigenblattes", um die Zuwendung zu legitimieren und die Unrechtsvereinbarung zu tarnen. Anders liegt es hingegen, wenn das Interesse an der erbrachten Dienstleistung uneingeschränkt plausibel ist und zum Beispiel eine ernsthafte wissenschaftliche Fragestellung verfolgt oder ein Spezialist oder ein erfahrener und sicher arbeitender Praktiker im Klinikum beschäftigt wird. Sofern dies uneingeschränkt bejaht wird, kann die Vergütung nach dem individuell zu bestimmenden Wertgrenzprodukt vorgenommen werden.[60] Mit zunehmender Plausibilität des Interesses an der vergüteten Leistung sollte den Vertragsparteien in einem „Marktwirtschaftsstrafrecht"[61] Vertragsfreiheit bei der Ausgestaltung der Vergütung gelassen werden. Inso-

---

Daher kann insbesondere auch die Teilnahme an vergüteten Anwendungsbeobachtungen ein inkriminierter Vorteil sein."; Zur Gegenauffassung, *Schneider*, Seebode FS, 331 ff.; und NK/*Gaede*, Wirtschafts- und Steuerstrafrecht, 1. Aufl. 2017, § 299a StGB Rn. 44 f., der mit beachtlichen Argumenten zumindest für eine Einschränkung der Fallgruppe plädiert.
58 Hierzu: *Schneider/Ebermann*, HRRS 2013, 219; *Geiger*, A&R 2013, 99; *Schneider*, medstra 2016, 195.
59 Zustimmend: *Bahner*, Gesetz zur Bekämpfung von Korruption im Gesundheitswesen, 177 f.; *Badle*, medstra 2017, 1.
60 Näher: *Schneider*, medstra 2016, 195.
61 *Nöckel*, Grund und Grenzen eines Marktwirtschaftsstrafrechts.

weit ist demnach ein Taxendenken (z.B. Vergütung analog GOÄ) nicht erforderlich. Staatsanwälte und Gerichte sollten den Wirtschaftsakteuren in diesem Fall einen breiten Beurteilungsspielraum überlassen, der nicht durch eigene Angemessenheitsvorstellungen ersetzt wird.

Etwas Anderes gilt allerdings dann, wenn es gem. Gesetz nicht um eine Vergütung, sondern um einen Aufwendungsersatz oder um „Entschädigungen" geht. Dies stellt beispielsweise § 47 Abs. 6 AMG für die Fallgruppe der Anwendungsbeobachtungen klar. Dort heißt es:

> „Entschädigungen, die an Ärzte für ihre Beteiligung an Untersuchungen nach Satz 1 geleistet werden, sind nach ihrer Art und Höhe so zu bemessen, dass kein Anreiz für eine bevorzugte Verschreibung oder Empfehlung bestimmter Arzneimittel entsteht."

Der Begriff der Entschädigung bedeutet Ausgleich entstandener Auslagen und schließt die Erzielung eines Ertrags aus der Tätigkeit somit grundsätzlich aus. Vor diesem Hintergrund kommt es auf den regelmäßigen Verdienst an, der nicht erzielt wird, weil der Studienarzt seine Zeit für die Durchführung der Studie aufwendet. Bei durchschnittlich rund 130.000,- € Gewinn vor Steuern eines niedergelassenen Arztes[62] und einer Arbeitszeit von durchschnittlich 51 Wochenstunden kommt man somit rechnerisch auf einen Stundensatz von 49,02 €. Bei etwas großzügigerer Auslegung kommt man auf der Grundlage der GOÄ zu Vergütungsobergrenzen von rund 67,- € für eine Stunde Arbeitszeit.[63]

Außerhalb dieser gesetzlichen Restriktionen ist auf der zweiten Stufe der Angemessenheitsprüfung eine Analyse der Verhältnismäßigkeit nur dann erforderlich, wenn das Interesse an der Dienstleistung nicht uneingeschränkt plausibel ist. In diesem Fall kann ebenfalls auf bestimmte Referenzsysteme Bezug genommen werden, z.B. GOÄ.[64] Allerdings spielt die GOÄ in der Praxis eine eher untergeordnete Rolle. Dies ergibt sich aus der „HCP Vergütungsstudie der primus consulting group im Auftrag des AKG. In dieser Studie wurde evaluiert, dass für die Vergütung vor allem personenbezogene Kriterien maßgeblich sind. Mit steigender Qualifikation des HCP erhöht sich auch dessen Tages- oder Stundensatz. Unternehmen verfügen überwiegend über schriftliche sogenannte „payment grids", die

---

62 *Geß*, Der kalkulatorische Arztlohn in der ärztlichen Vergütung. Gutachterliche Stellungnahme für den GKV-Spitzenverband, 2015.
63 näher: *Schneider/Strauß*, HRRS 2011, 333.
64 *Schneider*, medstra 2016, 195.

hinsichtlich der Vergütung von HCP nach nachvollziehbaren Kriterien transparent differenzieren.

3.4.2.3 Rabatte

Die Fallgruppe der Rabatte wirft insbesondere im Zusammenhang mit dem Vertrieb von OTC Arzneimitteln Fragestellungen auf.[65] Gemäß § 7 Abs. 1 Nr. 2 a HWG sind Barrabatte ausdrücklich erlaubt. Andererseits postuliert der BGH lapidar:

> „Die Vereinbarung eines Rabatts ist ein materieller Vorteil."[66]

Die Entscheidung betrifft allerdings die Konstellation einer pflichtwidrigen Diensthandlung Zug um Zug gegen die Gewähr eines Rabattes im Rahmen eines anderweitigen privaten Geschäftes des Amtsträgers. Denn im konkreten Fall der o.g. Entscheidung des BGH hatte der Angeklagte, der Abteilungsleiter eines Ausländeramtes war, beim Abschluss des Vertrages über den Bau seines Wohnhauses mit der Inhaberin der Baufirma und deren Ehemann einen Preisnachlass in Höhe von 26.000 DM als Entgelt für die von ihm zugesagte Hilfe bei der Erteilung von Aufenthaltsgenehmigungen für drei polnische Bauarbeiter vereinbart.

Ob hingegen beim Einkauf von Arzneimitteln oder Medizinprodukten zwischen Hersteller oder Großhandel und Health Care Professional vereinbarte Rabatte dem Tatbestand unterfallen können, darf bezweifelt werden. Denn bei einem Rabatt handelt es sich um ein Instrument des Wettbewerbs.[67]

Da der Wettbewerb und seine Funktionstüchtigkeit gleichzeitig das Schutzgut der §§ 299a, 299b StGB darstellen, sind Rabatte über die teleologische Auslegung der §§ 299a, 299b StGB jedenfalls dann auszuschließen, wenn diese in Einklang mit den heilmittelwerberechtlichen, kartellrechtlichen und wettbewerbsrechtlichen Bestimmungen gewährt werden.

---

65 Ausführlich jetzt *Geiger*, medstra 2016, 9.; vgl. ferner *Tsambikakis*, medstra 2016, 131, 134.
66 BGH v. 11.4.2001 – 3 StR 503/00.
67 *Geiger*, medstra 2016, 9: „Ökonomisch betrachtet sind Preisnachlässe aber ureigenes Instrument des Preiswettbewerbs. Preiswettbewerb ist eine Unterform des Leistungswettbewerbs, der von unserer Wettbewerbsordnung grundsätzlich erwünscht ist. Preisnachlässe, insbesondere Rabatte sind daher wettbewerbsfördernde Maßnahmen und als solche erst einmal zu begrüßen.".

Dieses Ergebnis lässt sich auch auf das Auslegungsprinzip der asymmetrischen Akzessorietät stützen. Denn ein gem. strafrechtsexterner Verhaltensnormen rechtmäßig gewährter Vorteil kann nicht durch das Strafrecht für verboten erklärt werden.[68]

3.4.2.4 Drittmittel

Bei universitären Drittmitteln arbeitet die Rechtsprechung zu §§ 331 ff. StGB mit einer teleologischen Reduktion und geht dann nicht vom Vorliegen eines Vorteils aus, wenn der Hochschullehrer das für seine Hochschule maßgebliche Drittmittelrecht beachtet hat (gesetzeseinschränkende Prozeduralisierung).[69]

Zu beachten ist allerdings, dass nach dieser Entscheidung des BGH das universitätsinterne Drittmittelrecht nicht durch eine Zuwendung an einen Förderverein ausmanövriert werden darf. Soweit demnach Forschungsvorhaben durch Industrieunternehmen gefördert werden, ist ausschließlich der Weg über das universitäre Drittmittelrecht möglich. Es ist ausgeschlossen, dass der Betrag von dem Industrieunternehmen zunächst auf das Konto des Fördervereins als Spende fließt und sodann von dort auf das Drittmittelkonto der Universität überwiesen wird. Ferner ist es ausgeschlossen, rechtskonform das Drittmittelforschungsvorhaben unmittelbar über den Förderverein abzuwickeln.[70]

---

[68] Näher: *Schneider/Kaltenhäuser*, medstra 2015, 24; zustimmend *Geiger*, medstra 2016, 9, 16.

[69] In seiner maßgeblichen Entscheidung vom 23.5.2002 – 1 StR 372/01 führt der BGH insoweit aus: „Der Tatbestand der Vorteilsannahme (hier in der Fassung vor der Änderung durch das Korruptionsbekämpfungsgesetz vom 13. August 1997) unterliegt einer Einschränkung des Anwendungsbereichs für diejenigen Fälle, in denen es die hochschulrechtlich verankerte Dienstaufgabe des Amtsträgers ist, sog. Drittmittel für Lehre und Forschung – und damit zugleich auch Vorteile im Sinne des Tatbestandes – einzuwerben. Dem Schutzgut des § 331 Abs. 1 StGB (Vertrauen in die Sachgerechtigkeit und "Nicht-Käuflichkeit" der Entscheidung) wird auf diesem Felde schon dadurch angemessen Rechnung getragen, dass das im Hochschulrecht vorgeschriebene Verfahren für die Mitteleinwerbung (Anzeige und Genehmigung) eingehalten wird.".

[70] *Boemke/Schneider*, Korruptionsprävention im Gesundheitswesen, 61 f.; BGH v. 23.5.2002 – 1 StR 372/01; *Fürsen/Schmidt*, JR 2004, 57; *Albus*, Zusammenarbeit zwischen Industrie und Ärzten.

Ferner ist zu befürworten, dass die Rechtsprechung zu den universitären Drittmitteln auf Zuwendungen, die in Einklang mit zum Beispiel klinikinternen Compliance Richtlinien gewährt werden, ausgedehnt wird. Die Rechtmäßigkeit des Verhaltens wird in diesem Zusammenhang von der Einhaltung außerstrafrechtlicher Normen und Regelungen (des Dienstrechts, des Hochschulrechts oder auch unternehmensinterner Regelungswerke) abhängig gemacht.[71]

3.4.2.5 Spenden

3.4.2.5.1 Begriff der Spende

Auch Spenden an Institutionen können Drittvorteile sein.[72] Der Begriff der Spende ist ein steuerrechtlicher Terminus, der in § 10b EStG und § 9 KStG – soweit hier relevant – als „Zuwendung zur Förderung steuerbegünstigter Zwecke" an eine „juristische Person des öffentlichen Rechts" definiert wird. Im steuerrechtlichen Schrifttum wird die genannte Legaldefinition präzisiert. Eine Spende ist danach eine Ausgabe, die freiwillig und unentgeltlich geleistet wird, um steuerbegünstigte Zwecke fremdnützig zu fördern. Die Leistung muss um des zu fördernden Zwecks willen geleistet werden. Hierbei kommt es nicht auf die inneren Beweggründe, sondern auf die äußeren Umstände an.[73]

Der Begriff der steuerbegünstigten Zwecke ist ebenfalls ein steuerrechtlicher Fachterminus. Er liegt vor, wenn die Körperschaft, der Spenden zugewendet werden, ihrerseits gemeinnützige Zwecke verfolgt, das heißt, „ihre Tätigkeit darauf gerichtet ist, die Allgemeinheit auf materiellem, geistigem oder sittlichem Gebiet selbstlos zu fördern", § 52 Abs. 2 AO. Gemeinnützige Zwecke sind in § 52 Abs. 2 AO aufgezählt. Hierzu gehören gemäß § 52 Abs. 2 Nr. 1 AO auch die Förderung von Wissenschaft und Forschung sowie gemäß § 52 Abs. 2 Nr. 3 AO die Förderung des öffentli-

---

71 Vgl. hierzu: *Schneider*, NK 2012, 30.
72 Vgl. z.B. OLG Celle v. 28.9.2007- 2 Ws 261/07.
73 *Blümich/Brandl*, EStG,127. Aufl. 2015, § 10b Rn. 16; *Heß*, Beck'sches Steuer- und Bilanzrechtslexikon, Edition 3/15, Stichwort: Spende, Rn. 1; *Dieners/Lembeck*, Compliance, Kapitel 8 Rn. 65; *Besch/Stark*, Hauschka/Moosmayer/Lösler, Corporate Compliance, § 33 Rn. 63; vgl. auch die Definition des Spendenbegriffs in § 25 des FSA-Kodex Fachkreise.

chen Gesundheitswesens und der öffentlichen Gesundheitspflege. Ferner ist die Förderung der Erziehung, Volks- und Berufsbildung einschließlich der Studentenhilfe gem. § 52 Abs. 2 Nr. 7 AO steuerbegünstigt, das heißt auch die Unterstützung der universitären Lehre.[74]

3.4.2.5.2 Zweckspenden

In die Kategorie der Spenden fallen auch die sogenannten Zweckspenden, die im Bereich Health Care häufig vorkommen.

Sie liegen vor bei Zuwendungen, mit denen ein sachlicher Verwendungszweck verbunden wird. Maßgeblich ist, dass der vorbestimmte Verwendungszweck selbst steuer- bzw. satzungsgemäß begünstigt ist.[75]

Zu den anerkannten Zweckbindungen bei Spenden an gemeinnützige Krankenhäuser gehören:

- Auflage, die Spende zum Aufbau einer bestimmten Abteilung zu verwenden,
- Auflage, die Spende mit der Zweckbestimmung zu versehen, dass der gespendete Betrag zur Fort- und Weiterbildung des medizinischen Personals verwendet wird,
- Auflage, den Betrag allgemein zur Grundlagenforschung in einem bestimmten Gebiet zu verwenden (nicht Auftragsforschung).[76]

3.4.2.5.3 Unzulässige Durchlaufspenden an bestimmte natürliche Personen

Eine unzulässige Durchlaufspende an eine natürliche Person liegt dagegen bei einer zu engen Zweckbindung vor.[77]

Eine derartige als Spende kaschierte Zuwendung an einzelne natürliche Personen ist auch gegeben, wenn die Zweckbestimmung beispielsweise

---

74 *Klein/Gersch*, AO, 13. Aufl. 2016, § 52 Rn. 22 mit weiteren Nachweisen.
75 *Dieners/Lembeck*, Compliance, Kapitel 8 Rn. 69.
76 *Dieners/Lembeck*, Compliance, Kapitel 8 Rn. 69.
77 Niedersächsisches FG v. 16.6.2009 – 15 K 30331/06 (Spende an Reitsportverein, die ausweislich der Korrespondenz zwischen Spender und Spendenempfänger einer bestimmten Gruppe von Reitern zugutekommen sollte).

vorsieht, „die Fort- und Weiterbildung beispielsweise der Leitung der kardiologischen Abteilung eines Krankenhauses" zu unterstützen.[78]

Spenden mit zu enger Zweckbindung, die faktisch an Einzelpersonen gerichtet sind, werden im Schrifttum auch als „als Spende getarnte Zuwendungen" bezeichnet.[79]

Das spendende Unternehmen kann sich insofern auch nicht auf die Zuwendungsbestätigung gem. § 50 Abs. 1 EStDV (auch Spendenbestätigung oder Spendenquittung genannt) der Klinik verlassen. Diese wäre unrichtig. Es kann eine strafrechtlich relevante Steuerverkürzung vorliegen, zu der der Mitarbeiter der medizinischen Einrichtung Beihilfe geleistet hat.[80]

Spenden fallen daher grundsätzlich unter den Vorteilsbegriff. Ob sie zu einer Strafbarkeit wegen §§ 299a, 299b StGB führen können, ist maßgeblich vom Vorliegen einer Unrechtsvereinbarung abhängig. Das Vorliegen einer unzulässigen Durchlaufspende bzw. die Missachtung der hier dargelegten steuerrechtlichen Prämissen kann ein Indiz für das Vorliegen einer Unrechtsvereinbarung darstellen.

3.4.2.6 Gewinnausschüttungen

Noch nicht abschließend geklärt ist die Frage, ob Gewinnausschüttungen oder sonstige Erträge von Unternehmen, an denen der Angehörige des Heilberufs beteiligt ist, als Vorteil gewertet werden können und unter §§ 299a, 299b StGB fallen.

Die Entwurfsbegründung geht hiervon ohne Weiteres aus, so dass zu befürchten ist, dass in Ermittlungsverfahren dieser Standpunkt zugrunde gelegt wird.[81]

---

78 *Dieners/Lembeck*, Compliance, Kapitel 8 Rn. 69.
79 *Goedel*, PharmR 2001, 22 (die Autorin, Ursula *Goedel*, ist Leitende Oberstaatsanwältin bei der Staatsanwaltschaft Marburg).
80 Vgl. hierzu wiederum Niedersächsisches FG v. 16.6.2009 – 15 K 30331/06: „Das FA für Fahndung und Strafsachen leitete gegen den Kl. das Steuerstrafverfahren wegen des Verdachts der Hinterziehung von Einkommensteuer und Solidaritätszuschlag ein.".
81 Vgl. BT Drs. 18/6446, 19: „Die Beteiligung an einem Unternehmen im Gesundheitswesen kann ebenfalls zu Zuwendungen von Vorteilen im Sinne von § 299a StGB führen. Eine unzulässige und strafbare Verknüpfung zwischen Unternehmensbeteiligung und medizinischen Entscheidungen kann vorliegen, wenn ein Arzt einem Unternehmen, an dem er selbst beteiligt ist, einen Patienten zuführt

Dagegen spricht, dass der Gesellschaftsvertrag oder die im Innenverhältnis zur Gesellschaft getroffene Abrede den zivilrechtlichen Anspruch auf die Leistung begründen kann und insofern die Grundvoraussetzung des Vorteilsbegriffs „Leistung, auf die kein Anspruch besteht", nicht erfüllt ist. Wer dies (in Übereinstimmung mit den Gesetzesmaterialien und der Ratio des Gesetzes) anders sieht[82] und insofern auf die Argumentation zum Leistungsaustausch auf vertraglicher Grundlage verweist, wird sich mit der Problematik auch im Zusammenhang mit dem Tatbestandsmerkmal der Unrechtsvereinbarung auseinandersetzen müssen. Problematisch unter diesem Gesichtspunkt sind Gewinnbeteiligungen insbesondere dann, wenn der Gewinn der Gesellschaft durch den Angehörigen des Heilberufs durch dessen Verordnungsverhalten gesteuert werden kann.

Nach dem Dafürhalten des Verfassers sind folgende Prinzipien maßgeblich:

Trotz zunehmender Einschränkung durch Reformen des SGB V und berufsrechtlicher Regelungen ist mit dem Bundesverfassungsgericht, dem Bundesgerichtshof und Stimmen im medizinrechtlichen Schrifttum[83] schon aus verfassungsrechtlichen Gründen (Art. 9, 12 und 14 GG) von einer grundsätzlichen unternehmerischen Betätigungsfreiheit von Ärzten und anderen Angehörigen von Heilberufen auszugehen. Insbesondere mit Blick auf das Grundrecht der Berufsfreiheit führt das Bundesverfassungsgericht in einer grundlegenden Werbung für ein Sanatorium („Privatsanatorium für Frischzellenbehandlung") betreffenden Entscheidung aus dem Jahr 1985[84] diesen Grundsatz wie folgt aus:

---

und er für die Zuführung des Patienten wirtschaftliche Vorteile, etwa eine Gewinnbeteiligung, erhält.... Solche Abreden benachteiligen Unternehmen, die keine Beteiligungen anbieten. Auch Patienten können sich in solchen Fällen nicht darauf verlassen, dass die ärztliche Empfehlung alleine aufgrund medizinischer Erwägungen getroffen wurde.".

82 Vgl. *Wissing/Cierniak*, NZWiSt 2016, 41, 43: „Beteiligt sich ein Arzt an medizinischen Versorgungsunternehmen, liegt in der Gewinnausschüttung ebenfalls ein Vorteil im Sinne des § 299a StGB-E. Der Arzt kann wegen des weiten Vorteilsbegriffs nicht generell darauf verweisen, die realisierte Gewinnchance sei das Äquivalent für sein unternehmerisches Risiko"; zustimmend: NK/*Dannecker/Schröder*, StGB, 5. Aufl. 2017, § 299a Rn. 121.; NK/*Gaede*, Wirtschafts- und Steuerstrafrecht, 1. Aufl. 2017, § 299a StGB Rn. 47; *Tsambikakis*, medstra 2016, 131, 134.
83 Vgl. *Ratzel*, ZMGR 2012, 258.
84 BVerfG v. 19.11.1985 – 1 BvR 38/78; BVerfGE 71, 183.

"Für die verfassungsrechtliche Beurteilung ist [...] von Bedeutung, dass es Ärzten nicht untersagt ist, Kliniken und Sanatorien zu betreiben, obwohl es sich dabei um gewerbliche, auf Gewinnerzielung ausgerichtete Unternehmen handelt. Der Gesetzgeber, dem die rechtliche Ordnung von Berufsbildern obliegt, hat davon abgesehen, eine ärztliche und eine gewerblich-unternehmerische Tätigkeit für unvereinbar zu erklären."

Der Bundesgerichtshof hat der Bedeutung und Tragweite der Berufsfreiheit in seinen Entscheidungen zum Wettbewerbs- und Berufsrecht ebenfalls Rechnung getragen und diese bei der Auslegung einfach gesetzlicher Bestimmungen und Regelungen des ärztlichen Berufsrechts herangezogen, so etwa bei der gewerblichen Ernährungsberatung des niedergelassenen Arztes in der eigenen Praxis.[85]

Sofern die Beteiligung an einem Pharmaunternehmen vorliegt, dürfte den obenstehenden Erwägungen auch nicht § 128 SGB V entgegenstehen. Die Norm enthält in § 128 Abs. 2 Satz 3 SGB V zwar ein weitreichendes sogenanntes Beteiligungsverbot. Dieses beinhaltet, dass „Einkünfte aus Beteiligung an Unternehmen von Leistungserbringern, die Vertragsärzte durch ihr Verordnungsverhalten selbst maßgeblich beeinflussen", unzulässige Zuwendungen darstellen.[86]

Sinn und Zweck der Regelung (Vermeidung von Interessenkonflikten, keine Beeinflussung durch wirtschaftliche Eigeninteressen) treffen zwar auch auf die unternehmerische Beteiligung an einem Pharmaunternehmen zu, denn auch insofern kann der wirtschaftliche Erfolg des Unternehmens durch die Zuweisung infolge der Funktion z.B. als Arzt beeinflusst werden. Der Wortlaut der Norm beschränkt sich aber auf das Marktverhalten

---

85 BGH v. 29.5.2009 – I ZR 75/05: „Bei der Beurteilung der Frage, ob die von der Beklagten den angesprochenen Ärzten vorgeschlagene gewerbliche Betätigung bei Verwendung der eigenen Praxisräume notwendigerweise berufsrechtswidrig ist, ist außerdem in Rechnung zu stellen, dass Ärzten eine gewerblich-unternehmerische Tätigkeit auf dem Gebiet des Heilwesens grundsätzlich nicht untersagt ist (vgl. BVerfGE 71, 183, 195, 196 = GRUR 1986, 387, 390; BGH, Urt. v. 26.4.1989 - I ZR 172/87, GRUR 1989, 601 = WRP 1989, 585 – Institutswerbung). Dem Arzt ist daher gemäß § 3 Abs. 1 Satz 1 BOÄ neben der Ausübung seines Berufs die Ausübung einer anderen Tätigkeit nicht grundsätzlich verboten, sondern im Grundsatz erlaubt und nur dann untersagt, wenn die Tätigkeit mit den ethischen Grundsätzen des ärztlichen Berufs nicht vereinbar ist.".
86 Näher: *Wittmann/Koch*, MedR 2011, 476, 479 (mit weiteren Nachweisen); zu den Reformen im Zusammenhang mit dem GKV-Versorgungsstrukturgesetz und Einkünften aus Beteiligung an Unternehmen, vgl. *Dahm/Flasbarth/Bäune*, MedR 2012, 77; *Scholz*, GesR 2013, 12.

der Versorgung mit Hilfsmitteln im Sinne des § 33 SGB V, d.h. z.B. Hörgeräte, Gehhilfen u.a., die in der Praxis den Hauptanwendungsfall des § 128 SGB V bilden. § 128 Abs. 5b und Abs. 6 SGB V erweitern den Anwendungsbereich der Vorschrift auf die Versorgung mit Heilmitteln und bestimmten Medizinprodukten (§ 31 Abs. 1 SGB V i.V.m. § 3 Nr. 1, Nr. 2 Medizinproduktegesetz), nicht aber auf Arzneimittel.

Soweit im Schrifttum[87] vertreten wird, dass über den Wortlaut der Vorschrift hinaus alle Anbieter von Produkten und alle Gesundheitsdienstleistungen, die bei der Versorgung der gesetzlich versicherten Patienten zum Einsatz kommen, erfasst werden, ist dies noch nicht durch die Rechtsprechung bestätigt worden und mit Blick auf die geschlossene Aufzählung in § 128 SGB V auch dogmatisch wenig überzeugend. Vor diesem Hintergrund werden Unternehmensbeteiligungen an Unternehmen der Arzneimittelindustrie nach hier vertretenem Standpunkt nicht von § 299a, § 299b StGB erfasst.

Gemäß einem im strafrechtlichen Schrifttum vertretenen Standpunkt[88], kommt es darauf an, ob der Angehörige des Heilberufs auf den Umsatz des Unternehmens spürbar durch seine Zuweisung oder sein Verordnungsverhalten Einfluss nehmen kann. Auf diese Differenzierung bezieht sich auch die Gesetzesbegründung[89], die insofern die wettbewerbsrechtliche Rechtsprechung des BGH heranzieht.

Dies wird bei Pharmaunternehmen, die ihre Produkte in der gesamten Bundesrepublik oder sogar weltweit vertreiben, in der Regel nicht der Fall sein. In anderen Fällen, zum Beispiel bei der Beteiligung eines Orthopä-

---

87 *Eichenhofer/Wenner/Armbruster*, SGB V, 2. Aufl. 2016, § 128 Rn. 53; *Fulda*, PharmR 2010, 94, 96; GKV-Ko/*Flasbarth*, SGB V, 26. Aktualisierung 2012, § 128 Rn. 22: „Entscheidend ist lediglich, dass die Produkte oder Dienstleitungen unmittelbar oder mittelbar – über die ärztliche Vergütung – zu Lasten der Gesetzlichen Krankenversicherung abgegeben werden können"; *Kaufmann/Voland*, NZS 2011, 281, 283.
88 *Wissing/Cierniak*, NZWiSt 2016, 41, 44; NK/*Dannecker/Schröder*, StGB, 5. Aufl. 2017, § 299a Rn. 136.
89 BT Drs. 18/6446, 19: „Vereinbarungen, nach denen die Gewinnbeteiligung oder sonstige Vorteile des Arztes unmittelbar von der Zahl seiner Verweisungen oder dem damit erzielten Umsatz abhängen, sind danach stets unzulässig. Ist der Arzt nur mittelbar, insbesondere über allgemeine Gewinnausschüttungen am Erfolg eines Unternehmens beteiligt, kommt es für die Zulässigkeit der Beteiligung darauf an, ob er bei objektiver Betrachtung durch seine Patientenzuführung einen spürbaren Einfluss auf den Ertrag aus seiner Beteiligung nehmen kann.".

den an einer Physiotherapiepraxis, ist auf den Einzelfall abzustellen. OStA Badle berichtet insofern von folgender Konstellation:

„Unlängst erreichte die Zentralstelle das Schreiben eines ehemaligen Mitarbeiters einer Physiotherapie GmbH, der unter Berufung auf die neuen Strafvorschriften darauf hinwies, die Gesellschaftsanteile der GmbH würden von Orthopäden gehalten, die ihre Patienten gezielt in die Physiotherapiepraxis lenken. Ein Blick ins Handelsregister bestätigte die Angaben, die beiden Orthopäden hielten 100% der Gesellschaftsanteile der GmbH. Der Umfang der Zuweisung von Patienten aus den beiden orthopädischen Praxen an die Physiotherapie GmbH ließ sich mühelos nachweisen."[90]

Stellt man sich daher auf den Standpunkt, dass Unternehmensbeteiligungen grundsätzlich unter §§ 299a, 299b StGB fallen können, entstehen Unwägbarkeiten, die im Wettbewerbsrecht tolerabel, im Strafrecht, das erhöhten Bestimmtheitsanforderungen unterliegt, demgegenüber problematisch sind.[91]

---

90 *Badle*, medstra 2017, 1, 2.
91 *Badle*, medstra 2015, 139, 140: „Wie fließend der Übergang zwischen einer zulässigen wirtschaftlichen Betätigung und einer strafbaren Unrechtsvereinbarung ist, zeigt sich besonders deutlich am Beispiel der Beteiligung an einem Unternehmen im Gesundheitswesen. Hier kann eine unzulässige Verknüpfung zwischen Unternehmensbeteiligung und medizinischer Entscheidung vorliegen, wenn der Arzt einem Unternehmen, an dem er selbst beteiligt ist, einen Patienten zuführt und er für die Zuführung des Patienten wirtschaftliche Vorteile erhält, z.B. eine Gewinnbeteiligung. Vereinbarungen, nach denen die Gewinnbeteiligung unmittelbar von der Anzahl der zugewiesenen Patienten oder dem hierdurch erzielten Umsatz abhängen, sind demnach stets unzulässig. Ist der Arzt hingegen nur mittelbar, z.B. über eine allgemeine Gewinnbeteiligung, am Unternehmenserlös beteiligt, so soll es für die Beurteilung der Lauterkeit der Beteiligung darauf ankommen, ob der Arzt bei objektiver Betrachtung durch seine Patientenzuweisungen einen spürbaren Einfluss auf den Ertrag aus seiner Beteiligung nehmen kann. Ein praxistaugliches Abgrenzungskriterium, anhand dessen insbesondere der Normadressat die Grenze zwischen rechtlich zulässiger wirtschaftlicher Betätigung und strafbarer Unrechtsvereinbarung verlässlich zu bestimmen vermag, enthält eine solch klauselartige Begrifflichkeit nicht. Sie eröffnet vielmehr einen weiten Auslegungsspielraum und birgt somit die Gefahr, dass die Strafverfolgungsbehörden – mit Blick auf die geringen Anforderungen an die Begründung eines Anfangsverdachts i.S.v. § 152 Abs. 2 StPO – ein Ermittlungsverfahren einleiten und der Beschuldigte erst nach Abschluss der meist umfangreichen Ermittlungen erfährt, wie die Ermittlungsbehörde und ggf. ein Gericht seine wirtschaftliche Betätigung rechtlich einordnet. Eine solche Unsicherheit ist – insbesondere mit Blick auf die im Zuge eines strafrechtlichen Ermittlungsverfahrens drohen – den faktischen Schäden für

3.5 Tathandlungen auf der (Nehmer- und) Geberseite

Aufgrund des spiegelbildlichen Normaufbaus des § 299a StGB und § 299b StGB werden die (den §§ 331 ff., 299 StGB) entsprechenden Tathandlungen in der gebotenen Kürze am Beispiel der Geberseite analysiert. Die Tathandlungen werden im Gesetz durch die Begriffe „anbietet, verspricht oder gewährt" umschrieben.[92]

Anbieten bezieht sich auf einen einseitigen Vorschlag, der auf Abschluss der Unrechtsvereinbarung gerichtet ist, sogenannte Verhandlungsstufe.[93]

Unter Versprechen wird das „Kausalgeschäft" im Hinblick auf den Abschluss der Unrechtsvereinbarung verstanden, sogenannte Vereinbarungsstufe.[94]

Gewähren bedeutet die tatsächliche Zuweisung des Vorteils, sogenannte Leistungsstufe.[95]

Die drei Tathandlungen auf Nehmer- und Geberseite werden in den Tatbeständen der §§ 299, 331 ff. sowie in §§ 299a, 299b StGB gleichgestellt,

---

den Beschuldigten und die von den Ermittlungsmaßnahmen regelmäßig mitbetroffenen Dritten, z.B. Unternehmen – suboptimal.".
92 *Fischer*, StGB, 64. Aufl. 2017, § 299a Rn. 13; NK/*Gaede*, Wirtschafts- und Steuerstrafrecht, 1. Aufl. 2017, § 299a StGB Rn. 50 ff.; Beck-OK/*Momsen/Laudien*, StGB, 34. Edition, § 299a Rn. 12; NK/*Dannecker/Schröder*, StGB, 5. Aufl. 2017, § 299a Rn. 115 ff.; *Wittig*, Wirtschaftsstrafrecht, § 26 Rn. 72.
93 *Fischer*, StGB, 64. Aufl. 2017, § 333 Rn. 4; Beck-OK/*von Heintschel-Heinegg*, StGB, 34. Edition, § 333 Rn. 2; NK/*Kuhlen*, StGB, 5. Aufl. 2017, § 333 Rn. 4; Lackner/Kühl/*Heger*, StGB, 28. Aufl. 2017, § 333 Rn. 3; MüKo/*Korte*, StGB, 2. Aufl. 2014, § 333 Rn. 10 f.; Schönke/Schröder/*Heine/Eisele*, StGB, 29. Aufl. 2014, § 333 Rn. 3; Spickhoff/*Schuhr*, Medizinrecht, 2. Aufl. 2014, §§ 331-338 StGB Rn. 33.
94 *Fischer*, StGB, 64. Aufl. 2017, § 333 Rn. 4; Beck-OK/*von Heintschel-Heinegg*, StGB, 34. Edition, § 333 Rn. 2; NK/*Kuhlen*, StGB, 5. Aufl. 2017, § 333 Rn. 5; Lackner/Kühl/*Heger*, StGB, 28. Aufl. 2017, § 333 Rn. 3; MüKo/*Korte*, StGB, 2. Aufl. 2014, § 333 Rn. 12; Schönke/Schröder/*Heine/Eisele*, StGB, 29. Aufl. 2014, § 333 Rn. 3; Spickhoff/*Schuhr*, Medizinrecht, 2. Aufl. 2014, §§ 331-338 StGB Rn. 34; *Brettel/Schneider*, Wirtschaftsstrafrecht, § 3 Rn. 458.
95 BGH v. 22.10.1997 – 5 StR 223/97; *Fischer*, StGB, 64. Aufl. 2017, § 333 Rn. 4; Beck-OK/*von Heintschel-Heinegg*, StGB, 34. Edition, § 333 Rn. 2; NK/*Kuhlen*, StGB, 5. Aufl. 2017, § 333 Rn. 6; Lackner/Kühl/*Heger*, StGB, 28. Aufl. 2017, § 333 Rn. 3; MüKo/*Korte*, StGB, § 333 Rn. 13 f.; Schönke/Schröder/*Heine/Eisele*, StGB, 29. Aufl. 2014, § 333 Rn. 3; Spickhoff/*Schuhr*, Medizinrecht, 2. Aufl. 2014, § 338 StGB Rn. 35.

obgleich sich deren Unrechtsgehalt voneinander unterscheidet. Anbieten und Versprechen des Vorteils sind Vorstufen des Gewährens. Daher handelt es sich um zu vollendeter Tat hochgestufte Versuchs- oder Vorbereitungshandlungen. Diesem Unwertgefälle sollte zumindest auf der Ebene der Strafzumessung Rechnung getragen werden.

3.6 Vorliegen eines Wettbewerbs- bzw. Marktverhaltens

3.6.1 Die Gegenstände des Marktverhaltens: Arznei-, Heil- und Hilfsmittel sowie Medizinprodukte, Patienten und Untersuchungsmaterial

§ 299a StGB und § 299b StGB setzen ein Wettbewerbs- bzw. Marktverhalten des Vorteilsnehmers bzw. Vorteilsgebers voraus. Zwischen dem Wettbewerbs- bzw. Marktverhalten einerseits und der Vorteilszuwendung andererseits muss ein spezifischer Konnex, was im Gesetz durch die Worte „bei der" bzw. „bei dem" zum Ausdruck gebracht wird, bestehen.

Das Wettbewerbs- und Marktverhalten wird gesetzlich in Nummern 1-3 der §§ 299a, 299b StGB durch die Begriffe

„1. bei der Verordnung von Arznei-, Heil- oder Hilfsmitteln oder von Medizinprodukten,

2. bei dem Bezug von Arznei- oder Hilfsmitteln oder von Medizinprodukten, die jeweils zur unmittelbaren Anwendung durch den Heilberufsangehörigen oder einen seiner Berufshelfer bestimmt sind, oder

3. bei der Zuführung von Patienten oder Untersuchungsmaterial"

gekennzeichnet. Auch insofern ist der Tatbestand akzessorisch aufgebaut. Die genannten Begriffe werden in anderen Gesetzen definiert. Zum Begriff „Arzneimittel", vgl. § 2 AMG, zum Begriff „Heilmittel", vgl. § 32 SGB V i.V.m. Heilmittelkatalog Massagen, Geräteunterstützte Krankengymnastik. In der Entwurfsbegründung wird hierzu ausgeführt:

> „Der Begriff des Heilmittels soll danach ärztlich verordnete Dienstleistungen erfassen, die einem Heilzweck dienen oder einen Heilerfolg sichern und nur von entsprechend ausgebildetem Personal erbracht werden dürfen. Hierunter fallen insbesondere Maßnahmen der physikalischen Therapie, der podologischen Therapie, der Stimm-, Sprech- und Sprachtherapie sowie Maßnahmen der Ergotherapie."[96]

---

96 BT Drs. 18/6446, 20.

Der Begriff des Hilfsmittels bezieht sich auf § 33 SGB V. Beispielhaft werden in § 33 Abs. 1 SGB V Hörhilfen, Körperersatzstücke und orthopädische Hilfsmittel genannt. In der Entwurfsbegründung heißt es:

> „Hilfsmittel sind sächliche Mittel, die durch ersetzende, unterstützende oder entlastende Wirkung den Erfolg der Krankenbehandlung sichern, eine Behinderung ausgleichen oder ihr vorbeugen."[97]

Zum Begriff der „Medizinprodukte", vgl. § 3 MPG.

Die Begriffe Patient und Untersuchungsmaterial sind selbsterklärend. Durch diese Varianten des Marktverhaltens sollen Kooperationen zwischen Angehörigen von Heilberufen, die Patienten behandeln, erfasst werden. Nr. 3 hat daher Bedeutung bei Kooperationen zwischen zuweisenden Ärzten und Laboren (Untersuchungsmaterial) oder bei der Zusammenarbeit zwischen niedergelassenen Ärzten und Kliniken, zwischen Akutkliniken und Rehabilitationseinrichtungen oder homecare Versorgern (Zuführung von Patienten).

3.6.2 Das Marktverhalten im engeren Sinne: Die Begriffe Verordnung, Bezug und Zuführung

3.6.2.1 Auslegung gemäß BT-Drucksache 18/6446

Die Begriffe sind weitgehend selbsterklärend, wie durch die Entwurfsbegründung bestätigt wird.

> „Mit den Tatbestandsmerkmalen des Bezugs, der Abgabe und der Verordnung von Arzneimitteln, Heil- und Hilfsmitteln und Medizinprodukten sollen sämtliche Verhaltensweisen erfasst werden, durch die sich die in Absatz 1 genannten Berufsgruppen diese Mittel verschaffen oder durch die diese Mittel Patienten zugänglich gemacht werden. Der Begriff der Verordnung meint die Verschreibung von Arzneimitteln, Heil- und Hilfsmitteln und Medizinprodukten zugunsten von Patienten, unabhängig davon, ob für das verschriebene Mittel oder Produkt eine Verschreibungspflicht besteht. Ebenfalls erfasst sind Tätigkeiten, die mit dem Verordnen in einem engen inneren Zusammenhang stehen, wie beispielsweise die Übersendung der Verordnung an einen anderen Leistungserbringer. Die Abgabe soll jede Form der Übergabe an Patienten, einschließlich der Verabreichung, erfassen."[98]

---

97 BT Drs. 18/6446, 20.
98 BT Drs. 18/6446, 20 (eigene Hervorhebungen); näher: *Gaede*, medstra 2015, 263.

3.6.2.2 Der Begriff der Verordnung, §§ 299a Nr. 1, 299b Nr. 1 StGB

Wie bereits anhand der Gesetzesmaterialien ersichtlich, soll der Begriff der Verordnung auch dann erfüllt sein, wenn es sich nicht um ein verschreibungspflichtiges Präparat handelt. Insofern können auch Verordnungen auf „grünen Rezepten" Verordnungen im Sinne der §§ 299a, 299b StGB darstellen.[99] Diese Auslegung des Begriffs der Verordnung entspricht den Gesetzesmaterialen.[100]

Nach einschlägigen Stellungnahmen im strafrechtlichen Schrifttum soll eine Verordnung allerdings dann nicht vorliegen, wenn mittelbar eine Empfehlung ausgesprochen oder auf eine Kaufentscheidung über Dritte hingewirkt wird. Eine derartige Fallkonstellation ist anzunehmen, wenn Unternehmen auf die Verordnungsempfehlungen durch medizinische Fachgesellschaften oder mittels einer Unterstützung von Selbsthilfegruppen einwirken.[101]

3.6.2.3 Der Begriff des Bezugs, Einschränkung des tatbestandsmäßigen Marktverhaltens, §§ 299a Nr. 2, 299b Nr. 2 StGB

Der Begriff des Bezugs erstreckt sich auf alle Handlungen, die auf ein entgeltliches oder unentgeltliches Erwerben der genannten Produkte bezogen sind. Ein „Bezug" ist daher gegeben, wenn Produkte bestellt, abgenommen oder bezahlt werden. Somit sind auch Teilhandlungen eines mehraktigen Erwerbstatbestands unter den Bezugsbegriff zu subsumieren.[102]

Eine relevante Einschränkung erfahren §§ 299a Nr. 2, 299b Nr. 2 StGB durch die Voraussetzungen, dass der Bezug der aufgeführten Produkte nur dann strafbar ist, wenn diese zur unmittelbaren Anwendung durch den Heilberufsangehörigen oder einen seiner Berufshelfer bestimmt sind.

Nach BT-Drucksache 18/8106 vom 13.4.2016, S. 14 können nur in diesen Fällen „die geschützten Rechtsgüter des lauteren Wettbewerbs und der

---

99 *Tsambikakis*, medstra 2016, 131, 135.; NK/*Dannecker/Schröder*, StGB, 5. Aufl. 2017, § 299a Rn. 162.
100 BT Drs. 18/6446, 20: „Der Begriff der Verordnung meint die Verschreibung von Arzneimitteln, Heil- und Hilfsmitteln und Medizinprodukten zugunsten von Patienten, unabhängig davon, ob für das verschriebene Mittel oder Produkt eine Verschreibungspflicht besteht.".
101 *Tsambikakis*, medstra 2016, 131, 135; *Pragal/Handel*, medstra 2015, 337, 339.
102 *Tsambikakis*, medstra 2016, 131, 135.

Integrität heilberuflicher Entscheidungen auch durch auf Bezugsentscheidungen gerichtete Vorteile in strafwürdiger Weise beeinträchtigt werden."

In der Praxis führt diese Einschränkung der Strafbarkeit von Vorteilszuwendungen im Zusammenhang mit Bezugsentscheidungen zu einer weitgehenden Entkriminalisierung der Kooperationen pharmazeutischer Hersteller mit Apotheken, die sich vor allem im nicht der Arzneimittelpreisbindung unterliegenden OTC Bereich auswirkt.

Kritisch aus kriminalpolitischer Sicht[103]:

> „Offensichtlich ist schon jetzt eine andere Strafbarkeitslücke. Diese ist entstanden, weil der Rechtsausschuss jene Absätze gestrichen hat, welche den Tausch von Vorteil und Pflichtverletzung im Zusammenhang mit dem Bezug von Medikamenten und Medizinprodukten pönalisieren, die unmittelbar an Patienten abgegeben werden (§§ 299a Abs. 2, 299b Abs. 2 StGB-RegE). Infolgedessen können sich Apotheker und andere Verkäufer von Medizinprodukten beim Bezug ihrer Waren korruptiv beeinflussen lassen, ohne in den Anwendungsbereich des § 299a StGB zu gelangen. Dementsprechend werden auch die Vorteilsgeber auf Seiten der Pharmaunternehmen und Medizinprodukteherstelller nicht von § 299b StGB erfasst."[104]

Bedauert wird die Einschränkung der Bezugsvariante auch von *Dannecker/Schröder*[105] und *Kölbel*[106], die im strafrechtswissenschaftlichen Diskurs konsequent die Rolle der „atypischen Moralunternehmer" einnehmen.[107]

Die genannten Autoren messen dem „Integritätsschutz" des Apothekers größere Bedeutung bei, als dessen wirtschaftlicher Freiheit und befürchten – trotz der apothekenrechtlichen und berufsrechtlichen Verbotstatbestände – „dass sich die Beeinflussung dieser Berufsgruppe durch Akteure der Gesundheitsindustrie als ,mittelbarer Kommunikationskanal' verstärkt" (*Dannecker/Schröder* a.a.O.). Die entsprechenden Grundpositionen konnten sich allerdings bereits im Gesetzgebungsverfahren nicht durchsetzen

---

103 *Tsambikakis*, medstra 2016, 131, 135.
104 *Kubiciel*, jurisPR-StrafR 2016, Heft 11.
105 NK/*Dannecker/Schröder*, StGB, 5. Aufl. 2017, § 299a Rn. 112.
106 *Kölbel*, Aktuelle Entwicklungen für Rechtsfragen in der Medizin, 57 ff.
107 Zum Begriff „Moralunternehmer", eingeführt von dem frühen Labeling Theoretiker Howard S. *Becker*; vgl. *Schneider*, Über die Erstarrung der deutschen Kriminologie; Eine Sammlung von Beiträgen zu §§ 299a, 299b StGB, die einem entsprechenden kriminalpolitischen Spektrum zuzuordnen sind, findet sich im Tagungsband von *Kubiciel/Hoven*, Korruption im Gesundheitswesen.

und sind wohl auch im strafrechtswissenschaftlichen Schrifttum nicht mehrheitsfähig.

Aufgrund der genannten Einschränkung ist der Anwendungsbereich der §§ 299a, 299b StGB bei Vorteilszuwendungen im Zusammenhang mit Bezugsentscheidungen somit zum Beispiel bei Prothesen und Implantaten eröffnet, die in der Regel unmittelbar angewendet werden.[108]

Noch ungeklärt ist die Rechtslage demgegenüber bei Sprechstundenbedarf und Verbrauchsmaterial für den Praxisbetrieb, wie Handschuhe, Alkoholtupfer, Verbandsmittel, Desinfektionsmittel usw.[109]

Nach dem Dafürhalten des Verfassers sind Verbrauchsmaterialien, die nicht zu Lasten der GKV abgegeben werden, auch dann nicht von §§ 299a, Nr. 2, 299b Nr. 2 StGB erfasst, wenn sie unmittelbar am Patienten Anwendung finden. Maßgeblich ist, dass der Arzt insofern keine Möglichkeit hätte, seine Betriebskosten zum Beispiel durch Rabatte bei Einkaufsentscheidungen zu senken. Zudem könnte die gegenteilige Auffassung dazu führen, dass Vorteile, wie z.B. Barrabatte, die heilmittelwerberechtlich zulässig sind, gleichwohl über §§ 299a, 299b StGB kriminalisiert werden. Dies stünde im Widerspruch zum Prinzip der asymmetrischen Akzessorietät, nach dem Sachverhalte, die zivil- oder öffentlich-rechtlich erlaubt sind, nicht durch das Strafrecht für verboten erklärt werden dürfen.

3.6.2.4 Der Begriff der Zuführung, §§ 299a Nr. 3, 299b Nr. 3 StGB

3.6.2.4.1 Auslegung des Tatbestandsmerkmals der Zuführung

Hinsichtlich des Begriffs der „Zuführung von Patienten" wird in der Entwurfsbegründung[110] auf § 11 ApoG, 73 Abs. 7 SGB V, 31 Abs. 1 MBO-Ä verwiesen, obwohl dort von Zuweisung die Rede ist.

---

108 Siehe hierzu auch BT Drs. 18/8106: erfasst werden soll „der Bezug von Arznei- und Hilfsmittel und Medizinprodukten, die der Heilberufsangehörige nicht (zunächst) verordnet, sondern ohne Verordnung unmittelbar beim Patienten anwendet, wie zum Beispiel Prothesen, Implantate und unmittelbar vom Heilberufsangehörigen anzuwendende Arzneimittel.".
109 Das Problem wird aufgeworfen bei *Tsambikakis*, medstra 2016, 131, 135; sowie *Pragal/Handel*, medstra 2015, 337, 339.
110 BT Drs.18/6446, 20.

Die Entwurfsbegründung führt insofern wie folgt aus:

> „Der Begriff der Zuführung entspricht inhaltlich dem sozial- und berufsrechtlichen Zuweisungsbegriff (§ 73 Absatz 7 SGB V, § 31 MBO). Zu verstehen ist darunter jede Einwirkung auf den Patienten mit der Absicht, dessen Auswahl eines Arztes oder eines anderen Leistungserbringers zu beeinflussen. Erfasst werden danach Zuweisungen und Überweisungen sowie Verweisungen und Empfehlungen."

Vergleicht man allerdings die Terminologie der §§ 299a, 299b StGB mit der Begrifflichkeit des § 31 MBO, ergibt sich, dass bloße Empfehlungen bestimmter Anbietern, die das Selbstbestimmungsrecht des Patienten wahren, nicht unter den Begriff der Zuführung bzw. Zuweisung fallen. Denn in § 31 MBO, auf den die Entwurfsbegründung Bezug nimmt, wird begrifflich zwischen Zuweisung, § 31 Abs. 1 MBO, und Empfehlung, § 31 Abs. 2 MBO, unterschieden. Dies impliziert, dass die Begriffe der Zuweisung bzw. Zuführung einerseits und der Empfehlung andererseits nicht identisch sind. Hierfür spricht auch der Wortlaut. Denn der Wortstamm des Begriffs „Zuführen" ist das Verb führen. Auch Zuweisen und Empfehlen haben unterschiedliche Bedeutungen.

Denn Synonyme für „Zuweisen" sind laut Duden:

> „anweisen, übertragen, zuschieben, zuteilen; (gehoben) anbefehlen, überantworten; (salopp) aufs Auge drücken; (Wirtschaft) allozieren."

„Empfehlen" bedeutet demgegenüber:

> „jemandem als vorteilhaft, geeignet, zuverlässig vorschlagen; jemandem raten, sich für jemanden, etwas zu entscheiden."

Die Begriffe „Zuweisen" oder „Zuführen" setzen damit ein Autoritätsverhältnis zwischen dem Zuweisenden und dem Zugewiesenen voraus, das ausgenutzt wird, um den Zugewiesenen in eine bestimmte Richtung zu drängen und ihn zu manipulieren („aufs Auge drücken"). Bei gegebenen Informationsasymmetrien, wie sie auch zwischen Arzt und Patient im Hinblick auf notwendige Therapien, Qualität der Versorgung konkurrierender Anbieter usw. bestehen, kann ein zumindest fachliches Autoritätsverhältnis bestehen. Es ist aber eine Frage des Einzelfalles, ob dieses zielgerichtet zur Manipulation des Patienten ausgenutzt wird. An diesem Punkt unterscheiden sich nach dem Dafürhalten des Unterzeichners die tatbestandsmäßige Zuweisung von Patienten von der nicht tatbestandsmäßigen, die Autonomie des Patienten respektierenden, Empfehlung. Dies trägt auch dem Umstand Rechnung, dass "die sachliche Information im Rahmen der ärztlichen Aufklärung und Beratung sowie die neutrale Darstellung von Vor- und Nachteilen von Angeboten auf dem Gesundheitsmarkt... zu den ureigensten Aufgaben nicht nur des Hausarztes gehört."[111]

Daher ist eine Empfehlung z. B. gemäß § 31 Abs. 2 MBO – trotz der insoweit missverständlichen Entwurfsbegründung – auch nur dann tatbestandsmäßig, wenn sie „ohne hinreichenden Grund" erfolgt. Ist ein derartiger Grund ersichtlich oder äußert der Patient eine entsprechende Bitte, erfüllt der Arzt demgegenüber eine Nebenpflicht aus dem Behandlungsvertrag und verhält sich demnach vertragstreu und berufsrechtskonform.[112]

Dem hier vertretenen Standpunkt sind kürzlich *Dannecker/Schröder*[113] entgegengetreten.

Sogar ein „Nahelegen", einen bestimmten Anbieter von Gesundheitsdienstleistungen aufzusuchen, falle unter den Begriff der „Zuführung". Im Arzt-Patienten-Verhältnis bestünden keine „entscheidenden qualitativen Unterschiede" zwischen Überweisung, Empfehlung und anderen Formen der Willensbeeinflussung. Auch bloße Empfehlungen und Zuweisungen könnten in die „Wahlfreiheit" des Patienten eingreifen und stellten demnach eine tatbestandsmäßige Zuführung von Patienten dar. Der Patient habe „ein Recht auf eine beruflich integre, von handfesten Interessenkonflikten freie heilberufliche Entscheidung". Dies gebiete es, selbst die auf Nachfrage des Patienten ausgesprochene Empfehlung in den Anwendungsbereich der §§ 299a, 299b StGB einzubeziehen.

Die Kritik ist zurückzuweisen. Die in der Kommentierung dargelegte Nivellierung heterogener Begriffe (Empfehlung, Verweisung, Zuweisung, Zuführung) ignoriert konsequent den Wortlaut des Gesetzes. In der Alltagssprache, die für die Auslegung der Strafgesetze von grundlegender Bedeutung ist, manifestieren sich in den dargelegten Termini sehr wohl unterschiedliche Intensitäten der Willensbeeinflussung, die nicht alle als „Führen" des Patienten gewertet werden können und demnach auch nicht alle gleichermaßen tatbestandsmäßig sind. Insbesondere dann, wenn die wirtschaftliche Verflechtung offenkundig ist (z.B. im Fall einer Tätigkeit des empfehlenden niedergelassenen Arztes in dem Krankenhaus des empfohlenen Kooperationspartners), wird durch eine Beratung (zu der ein Arzt unter bestimmten Voraussetzungen sogar verpflichtet ist) oder Empfeh-

---

111 Spickhoff/*Scholz*, Medizinrecht, 2. Aufl. 2014, § 31 MBO Rn. 13.
112 Spickhoff/*Scholz*, Medizinrecht, 2. Aufl. 2014, § 31 MBO Rn. 12.
113 NK/*Dannecker/Schröder*, StGB, 5. Aufl. 2017, § 299a Rn. 172 f.

lung auch weder der Wettbewerb noch das Wahlrecht des Patienten beeinträchtigt, weil der Patient in Kenntnis aller maßgeblichen Tatsachen seine Entscheidung eigenverantwortlich trifft.

Gegenstand der Zuführung sind „Patienten" und „Untersuchungsmaterial". „Mit der Zuführung von Untersuchungsmaterial ist insbesondere die Weiterleitung von Proben zur Durchführung von Laboruntersuchungen gemeint."[114]

Der Begriff des Patienten findet sich unter anderem im SGB V und im bürgerlichen Recht in § 630 Abs. 1 BGB und bezeichnet dort denjenigen, dem aufgrund des Behandlungsvertrages eine medizinische Behandlung zugesagt wird. Es kommt darauf an, dass die „betroffene Person gerade Patient des zuführenden Heilberufsangehörigen ist."[115]

Mithin ist nicht erforderlich, dass die zugeführte Person auch Patient des Vorteilsgebers wird. In diesen Fällen ist aber einschränkend zu prüfen, ob die Zuführung im Zusammenhang mit dem Heilberuf stand. Dies ist beispielsweise zu bejahen, wenn der adipöse Patient durch den behandelnden Arzt einem Hersteller von Nahrungsergänzungspräparaten zugeführt wird, von dem der Arzt ein Kickback erhält.

3.6.2.4.2 Rückgriffsverbot auf die Zuführungsvariante bei Bezugsentscheidungen und bei Verordnungen

Soweit die vorrangigen Varianten der Verordnung und des Bezugs einschlägig sind, ist der Rückgriff auf die allgemeinere Zuführungsvariante gesperrt. Dies folgt dem Grundsatz, dass das speziellere Gesetz dem allgemeineren vorgeht und somit die einschränkenden Voraussetzungen des spezielleren Gesetzes nicht durch den Rückgriff auf die allgemeinere Variante umgangen werden dürfen.

Die hiermit angesprochene Rechtsfrage hat vor allem Konsequenzen für den Vertrieb von OTC Präparaten und die Fälle einer Beeinflussung der Einkaufsentscheidung des Apothekers durch den Hersteller des Präparats. Der Einkauf von Arzneimitteln durch den Apotheker unterfällt der Bezugsvariante (§§ 299a Nr. 2, 299b Nr. 2 StGB). Vorteilszuwendungen durch Hersteller dieser Präparate sind auch dann nicht tatbestandsmäßig,

---

114 BT Drs. 18/6446, 20.
115 NK/*Gaede*, Steuer-und Wirtschaftsstrafrecht, 1. Aufl. 2017, § 299a Rn. 77.

wenn sie gegen das Heilmittelwerberecht verstoßen. Denn der Bezug gilt in diesen Fällen nicht einem Arzneimittel, das „zur unmittelbaren Anwendung durch den Heilberufsangehörigen bestimmt ist". Der Apotheker gibt nämlich das Arzneimittel lediglich ab. Mithin wendet er es nicht im Sinne der §§ 299a Nr. 2, 299b Nr. 2 StGB an.

Dieses kriminalpolitisch explizit vom Gesetzgeber beabsichtigte Ergebnis darf nicht dadurch kompensiert werden, dass man in der Abgabe der Arzneimittel an den Kunden des Apothekers eine Zuführung von Patienten an den Hersteller des Arzneimittels sieht. Zwar sind Sachverhalte denkbar, die unter den Wortlaut der Zuführungsvariante subsumiert werden können. Aufgrund des innertatbestandlichen Konkurrenzverhältnisses der drei im Gesetz angeführten Varianten des Marktverhaltens ist dies aber nicht zulässig.

3.6.3 *Spezifischer Konnex zwischen Vorteil und Marktverhalten*

Der spezifische Konnex zwischen Vorteil und Wettbewerbs- bzw. Marktverhalten setzt voraus, dass sich Vorteil und Tathandlungen auf das Wettbewerbsverhalten beziehen. Da § 299a StGB und § 299b StGB, ebenso wie § 299 StGB, nicht als Erfolgsdelikt ausgestaltet sind,[116] muss es zu dem unlauteren Wettbewerbsverhalten nicht kommen. Die Funktion des Konnexes zwischen Vorteilszuwendung und Wettbewerbs- bzw. Marktverhalten im Tatbestand des § 299a StGB und § 299b StGB entspricht derjenigen des Konnexes zwischen Vorteilszuwendung und Dienstausübung bei §§ 331 ff. StGB und dient insbesondere der Abgrenzung von den Privathandlungen.

---

116 *Fischer*, StGB, 64. Aufl. 2017, § 299 Rn. 2b; Beck-OK/*Momsen/Laudien*, StGB, 34. Edition, § 299 Rn. 4; NK/*Dannecker*, StGB, 5. Aufl. 2017, § 299 Rn. 11; MüKo/*Krick*, StGB, 2. Aufl. 2014, § 299 Rn. 2; Lackner/Kühl/*Heger*, StGB, 28. Aufl. 2014, § 299 Rn. 7; Schönke/Schröder/*Heine/Eisele*, 29. Aufl. 2014, § 299 Rn. 331; Spickhoff/*Schuhr*, Medizinrecht, 2. Aufl. 2014, § 299 StGB Rn. 3; LK/*Tiedemann*, StGB, 12. Aufl. 2008, § 299 Rn. 9; *Brettel/Duttge/Schuhr*, JZ 2015, 929, 933.

3.7 Vorliegen einer Unrechtsvereinbarung

3.7.1 Grundsätze

3.7.1.1 Der Aufbau von „Dankbarkeitsdruck"

Für das Bestehen einer Unrechtsvereinbarung enthalten § 299a StGB und § 299b StGB seit dem Paradigmenwechsel vom 13.4.2016[117] lediglich einen Anknüpfungspunkt, der tatbestandlich mit „unlautere Bevorzugung im Wettbewerb" umschrieben ist.

Mit dem Begriff der Unrechtsvereinbarung ist gemeint, dass sich der Angehörige des Heilberufs durch die Vorteilszuwendung zur Dankbarkeit verpflichtet fühlt. Hält er diesem Dankbarkeitsdruck nicht stand, wird er sich bei dem Vorteilsgeber revanchieren und für den Vorteil erkenntlich zeigen. Man spricht von einer Unrechtsvereinbarung, wenn das zukünftige sich erkenntlich Zeigen für den Vorteil zumindest unausgesprochen die „Geschäftsgrundlage" für die Vorteilszuwendung war.[118]

Diese Betrachtung zeigt nochmals eindeutig, dass die Überlegung des Regierungsentwurfes, eine Unrechtsvereinbarung liege auch dann vor, wenn der Angehörige des Heilberufs gegen das Berufsrecht verstoße, verfehlt war. Denn an der bloßen Berufsrechtspflichtverletzung hat der Vorteilsgeber kein Interesse. Ihm geht es um den wirtschaftlichen Erfolg, um die Übervorteilung des Wettbewerbers. Diese kann mit einer Berufsrechtspflichtverletzung einhergehen. Die Berufsrechtspflichtverletzung wird bei lebensnaher Betrachtung aber nicht das primäre Ziel der Beeinflussung darstellen.

3.7.1.2 Vorliegen einer Wettbewerbslage

3.7.1.2.1 Begriff des Wettbewerbs

Hinsichtlich der Begriffe der „Bevorzugung im Wettbewerb" kann auf die gefestigte Rechtsprechung zu § 299 StGB Bezug genommen werden.

---

117 *Schneider*, medstra 2016, 195; sowie *Schneider/Seifert*, KH-J 2016, Heft 2, 8.
118 näher: *Rauer/Pfuhl*, PharmR 2016, 357; *Jäger-Siemon*, Ärzteblatt Thüringen 2016, 162.

Eine Wettbewerbssituation ist gegeben, wenn auf einem sachlich und räumlich zu definierenden Markt mindestens zwei Anbieter miteinander konkurrieren. Im Zusammenhang mit der räumlichen Marktabgrenzung ist eine nachfragenbezogene Betrachtung vorzunehmen. In weniger angebotsgesättigten Märkten besteht eine Nachfrage in einem größeren räumlichen Gebiet als in Märkten mit hoher Angebotsdichte. Die sachliche Marktabgrenzung betrifft die Frage, welche Arznei-, Heil- oder Hilfsmittel oder Medizinprodukte vor dem Hintergrund eines bestimmten Bedarfs zusammengefasst werden können.

3.7.1.2.2 Einbezug des ausländischen Wettbewerbs

Der Tatbestand der §§ 299a, 299b StGB erfasst unlautere Bevorzugungen im in- und ausländischen Wettbewerb. Der Gesetzgeber folgt mit dem Einbezug des ausländischen Wettbewerbs einer Regelung im Tatbestand der Bestechung und Bestechlichkeit im geschäftlichen Verkehr, § 299 StGB, der bereits seit dem Jahr 2002[119] eine „Auslandsklausel"[120] aufweist.

Die insbesondere von *Schünemann*[121] als „chauvinistisch-imperialistische Anmaßung deutscher Strafgewalt über die ganze Welt" bzw. von *Bernsmann/Gatzweiler*[122] als „symbolischer Strafrechtsimperialismus" kritisierte Regelung folgt somit europarechtlichen Vorgaben, die von Deutschland mit einiger zeitlicher Verzögerung umgesetzt wurden und die hinsichtlich der Einführung der Auslandsklausel mit weltweitem Gel-

---

119 Die Auslandsklausel wurde durch das „Gesetz zur Ausführung des Zweiten Protokolls vom 19. Juni 1997 zum Übereinkommen über den Schutz der finanziellen Interessen der Europäischen Gemeinschaften, der Gemeinsamen Maßnahme betreffend die Bestechung im privaten Sektor vom 22. Dezember 1998 und des Rahmenbeschlusses vom 29. Mai 2000 über die Verstärkung des mit strafrechtlichen und anderen Sanktionen bewehrten Schutzes gegen Geldfälschung im Hinblick auf die Einführung des Euro", BGBl I 2002, 3387 ff. eingeführt.
120 § 299 Abs. 3 StGB a.F., seit der Reform durch das Gesetz zur Bekämpfung der Korruption vom 20.11.2015 (BGBl. I S. 2025), in Kraft getreten am 26.11.2015: § 299 Abs. 1 Nr. 1, Abs. 2 Nr. 1 StGB.
121 *Schünemann*, ZRP 2015, 86, 68.
122 *Bernsmann/Gatzweiler*, Verteidigung bei Korruptionsfällen, Rn. 2014.

tungsanspruch im strafrechtswissenschaftlichen Schrifttum als nicht zwingend eingestuft werden.[123]

Auch auf dem ausländischen Markt bzw. im ausländischen Wettbewerb ist nicht jede zumindest ins Auge gefasste Bevorzugung tatbestandsmäßig, sondern nur eine solche, die unlauter ist. Insofern kommt es insbesondere auf die Verletzung einschlägiger Marktverhaltensnormen an.[124]

Die Konsequenzen dieses Ansatzes sind für den deutschen Wettbewerb unter „3.7.1.4 Unlauterkeit der Bevorzugung" in diesem Beitrag dargestellt.

Im Anwendungsbereich der „Auslandsklausel" ist insbesondere fraglich, ob die ausländische Wettbewerbsordnung maßgeblich ist oder auch insofern das deutsche Wettbewerbsrecht und die insoweit einschlägigen Marktverhaltensnormen in Bezug genommen und geprüft werden sollen.

Die Problematik ist für Auslandssachverhalte von entscheidender Bedeutung. Soweit der Begriff der Unlauterkeit das Einfallstor für das fremde Wettbewerbsrecht darstellt, wären zum Beispiel die fremden Anschauungen über Sozialadäquanz bestimmter Einladungen und Geschenke seitens der deutschen Staatsanwaltschaften und Gerichte zu ermitteln und zu prüfen.[125] Höchstrichterliche Entscheidungen zu dieser Fragestellung liegen noch nicht vor. Die weitere Entwicklung ist daher zu beobachten.

Lenk[126] plädiert dafür, die Anwendbarkeit des § 299 StGB von der Vorprüfung abhängig zu machen, ob die fremde Wettbewerbsordnung „mit unserer vergleichbar ist". Hierbei müsse geprüft werden, ob der ausländische Wettbewerb den Standards des inländischen Marktes gleichkommt. Dies zu ermitteln, sei eine im Strafprozess zu leistende „Herkulesaufgabe", aber die „sauberste Lösung". Denn nur in diesem Fall sei die Teilhabe am Schutz durch das deutsche Strafrecht gerechtfertigt.

Nach anderer Ansicht soll es darauf nicht ankommen. Maßstab der Beurteilung der Tatbestandsvoraussetzungen ist hiernach mit aller Konse-

---

123 Vgl. *Vormbaum*, Schroeder FS, 649 ff., 653: Deutschland als „strafrechtlicher EU-Musterknabe"; *Haft/Schwoerer*, Weber FS, 367 ff., 381: Für Deutschland habe es keinen Grund zur Umsetzung der Maßnahme gegeben.
124 *Gaede/Lindemann/Tsambikakis*, medstra 2015, 142; *Jary*, PharmR 2015, 99; *Kubiciel*, MedR 2016, 1.
125 Beispiel bei: *Wollschläger*, StV 2010, 385, 387.
126 Zur Nichtanwendbarkeit des § 299 Abs. 3 StGB bei Inlandstaten mit Auslandsbezug: *Lenk*, wistra 2014, 50, 53.

quenz das deutsche Strafrecht und über das Einfallstor des Unlauterkeitsmerkmals demnach offensichtlich auch das deutsche Wettbewerbsrecht.[127]

Nach dem Dafürhalten des Verfassers kann dem nicht gefolgt werden. Es kommt vielmehr darauf an, ob ein Verhalten nach dem Wettbewerbsrecht des Landes, um dessen Schutz es gem. der Auslandsklausel durch deutsches Strafrecht geht, wettbewerbskonform oder wettbewerbswidrig ist.

Deutsches Wettbewerbsrecht sollte nicht durch Strafrecht für deutsche Unternehmen verbindlich in das Ausland exportiert werden. Stehen deutsche Unternehmen mit ihren Produkten und Dienstleistungen in einem ausländischen Markt in einem Wettbewerb zu den dort ansässigen Unternehmen, wären sie gegenüber der Konkurrenz benachteiligt, wenn sie sich an die vielfach strengeren deutschen Wettbewerbsregeln halten müssten, die im Ausland ggf. keine Geltung beanspruchen. Hierfür gibt es keinen sachlichen Grund. Der Begriff der Korruption, bei dem es sich, legt man das deutsche StGB zugrunde, nicht um einen Rechtsbegriff handelt, ist kernprägnant, aber nicht randscharf. Korruption beruht nicht auf einem natürlichen, sondern einem juristischen Verbrechensbegriff, der Raum für unterschiedliche Gewichtungen, gesellschaftliche Gepflogenheiten und rechtliche Festlegungen trifft. Eine Gesellschaft, die sich anderen Regelungen zur Ausgestaltung ihrer Wettbewerbsordnungen unterwirft, stellt sich deshalb nicht notwendig „internationalen Bestrebungen zur Eindäm-

---

[127] NK/*Dannecker*, StGB, 5. Aufl. 2017, § 299 Rn. 120: „Vielmehr fallen alle gegen ausländische Wettbewerbsordnungen gerichteten Bestechlichkeits- und Bestechungstaten im geschäftlichen Verkehr in den Schutzbereich des § 299 StGB. Der Schutz ist weder auf solche Märkte zu beschränken, die einer dem deutschen Wettbewerbsrecht nahe kommenden Ordnung unterliegen, noch kann ein strafloses sozialadäquates Verhalten angenommen werden, wenn die Bestechung zum Abschluss von Geschäften üblich ist. Für deutsche Wettbewerber auf ausländischen Märkten bedeutet dies, dass sie gegenüber ihren ausländischen Konkurrenten im Wettbewerb benachteiligt sind, da andere Staaten keinen so weit reichenden Strafrechtsschutz gewähren. Gleichwohl kann in diesen Fällen keine teleologische Reduktion des § 299 Abs. 3 StGB angenommen werden, da die Bestechung, auch wenn sie im Ausland teilweise geduldet wird, nicht zur normalen Ordnung des wirtschaftlichen Lebens gehört, da auch dort der Wettbewerb gefährdet wird und eine teleologische Reduktion der internationalen Bestrebungen zur Eindämmung der Korruption, die auch Zweck des § 299 Abs. 3 zuwiderliefe.".

mung der Korruption"[128] entgegen, sondern definiert Korruption nur anders, als dies beispielsweise durch das deutsche Recht erfolgt.

Im Ausland haben sich deutsche Unternehmen deshalb an dem dort geltenden Wettbewerbsrecht zu orientieren. Ist dieses enger und erlaubt beispielsweise keinerlei direkte Zuwendungen der Industrie an HCP, ist dies auch für das Strafrecht beachtlich. Duldet es hingegen ein Verhalten, das den strengen deutschen Vorschriften zuwiderlaufen würde, darf diese unternehmerische Freiheit nicht zum Nachteil deutscher Unternehmen durch das deutsche Strafrecht desavouiert werden.

Für die Praxis der deutschen Arzneimittelhersteller (auch im Hinblick auf ausländische Tochtergesellschaften) ist aber zu beachten, dass der hier vertretene Standpunkt nicht sicher auch der Ermittlungspraxis einer deutschen Staatsanwaltschaft zugrunde gelegt wird. Vielmehr ist zu befürchten, dass diese sich der restriktiveren, wirtschaftsfeindlicheren Auslegung anschließt und Auslandsfälle uneingeschränkt nach deutschem Wettbewerbsrecht beurteilt. Unternehmen sind daher gut beraten, eine doppelte Wettbewerbsprüfung vorzunehmen und darauf zu achten, dass das Marktverhalten sowohl den Anforderungen des deutschen wie des jeweiligen ausländischen Wettbewerbsrechts genügt.

3.7.1.3 Bevorzugung

Eine Bevorzugung liegt vor, wenn der Vorteilsnehmer einen anderen, in Praxis zumeist den Vorteilsgeber, in den Genuss eines Wettbewerbsvorsprungs gegenüber der Konkurrenz bringt.[129]

Der Vorteil muss ferner nachweislich die Gegenleistung für eine (zumindest ins Auge gefasste) Bevorzugung darstellen.[130]

---

128 siehe oben NK/*Dannecker*, StGB, 5. Aufl. 2017, § 299 Rn. 120.
129 SSW/*Rosenau*, StGB, 3. Aufl. 2017, § 299a Rn. 15; *Fischer*, StGB, 64. Aufl. 2017, § 299a Rn. 10.
130 BGH v. 14.7.2010 – 2 StR 200/10; Fischer, StGB, 64. Aufl. 2017, § 299a Rn. 9, § 299 Rn. 13; Beck-OK/*Momsen*, StGB, 34. Edition, § 299a Rn. 14, § 299 Rn. 13; NK/*Dannecker*, StGB, 5. Aufl. 2017, § 299a Rn. 141, § 299 Rn. 42; Lackner/Kühl/*Heger*, StGB, 28. Aufl. 2014, § 299 Rn. 5; MüKo/*Krick*, StGB, 2. Aufl. 2014, § 299 Rn. 24; Schönke/Schröder/Heine/Eisele, StGB, 29. Aufl. 2014, § 299 Rn. 15; Spickhoff/*Schuhr*, Medizinrecht, 2. Aufl. 2014, § 299 StGB Rn. 47; NK/*Gaede*, Wirtschafts- und Steuerstrafrecht, 1. Aufl. 2017, § 299 StGB Rn. 57.

3.7.1.4 Unlauterkeit der Bevorzugung

Unlauter ist die Bevorzugung, wenn sie gegen die Grundsätze eines redlichen Geschäftsverkehrs verstößt. Dies ist nach einer verbreiteten Meinung und st. Rechtsprechung zu § 299 StGB bereits dann der Fall, wenn der Vorteilsnehmer seine Entscheidung unter dem Einfluss der empfangenen oder erwarteten Vorteile trifft.[131]

Nach zutreffender Ansicht setzt die Unlauterkeit der Bevorzugung aber die Verletzung außerstrafrechtlicher Marktverhaltensnormen voraus. Insbesondere kann ein Verhalten, das unter wettbewerbsrechtlichen Gesichtspunkten gesetzeskonform ist, nicht durch das Strafrecht für verboten erklärt werden.[132]

Der Gesetzgeber hat durch die Ausgestaltung der Primärrechtsordnung im Heilmittelwerberecht und im Sozialrecht somit „erlaubte Risiken bzw. Freiräume" geschaffen, „in deren Rahmen die Gefahr der Bevorzugung hingenommen wird."[133]

Die Lauterkeit eines Verhaltens ist demnach insbesondere anhand von strafrechtsexternen Regelungen, die im weiteren Sinne den freien Leistungswettbewerb schützen (sogenannte Marktverhaltensnormen), festzustellen.

Legt man diese Prämissen zugrunde, gilt Folgendes:

---

131 SSW/*Rosenau*, StGB, 3. Aufl. 2017, § 299a Rn. 17; zur Rechtsprechung, vgl. BGH v. 13.5.1952 – 1 StR 670/51; BGH v. 18.6.2003 – 5 StR 489/02.
132 hierzu grundlegend: *Schneider/Kaltenhäuser*, medstra 2015, 24; NK/*Gaede*, Wirtschafts- und Steuerstrafrecht, 1. Aufl. 2017, § 299a StGB Rn. 80 f.; vgl. nachstehend unter 3.7.2. Etwas Anderes kann nur dann gelten, wenn die Grenzen des Zulässigen als Kulisse verwendet werden und diese eine manifeste Kick Back Absprache tarnen sollen, Bsp.: Der Arzt erhält als „Belohnung" für sein Verordnungsverhalten jährlich eine abgesprochene Anzahl an isoliert betrachtet heilmittelwerberechtlich oder berufsrechtlich zulässigen Einladungen zu Kongressen.
133 NK/*Gaede*, Wirtschafts- und Steuerstrafrecht, 1. Aufl. 2017, § 299a StGB Rn. 80 f.

3.7.2 Prinzip der asymmetrischen Akzessorietät – Bezug auf die Rechtsprechung in Wettbewerbssachen

3.7.2.1 Grund und Grenzen des Prinzips der asymmetrischen Akzessorietät

Nach diesem im strafrechtlichen Schrifttum entwickelten Prinzip[134] gilt als Maxime, dass ein Verhalten, das in anderen Rechtsmaterien als erlaubt gilt, durch das Strafrecht nicht für verboten und strafbar erklärt werden darf. Es besteht demnach ein Zusammenhang zwischen Zivilrecht und Sozialrecht einerseits, sowie dem Strafrecht andererseits. Dieser Zusammenhang ist nicht symmetrisch. Ein Verstoß, zum Beispiel gegen das Lauterkeitsrecht, ist damit nicht zugleich auch strafbar. Der Zusammenhang ist vielmehr asymmetrisch. Wenn zum Beispiel eine Vertriebsstrategie nach UWG (oder anderen Rechtsmaterien außerhalb des Strafrechts, z.B. HWG) nicht zu beanstanden ist, darf sie auch nicht strafbar sein. Ist sie allerdings nach UWG wettbewerbswidrig, bedeutet dies nicht zwangsläufig auch die Strafbarkeit dieser Strategie. Das Strafrecht hat nämlich eigenständige Tatbestandsmerkmale, die – trotz der Idee der „Einheit der Rechtsordnung" – nicht mit den Begriffen anderer Rechtsmaterien identisch sein müssen und das Strafrecht verfügt kraft des Ultima Ratio Prinzips über eine eigenständige Erheblichkeitsschwelle, die in der Regel höher sein wird als die entsprechenden Verbotsnormen des UWG oder HWG.

Der Sache nach wird dieses Prinzip auch von den Verfassern des Entwurfs anerkannt. Denn die Entwurfsbegründung hebt hervor, dass „Verdienstmöglichkeiten", die „im Rahmen der beruflichen Zusammenarbeit eingeräumt werden", „gesundheitspolitisch grundsätzlich gewollt" sind und „auch im Interesse des Patienten" liegen. Daher seien sie, soweit nicht unangemessen hohe Entgelte gezahlt werden, grundsätzlich nicht nach §§ 299a, b StGB strafbar.

---

[134] näher und mit weiteren Nachweisen: *Schneider/Kaltenhäuser*, medstra 2015, 24, 26; der Sache nach auch: *Gaede/Lindemann/Tsambikakis*, medstra 2015, 142, 149: „Im Grundsatz besteht damit eine negative Akzessorietät des Tatbestands des § 299a Abs. 1 Nr. 1, Abs. 2 Nr. 1 StGB in dem Sinne, dass nicht jeder Verstoß gegen gesundheitsrechtliche Pflichten zur Begründung der Strafbarkeit geeignet ist, dass aber gegenüber im Sinne des Gesundheitsrechts zulässigen Formen der vorteilsbegründenden Kooperation kein Strafbarkeitsvorwurf gemacht werden kann.".

Zur Auslegung der Unrechtsvereinbarung gemäß §§ 299a Abs. 1 Nr. 1, 299b Abs. 1 Nr. 1 StGB kann daher auch auf die Rechtsprechung zum UWG und die dort an Beispielen des Gesundheitsmarktes und des Pharmamarketings entwickelten Prinzipien abgestellt werden. Nach dem Auslegungsprinzip der asymmetrischen Akzessorietät ist davon auszugehen, dass ein Handeln, das nach UWG zulässig ist, nicht unlauter im Sinne der §§ 299a Abs. 1 Nr. 1, 299b Abs. 1 Nr. 1 StGB sein kann. Folgende Maximen lassen sich nach dem Dafürhalten des Unterzeichners identifizieren:

3.7.2.2 Ausprägungen des Prinzips der asymmetrischen Akzessorietät

3.7.2.2.1 Primat des Selbstbestimmungsrechts des Patienten

Empfehlungen der Angehörigen von Heilberufen, die dem Selbstbestimmungsrecht des Patienten Rechnung tragen, werden nicht als unlauter eingestuft. Die Patientenautonomie wird missachtet, wenn dem Patienten eine Empfehlung aufgrund von Autorität aufgedrängt wird. Sie wird anerkannt und ist demnach nicht unlauter, wenn die Empfehlung auf Nachfrage des Patienten ausgesprochen wird und einem berechtigten Informationsbedürfnis nachkommt. Diese Grundsätze werden zum Beispiel in der Entscheidung Hörgeräte II des BGH[135] herangezogen.

---

135 BGH v. 13.11.2011 – I ZR 111/08: „Schon die mit dem Behandlungsvertrag übernommene Fürsorgepflicht spricht dafür, dass der Arzt auf der Grundlage seiner Erfahrungen die erbetene Empfehlung erteilen darf, wenn nicht erteilen muss. Es entspricht auch einem berechtigten Interesse der Patienten, von Ärzten ihres Vertrauens bei Bedarf Empfehlungen für Leistungserbringer zu erhalten. Erbittet der Patient die Empfehlung, ist es zudem seine eigene Entscheidung, ob er sich bei der Ausübung seiner Wahlfreiheit beeinflussen lässt. Es entspricht dem Leitbild des selbstbestimmten Patienten..., dies dem Patienten zu ermöglichen. Unter diesen Umständen ist dem Arzt nicht zuzumuten, eine Empfehlung zu verweigern oder wider besseres Wissen außer dem seines Erachtens besten Anbieter weitere alternative Versorgungsmöglichkeiten anzugeben, die er für weniger geeignet hält.".

3.7.2.2.2 Freiheit heilberuflicher Entscheidungen von sachfremden Erwägungen

Auch § 7 HWG schützt, neben berufsrechtlichen Bestimmungen, die Unabhängigkeit der Angehörigen von Heilberufen und will der abstrakten Gefahr einer unsachlichen Beeinflussung von Werbeadressaten vorbeugen. Bei Geschenken und Werbegaben ist diese Gefahr gegeben, wenn nicht die Werbung an Endverbraucher im Vordergrund steht, sondern ein Zweitnutzen für den Angehörigen des Heilberufs gegeben ist. Für den Zweitnutzen ist auf den Wert der Zuwendung abzustellen. Je höher der Wert ausfällt, desto eher ist ein Zweitnutzen zu bejahen. Der Zweitnutzen kann auch darin gesehen werden, dass Kunden einer Apotheke die Werbegabe des Unternehmens, die in der Apotheke ausliegt oder in die Einkaufstüte gegeben wird, als Zuwendung der Apotheke auffassen und somit die Attraktivität der Apotheke gesteigert wird. Dies hat der BGH im Fall der Abgabe eines Rätselheftes bejaht, das auch den Aufdruck der Apotheke trug, über die es an die Verbraucher ausgegeben wurde.[136]

3.7.3 Prinzip der Legitimität der produktbezogenen Informationsvermittlung

Ein Bedürfnis, Angehörige von Heilberufen über die eigenen Produkte des pharmazeutischen Herstellers oder des Herstellers von Medizinprodukten zu informieren, ist anzuerkennen. Soweit eine Zuwendung dieser Ziel- und Zwecksetzung verpflichtet ist, stellt sie sich nicht als unlauter dar. Dieser Grundsatz wird vom Bundesgerichtshof anerkannt.[137]

Die Entscheidung betrifft die unentgeltliche Zuwendung einer Arzneimitteldatenbank, die während der Recherche Werbebanner für Arzneimittel einblendet. Eine solche Informationsvermittlung werde nicht als Ge-

---

[136] vgl. BGH v. 25.4.2012 – I ZR 105/10: „Werbehilfen können allerdings zugleich Werbegaben sein, wenn sie dem Einzel- oder Zwischenhändler einen über die Werbung hinausgehenden gewichtigen Zweitnutzen bieten.... Angesichts der Hinweise auf die jeweilige Apotheke auf der Titelseite und der Rückseite der Hefte sowie der Vielzahl der Rätsel in deren Inneren... ist die tatrichterliche Würdigung..., der Apotheker könne das Rätselheft als sein Werbegeschenk präsentieren, ohne selbst Kosten aufwenden zu müssen, aus Rechtsgründen nicht zu beanstanden".

[137] beispielsweise in der Entscheidung, BGH v. 17.8.2011 – I ZR 13/10.

schenk empfunden, für das man sich, beispielsweise durch das Verschreiben bestimmter Präparate, gegenüber dem Zuwendenden „dankbar erweisen müsste".

3.7.4 Einhaltung der Regelungen der Industriekodices als Indiz gegen das Vorliegen unlauteren Verhaltens

Das Tatbestandsmerkmal der Bevorzugung in unlauterer Weise gilt – soweit es um die Wettbewerbsordnung in Deutschland geht – ferner als „Einfallstor" für die Berücksichtigung von Regelungen, die branchenspezifisch im Wege der freiwilligen Selbstkontrolle implementiert wurden. Die Einhaltung der einschlägigen Bestimmungen stellt zumindest ein Indiz für das Vorliegen eines lauteren und damit straflosen Geschäftsgebarens dar.[138]

Wer sich über derartige Lauterkeitsbestimmungen hinwegsetzt, läuft im Umkehrschluss Gefahr, dass hieraus Indizien für das Vorliegen der Unrechtsvereinbarung abgeleitet werden.

Summarisch sind gem. Kodex des FSA und des AKG e.V. folgende Grenzen einzuhalten:

- Anlass: Berufsbezogene Fortbildungsveranstaltung, die sich insbesondere mit den Forschungsgebieten, Arzneimitteln und deren Indikationen des Sponsors befassen, z.B. § 20 Abs. 1 FSA Kodex Fachkreise, § 19 Abs. 1 AKG Verhaltenskodex.
- Umfang: Angemessene, den Wert von 60,- € pro Person und Anlass nicht übersteigende Bewirtung; keine Finanzierung und Organisation von Unterhaltungs- und Freizeitprogrammen, vgl. § 20 Abs. 2, Abs. 5 FSA Kodex Fachkreise, § 19 Abs. 2 AKG Verhaltenskodex. Unterbringung und Bewirtung müssen im Vergleich zum Fortbildungscharakter der Veranstaltung von einem untergeordneten Charakter sein, § 20 Abs. 3 FSA Kodex Fachkreise, § 19 Abs. 3 AKG Verhaltenskodex. Unterhaltungsprogramme dürfen von den Mitgliedsunternehmen weder direkt noch indirekt unterstützt werden.

---

138 *Krüger*, Criminal Compliance, 690 ff., 692 resümiert insgesamt zutreffend: Bei Einhaltung der Industriekodices, namentlich des FSA Kodex Fachkreise, ist „das Risiko eines Strafverfahrens wegen Korruptionsverdacht für sämtlich an der Kooperation beteiligten Personen erheblich minimiert, wenn nicht sogar völlig ausgeschlossen.".

3.7.5 Exkurs: Bemerkungen zum „Thüringer Sonderweg"

Das Prinzip der asymmetrischen Akzessorietät des Strafrechts wird gem. einer Verlautbarung über Strafverfolgungsmaximen in Thüringen von der dortigen Staatsanwaltschaft verletzt.

Vertreter der Staatsanwaltschaft Erfurt und der Generalstaatsanwaltschaft Jena haben sich an einem runden Tisch mit Vertretern der Landeskrankenhausgesellschaft Thüringen, der Landesärztekammer Thüringen und der Kassenärztlichen Vereinigung Thüringen dahingehend geäußert, dass sie zukünftig in der Annahme von Zuwendungen im Sinne des passiven Fortbildungssponsorings und in der Einwerbung von Industriemitteln für die Durchführung von Fortbildungsveranstaltungen einen Anfangsverdacht für ein Korruptionsdelikt sehen würden. In einer Veröffentlichung über den Inhalt der Sitzung am runden Tisch heißt es insoweit:

> „Die Staatsanwaltschaft hat sich unter Anderem intensiv mit der Thematik Fortbildung und Einladung zu Fortbildungsveranstaltungen befasst. Die Staatsanwaltschaft sieht entgegen der Regelung in § 32 Abs. 2 und § 32 Abs. 3 Berufsordnung der Landesärztekammer Thüringen den Anfangsverdacht strafbaren Verhaltens nach § 299a StGB dann als gegeben an, wenn die Teilnahme an einer Fortbildungsveranstaltung von der Industrie finanziert wird. Ebenso kritisch sieht die Staatsanwaltschaft die Thematik des Veranstaltungssponsorings. Entgegen § 32 Abs. 3 Berufsordnung der Landesärztekammer Thüringen, nach dem Sponsoring in angemessenem Umfang erlaubt ist, soll jedwede Annahme von Beiträgen Dritter zur Durchführung von Veranstaltungen den Anfangsverdacht des § 299a StGB begründen."[139]

Zutreffend ist, dass es sich bei den Leistungen des Fortbildungssponsorings um tatbestandsmäßige Eigen- bzw. Drittvorteile handelt. Die bedeutet indessen nicht, dass in jedem Fall des Sponsorings zugleich auch eine tatbestandsmäßige Unrechtsvereinbarung vorliegt. Bei der Prüfung der Unrechtsvereinbarung kommt es entscheidend auf das Vorliegen einer Bevorzugung und deren Unlauterkeit an. An Unlauterkeit fehlt es, wenn das Sponsoring nach Heilwerberecht (§ 7 Abs. 2 HWG) und ärztlichem Berufsrecht zulässig ist. Dies wird auch in der Gesetzesbegründung explizit hervorgehoben.[140] Der genannte Gesichtspunkt wird in der Stellungnahme der Thüringer Staatsanwaltschaft nicht berücksichtigt.

---

139 *Veit*, Ärzteblatt Thüringen 2017, 292 f.; kritisch: *Geiger*, medstra 2017, 1.
140 BT Drs. 18/6446, 21: „An der Unlauterkeit fehlt es, wenn die Bevorzugung berufsrechtlich zulässig ist.".

Die Auffassung der Thüringer Staatsanwaltschaft zu §§ 299a, 299b StGB ist auch deshalb angreifbar, weil auch auf der Grundlage der §§ 331 ff., 299 StGB Sponsorengelder zwar als tatbestandsmäßige Vorteile angesehen wurden. Verfahren wurden indessen nur dann eingeleitet, wenn Indizien für das Vorliegen einer Unrechtsvereinbarung vorhanden waren und über die bloße Annahme von Vorteilen hinaus Anhaltspunkte bestanden, dass der Arzt hierdurch in seinem Verordnungs- oder Beschaffungsverhalten beeinflusst wurde. Das Annehmen von Einladungen zu berufsrechtskonformen Fortbildungen oder das Einwerben entsprechender Gelder für die Durchführung eigener Veranstaltungen wurde bislang nicht einmal als Indiz für das Vorliegen der gelockerten Unrechtsvereinbarung im Sinne der §§ 331 Abs. 1, 333 Abs. 1 StGB angesehen.

In der Praxis stellt sich die Frage, wie mit dem Ermittlungsrisiko aufgrund der Haltung der Thüringer Staatsanwälte umzugehen ist und welche Fallkonstellationen betroffen sind. Die Finanzierung der „Teilnahme an einer Fortbildungsveranstaltung" durch die Industrie erfasst zunächst Einladungen an individuelle HCP. Hierfür spricht der im obigen Zitat hergestellte Bezug zu § 32 Abs. 2 BO Ärzte der Landesärztekammer Thüringen, der mit § 32 Abs. 2 MBO wortlautidentisch ist. Die Regelung bezieht sich nach h.M. auf individuelle Zuwendungen für „die sogenannte passive Teilnahme an wissenschaftlichen Fortbildungsveranstaltungen"[141].

Hiervon zu unterscheiden ist die in der Stellungnahme der Thüringer Staatsanwälte weiterhin genannte Annahme von Beiträgen Dritter zur Durchführung von Veranstaltungen. Hiermit gemeint ist offensichtlich die Unterstützung desjenigen oder derjenigen, der oder die eine entsprechende Fortbildungsveranstaltung ausrichtet (vgl. § 32 Abs. 3 MBO). Dies sind z.B. Kliniken oder medizinische Fachgesellschaften und die jeweiligen von diesen Institutionen beauftragten Agenturen. Im Unterschied zu den Einladungen einzelner Ärzte zur Teilnahme an Fortbildungsveranstaltungen liegt in diesen Fällen regelmäßig eine Gegenleistung der gesponserten Institution vor, weil dem Industrieunternehmen eine Werbemöglichkeit eingeräumt wird. Gleichwohl wollen die Thüringer Staatsanwälte insoweit von einem Anfangsverdacht ausgehen.

Legt man die „Thüringer Rechtsauffassung" zugrunde, lassen sich Ermittlungsrisiken auch dann nicht ausschließen, wenn der Ansprechpartner

---

141 *Scholz*, Spickhoff, Medizinrecht, 2. Auflage 2014, § 32 MBO Rn. 8; *Ratzel/ Lippert*, Kommentar zur Musterberufsordnung der Deutschen Ärzte, § 32 Rn. 14.

auf Seiten der Agentur kein Angehöriger von Heilberufen ist. Denn häufig gehen dem Vertragsschluss mit der Agentur Verhandlungen mit den inhaltlich verantwortlichen HCP voraus, denen sodann ein „Drittvorteil" in Gestalt der Zuwendung an die Agentur versprochen wird.

Bislang hat sich die Staatsanwaltschaft Thüringen noch nicht zum aktiven Fortbildungssponsoring geäußert. Es ist aber davor zu warnen, passives Sponsoring in Thüringen in ein aktives Sponsoring umzuetikettieren, um die Restriktionen in diesem Bundeland zu unterlaufen. Sofern Leistungen abgefordert werden (z.B. Zusammenfassung des Kongressinhalts durch den HCP im Auftrag des Unternehmens), muss an der angeforderten Leistung ein nachvollziehbares Interesse des Unternehmens erkennbar sein.

Es ist davon auszugehen, dass die Staatsanwaltschaft Thüringen ihre Rechtsauffassung bei allen Verfahren zugrunde legt, in denen sie örtlich zuständig ist. Die örtliche Zuständigkeit der Staatsanwaltschaft folgt der Zuständigkeit des Gerichts gem. § 143 Abs. 1 S. 1 Nr. 5a, 6a GVG, Nr. 2 RiStBV. Die örtliche Zuständigkeit für Strafgerichte ist in den §§ 7 ff. StPO geregelt. Der Gerichtsstand ist gem. § 7 StGB begründet, in dessen Bezirk die Straftat begangen worden ist, § 7 Abs. 1 StPO. Gem. § 8 StPO ist örtlich ebenfalls das Gericht zuständig, in dessen Bezirk der Angeschuldigte zur Zeit der Erhebung der Klage seinen Wohnsitz hat. Auch der Ergreifungsort kann die örtliche Zuständigkeit begründen. §§ 299a, 299b StGB knüpfen an unterschiedliche Tathandlungen an (z.B. die Annahme des Vorteils, die Bevorzugung und das Marktverhalten), so dass bereits über § 7 Abs. 1 ein erheblicher Aktionsradius geschaffen wird.

Risikoaversen Unternehmen ist daher gegenwärtig und bis zur Klärung der Rechtslage in Thüringen generell von der Förderung von Veranstaltungen in Thüringen abzuraten. Unter dem Gesichtspunkt der Annahme der Vorteile (Tatort) und des „Ergreifungsortes" könnten auch Ärzte aus anderen Bundesländern, die in Thüringen an einer Veranstaltung teilnehmen, in den Sog Thüringer Ermittlungen geraten. Ferner kann sich aufgrund des Wohn- bzw. Praxissitzes und der Tathandlungen im Zusammenhang mit der Unrechtsvereinbarung auch aus der Einladung eines Arztes aus Thüringen das Risiko eines Ermittlungsverfahrens ergeben.

3.8 Bedeutung der Dienstherrengenehmigung bei §§ 299a, 299b, 299 StGB

Im Unterschied zu §§ 331, 333 StGB kennen §§ 299, 299a, 299b StGB das Institut der Dienstherrengenehmigung nicht. Dies hat zwei Gründe. Erstens erfordern §§ 299, 299a, 299b StGB eine manifeste Unrechtsvereinbarung und somit den Nachweis der Käuflichkeit. Eine derartige Unrechtsvereinbarung würde durch Genehmigung des Dienstherrn oder Geschäftsführers nicht zu rechtfertigen sein. Etwas Anderes gilt bei §§ 331, 333 StGB, die lediglich eine gelockerte Unrechtsvereinbarung voraussetzen und bei denen der Anschein der Käuflichkeit genügt. Dieser Anschein kann beseitigt werden, wenn der Dienstherr im Rahmen seiner Befugnisse die Vorteilsnahme zur Kenntnis nimmt und genehmigt. Zweitens verfügen nicht alle Angehörigen von Heilberufen und Angestellte von Unternehmen oder deren Beauftragte über einen Dienstherren oder eine sonstige Instanz, die sie um eine Genehmigung ersuchen könnten.

Im Alltag der Konzeption und Umsetzungen von Formaten der Zusammenarbeit zwischen Arzneimittelindustrie und den Angehörigen von Heilberufen wird aber gleichwohl empfohlen, soweit möglich auch außerhalb des Anwendungsbereichs der §§ 331, 333 StGB eine Dienstherren- bzw. Geschäftsführergenehmigung einzuholen.[142]

Im Rahmen der internen Compliance ist es häufig schwierig und mit Reibungsverlusten verbunden, festzustellen, ob der jeweilige Angehörige des Heilberufs ein Amtsträger ist, für den §§ 331 ff. StGB gelten, oder nicht. Außerdem folgt die Maxime des Einholens einer entsprechenden Genehmigung allgemeinen Prinzipien der Antikorruption (Transparenzprinzip, Genehmigungsprinzip), die auch in der Rechtsprechung des BGH als Indizien gegen das Vorliegen einer Unrechtsvereinbarung herangezogen werden.[143]

Erforderlich ist stets eine auf den jeweiligen Einzelfall bezogene Dienstherrengenehmigung. Diese kann grundsätzlich nicht durch eine generalisierte Genehmigung ersetzt werden. Auch bei Rahmenverträgen mit einem HCP ist eine Genehmigung für jeden Einzelfall der Zuwendung vorzusehen. Es ist nicht ausreichend, lediglich den Rahmenvertrag selbst

---

142 näher zu den Voraussetzungen und rechtlichen Grenzen der Dienstherrengenehmigung, *Schneider*, Kühne FS, 477.
143 BGH v. 14.10.2008 – 1 StR 260/08; BGHSt 53, 6 ff.; näher: *Sidhu/Eckstein*, CCZ 2015, 34.

unter Genehmigungsvorbehalt zu stellen. Denn im Strafrecht kommt es stets auf die Genehmigung der einzelnen Zuwendung an.

3.9 Anwendbarkeit des Rückwirkungsverbots

§§ 299a, 299b StGB nehmen auf drei Verhaltensweisen Bezug, die zu drei unterschiedlichen Zeitpunkten verwirklicht worden sein können. So kann beispielsweise die Unrechtsvereinbarung aus einer Zeit vor dem 4.6.2016 datieren. Der Vorteil kann zwar vor dem 4.6.2016 versprochen, aber danach ausgekehrt worden sein. Das Marktverhalten wird bei dieser Konstellation teilweise vor und teilweise nach dem 4.6.2016 stattfinden. Dies wirft praxisrelevante Fragen nach der Geltung des Rückwirkungsverbots auf, das in Art. 103 Abs. 2 GG und § 2 StGB verankert ist.

Das Rückwirkungsverbot ordnet an, dass ein Täter nur für eine Tat bestraft werden kann, die zum Zeitpunkt der Begehung schon den Tatbestand eines Strafgesetzes erfüllte. Ein zu einem späteren Zeitpunkt erlassenes Gesetz kann nicht auf einen früheren stattgefundenen Sachverhalt angewendet werden.[144]

Maßgeblich ist gem. § 2 Abs. 1 StGB „die Zeit der Tat". Insofern verweist das Gesetz auf § 8 StGB. Dort ist zum Begriff der Zeit der Tat festgelegt, dass es darauf ankommt, wann der Täter gehandelt hat. Bei §§ 299a, 299b StGB ist insofern wie eingangs dargelegt, zu berücksichtigen, dass es sich um ein mehraktiges Delikt handelt und demnach mehrere Handlungen in Rede stehen. Eine Handlung besteht im Abschluss der sogenannten Unrechtsvereinbarung, die bei Verträgen in der Regel mit dem Vertragsschluss zusammenfällt. Weiterhin stellen die Verhaltensweisen des Anbietens, Versprechens oder Gewährens von Vorteilen Handlungen dar.

Gem. dem OLG Stuttgart[145] zur Erweiterung der Strafbarkeit im Tatbestand der Vorteilsannahme auf sogenannte Drittvorteile im Zuge des Korruptionsbekämpfungsgesetzes aus dem Jahr 1997 wird hinsichtlich des Rückwirkungsverbots in derartigen Konstellationen von folgenden Grundsätzen ausgegangen:

> „Bei unteilbarem tatbestandsmäßigem Verhalten, das teils vor und teils nach der Gesetzesänderung liegt, bleibt der Täter nach dem rechtsstaatlichen Rückwirkungsverbot [...] ganz straffrei. Denn weder die nachträgliche Anwendung

---

144 vgl. Schönke/Schröder/*Eser/Hecker*, StGB, 29. Auf. 2014, § 2 Rn. 1.
145 OLG Stuttgart v. 28. 10. 2002 – 1 Ss 304/02.

einer neuen Strafnorm auf bislang straffreies Verhalten noch dessen nachträgliche Einbeziehung in einen bereits bestehenden Straftatbestand ist rechtsstaatlich zulässig [...]. Eine wegen der bis zum 19.8.1997 geltenden Gesetzeslage noch straflose Vorteilsannahme in Form der Drittbegünstigung liegt dann vor, wenn die Grundvereinbarung zwischen dem Angekl. und der B aus dem Jahre 1994 den in Teilleistungen zu gewährenden, der Ehefrau des Angekl. zufließenden Vorteil bereits nach Umfang und Zeitdauer so genau festgelegt hat, dass der Gesamtvorteil bereits als verabredet angesehen werden musste. Das ist nach den Urteilsfeststellungen der Fall. Nach der Rechtsprechung des BGH zu §§ 331 ff. StGB liegt eine Vorteilsannahme in Form einer tatbestandlichen Handlungseinheit vor, wenn die Entlohnung auf eine Grundvereinbarung zurückgeht, die den zu gewährenden Vorteil insgesamt genau festlegt, auch wenn er letztlich in Teilleistungen zu erbringen ist. Anders ist die Rechtslage dann zu beurteilen, wenn die zu gewährende Entlohnung von der zukünftigen Entwicklung abhängt, insbesondere wenn die Vorteilsgewährung „Open-end-Charakter" trägt."

Hiernach kommt es darauf an, ob die Vorteilsgewährung nach dem Willen der Vertragsparteien „Open-end-Charakter" hatte. Dies kann sich daraus ergeben, dass keine Laufzeit des der Vorteilszuwendung zugrunde liegenden Vertrages vereinbart war. Legt man diese Rechtsprechung zugrunde, ist es unerheblich, dass Teilakte des § 299b StGB vor Inkrafttreten des Gesetzes begangen wurden.

Dennoch kann auch unter dieser Voraussetzung nur wegen der Vorteile bestraft werden, die nach dem 4.6.2016 zugewendet wurden. Dies entspricht der herrschenden Meinung[146] bei sogenannten strafbarkeitsbegründenden Gesetzesänderungen. Eine derartige strafbarkeitsbegründende Gesetzesänderung liegt auch durch Einführung der §§ 299a, 299b StGB vor.

---

146 Zur herrschenden Meinung vgl.: Schönke/Schröder/*Eser/Hecker*, StGB, 29. Auf. 2014, § 2 Rn. 13: „Soweit es dagegen um strafbarkeitsbegründende Gesetzesänderungen geht, werden davon jeweils nur solche Teilakte erfasst, bei deren Begehung das neue Gesetz bereits in Kraft war. Waren also Teilakte im Zeitpunkt ihrer Begehung noch straflos, so dürfen diese nicht in den neuen Tatbestand einbezogen und daher auch bei der Strafzumessung nicht mitberücksichtigt werden".

3.10 Regelbeispiele gem. § 300 StGB

Die in § 300 StGB aufgezählten besonders schweren Fälle der Bestechung und Bestechlichkeit im geschäftlichen Verkehr gelten auch für die Tatbestände der Bestechung im Gesundheitswesen.[147]

Das Gesetz bezieht sich auf drei unterschiedliche Anknüpfungspunkte.

3.10.1 Vorteil großen Ausmaßes

Zuverlässige Grenzen sind nicht ersichtlich. Bei 50.000,- € ist die Grenze nach Auffassung des BGH sicher erreicht. Nach anderer Auffassung beginnt der Vorteil großen Ausmaßes bereits bei Zuwendungen in Höhe von 25.000,- €.[148]

3.10.2 Gewerbsmäßiges Handeln

Gewerbsmäßiges Handeln liegt vor, wenn Vorteilsnehmer oder Vorteilsgeber beabsichtigen, sich aus der Tatbegehung eine fortlaufende Einnahmequelle von gewisser Dauer und nicht unerheblichem Umfang zu erschließen.[149]

Bereits die erste Tatbegehung kann das Regelbeispiel verwirklichen, sofern diese mit der Absicht wiederholter Tatbegehung verwirklicht wird.

---

[147] zu diesen Merkmalen, vgl.: *Kubiciel*, juris Praxisreport 2016, Heft 11: „Solche besonders schweren Fälle werden hierzulande die Regel sein"; insbesondere zur bandenmäßigen Begehung: MüKo/*Krick*, StGB, 2. Aufl. 2014, § 300 Rn. 4; BeckOK/*Momsen*, StGB, 34. Edition, § 300 Rn. 4.

[148] zum Themenkomplex näher und mit weiteren Nachweisen: *Tsambikakis*, medstra 2016, 131, 135.

[149] *Tsambikakis*, medstra 2016, 131, 139.

3.10.3 Mitgliedschaft in einer Bande

Bande ist die auf eine gewisse Dauer angelegte Verbindung von mindestens drei Personen zur gemeinsamen Deliktsbegehung.[150] Nach herrschender Meinung müssen die drei Personen nicht notwendig in einem Lager stehen.[151]

Das „drei-Personen-Modell" gilt nach der Rechtsprechung unter Zustimmung der Literatur auch bei den Korruptionsdelikten und auch dann, wenn sich der Schwellenwert von drei Personen rechnerisch nur aus der Addition des Täters oder der Täter auf der Seite der Vorteilsnehmer (§ 299a StGB) und dem Täter bzw. den Tätern auf Seiten der Vorteilsgeber (§ 299b StGB) ergibt.[152]

Der BGH grenzt sich in der vorstehend genannten Entscheidung von seiner Rechtsprechung im Betäubungsmittelstrafrecht ab. Denn beim Handeltreiben mit Betäubungsmittel soll eine Bande dann nicht vorliegen, wenn sich die Anzahl von drei Personen nur aus der Addition der Täter auf der Seite der Verkäufer und der Käufer ergibt. In diesem Fall fehle es an einer gemeinsamen Deliktsbegehung: Auch wenn die Täter „in einem eingespielten Bezugs- und Absatzsystem im Rahmen einer andauernden Geschäftsbeziehung handeln", stehen sie sich in der Regel „auf der Verkäufer- und der Erwerberseite selbstständig gegenüber". Maßgeblich sei das „Handeln auf eigenes Risiko", das sich im jeweils selbstständigen Festsetzen der Verkaufspreise und in der individuellen Disposition über den erzielten Gewinn niederschlage.

Der BGH hat seinen Standpunkt kürzlich bestätigt.[153] Gemäß Urteilsbegründung kann die Bande „aus Beteiligten beider Seiten (Bestechender und Bestochener) bestehen". Als Beleg dient ein Verweis auf den Be-

---

150 BGH v. 22.3.2001 – GSSt 1/00; BGHSt 46, 321, 325; Beck-OK/*Momsen/Laudien*, StGB, 34. Edition, § 300 Rn. 4; MüKo/*Krick*, StGB, 2. Aufl. 2014, § 300 Rn. 4; NK/*Dannecker*, StGB, 5. Aufl. 2017, § 300 Rn. 20.
151 vgl.: BeckOK/*Momsen*, StGB, 34. Edition, § 300 Rn. 4: „Erfasst werden auch Zusammenschlüsse von Vorteilsnehmern und -gebern."; NK/*Dannecker*, StGB, 5. Aufl. 2017, § 300 Rn. 8: „Eine Bande ist auch beim Zusammenschluss von Personen auf beiden Seiten der korruptiven Beziehung gegeben."; MüKo/*Krick*, StGB, 2. Aufl. 2014, § 300 Rn. 4: „Bande kann daher auch der gemischte Zusammenschluss von Beteiligten auf beiden Seiten der korrupten Beziehung sein.".
152 BGH v. 13.12.2012 – 1 StR 522/12.
153 BGH v. 25.1.2017 – 5 StR 364/16.

schluss aus dem Jahr 2012. Weitere Argumente für diese Aussage liefert der Senat nicht.

Für die Praxis ist daher davon auszugehen, dass diese Rechtsprechung auch bei §§ 299a, 299b StGB zum Tragen kommt. Auch in Ermittlungsverfahren werden sich die zuständigen Staatsanwaltschaften diese Position zu Eigen machen.

Nach hier vertretenem Standpunkt sind Rechtsprechung und herrschende Lehre kritisch zu hinterfragen. Das drei-Personen-Modell erlangt seine Plausibilität aus der Abgrenzung zur Mittäterschaft (mindestens zwei Personen). Ein Vorteilsgeber und ein Vorteilsnehmer können aber nicht Mittäter sein. Sie handeln auch nicht „gemeinsam", sondern sie verfolgen jeweils individuelle Interessen. Dies schlägt sich schon in der „Preisbildung" im Rahmen des Vorteils nieder. Auch hier sind bei realitätsnaher Betrachtung Konstellationen denkbar, in denen der Vorteilsgeber mit einem geringwertigen Vorteil hohe Effekte erzielen möchte, während der Vorteilsnehmer an dem Gewähren eines möglichst werthaltigen Vorteils interessiert ist. Vorteilsnehmer und Vorteilsgeber ziehen daher in diesem Aspekt gerade nicht „an einem Strang". Beim Handeltreiben mit Betäubungsmitteln hält der BGH diesen Gesichtspunkt für ausschlaggebend und bezieht sich auf die Interessenlage, nach welcher der Erwerber von Betäubungsmitteln günstig einkaufen, der Veräußerer aber teuer verkaufen möchte und beide mithin „selbständige Geschäftspartner" sind. Im Korruptionsstrafrecht soll der Gesichtspunkt hingegen nach BGH unbedeutend sein. Zur Begründung nennt der BGH das Stichwort der „getroffenen Risikoverteilung", ohne allerdings die jeweils übernommenen Risiken näher darzulegen und zu gewichten.

Vorteilsgeber und Vorteilsnehmer tragen aber schon deshalb unterschiedliche Risiken, weil ihnen die jeweiligen Tatbestände unterschiedliche Verantwortungsebenen zuordnen. So handeln Vorteilsnehmer und Vorteilsgeber weder bei der Bevorzugung noch beim tatbestandsmäßigen Marktverhalten gemeinsam. Denn diese Facetten des Geschehens liegen in den Händen des Vorteilsnehmers, der beispielsweise Patienten zuweisen oder Produkte verordnen muss. Demgegenüber trägt der Vorteilsgeber das Risiko, den Vorteil zu beschaffen und gegebenenfalls dessen Verwendung zu verschleiern. An diesem Risiko, dessen Gewicht sich auch darin widerspiegelt, dass zum Teil weitere Straftaten begangen werden müssen (z.B. Untreue durch Bildung schwarzer Kassen), ist wiederum der Vorteilsnehmer nicht beteiligt.

3.11 Konkurrenzen

Die Frage, in welchem Konkurrenzverhältnis die §§ 299a, 299b StGB zu den § 331 ff. und § 299 StGB stehen, ist von der Rechtsprechung noch nicht abschließend geklärt worden. Auch in der strafrechtswissenschaftlichen Literatur gehen die Auffassungen hierzu auseinander, die Gesetzesbegründung geht von Tateinheit sowohl zwischen §§ 299a, 299b StGB und §§ 331 ff. StGB als auch zwischen §§ 299a, 299b StGB und § 299 StGB aus.[154]

Nach dem hier vertretenen Standpunkt[155] gilt Folgendes: Zwischen den Amtsdelikten und §§ 299a, 299b StGB besteht Idealkonkurrenz. Denn insoweit sind unterschiedliche Rechtsgüter betroffen, Wettbewerb einerseits und die Funktionsfähigkeit des Staatsapparates und die Lauterkeit des öffentlichen Dienstes andererseits. Die h.M. und die Entwurfsbegründung der Bundesregierung gehen weiterhin davon aus, dass auch zwischen §§ 299 StGB und §§ 299a, 299b StGB Tateinheit bestehen soll. Richtigerweise gehen aber §§ 299a, 299b StGB § 299 StGB als spezielleres Gesetz vor. Raum für die Anwendung des § 299 StGB besteht daher nur dann, wenn der Zuwendungsnehmer kein Angehöriger des Heilberufs ist (z.B. der kaufmännische Geschäftsführer eines Krankenhauses unter privater oder kirchlicher Trägerschaft).

3.12 Telekommunikationsüberwachung

Die Telekommunikationsüberwachung ist gem. § 100a Abs. 2 Nr. 1s StPO auch dann möglich, wenn es sich um eine Bestechung im geschäftlichen Verkehr handelt und sich der Verdacht auf das Vorliegen von Regelbeispielen gem. § 300 StGB erstreckt.

Im Zusammenhang mit der Einführung der §§ 299a, 299b StGB wurde der Katalog nicht erweitert. Daraus folgt, trotz des Vorliegens identischer Strafrahmen und des Verweises des § 300 StGB auf die §§ 299a, 299b StGB, ein prozessuales Zweiklassenstrafrecht. Die einschneidende Telekommunikationsüberwachung ist bei einem Verdacht gegen angestellte

---

154 vgl. BT Drs. 18/6446, 16; hierzu auch *Gaede*, medstra 2015, 263; a.A. nur *Kubiciel/Tsambikakis*, medstra 2015, 11; *Pragal/Handel*, medstra 2015, 337; *Tsambikakis*, medstra 2016, 131.
155 eingehende Erörterung der Thematik bei *Seifert*, medstra 2017, 280 ff.

Ärzte und ihrer Kooperationspartner möglich. Richtet sich der Verdacht hingegen gegen einen niedergelassenen Arzt oder einen freiberuflich tätigen Apotheker und dessen Kooperationspartner zum Beispiel aus der Industrie, kann eine Telekommunikationsüberwachung nicht durchgeführt werden.

Da der Gesetzgeber mit der Einführung der §§ 299a, 299b StGB das „Zweiklassen-Strafrecht" für Ärzte jedoch gerade beseitigen wollte, ist nach Ansicht des Verfassers diese „Regelungslücke" nicht nachvollziehbar und es liegt nahe, von einem Redaktionsversehen auszugehen.[156]

Nach anderer Auffassung ist die Differenzierung jedoch sachgerecht und gewollt. Sie trage der regelmäßig hohen Sensibilität der bei Heilberufen anfallenden persönlichen Angaben und Daten Rechnung.[157]

---

[156] *Gädigk*, medstra 2015, 268; *Cosack*, ZRP 2016, 18.
[157] NK/*Gaede*, Wirtschafts- und Steuerstrafrecht, 1. Aufl. 2017, § 299a StGB Rn. 26; ebenso Nds. LT Drs. 17/8336, 2.

Kooperationen im Gesundheitswesen

RA Claus Burgardt, Sträter Rechtsanwälte

4. Auswirkungen des Gesetzes auf Kooperationen im Gesundheitswesen

Trotz der Änderungen der §§ 299a, 299b StGB durch die Beschlussempfehlung des Ausschusses für Recht und Verbraucherschutz vom 13.4.2016,[1] ist die Reichweite der neuen Straftatbestände weiterhin groß. Schon im Laufe des Gesetzgebungsverfahrens ist vielfach gerügt worden, dass es der neue Straftatbestand nicht sicher ermöglicht, die erlaubten von den verbotenen Tätigkeiten zu trennen. Eine besondere Rolle spielt dies für Kooperationen im Gesundheitswesen. Deshalb soll zunächst untersucht werden, ob der neue Gesetzentwurf hier zu mehr Rechtssicherheit führt, um sodann auf verschiedene Erscheinungsformen der Kooperationen im Gesundheitswesen näher einzugehen.

4.1 Problembeschreibung

In der Zuführungsalternative[2] wird die Vorteilsnahme als Gegenleistung für eine unlautere Zuführung von Patienten bestraft. Typischerweise erfolgen im Rahmen von sozialrechtlichen Kooperationen Zuführungen.[3] Beispielhaft seien die Entlassversorgung (§§ 11 Abs. 4 Satz 2, 39 Abs. 1a SGB V) und die ambulante spezialfachärztliche Versorgung i. S. d. § 116b SGB V erwähnt. Hier wirken eine Vielzahl von Leistungserbringern miteinander zusammen, um sektorübergreifend und/oder interdisziplinär komplexe und u. U. schwer therapierbare Krankheiten zu behandeln.[4] Das Entlassmanagement bedeutet zwangsläufig, dass Patienten bestimmten

---

1 Vgl. BT-Drs. 18/8106 vom 13.4.2016.
2 Vgl. § 299a Nr. 3 StGB.
3 Vgl. zum Begriff der Zuführung sub 3.6.2.4.
4 Vgl. §§ 39 Abs. 1a Satz 1, 116b Abs. 1 Satz 1 SGB V.

ambulanten Leistungserbringern zugeführt werden, damit diese die notwendige Anschlussversorgung übernehmen können.

Der BGH hielt im Rahmen des Versorgungsmanagements sogar eine einschränkende Auslegung des § 11 Abs. 1 ApoG für erforderlich, um eine Zuweisung von Arzneimittelrezepten zu ermöglichen: BGH, U. v. 13.3.2014, I ZR 120/13. Allerdings hat der Gesetzgeber durch die Einfügung des § 39 Abs. 1 a SGB V durch das GKV-Versorgungsstärkungsgesetz vom 16.7.2015 der Zuweisung von Arzneimittelrezepten die Grundlage entzogen, indem § 11 ApoG (also das generelle Zuweisungsverbot im Verhältnis von Arzt zu Apotheker) explizit unberührt bleiben soll. Auch im Rahmen des Entlassmanagements soll im Hinblick auf Arzneimittelrezepte das Zuweisungsverbot also weiter gelten, um dadurch korruptionsanfällige unerwünschte Formen der Zusammenarbeit sowie eine unzulässige Einflussnahme auf die eigenverantwortliche Leitung der Apotheke durch die Apothekeninhaber zu verhindern.[5] Abgesehen von diesem Sonderfall bleibt es aber dabei, dass im Rahmen des Entlassmanagements Zuweisungen stattfinden und nach dem Willen des Gesetzgebers auch stattfinden sollen. Kontrovers wird diskutiert, ob Kooperationsnetze nur mit den Leistungserbringern nach § 95 Abs. 1 SGB V[6] oder auch mit weiteren Leistungserbringern[7] gebildet werden können. Auch wenn es demnach Beschränkungen im Hinblick auf die Zulässigkeit von Zuweisungen gibt, ändert dies nichts an dem Grundbefund, dass das Entlassmanagement zwangsläufig dazu führt, dass ambulanten Leistungserbringern Patienten zugeführt werden.

Da die Kooperationspartner durch die Weiterversorgung eine den Krankenhäusern obliegende Pflicht erfüllen, liegt allein schon durch die Teilnahme an einem solchen Versorgungsnetz die Annahme eines Vorteils z. B. durch den Krankenhausarzt nahe, der in einem unmittelbaren Kausalverhältnis zur Bevorzugung dieser Leistungserbringer steht.[8] Noch etwas strafrechtsgeneigter erscheint die ambulante spezialfachärztliche Versorgung i. S. d. § 116b SGB V. Diese will einen interdisziplinären Behandlungsansatz umsetzen, der voraussetzt, dass zwischen den beteiligten Leistungserbringern wechselseitige Zuführungen von Patienten stattfinden.

---

5 So BT-Drs. 18/5123, 119.
6 So *Bäune/Dahm/Flasbarth*, MedR 2016, 4, 12.
7 So *Kuck*, NZS 2016, 256, 260.
8 Zur Vorteilszuwendung in medizinischen Kooperationen vgl. *Dannecker/Schröder*, Kindhäuser/Neumann/Paeffgen, § 299a StGB Rn. 124.

Diese wechselseitigen Zuführungen führen zwangsläufig zur gegenseitigen Eröffnung von Abrechnungsmöglichkeiten.[9] Wie oben gezeigt, führt der Umstand, dass der jeweilige Leistungserbringer keine einseitige Zuwendung erhält, sondern die Vorteile durch vertraglich geschuldete Leistungen vollständig kompensiert werden, nicht zur Verneinung eines Vorteils.[10]

Daher unterfällt die gegenseitige Verschaffung von Abrechnungsmöglichkeiten dem Vorteilsbegriff des § 299a StGB. Da die Verschaffung dieser gegenseitigen Abrechnungsmöglichkeiten notwendige Folge und zugleich Grundbedingung der ambulanten spezialfachärztlichen Versorgung ist, liegt auch der notwendige Kausalzusammenhang zwischen dem Vorteil und der Bevorzugung vor. Damit konzentriert sich aus strafrechtlicher Sicht die rechtliche Beurteilung auf die Frage, ob die Teilnahme an einer ambulanten spezialfachärztlichen Versorgung als unlautere Bevorzugung anzusehen ist. Diese Frage ist nicht etwa spezifisch nur für die ambulante spezialfachärztliche Versorgung, sondern stellt ein generelles Regelungsprinzip der gesetzlichen Krankenversicherung in Frage, denn klassischerweise erfolgt in der gesetzlichen Krankenversicherung zur Gewährleistung einer wirtschaftlichen und qualitativ hochwertigen Versorgung eine Patientensteuerung, die häufig durch Vergütungsanreize in der gewünschten Art und Weise gelenkt wird.[11] Es liegt zwar auf der Hand, dass den Kooperationen im Gesundheitswesen durch das neue Korruptionsstrafrecht nicht die Grundlage entzogen werden soll. Offen ist aber die Frage, wie den unterschiedlichen Formen der Zusammenarbeit sachgerecht und rechtssicher Rechnung getragen werden kann.

4.2 Zum Merkmal der Unlauterkeit bei Kooperationen im Gesundheitswesen

Kernelement der Strafbarkeit ist die Unrechtsvereinbarung, also der spezielle Zusammenhang zwischen dem Vorteil und der unlauteren Bevorzugung im Wettbewerb auf der Verordnungs-, Bezugsebene oder bei der Zuführung von Patienten. Unlauter soll die Bevorzugung sein, wenn sie ge-

---

9 Vgl. § 116b Abs. 6 Satz 8 SGB V.
10 Sub 3.4.2.2.
11 Vgl nur §§ 59 Abs. 3 Satz 2, 63 Abs. 1, 64a Abs. 1 Satz 3, 128 Abs. 6 Satz 2, 130a Abs. 8 Satz 5 SGB V.

gen die Grundsätze eines redlichen Geschäftsverkehrs verstößt. Dies sei der Fall, sofern die beabsichtigte Besserstellung gemessen an den Grundsätzen eines fairen Wettbewerbs nicht auf ausschließlich sachlichen Erwägungen, sondern zumindest auch auf der Vorteilsgewährung beruhe.[12]

Hinsichtlich der Einzelheiten kann man sich an der Rechtsprechung und den Kommentierungen zu § 299 StGB orientieren. So soll der Begriff weder identisch mit § 138 BGB noch völlig deckungsgleich mit § 3 UWG sein.[13]

Die Bevorzugung soll unlauter erfolgen, wenn sie sachfremd durch die Zuwendung des sozialinadäquaten Vorteils geleitet werde.[14]

Ferner soll eine Bevorzugung unlauter sein, wenn sie gegen die Grundsätze eines redlichen Geschäftsverkehrs verstößt.[15]

Auch wenn die Formulierungen sich im Detail unterscheiden, stellt gleichwohl § 3a UWG eine entscheidende Orientierungslinie dar. Danach handelt unlauter, wer einer gesetzlichen Vorschrift zuwider handelt, die auch dazu bestimmt ist, im Interesse der Marktteilnehmer das Marktverhalten zu regeln und der Verstoß geeignet ist, die Interessen von Verbrauchern, sonstigen Marktteilnehmern oder Mitbewerbern spürbar zu beeinträchtigen. Im Rahmen dieser Vorschrift kommt es also entscheidend darauf an, welche gesetzlichen Bestimmungen als Marktverhaltensregelungen anzusehen sind. Für die Kooperationen im Gesundheitswesen ist daher eine Orientierung an den Regelungen des (ärztlichen) Berufsrechts, des Heilmittelwerbegesetzes (insbesondere § 7 HWG), des Apothekengesetzes (insbesondere §§ 10, 11 ApoG), der Apothekenbetriebsordnung (insbesondere § 20 ApBetrO) und der §§ 73 Abs. 7, 128 Abs. 2 SGB V als sozialrechtliche Sonderregelungen zu Zuweisungs- und Zuwendungsverboten vorzunehmen.

Dass es erlaubte Kooperationen im Gesundheitswesen gibt und auch geben muss, ist im Gesetzgebungsverfahren durchaus erkannt worden; Gleiches gilt für das gleichwohl bestehende Spannungsverhältnis zwi-

---

12 *Krick*, Münchener Kommentar zum StGB, 2. Auflage 2014, § 299 Rn. 28.
13 *Heine/Eisele*, Schönke/Schröder, Kommentar zum Strafgesetzbuch, 29. Auflage 2014, §§ 299 Rn. 19.
14 *Heger*, Lackner/Kühl, Kommentar zum Strafgesetzbuch, 28. Auflage 2014, § 299 Rn. 5.
15 *Krick*, Münchener Kommentar zum StGB, 2. Auflage 2014, § 299 Rn. 28.

schen den sozialrechtlichen Kooperationen einerseits und dem Strafrecht andererseits.[16]

In der Begründung zum Gesetzentwurf der Bundesregierung heißt es daher:[17]

„Soweit Verdienstmöglichkeiten im Rahmen der beruflichen Zusammenarbeit eingeräumt werden, ist zu berücksichtigen, dass die berufliche Zusammenarbeit gesundheitspolitisch grundsätzlich gewollt ist und auch im Interesse des Patienten liegt."

Weiter wird in den Materialien ausgeführt, dass ohne das Hinzutreten weiterer Umstände die Honorierung heilberuflicher Leistungen im Rahmen zulässiger beruflicher Zusammenarbeit grundsätzlich nicht den Verdacht begründen könne, dass die Einräumung der zugrunde liegenden Verdienstmöglichkeit als Gegenleistung für die Zuweisungen des Patienten erfolgen soll und eine Unrechtsvereinbarung vorliege. Ebenso wenig könne ohnehin das Hinzutreten weiterer Umstände aus dem Vorliegen von wechselseitigen Zuweisungen auf ein konkludent verabredetes Gegenleistungsverhältnis zwischen den Zuweisungen und damit auf eine Unrechtsvereinbarung geschlossen werden.[18]

Nachvollziehbarerweise findet sich daher in der Literatur die Auffassung, dass sozialrechtlich zulässige Kooperationen grundsätzlich tatbestandsausschließend sein müssten.[19]

Dies entspricht dem oben dargestellten Grundsatz der asymmetrischen Akzessorietät, der im Wesentlichen zum Ausdruck bringt, dass Handlungen nicht strafbar sein können, die gesetzlich ausdrücklich erlaubt sind.[20]

Ähnliche Gründe hatten den BGH in der Vergangenheit dazu veranlasst, die Zuwendung von Drittmitteln unter Einhaltung der drittmittelrechtlichen Regelungen nicht dem Tatbestand der §§ 331 ff. StGB zu unterwerfen.[21]

Auch in der – allerdings wettbewerbsrechtlichen – Patientenring-Entscheidung hat der BGH gemeint, dass das Zuweisungsverbot des § 11 Abs. 1 Satz 1 ApoG einschränkend auszulegen sei, wenn es um eine Ko-

---

16 Vgl. *Halbe*, MedR 2015, 168.
17 BT-Drs. 18/6446, 18.
18 BT-Drs. 18/6446, 19.
19 Vgl. *Halbe*, MedR 2015, 168, 175; ähnlich *Jäger*, MedR 2017, 694, 698.
20 Sub 3.7.2.1.
21 Sub 3.4.2.4 und 5.1.3.

operation im Rahmen eines Versorgungs- und Entlassungsmanagements i. S. d. § 11 Abs. 4, 39 SGB V ginge.[22]

Beide Urteile setzen also das Prinzip der asymmetrischen Akzessorietät um. Entscheidende Frage ist aber, wie dieser Grundsatz operationalisiert werden kann, denn die Regelungen zu den sozialrechtlichen Kooperationen sind häufig sehr abstrakt gestaltet und unterliegen zum Teil dem wenig transparenten sozialrechtlichen Normengeflecht, so dass die Ergebnisse der Auslegung der Normen im Gesundheitsbereich keineswegs sicher prognostizierbar sind. Ein besonders plastisches Beispiel sind die Vielzahl der divergierenden Urteile zum ärztlichen Werbeverbot, wobei die Liberalisierung ganz wesentlich durch die Rechtsprechung des Bundesverfassungsgerichtes und auch des Europäischen Gerichtshofes für Menschenrechte vorangetrieben worden ist.[23]

4.3 Erscheinungsformen der Kooperationen im Gesundheitssystem

Um den Grundsatz der asymmetrischen Akzessorietät zu operationalisieren, bedarf es zunächst einer näheren Betrachtung der Erscheinungsformen von Kooperationen in der gesetzlichen Krankenversicherung. Ein kurzer Blick in das SGB V zeigt, dass die Erscheinungsformen vielfältig sind. Beispielhaft zu nennen sind:

- Kooperationen zwischen Krankenkassen, Leistungserbringern und auch der pharmazeutischen Industrie, wie z.B. Verträge über die besondere Versorgung nach § 140a SGB V.
- Kooperationsverträge zur Organisation eines Versorgungs- und Entlassmanagement nach §§ 11 Abs. 4, 39 Abs. 1a SGB V z.B. zur Sicherstellung der Überleitung der Patienten von der stationären in die ambulante Versorgung.
- Gründung von Berufsausübungsgemeinschaften von Ärzten (z. B. medizinische Versorgungszentren nach § 95 Abs. 1 Satz 2 SGB V).
- Gründung von Arztnetzen nach § 87b Abs. 4 Satz 1 SGB V.
- Kooperationsverträge zwischen den Leistungserbringern im Rahmen der ambulanten spezialfachärztlichen Versorgung nach § 116b SGB V.
- Modellvorhaben nach §§ 63ff. SGB V.

---

22 Vgl. BGH, U. v. 13.3.2014, I ZR 120/13.
23 Vgl. die Nachweise bei *Scholz*, Spickhoff, Medizinrecht, § 27 MBO-Ä Rn. 3 ff.

- Rabattverträge zwischen Krankenkassen und pharmazeutischen Unternehmen nach § 130a Abs. 8 SGB V.
- Verträge zwischen pharmazeutischen Unternehmen und Krankenkassen zur Abweichung von Erstattungsbetragsvereinbarungen nach § 130c SGB V.

Daneben gibt es eine Vielzahl von Kollektivverträgen, die die Leistungserbringung und die Abrechnung in der gesetzlichen Krankenversicherung regeln. Der Vertrag ist nach § 2 Abs. 2 Satz 3 SGB V das typische Handlungsmittel der Selbstverwaltung. Es werden aber auch ohne Einschaltung der gesetzlichen Krankenkassen Kooperationsverträge abgeschlossen. Beispielsweise gibt es Geschäftskonzepte, die eine gesellschaftsrechtliche Beteiligung von Ärzten oder anderen Leistungserbringern im Gesundheitswesen vorsehen.[24]

Um nun die Lauterbarkeitskriterien zu operationalisieren, ist es hilfreich, zwischen Verträgen zu unterscheiden, die die Industrie mit Krankenkassen abschließt und solchen Verträgen, die im Gesundheitswesen ohne die Krankenkasse als Vertragspartner vereinbart werden.

4.4 Verträge mit Krankenkassen

Im vorhergehenden Gliederungspunkt sind u. a. Vertragsbeziehungen aufgeführt worden, an denen Krankenkasse und Industrie beteiligt sein können. Allerdings unterliegen solche Verträge nicht dem strikten Vorbehalt des Gesetzes. Vielmehr hat das Bundesverfassungsgericht in seinem Verfahren zur Verfassungsgemäßheit des Beitragssatzsicherungsgesetzes gemeint, dass die Krankenkassen generell zum Abschluss von Verträgen im Rahmen ihrer Aufgabenerfüllung keiner spezialgesetzlichen Ermächtigungsgrundlage bedürfen, sondern sich allgemein auf §§ 53 ff. SGB X stützen können.[25]

Dies passt zur Regelung in § 128 Abs. 6 Satz 2 SGB V, die für Selektivverträge vorsieht, dass Vereinbarungen von Krankenkassen mit Leistungserbringern über finanzielle Anreize für die Mitwirkung an der Erschließung von Wirtschaftlichkeitsreserven und der Verbesserung der Qualität der Versorgung zulässig sind. Zwar beschränkt sich diese Befugnisnorm

---

24 Vgl. *Harneit*, MedR 2017, 688.
25 Vgl. BVerfG, B. v. 13.9.2005, 2 BvF 2/03.

auf „gesetzlich zulässige" Vereinbarungen, ohne dies genauer zu konkretisieren. Der zulässige Rahmen dürfte aber weit sein. Wettbewerbsrechtliche Schranken finden wegen § 69 Abs. 1 Satz 3 SGB V keine Berücksichtigung. Zu beachten sind aber die kartellrechtlichen Schranken.[26] Jedenfalls wird man aus § 128 Abs. 6 Satz 2 SGB V eine weitgreifende Befugnisnorm für Vorteilszuwendungen im Rahmen von Kooperationen mit Krankenkassen entnehmen können.[27]

Dieser Rechtsgedanke hat große Bedeutung für die Rabattverträge zwischen Krankenkassen und der Industrie i. S. d. § 130a Abs. 8 SGB V, weil hier vielfach auf regionaler Ebene Steuerungsmechanismen vereinbart werden, die den Arzt bonifizieren, der Rabattvertragsprodukte verordnet.[28] Dies ist z. B. der Fall im Hausarztvertrag, den die AOK Baden-Württemberg abgeschlossen hat, weil der Vertragsarzt bei Erreichung bestimmter Rabattvertragsquoten eine patientenbezogene Rückvergütung erhält. Es besteht also ein direkter Zusammenhang zwischen der Bevorzugung der Rabattvertragsarzneimittel und einer Vorteilszuwendung an die Vertragsärzte. Auch ist der Abschluss von besonderen Versorgungsverträgen i.S.d. § 140a SGB V denkbar, nach denen der pharmazeutische Unternehmer finanzielle Beiträge leistet, aus denen letztlich die Ärzte für die Bevorzugung seiner Produkte bonifiziert werden. Die Beteiligung von Ärzten an Erlösen aus Wirtschaftlichkeitsvorteilen ist dem SGB V also keineswegs fremd. Auch im Gesetzentwurf vom 21.10.2015 sind Bonuszahlungen auf sozialrechtlicher Grundlage als relevanter Vorteil i. S. d. § 299a StGB angesehen worden.[29]

Ein alleiniger Blick auf die Regelungen des SGB V würde allerdings verkennen, dass auch der Vertragsarzt grundsätzlich an die Regelungen des Berufsrechts gebunden ist, dieses also keineswegs durch das SGB V verdrängt wird.[30]

Daher greift auch die Annahme eines automatischen Tatbestandsausschlusses für sozialrechtliche Zuwendungen zu kurz.[31]

---

26 Vgl. § 69 Abs. 2 Satz 1 SGB V.
27 *Becker*, Kingreen-Butzer, § 128 SGB V Rn. 43 m. w. N.
28 Vgl. § 130a Abs. 8 Satz 5 SGB V.
29 Vgl. BT-Drs. 16/6446, 20.
30 Vgl. *Rompf*, MedR 2015, 570 m. w. N.
31 A. A. wohl *Jäger*, MedR 2017, 694, 698.

Für den Bereich der Vorteilszuwendungen ist § 32 Abs. 1 der Musterberufsordnung der Deutschen Ärzte von besonderer Bedeutung, der wie folgt lautet:

„Ärztinnen und Ärzten ist es nicht gestattet, von Patientinnen und Patienten oder anderen Geschenke oder andere Vorteile für sich oder Dritte zu fordern oder Dritten versprechen zu lassen oder anzunehmen, wenn hierdurch der Eindruck erweckt wird, dass die Unabhängigkeit der ärztlichen Entscheidung beeinflusst wird. Eine Beeinflussung ist dann nicht berufswidrig, wenn sie einer wirtschaftlichen Behandlungs- oder Verordnungsweise auf sozialrechtlicher Grundlage dient und der Ärztin oder dem Arzt die Möglichkeit erhalten bleibt, aus medizinischen Gründen eine andere als die mit finanziellen Anreizen verbundene Entscheidung zu treffen."

Die Musterberufsordnung wird von der Bundesärztekammer erlassen und ist für den einzelnen Arzt nicht verbindlich. Dieser ist vielmehr nur der als Satzung erlassenen Berufsordnung der Landesärztekammer unterworfen, in der er Mitglied ist. Üblicherweise setzen jedoch die Landesärztekammern die Musterberufsordnung wortgleich um, sodass hier die Musterberufsordnung zugrunde gelegt wird. In berufsrechtlicher Hinsicht ist die entscheidende Frage, ob der Eindruck erweckt wird, dass durch die Zuwendung die Unabhängigkeit der ärztlichen Entscheidung beeinflusst wird. Es genügt also nicht der Eindruck, dass der Arzt in seinen ärztlichen Entscheidungen beeinflusst sein könnte, sondern es muss auf Grundlage konkreter Tatsachen bei wertender Betrachtung nahe liegend und daher absehbar sein, dass die zukünftigen Entscheidungen des Arztes beeinflusst sind.[32]

Dies ist bei Bonussystemen, die die Verordnung bestimmter Produkte incentivieren, der Fall. Trotz seines sehr weitgehenden Wortlautes ist § 32 Abs. 1 Satz 2 MBO-Ä nicht so zu verstehen, dass solche Zuwendungen gleichwohl stets zulässig sind, wenn sie eine sozialrechtliche Grundlage finden. Der Sozialrechtsvorbehalt beruht auf den Beschlüssen des 114. deutschen Ärztetages 2011. Aus der synoptischen Darstellung ergibt sich, dass mit dieser Ergänzung keineswegs jedwede sozialrechtliche Bonifizierung gerechtfertigt werden sollte, sondern nur eine solche Bonifizierung, die den im Jahre 2007 von der Bundesärztekammer veröffentlichten Hin-

---

32 So *Scholz*, Spickhoff, Medizinrecht, § 32 MBO-Ä Rn. 5 m. w. N.

weisen und Erläuterungen zum Umgang mit der Ökonomisierung im Gesundheitswesen entsprechen.[33]

Als kritisch wird in der Bekanntmachung zur Ökonomisierung im Gesundheitswesen vom 2.4.2007 angesehen, wenn die Rabattvereinbarungen einem Arzt keinen Entscheidungsspielraum zugunsten des auszuwählenden Arzneimittels mehr belassen.[34]

Eine Bonifizierungsregelung wird in der Regel nicht so beschaffen sein, dass der konkrete Anreiz die „Freiwilligkeit" des Arztes entfallen lässt. Allerdings muss man überlegen, ob der Entscheidungsspielraum des Arztes durch das Wirtschaftlichkeitsprinzip letztlich auf Null reduziert ist, denn das Bundessozialgericht vertritt neuerdings eine sehr strikte Auslegung des Wirtschaftlichkeitsprinzips[35] zur Pflicht, den günstigsten Bezugsweg zu nutzen;[36] zur Exklusivwirkung einer Ausschreibung für Zytostatikazubereitungen.

Über das Wirtschaftlichkeitsprinzip im Sinne des § 12 SGB V könnte dann ein relevanter Entscheidungsspielraum des Arztes aus medizinischen Gründen entfallen. Die Verordnungs- und Zuführungssteuerung im Bereich der GKV ist daher nicht völlig berufsrechtsfrei.[37]

Da § 299a StGB nicht nur die Vermögensinteressen der Solidargemeinschaft der Versicherten schützen will, sondern konkret auch das Vertrauensverhältnis zwischen Arzt und Patient, wäre es auch unlogisch, die Steuerung in der gesetzlichen Krankenversicherung völlig von der Strafbarkeit auszunehmen. Ob es in der Praxis dabei bleiben wird, ist offen, denn die Positionierung des § 299a StGB in dem 26. Abschnitt des Strafgesetzbuches „Straftaten gegen den Wettbewerb" mag in der Praxis dazu führen, dass es mehr um den (Vermögens-)Schutz der gesetzlichen Krankenversicherung als um den Schutz vor der gesetzlichen Krankenversicherung geht. Der EuGH hat jedenfalls die staatliche Steuerung im Arzneimittelverordnungsbereich nicht den Werbeeinschränkungen nach den Art. 88 ff. der Richtlinie 2001/83/EG unterwerfen wollen.[38]

---

33 Http://www.bundesaerztekammer.de/fileadmin/userupload/downloads/pdf-Ordner/MBO/MBOSynopse.pdf.
34 Dies greift auch der Gesetzentwurf auf in BT-Drs. 16/6446, 20.
35 Vgl. BSG, U. v. 13.5.2015, B 6 KA 18/14 R.
36 BSG, U. v. 25.11.2015, B 3 KR 16/15 R.
37 *Scholz*, Spickhoff, Medizinrecht, § 32 MBO-Ä Rn. 7.
38 Vgl. EuGH, U. v. 22.4.2010, C-62/09.

Auch wenn somit die Verordnungs- und Zuführungssteuerung in den Verträgen mit Krankenkassen nicht grenzenlos möglich ist, wird man jedoch – dem Grundgedanken des § 128 Abs. 6 Satz 2 SGB V folgend – im Regelfall davon ausgehen können, dass Verträge mit Krankenkassen keinem strafrechtlichen Verfolgungsrisiko unterliegen. Konsistent mag dies nicht sein, entspricht aber der erwartbaren Praxis.

4.5 Kooperationsverträge ohne Einbeziehung von Krankenkassen

Große praktische Bedeutung für die Industrie haben Kooperationsverträge, die ohne Einbeziehung von Krankenkassen abgeschlossen werden. Soweit es um Verträge mit Ärzten geht, ist zunächst festzustellen, dass Ärzten selbst eine unmittelbare gewerblich unternehmerische Tätigkeit auf dem Gebiet des Heilwesens grundsätzlich gestattet ist.[39]

Andererseits ist der Schutz des Vertrauens des Patienten in die Integrität der Ärzteschaft ein Gemeinwohlbelang, der es erlaubt, eine gewerbliche Betätigung von Ärzten zu beschränken, wobei insbesondere Verhaltensweisen entgegengewirkt werden kann, die den Eindruck vermitteln, der Arzt stelle die Erzielung von Gewinnen über das Wohl seiner Patienten und deren ordnungsgemäße Behandlung; der Patient soll darauf vertrauen können, dass sich der Arzt nicht von kommerziellen Interessen leiten lässt.[40]

Deshalb ordnet § 3 Abs. 1 Satz 1 MBO-Ä an, dass es Ärzten untersagt sei, neben der Ausübung ihres Berufs eine andere Tätigkeit auszuüben, welche mit den ethischen Grundsätzen des ärztlichen Berufs nicht vereinbar ist. Im Zusammenhang mit diesem Unvereinbarkeitsverbot in § 3 MBO-Ä und insbesondere i. V. m. den §§ 30 ff. MBO-Ä hat sich daher im Laufe der Jahre eine reichhaltige Rechtsprechung meist im wettbewerbsrechtlichen Zusammenhang entwickelt.[41]

Nachfolgend soll kurz auf einige Beispiele eingegangen werden.

---

39 Vgl. BVerfG, B. v. 19.11.1985, 1 BvR 38/78.
40 Vgl. BVerfG, B. v. 1.6.2011, 1 BvR 233/10, Rn. 42.
41 Vgl. z. B. *Scholz*, Spickhoff, Medizinrecht, §§ 30 ff. MBO-Ä.

4.5.1 Nichtinterventionelle Studien und Anwendungsbeobachtungen

Die Kooperation zwischen Arzt und Industrie muss nicht zwangsläufig spezifischen Zwecken der gesetzlichen Krankenversicherung dienen, sondern es kann stattdessen um die Vereinbarung konkreter Dienstleistungen gehen. Ein typisches Beispiel für eine solche Kooperation zwischen Arzt und Industrie ist die Durchführung von nichtinterventionellen Studien im Sinne des § 4 Abs. 23 AMG i. V. m. §§ 63 f, 63 g, 67 Abs. 6 AMG, also von sogenannten PASS und Anwendungsbeobachtungen[42]. Auch hier ergibt sich aus dem Gesetzentwurf der Bundesregierung, dass grundsätzlich die Durchführung von nichtinterventionellen Studien forschungs- und gesundheitspolitisch wünschenswert sei.[43]

Gelegentlich werden Anwendungsbeobachtungen in der Presse als „legale Korruption" diskreditiert.[44]

Dies stellt jedoch eine verzerrte Sicht der Dinge dar. Nichtinterventionelle Studien mit Anwendungsbeobachtungen haben eine wichtige Funktion im Arzneimittelrecht. Deshalb sieht § 28 Abs. 3a und Abs. 3b AMG vor, dass die zuständige Bundesoberbehörde nichtinterventionelle Studien beauflagen kann, um weitere für die Risiko-Nutzen-Abwägung notwendige Erkenntnisse zu gewinnen. Solche Studienauflagen sind daher nicht selten Bestandteil von Risikomanagementplänen,[45] die der pharmazeutische Unternehmer umzusetzen hat. Selbst der der Pharmanähe sicher nicht verdächtige Gemeinsame Bundesausschuss[46] hat in Einzelfällen nichtin-

---

42 Vgl. zum Vorteilscharakter der Dokumentationshonorare sub 3.4.2.2.
43 BT-Drs. 18/6446, 19; vgl. zur generellen Zulässigkeit von Anwendungsbeobachtungen auch *Broch*, PharmR 2016, 314 ff. sowie *Großkopf/Schanz*: RDG 2016, 220, 227.
44 Vgl. Tagesspiegel vom 2.10.2009 unter Berufung auf den SPD-Gesundheitsexperten *Karl Lauterbach*
(www.tagesspiegel.de/politik/gesundheitspolitik-legale-form-der-korruption/1609088.html).
45 Näheres zum Risikomanagementplan: https://www.bfarm.de/SharedDocs/FAQs/DE/Pharmakovigilanz/RMP/pharmacovig-rmp-faq1.html; Die Legaldefinition findet sich in § 4 Abs. 37 AMG, vgl. *Krüger*, Kügel/Müller/Hofmann, § 4 AMG Rn. 271 ff.
46 Vgl. § 91 SGB V.

terventionelle Studien im Sinne eines Produktregisters als notwendig angesehen.[47]

Eine allgemeine und pauschale (Vor-)Verurteilung von nichtinterventionellen Studien und insbesondere Anwendungsbeobachtungen verkennt daher sowohl die arzneimittelrechtliche Rechtslage als auch den potentiellen Nutzen, die nichtinterventionelle Studien für die Beurteilung von Arzneimitteln haben können.[48] Ferner unterfallen nichtinterventionelle Studien der durch Artikel 5 GG grundrechtlich geschützten Forschungsfreiheit.[49]

Allerdings hat der Gesetzgeber in der Vergangenheit durchaus ein Missbrauchspotenzial bei solchen Studien gesehen und hat durch zusätzliche Beschränkungen sicherstellen wollen, dass solche Studien nicht aus reinen Marketinggründen durchgeführt werden. Durch das 3. AMG-ÄndG[50] ist deshalb § 67 Abs. 6 Satz 3 AMG neu eingefügt worden. Diese Regelung entspricht den Vorgaben in §§ 19 FSA-Kodex, 18 AKG-Kodex. Danach sind die an Ärzte zu zahlenden Honorare nach ihrer Art und Höhe so zu bemessen, dass kein Anreiz für eine bevorzugte Verschreibung oder Empfehlung bestimmter Arzneimittel entsteht. In den Materialien zum 3. AMG-ÄndG heißt es daher wie folgt:[51]

„Es soll eine gezielte Beeinflussung des ärztlichen Verschreibungsverhaltens mittels der Durchführung von Anwendungsbeobachtungen und der nichtinterventionellen Unbedenklichkeitsprüfung verhindert werden. [...] Die Honorierung sollte sich am Aufwand für zusätzlich erforderliche Dokumentations- und andere Maßnahmen orientieren. Anhalt für eine über die Regelversorgung hinaus durch die Prüfung entstehende Aufwandshonorierung bietet z.B. die Ärztegebührenordnung. [...] Es wird jedoch jeweils am Einzelfall zu prüfen sein, ob durch die ergänzenden Verdienstmöglichkeiten bei einem einzelnen an einer Prüfung beteiligten Arzt ein Anreiz entstehen könnte, die Einkommensmöglichkeiten auszuweiten."

Es kommt also nicht nur auf die für den einzelnen Dienstleistungsfall gezahlte Einzelvergütung an, sondern es ist in vergütungsmäßiger Hinsicht

---

47 Vgl. die Tragenden Gründe des G-BA zum Nutzenbewertungsbeschluss vom 17.3.2016 zur Asfotase alfa (siehe dort 18 f.) und zur Sebelipase alfa (siehe dort S. 9 f), jeweils recherchierbar unter http://www.g-ba.de.
48 Allgemein zu nichtinterventionellen Studien *Hinze/Gleiter/Herbold* (Hrsg.) in: Anwendungsbeobachtungen: Leitfaden für die praktische Durchführung.
49 Zu Recht plädiert daher *Broch* in PharmR 2016, 314 ff. für die Notwendigkeit einer Versachlichung der Diskussion zur Anwendungsbeobachtung.
50 Drittes Gesetz zur Änderung arzneimittelrechtlicher und anderer Vorschriften vom 7. August 2013.
51 BT-Drs. 17/13770, 20.

das gesamte Beziehungsgeflecht zwischen Arzt und Unternehmen mit zu berücksichtigen. Nicht anders verfährt die Rechtsprechung bei der Frage, ob bei den Delikten nach §§ 331 ff. StGB eine Unrechtsvereinbarung vorliegt.[52]

Da bei Anwendungsbeobachtungen – anders als z.B. bei der Unterstützung der ärztlichen Fortbildung – die Vorteilsgewährung und der kausale Zusammenhang zur Bevorzugung eines bestimmten Arzneimittels zumeist auf der Hand liegen, fokussiert sich aus strafrechtlicher Sicht die Frage darauf, ob es sich um ein nicht zu beanstandendes Forschungsprojekt oder um eine gezielte Beeinflussung des ärztlichen Verordnungsverhaltens handelt. Ein wichtiges Indiz für den Forschungscharakter ist der nachvollziehbare sachliche Grund des Unternehmers für die Durchführung des Projekts.[53] Die sachlich-inhaltliche Legitimation[54] wirkt also einer Würdigung des Projekts als Mittel des Verordnungskaufs entgegen. Ein weiteres wichtiges Indiz ist die Angemessenheit der Vergütung.[55] Angemessen kann nur eine Vergütung sein, die eine objektiv werthaltige Dienstleistung vergütet.[56]

Hat das Forschungsprojekt in wissenschaftlicher Hinsicht keinen Aussagegehalt, liegt die Annahme eines Scheinvertrages nahe, der keine Vergütung rechtfertigen würde. Solche Konstellationen dürften allerdings selten sein, da in der Regel nichtinterventionelle Studien vor ihrer Durchführung einer zuständigen Ethik-Kommission zur Prüfung vorgelegt werden[57] und zudem sich die Unternehmen bei der Erstellung des Beobachtungsplans an der Bekanntmachung der Bundesoberbehörden orientieren.[58]

Ferner muss die Studie auch Relevanz für den pharmazeutischen Unternehmer haben, der sie beauftragt. Sollten die Studien nicht ausgewertet werden, weil die Erkenntnisse für das Unternehmen bedeutungslos sind, liegt wiederum die Annahme eines Scheinvertrages nahe.[59]

---

52 Vgl. z. B. BGH, U. v. 20.1.2000, 4 StR 342/99.
53 Vgl. oben sub 3.4.2.2.
54 Vgl. dazu oben zur Legitimität der Informationsvermittlung sub 3.7.3.
55 Vgl. dazu auch sub 3.4.2.2 und 5.1.1.
56 Vgl. §§ 18 Abs. 1 Nr. 2, Nr. 3, Nr. 4, 19 Abs. 2 Nr. 1, Nr. 4 FSA-Kodex), www.fsa-pharma.de/fileadmin/Downloads/Pdfs/KodizesEmpfehlungen/FSA-Kode xFachkreiseWeb.pdf.
57 Vgl. § 19 Abs. 2 Satz 2 Nr. 8 FSA-Kodex.
58 Vgl. §§ 18 Abs. 4 AKG-Kodex, 19 Abs. 2 Satz 1 FSA-Kodex.
59 Vgl. *Dann/Scholz*, NJW 2016, 2077, 2079; *Broch*, PharmR 2016, 314, 318.

Weiß davon der Arzt allerdings nichts, wird es an einem entsprechenden Tatvorsatz auf seiner Seite fehlen. Zu guter Letzt muss auch die Vergütungshöhe auf Basis einer aufwandsbezogenen Betrachtung angemessen sein. In der Literatur erfolgt eine starke Orientierung an der GOÄ, obwohl diese an sich keine Anwendung findet auf Dienstleistungen des Arztes für die Industrie.[60]

Auf Basis der GOP 80 der GOÄ kam die Schiedsstelle des Vereins „Freiwillige Selbstkontrolle für die Arzneimittelindustrie e. V." zu einem generellen Stundensatz in Höhe von ca. 130 €.[61]

Für nichtinterventionelle Studien operiert die Schiedsstelle allerdings mit einem Stundensatz in Höhe von 75 €,[62] basierend auf der Nr. 85 der GOÄ. In der Literatur wird der letztgenannte Stundensatz für die Durchführung von nichtinterventionellen Studien zum Teil akzeptiert,[63] zum Teil aber stark kritisiert und stattdessen eine Vergütung nach dem fair market value für richtig gehalten.[64]

Aus den Materialien zum 3. AMG-Änderungsgesetz lässt sich zwar ersehen, dass eine Anbindung der Vergütungshöhe an die GOÄ prinzipiell begrüßt wird, ohne dass allerdings eine spezielle Herleitung oder ein bestimmter Stundensatz favorisiert werden würde.[65]

Die Orientierung an festen Stundensätzen verstellt ein wenig den Blick darauf, dass die GOÄ nur einen Anhaltspunkt darstellt und über dies die GOÄ in § 5 Abs. 2 Satz 1 GOÄ vorsieht, dass die Gebühr unter Berücksichtigung der Schwierigkeit und des Zeitaufwandes der einzelnen Leistungen sowie der Umstände bei der Ausführung nach billigem Ermessen zu bestimmen sind. Deshalb sieht § 5 Abs. 1 Satz 1 GOÄ grundsätzlich eine Bemessung zwischen dem Einfachen bis Dreieinhalbfachen des Gebührensatzes vor. Soweit deshalb eine Vergütung nach dem sog. „Arms-Length-Prinzips" befürwortet wird,[66] ist dies allerdings schwer umsetzbar, denn eine Anwendungsbeobachtung setzt gerade voraus, dass der Arzt das zu beobachtende Arzneimittel verordnet, sodass die für die Vergütungsbe-

---

60 Vgl. zur GOÄ-Orientierung §§ 19 Abs. 2 Satz 2 Nr. 7, 18 Abs. 1 Nr. 6 FSA-Kodex.
61 Entscheidung der Schiedsstelle vom 3.2.2009, Az. 2008.1-220.
62 Entscheidung der II. Instanz der Schiedsstelle vom 9.2.2009, Az. FS II 5/08/2007.12-217.
63 *Ruppert/Hahn/Hundt*, GMS 2012, Vol. 10; *Dieners*, Dieners, Handbuch der Compliance, Kapitel 11, Rn. 189 ff.
64 So *Geiger*, PharmR 2007, 364, 373.
65 Vgl. BT-Drs. 17/13770, 20.
66 So *Broch*, PharmR 2016, 314, 319 m. w. N.

messung bestimmende Frage, welche Vergütung gezahlt werden würde, wenn es sich bei dem Vertragspartner nicht um eine Person handelt, die Produkte des Unternehmens verordnet, nicht weiterführt. Stellt man auf die Unlauterbarkeit als Kernelement der Unrechtsvereinbarung ab, so bedeutet dies einen Rückgriff auf die Wertungen des Berufs-, Werbe- und sonstigen Marktverhaltensrechts im Gesundheitsbereichs. Es soll verhindert werden, dass Fachkreisangehörige in Versuchung geführt werden, persönliche Zuwendungen bei ihren die Interessen Dritter berührenden Verordnungs-, Bezugs- und Zuweisungsentscheidungen (mit) zu berücksichtigen.[67]

Kritisch wären also Vergütungen ohne erkennbare Gegenleistung oder Entgelte, die evident über die wirtschaftlichen Werte der erbrachten heilberuflichen Gegenleistungen hinaus eine verdeckte Zuwendung enthalten.[68]

Ferner ist auch hier das Prinzip der asymmetrischen Akzessorietät zu berücksichtigen, denn §§ 63f Abs. 4, 67 Abs. 6 AMG sehen sie sogar als notwendige Tätigkeiten vor. § 67 Abs. 6 Satz 3 AMG spricht allerdings von „Entschädigungen" (und nicht z. B. von „Honoraren"), die so zu bemessen sind, dass kein Anreiz für eine bevorzugte Verschreibung der Empfehlung bestimmter Arzneimittel entsteht.

Ausweislich der oben zitierten Gesetzesmaterialien geht es um eine Aufwandshonorierung und nicht um eine Gewinnerzielungsregelung. Deshalb ist eine Orientierung an den GOÄ-Regeln anzuraten, wobei hier allerdings mit entsprechenden sachlichen Gründen, die auch dokumentiert sein sollten, ein gewisser Anpassungsspielraum entsprechend § 5 Abs. 1 Satz 1 GOÄ besteht. Nach § 33 Satz 2 MBO-Ä hat der Arzt die Möglichkeit, Verträge, die er abschließen will, der Ärztekammer vorzulegen und sich dabei berufsrechtlich beraten zu lassen.

4.5.2 Gesellschaftsrechtliche Beteiligungen

Während die reine Kapitalbeteiligung von Ärzten an Anbietern gesundheitlicher Leistungen grundsätzlich zulässig sein wird, wandelt sich die Beurteilung dann, wenn sich die gesellschaftsrechtliche Beteiligung in

---

67 So *Brettel/Mand*, A&R 2016, 99, 102 unter Bezugnahme auf die wettbewerbsrechtliche BGH-Rechtsprechung.
68 Vgl. BT-Drs. 18/6446, 18.

Wirklichkeit als eine Umgehung des Zuweisungsverbots gegen Entgelt darstellt.[69]

Während in der Vergangenheit die gesellschaftsrechtlichen Beteiligungen recht großzügig als zulässig angesehen worden sind, hat sich die Beurteilung spätestens seit 2011 geändert. Das OVG NRW hat im Rahmen eines berufsrechtlichen Verfahrens gesellschaftsrechtliche Beteiligungen insbesondere dann als unzulässig angesehen, wenn sich das Zuweisungs- bzw. Verordnungsverhalten des ärztlichen Gesellschafters dann messbar auf die Höhe der eigenen Gewinnbeteiligung auswirkt.[70]

Im gleichen Jahr hatte bereits der BGH Ähnliches ausgeführt.[71]

Besonders kritisch wäre es, wenn sich die „Dividende" des ärztlichen Gesellschafters an der Anzahl der Verordnungen/Verweisungen orientieren würde.[72]

Gesellschaftsrechtliche Beteiligungen, die letztlich Zuweisungen oder Verordnungsentgelte maskieren sollen, verstoßen gegen ärztliches Berufsrecht.[73]

Ähnliche Restriktionen ergeben sich auch aus §§ 73 Abs. 7, 128 SGB V.[74]

4.5.3 Patienten-Compliance-Programme

Der Erkenntnis folgend, dass das nicht eingenommene Arzneimittel das teuerste Arzneimittel ist, haben sich in den letzten Jahren unter verschiedenen Blickwinkeln Patienten-Compliance-Programme etabliert, die den Zweck haben, eine kontinuierliche Einnahme der Medikation durch den Patienten sicherzustellen. Von großer Bedeutung ist dies für Arzneimittel, die der Rezidivprophylaxe dienen.[75]

---

69 Vgl. dazu z. B. *Scholz*, Spickhoff, Medizinrecht, § 31 MBO-Ä Rn. 6; *Wigge*, NZS 2015, 447 ff.; *Harneit*, MedR 2017, 688 ff.
70 OVG NRW, U. v. 6.7.2011, 6 t A 1816/09-T; vgl. auch BT-Drs. 17/6906, 85 und 17/8005, 119 zu § 128 SGB V.
71 BGH, U. v. 13.1.2011, I ZR 112/08.
72 Vgl. OLG Stuttgart, U. v. 10.5.2007, 2 U 176/06.
73 *Scholz*, Spickhoff, Medizinrecht, § 31 MBO-Ä Rn. 6 m. w. N.
74 Vgl. dazu auch *Scholz*, GesR 2013, 12 ff.; *Wittmann/Koch*, MedR 2011, 476 ff.; *Flasbarth*, MedR 2017, 578; *Ratzel*, GesR 2007, 200.
75 Vgl. *Rieß*, NZS 2014, 12.

Soweit es bei der Durchführung von Patienten-Compliance-Programmen darum geht, die kontinuierliche Einnahme eines bestimmten Medikamentes sicherzustellen, liegt eine kausale Bevorzugung bei der Verordnung dieses Arzneimittels nahe, sodass die Vergütung des Arztes für die Mitwirkung an solchen Programmen als strafbare Vorteilszuwendung i.S.d. § 299a StGB angesehen werden könnte. Im Rahmen des FSA-Kodex hat jedenfalls die Schiedsstelle die Vergütung von ärztlichen Maßnahmen zur Verbesserung der Therapietreue der Patienten, ihrer Schulung und die telefonische Erinnerung an die Verabreichung oder Verordnung der Präparate nicht als kodexkonforme fachliche Leistungen für das betreffende Unternehmen angesehen.[76]

Die HWG-Kompatibilität von Patienten-Compliance-Programmen ist wegen des weiten Anwendungsbereichs des HWG (vgl. § 1 HWG) nicht einfach sicherzustellen.[77]

Je nach den Inhalten eines Patienten-Compliance-Programms kann § 7 Abs. 1 Satz 1 Nr. 4 HWG als Rechtfertigung herangezogen werden, weil danach die Erteilung eines Ratschlags oder von Auskünften grundsätzlich zulässige Nebenleistungen sind.[78]

Zu strafrechtlichen Problemen führen diese Patienten-Compliance-Programme aber nur, wenn sie in einem kausalen Zusammenhang mit Vorteilszuwendungen an den Arzt verbunden sind. Wird eine Vergütung an den Arzt nicht für die Teilnahme an dem Compliance-Programm, sondern für eine Dokumentation der Erfahrungen aus der Anwendung dieses Programmes und Übermittlung dieser Dokumentation an das Unternehmen gezahlt, mag dies ausreichend sein, um eine Unrechtsvereinbarung zu verneinen. Beinhaltet aber das Patienten-Compliance-Programm eine interventionelle Komponente (z. B. durch die Etablierung eines recall-Systems), verstößt dies möglicherweise gegen § 4 Abs. 23 AMG[79] und ist deshalb unzulässig. Auch wettbewerbsrechtlich sind Vergütungsanreize kritisch. Der BGH hatte zu dem früheren § 4 Nr. 1 UWG ausgeführt, dass in den Fällen, in denen Marktteilnehmer bei ihren geschäftlichen Entscheidungen (auch) die Interessen Dritter zu wahren haben, wie es bei Ärzten der Fall ist, eine unangemessene unsachliche Einflussnahme bereits dann anzunehmen sei, wenn die Ärzte durch die Gewährung oder das in Aus-

---

76 Entscheidung vom 19.4.2012, Az. 2011.12-315.
77 Vgl. *Maur*, A&R 2013, 259; *Tillmanns*, WRP 2012, 914.
78 *Fritzsche*, Spickhoff, Medizinrecht, § 7 HWG Rn. 27.
79 Vgl. dazu Schiedsstelle des FSA, Entscheidung vom 11.6.2014, Az. 2013.2-345.

sichtstellen eines finanziellen Vorteils dazu veranlasst werden können, diese Interessenwahrungspflicht zu verletzen. Gleichzeitig sagte der BGH aber auch, dass die Grenze zur Unlauterbarkeit nach § 4 Nr. 1 UWG erst dann überschritten sei, wenn eine geschäftliche Handlung geeignet sei, die Rationalität der Nachfrageentscheidung der angesprochenen Marktteilnehmer vollständig in den Hintergrund treten zu lassen.[80]

Ähnliche Probleme stellen sich auch bei der kostenlosen Zurverfügungstellung eines Home-Care-Services für bestimmte Arzneimittel. Hier stellt sich vor allem die Frage, ob dieser Service als eine Zuwendung an den Arzt anzusehen ist. Dies kann unschwer jedenfalls dann angenommen werden, wenn der Home-Care-Service dem Arzt Aufwendungen erspart, die er sonst im Rahmen seiner Therapie gehabt hätte. Übernimmt beispielsweise der Home-Care-Service die grundlegende Einweisung des Patienten, wird eine ärztliche Leistung substituiert, denn der Arzt muss sich selbst davon überzeugen, dass der Patient für eine Heimselbstbehandlung geeignet ist und ihn entsprechend anleiten. Verordnungsbezogene Serviceleistungen durch die Industrie für Arztpraxen sind daher in strafrechtlicher Hinsicht sorgsam zu überdenken.

4.5.4 Beraterverträge

Da pharmazeutische Unternehmen häufig auf klinische Expertise angewiesen sind und die Rückkopplung mit der klinischen Praxis benötigen, schließt die Industrie Beraterverträge mit entsprechend qualifizierten Ärzten ab. Grundsätzlich ist gegen solche Verträge nichts einzuwenden. Dies bestätigt auch § 33 MBO-Ä, der ersichtlich die Zulässigkeit von Dienstleistungsbeziehungen zwischen Industrie und Arzt voraussetzt, für diese aber fordert, dass die vereinbarte Vergütung vor dem Hintergrund der erbrachten Leistung angemessen sein muss. Detaillierte Regelungen lassen sich § 18 FSA-Kodex entnehmen. Sowohl nach den Kodizes als auch nach § 33 MBO-Ä kommt es entscheidend auf die Angemessenheit der Vergütung an.[81] Häufig fokussiert sich dabei die Diskussion auf die Vergütungshöhe. Dies verkürzt mitunter den Blick auf die notwendige Breite der An-

---

80 BGH, U. v. 24.6.2010, I ZR 182/08 – Brillenversorgung II.
81 Umfassend dazu *Geiger*, A&R 2013, 99 ff.

gemessenheitsprüfung. Diese besteht letztlich aus 3 Komponenten, nämlich

- der Überprüfung, ob die vereinbarte Leistung objektiv werthaltig ist, also beispielsweise den medizinisch-wissenschaftlichen Anforderungen entspricht,
- der Prüfung, ob die vereinbarte Leistung für das beauftragende Industrieunternehmen auch subjektiv werthaltig ist, das Unternehmen also die angefragte Leistung z. B. für die interne Entscheidungsfindung oder für sonstige Aktivitäten benötigt.
- Erst im dritten Schritt stellt sich die Frage, ob die vereinbarte Vergütungshöhe angesichts des Aufwandes angemessen ist.

Deshalb enthält § 18 Abs. 1 FSA-Kodex eine Reihe von Anforderungen, die generell für die vertragliche Zusammenarbeit mit Angehörigen der Fachkreise zu beachten sind. Danach gilt:

- Es muss ein berechtigter Bedarf an den zu erbringenden Leistungen sowie an dem Vertragsschluss mit dem konkreten Vertragspartner bestehen (§ 18 Abs. 1 Nr. 2 FSA-Kodex).
- Die Auswahl der Vertragspartner muss dem jeweiligen Bedarf entsprechen (§ 18 Abs. 1 Nr. 3 FSA-Kodex).
- Die Anzahl der beauftragten Vertragspartner darf nicht größer sein als die für die Erfüllung der vorgesehenen Aufgaben vernünftigerweise erforderliche Zahl (§ 18 Abs. 1 Nr. 4 FSA-Kodex).
- Der Abschluss des Vertrages darf nicht zum Zwecke der Beeinflussung von Therapie-, Verordnungs- und Beschaffungsentscheidungen oder zu bloßen Werbezwecken missbraucht werden (§ 18 Abs. 1 Nr. 7 FSA-Kodex).

Kurz zusammengefasst kann man daher sagen, dass für die Einholung der Beratungsleistung ein sachlich legitimer Anlass auf Seiten des Industrieunternehmens bestehen muss. Ähnlich wie bei Anwendungsbeobachtungen stellt sich auch bei Beraterverträgen und sonstigen Dienstleistungsbeziehungen die Frage, wie die Angemessenheit der Vergütung zu beurteilen ist.[82]

---

82 Vgl. dazu *Köbler*, MedR 2017, 783 ff.

Während die Schiedsstelle des FSA einen Stundensatz in Höhe von 130 € als generell angemessen angesehen hat, sind in der Literatur Stundensätze zwischen 200 € – 300 € als angemessen bewertet worden.[83]

Für Beraterverträge müssen andere Kriterien als für Anwendungsbeobachtungen gelten,[84] denn die Honorierung von Beraterverträgen ist – anders als bei Anwendungsbeobachtungen – nicht auf eine reine Aufwandsentschädigung beschränkt. Letztlich kommt man also nicht umhin, die angemessene Vergütung im Einzelfall und unter Berücksichtigung des Zeitaufwands, der Qualifikation, des Schwierigkeitsgrades und der Wichtigkeit der Leistung für den Unternehmer zu bestimmen; letztlich gilt ein Vergütungskorridor, der nur eingeschränkt einer Missbrauchskontrolle unterzogen werden kann.[85] Um die Orientierung zu erleichtern, hat die primus consulting group im Auftrag des AKG e. V. die Vergütungspraxis der Pharmaindustrie evaluiert.

4.5.5 Sonstige Dienstleistungsverträge

Für sonstige Dienstleistungsverträge zwischen der Industrie und dem Arzt gelten die gleichen Grundsätze wie unter 4.5.4 für Beraterverträge dargestellt. Entscheidend ist auch hier die Angemessenheitskontrolle und die Sicherstellung, dass keine Anhaltspunkte dafür entstehen, dass der Vertrag ein Mittel des Verordnungskaufes sein könnte.

4.5.6 Finanzielle Unterstützung der ärztlichen Fortbildung durch die Industrie

Insbesondere der Vertragsarzt (vgl. § 95 Abs. 1 Satz 1 SGB V) ist zu einer fachlichen Fortbildung gesetzlich verpflichtet (§ 95 d Abs. 1 Satz 1 SGB V). Seine Fortbildungspflicht kann der Arzt nur mit solchen Veranstaltungen erfüllen, die frei von wirtschaftlichen Interessen sind (§ 95 d Abs. 1 Satz 3 SGB V). In der Praxis finden sich die Regelungen zur Anerkennung und Zertifizierung von Fortbildungsveranstaltungen bei den Landesärztekammern (vgl. § 95 d Abs. 6 Satz 1 SGB V). Die finanzielle Un-

---

83 Vgl. die Nachweise bei *Köbler*, MedR 2017, 783, 787.
84 Vgl. sub 4.5.1.
85 Vgl. *Köbler*, MedR 2017, 783, 788 m. w. N.

terstützung der ärztlichen Fortbildung durch die pharmazeutische Industrie ist seit vielen Jahrzehnten gängige Praxis. Gleichwohl ist die Zulässigkeit des individuellen Fortbildungssponsorings berufspolitisch umstritten.[86] So findet sich neuerdings in dem Kodex Medizinprodukte des Bundesverbandes für Medizintechnologie e. V. ein Hinweis darauf, dass die Zulässigkeit der finanziellen Unterstützung der passiven Kongressteilnahme derzeit diskutiert und von einigen Staatsanwälten als bedenklich angesehen wird und deshalb eine vollkommene Risikominimierung nur durch eine Einstellung entsprechender Aktivitäten erreicht werden könne.[87] Dieser kritischen Sicht ist allerdings entgegenzuhalten, dass die Zulässigkeit von Zuwendungen durch die Industrie für ausschließlich berufsbezogene wissenschaftliche Veranstaltungen in § 7 Abs. 2 HWG anerkannt ist, sofern die Zuwendungen einen vertretbaren Rahmen nicht überschreiten. Auch § 32 Abs. 2 Satz 1 MBO-Ä sieht vor, dass die Annahme von geldwerten Vorteilen in angemessener Höhe nicht berufswidrig ist, sofern diese ausschließlich für berufsbezogene Fortbildungen verwendet werden. Nach § 32 Abs. 2 Satz 2 MBO-Ä ist der für die Teilnahme an einer wissenschaftlichen Fortbildungsveranstaltung gewährte Vorteil unangemessen, wenn er über die notwendigen Reisekosten und Tagungsgebühren hinausgeht. Auch die Industriekodizes gehen von einer Zulässigkeit der Unterstützung der passiven Teilnahme an Kongressen aus. §§ 20 FSA-Kodex, 19 AKG-Kodex enthalten umfangreiche Vorgaben zur Angemessenheit der Fortbildungsunterstützung.[88] Hinsichtlich der berufsrechtlichen Zulässigkeit dieser Zuwendungen hat allerdings die Landesärztekammer Niedersachsen einen Sonderweg beschritten, weil sie bei der Übernahme der Musterberufsordnung die Regelung des § 32 Abs. 2 Satz 2 MBO-Ä nicht in ihre eigene Berufsordnung übernommen hatte. Es entstand daraufhin in Niedersachsen große Unsicherheit über die Zulässigkeit passiver Kongressteilnahmen, die dann letztlich in ein Gerichtsverfahren mündete, als dessen

---

86 *Scholz*, Spickhoff, Medizinrecht, § 32 MBO-Ä Rn. 8.
87 Vgl. die Fußnote im aktuellen Medizinprodukte-Kodex: https://www.bvmed.de/de/recht/healthcare-compliance/kodex-medizinprodukte/kodex-medizinprodukte-2018.
88 Vgl. *Ulsenheimer*, Handbuch des Arztstrafrechts, Rn. 1007 ff.; *Dieners/Cahnbley*, Anhalt/Dieners, Handbuch zum Medizinprodukterecht, § 21, Rn. 60, 70 ff., 86 ff., 184 ff.; umfassend *Geiger*, PharmR 2007, 316 ff., 364 ff.

Folge die Landesärztekammer ihren Sonderweg zunächst suspendiert hat.[89]

Abzulehnen ist der kürzlich publizierte Standpunkt der Staatsanwaltschaft Erfurt bzw. der Generalstaatsanwaltschaft Jena, die der Auffassung sind, dass jede Annahme von Beiträgen Dritter zur Durchführung von Fortbildungsveranstaltungen den Anfangsverdacht des § 299a StGB begründen könne.[90] Natürlich ist nicht zu verkennen, dass auch die Unterstützung einer passiven Kongressteilnahme als Mittel des Verordnungskaufs missbraucht werden kann. Davon ergehen ersichtlich auch die Gesetzesmaterialien aus.[91] Umso wichtiger ist es daher, keinen Anfangsverdacht im Hinblick auf das Bestehen einer Unrechtsvereinbarung zu setzen. Eine Verknüpfung (z. B. durch Außendienststeuerungsprogramme) zwischen Verordnungsverhalten und Fortbildungsunterstützung darf nicht stattfinden. Die in den Industriekodizes vorgesehenen Angemessenheitsgrenzen sind zu beachten.[92]

4.6 Zusammenfassung

Obwohl Kooperationen im Gesundheitswesen notwendig und auch gesetzlich vorgesehen sind, erfasst sie der Tatbestand der §§ 299a, 299b StGB. Auch wenn sich aus den Gesetzesmaterialien entnehmen lässt, dass die erwünschten Kooperationen nicht der Strafbarkeit unterfallen sollen, fällt es schwer, dieses Anliegen des Gesetzgebers rechtssicher zu operationalisieren. Eine Orientierung an den Vorschriften des ärztlichen Berufsrechtes, des Wettbewerbsrechtes und der Industrie-Kodices führt nur bedingt weiter, weil diese Regelungsbereiche weite Bewertungsspielräume eröffnen, von denen auch die strafrechtliche Praxis Gebrauch machen wird. Da bei der strafrechtlichen Würdigung das gesamte Beziehungsgeflecht zwischen den Beteiligten aufgearbeitet wird, besteht das zusätzliche Risiko, dass die Handhabung der bestehenden Bewertungsspielräume stark von einzelnen Motivationen innerhalb von komplexen Motivationsbündeln beeinflusst werden, die jeder Kooperation zugrunde liegen werden. Die Annahme,

---

89 Vgl. dazu *Dieners/Cahnbley,* Anhalt/Dieners, Handbuch zum Medizinprodukterecht, § 21, Rn. 87.
90 Vgl. oben *Schneider*, 3.2.2.2 und unten *Geiger*, 5.1.1.
91 Vgl. BT-Drs. 18/6446, 18.
92 Umfassend dazu *Geiger*, PharmR 2007, 316 ff., 364 ff.

dass die §§ 299a, 299b StGB nur das bestrafen, was ohnehin schon bisher berufs-, sozial- oder wettbewerbsrechtlich verboten war, ist zwar auf den ersten Blick richtig, berücksichtigt aber weder die bestehenden Bewertungsspielräume noch das Risiko, dass die Bewertung sehr stark von einzelnen Motiven im Rahmen komplexer Motivlagen abhängig gemacht wird. Unternehmen werden daher bei Kooperationen noch mehr als in der Vergangenheit darauf zu achten haben, dass im Rahmen der Innen- und Außenkommunikation sowie der internen Dokumentation keine Einzelmotive aufschimmern, die Grundlage für eine negative Würdigung des Beziehungsgeflechtes sein können. Ebenso wichtig wird es in der Praxis sein, dass für Zuwendungen jeweils ein sachlich gerechtfertigter Anlass besteht. Besteht ein solcher nicht, wird stets der Verdacht naheliegen, dass die Kooperation in Wirklichkeit einer Verordnungslenkung dient.

Kooperationen mit Institutionen

RA Dr. Daniel Geiger, Geiger Nitz + Partner Rechtsanwälte PartG mbB

5. Kooperationen mit Institutionen

Die §§ 299a, 299b StGB können auch auf Kooperationen mit Institutionen Anwendung finden. Anknüpfungspunkt ist in solchen Fällen das Institut des sog. „Drittvorteils", da die §§ 299a, 299b StGB ausdrücklich auch solche Vorteile erfassen, die nicht dem Täter selbst, sondern einem Dritten zugutekommen („Vorteil für sich oder einen Dritten").

Dritter im Sinne der §§ 299a, 299b kann grundsätzlich jede natürliche oder juristische Person sein und damit auch eine Institution, für die der Heilberufsangehörige hauptberuflich (z. B. MVZ) oder nebenamtlich (z. B. Fachgesellschaft) tätig ist. Das gilt jedenfalls dann, wenn der Heilberufsangehörige von der Zuwendung des Vorteils, zumindest mittelbar, auch selbst profitiert.[1]

Erforderlich ist auch in solchen „Dreieckskonstellationen" aber stets, dass eine der in den §§ 299a, 299b StGB genannten Tathandlungen zur Ausführung kommt. Der Täter muss die Vorteile im o. g. Sinne also für einen Dritten „fordern, sich versprechen lassen oder annehmen" bzw. sie einem von den §§ 299a, 299b StGB erfassten Heilberufsangehörigen „anbieten, versprechen oder gewähren".

Eine solche Dreieckskonstellation kann beispielsweise vorliegen, wenn ein Heilberufsangehöriger den Sponsoringvertrag unterzeichnet, mit dem der Jahreskongress einer wissenschaftlichen Fachgesellschaft unterstützt wird, oder er in seiner Funktion als „Schirmherr" einer Patientenorganisation eine Spende annimmt. In solchen Fällen können die §§ 299a, 299b StGB einschlägig sein, wobei für eine Strafbarkeit selbstverständlich Voraussetzung ist, dass die weiteren Tatbestandsmerkmale der §§ 299a, 299b

---

[1] Zum Erfordernis einer zumindest mittelbaren Besserstellung des Täters in der Konstellation der Drittvorteile s. etwa BGH, Urt. v. 2.12.2005 – 5 StR 119/05 –, BGHSt 50, 299-318 – *„Kölner Müll"*, Rn. 28 (juris).

StGB vorliegen, die Drittvorteile also insbesondere Gegenstand einer Unrechtsvereinbarung sind.[2]

Das ist in der Sache nicht neu, denn solche Dreieckskonstellationen sind aus dem Bereich der bisher existenten Korruptionsdelikte (§§ 299, 331 ff. StGB) bereits bekannt. Auch dort, also in den Fällen, in denen Klinikärzte in entsprechende „Einwerbevorgänge" involviert sind, konnten und können die strafrechtlichen Korruptionsverbote Relevanz entfalten. Besondere Bedeutung hat dabei in der Vergangenheit die universitäre Drittmitteleinwerbung erlangt, die bereits Gegenstand einer Leitentscheidung des BGH zu den §§ 331, 333 StGB war.[3]

5.1 Sponsoring, Spenden und Drittmitteleinwerbung

Von besonderer praktischer Relevanz dürften (auch) unter dem Blickwinkel der §§ 299a, 299b StGB, auf denen der Fokus der vorliegenden Erörterungen liegt, die bereits erwähnten Interaktionsformen – Sponsoring, Spende und Drittmitteleinwerbung – sein. Sie sollen nachfolgend im Lichte der neuen Tatbestände der §§ 299a, 299b StGB dargestellt werden.

5.1.1 Sponsoring

Unter Sponsoring wird üblicherweise die Gewährung von Geld oder geldwerten Vorteilen durch Unternehmen zur Förderung von Personen, Gruppen und/oder Organisationen in sportlichen, kulturellen, kirchlichen, wissenschaftlichen, sozialen, ökologischen oder ähnlich bedeutsamen gesellschaftspolitischen Bereichen verstanden, mit der regelmäßig auch eigene unternehmensbezogene Ziele der Werbung oder Öffentlichkeitsarbeit verfolgt werden.[4] Etwas kompakter formuliert ließe sich sagen, dass es beim

---

2 Vgl. hierzu insgesamt auch *Geiger*, CCZ 2011, 1 ff., 10 f.
3 S. hierzu die sog. „Drittmittelentscheidung" des BGH, Urt. v. 23.5.2002 – 1 StR 372/01 –, BGHSt 47, 295-311.
4 So etwa die Definition im Schreiben des Bundesministeriums für Finanzen vom 18. Februar 1998 zur ertragsteuerlichen Behandlung des Sponsorings (so genannter „Sponsoringerlass"), BStBl. 1998 I 212; Vgl. hierzu auch *Bruhn/Mehlinger*, Rechtliche Gestaltung des Sponsoring, Band I, Allgemeiner Teil, 2. Aufl., München 1995, 4, zitiert nach *Fenger/Göben*, Sponsoring im Gesundheitswesen, München 2004, 1; Eine ähnliche Definition liefert *Weiand*, NJW 1994, 227 f., 228; zur straf-

Sponsoring um die Einräumung von Werbemöglichkeiten gegen Zahlung eines Entgelts geht.

Im hier relevanten Bereich des Pharmasponsorings werden Ziele der Unternehmenskommunikation z. B. durch die Vermietung von Repräsentationsflächen in der Industrieausstellung bei Fachveranstaltungen, die Nennung des Sponsors auf Veranstaltungsmaterialien oder eine Platzierung des Firmenlogos auf der Homepage der Sponsoringnehmerin erreicht.

Es handelt sich demnach beim Sponsoring um ein Leistungsaustauschverhältnis auf Gegenseitigkeit.[5] Hierin liegt der wesentliche Unterschied zur Spende[6], mit der keinerlei Gegenleistung des Begünstigten verbunden ist und die insofern eine rein altruistisch motivierte Unterstützungsform darstellt.

Weder die Spende noch das Sponsoring weisen von vornherein strafrechtliche Relevanz auf. Umgekehrt kann aber allein aus dem Umstand, dass eine Vorteilszuwendung gemeinnützige Zwecke verfolgt oder in ein Sponsoringkonzept eingebettet ist, nicht geschlossen werden, dass es sich dabei um eine im Wirtschaftsleben übliche und damit sozialadäquate Kooperationsform handele. Das hat der BGH für das Sponsoring in Bezug auf die Korruptionsdelikte der §§ 331, 333 StGB bereits ausdrücklich klargestellt. In seinem Urteil vom 14.10.2008[7] führt er hierzu aus:

> „Das bedeutet auch, dass die Strafbestimmung der Vorteilsgewährung nicht schon dadurch unanwendbar wird, dass eine (angestrebte) Unrechtsvereinbarung in sozialadäquate Handlungen – wie die Durchführung eines für sich gesehen in strafrechtlicher Hinsicht gänzlich unverdächtigen Sponsoringkonzepts – eingebunden wird. Auch in diesem Fall ist maßgeblich, wie sich das Vorgehen aufgrund der gesamten Umstände, unter denen es geschieht, darstellt."

Andererseits gilt aber auch, dass von einer Unrechtsvereinbarung nicht auszugehen ist,

> „sofern […] nach einer Gesamtschau sämtlicher Umstände die nahe liegende Möglichkeit nicht ausgeschlossen werden kann, dass die Zuwendung einen

---

rechtlichen Problematik von Sponsoringverträgen s. *Geiger*, A&R 2009, 203, 209 ff.; sowie *Schloßer*, HK-AKM, 46. Erg.- Lieferung (2013), 4925, Rn. 14 ff.
5 *Geiger*, A&R 2009, 203, 207; s. auch *Fenger/Göben* (Fn. 4), 4 und 54, Rn. 165; s. auch *Weiand*, NJW 1994, 227 ff., 229.
6 S. hierzu sogleich 5.1.2.
7 BGH, Urt. v. 14.10.2008 – 1 StR 260/08 – BGH NJW 2008, 3580, Rn. 33 (juris).

(sachlich gerechtfertigten) anderen Beweggrund als den der Beeinflussung der Dienstausübung hat."[8]

Einen solchen „anderen Beweggrund" verfolgt der Zuwendungsgeber regelmäßig beim Sponsoring, weil es ihm hierbei um das grundsätzlich legitime Anliegen geht, die jeweilige Veranstaltung respektive sich selbst als Sponsor zu Werbezwecken hervorzuheben bzw. aufzuwerten.[9]

Das bedeutet: der bloße Abschluss eines Sponsoringvertrages ist strafrechtlich zunächst einmal als neutral einzustufen. Bei entsprechendem Verdacht hat die Staatsanwaltschaft daher zu prüfen, ob der getroffenen Sponsoringvereinbarung eine Unrechtsvereinbarung zugrunde liegt bzw. ob sie von einer entsprechenden „Parallelvereinbarung" begleitet wird.[10] Einfach unterstellt werden kann ein strafrechtlich relevantes Verhalten bei dem bloßen Abschluss einer Sponsoringvereinbarung aber nicht.

Abwegig war daher nach Auffassung des Verfassers der in der Ausgabe 05/2017 des Ärzteblattes Thüringen publizierte Standpunkt der Staatsanwaltschaft Erfurt bzw. der Generalstaatsanwaltschaft Jena, wonach diese „entgegen der Regelung in § 32 Abs. 2 und § 32 Abs. 3 Berufsordnung der Landesärztekammer Thüringen den Anfangsverdacht strafbaren Verhaltens nach § 299a StGB dann als gegeben an[sieht], wenn die Teilnahme an einer Fortbildungsveranstaltung von der Industrie finanziert wird." Entsprechendes gelte für das Veranstaltungssponsoring. Jedwede Annahme von Beiträgen Dritter zur Durchführung von Veranstaltungen könne danach den Anfangsverdacht des § 299a StGB begründen.[11] Wie bereits an anderer Stelle dargelegt, ist eine solche Handhabung des Ermittlungen auslösenden, strafprozessualen Anfangsverdachts mit rechtsstaatlichen Grundsätzen nicht mehr vereinbar.[12] Es bleibt daher dabei: Ohne das Hinzutreten besonderer Umstände besteht insbesondere mit Blick auf die aktuell geltende medizin- und gesundheitsrechtliche Primärordnung kein Anfangsverdacht für ein nach § 299a StGB strafbares Verhalten (§§ 152

---

8 BGH, Urt. v. 14.10.2008 – 1 StR 260/08 – BGH NJW 2008, 3580, Rn. 38 (juris).
9 LG Karlsruhe NStZ 2008, 407, Rn. 182 f. (juris), bestätigt durch BGHSt 53, 6, Rnrn. 35 ff.
10 *Geiger*, A&R 2009, 203, 210.
11 Ärzteblatt Thüringen 2017, 292; hierzu bereits oben bei *Schneider* 3.4.2.1. Wie der Ärzte Zeitung v. 8./9.12.2017 (S. 14) zu entnehmen war, haben sich die Thüringische Strafverfolgungsbehörden von diesem Standpunkt bzw. der entsprechenden Berichterstattung zwischenzeitlich distanziert.
12 *Geiger*, medstra 2017, 193 f.

Abs. 2, 160 Abs. 1 StPO) und erst recht kein für die Erhebung der öffentlichen Klage (§ 170 Abs. 1 StPO) bzw. die Eröffnung des Hauptverfahrens (§ 203 StPO) erforderlicher hinreichender Tatverdacht.

Um entsprechenden Verdachtsmomenten entgegen zu wirken, sind, wie stets im Rahmen der Korruptionsprävention, auch im Rahmen von Sponsoringvereinbarungen die vier Prinzipien der Antikorruption strikt zu beachten:

- Trennungsprinzip

Das Trennungsprinzip erfordert als oberstes Gebot zunächst, dass die Vertragsbeziehung strikt umsatzunabhängig ausgestaltet wird.

Gegenstand des Leistungsaustauschverhältnisses ist ausschließlich die Verknüpfung der Zahlung der Sponsoringsumme mit den von der Sponoringnehmerin einzuräumenden Werbemöglichkeiten.

- Äquivalenz- / Angemessenheitsprinzip

Von besonderer Bedeutung ist in der Praxis das Angemessenheitsprinzip.[13] Danach müssen Leistung und Gegenleistung in einem angemessenen Verhältnis zueinander stehen.

Der dem Angemessenheitsprinzip zugrundeliegende Gedanke liegt auf der Hand: der die angemessene Entgeltkomponente übersteigende Vergütungsanteil könnte als „verdecktes Schmiergeld" angesehen werden. Umgekehrt liegt dem Angemessenheitsprinzip die sozialpsychologische Hypothese zugrunde, dass ein Honorar, das „erarbeitet" werden muss, auf Seiten des Empfängers keine „Dankbarkeitskomplexe"[14] auslöst bzw. ihn nicht für künftige Fachentscheidungen im Sinne des Amtsträgers geneigt macht.[15] Der hohe strafrechtliche Indizwert des Angemessenheitsprinzips für bzw. gegen das Vorliegen einer Unrechtsvereinbarung wird auch in der Gesetzesbegründung zu den §§ 299a, 299b StGB mehrfach betont.[16] Und auch die Kodizes der pharmazeutischen Industrie legen für das Sponsoring fest, dass dieses nur in einem angemessenen Umfang zulässig ist.[17]

---

13 Zum Angemessenheitsprinzip insgesamt *Geiger*, A&R 2013, 99 ff.
14 *Geiger*, Schmola/Rapp, Compliance, Governance und Risikomanagement im Krankenhaus – Rechtliche Anforderungen – Praktische Umsetzung – Nachhaltige Organisation, 73.
15 hierzu auch *Geiger*, A&R 2013, 99 ff., 100.
16 Vgl. hierzu BT-Drucks. 18/6446, 18 zur Vergütung im Rahmen der beruflichen Zusammenarbeit, sowie (aaO) 19 zur Vergütung von Anwendungsbeobachtungen.
17 § 19 Abs. 5 AKG-Verhaltenskodex, § 20 Abs. 5 FSA-Kodex „Fachkreise".

Schließlich ergibt sich Entsprechendes aus dem ärztlichen Berufsrecht (§ 32 Abs. 3 MBO-Ä), das indes nur auf *ärztliche* Veranstalter (nicht auch auf kommerzielle Anbieter) Anwendung findet.[18]

Es liegt in der Konsequenz der Natur des Sponsoringvertrags als Leistungsaustauschbeziehung zwischen Entgeltzahlung und Einräumung von Werbemöglichkeiten, dass das angemessene Verhältnis zwischen Entgeltzahlung und eingeräumtem Werbumfang bestehen muss.

Wie der Werbumfang aber zu monetarisieren ist, wird kaum je trennscharf bestimmbar sein.[19] Es ist wie Henry Ford einmal gesagt hat:

> „50 % meines Werbebudgets ist hinausgeworfenes Geld. Niemand kann mir allerdings sagen, welche 50 % das sind."

Dieses Zitat bringt das Kernproblem in der monetären Bewertung von Marketingmaßnahmen im Allgemeinen und von Sponsoringmaßnahmen im Besonderen anschaulich zum Ausdruck.[20]

Legt man die Kodizes der pharmazeutischen Selbstkontrolle zugrunde, so sind Sponsoringzuwendungen – in negativer Abgrenzung – zunächst als unangemessen zu qualifizieren, wenn sie nicht lediglich der finanziellen Unterstützung des wissenschaftlichen Programms der jeweiligen Veranstaltung dienen. Unterhaltungsprogramme oder die Teilnahme von Begleitpersonen dürfen deshalb von vornherein nicht finanziert werden.[21]

Entsprechendes lässt sich auch dem *ärztlichen* Berufsrecht entnehmen: Nach § 32 Abs. 3 MBO-Ä ist Ärztinnen und Ärzten die Annahme von Sponsoringleistungen Dritter

> „ausschließlich für die Finanzierung des wissenschaftlichen Programms"

erlaubt.

Strafrechtlich (und auch berufsrechtlich[22]) sind diese Überzeugungen zwar nicht zwingend, weil allein in der finanziellen Unterstützung eines

---

18 Zum Angemessenheitsprinzip bei Sponsoringverträgen, s. im Übrigen auch B. I. 2. d) 2 des Gemeinsamen Standpunkts zur strafrechtlichen Bewertung der Zusammenarbeit zwischen Industrie, medizinischen Einrichtungen und deren Mitarbeitern.
19 hierzu *Geiger*, A&R 2009, 203 ff., 210.
20 hierzu auch bereits *Geiger*, A&R 2009, 203.
21 Vgl. hierzu § 19 Abs. 5, 7 AKG-Verhaltenskodex, § 20 Abs. 5, 7 FSA-Kodex „Fachkreise".
22 Vgl. die insoweit liberaleren Vorgaben unter Ziff. 6 („Neutralität und Transparenz") der Empfehlungen zur ärztlichen Fortbildung der Bundesärztekammer (4. A., Stand: 24.4.2015), wonach ein Rahmenprogramm zwar grundsätzlich erlaubt

Rahmenprogramms oder der Teilnahme einer Begleitperson ohne das Hinzutreten weiterer Umstände keine strafrechtlich relevante Unrechtsvereinbarung zu sehen ist. Dennoch empfiehlt es sich mit Blick auf die eindeutigen Regelungen im ärztlichen Berufsrecht und die ebenso eindeutigen und historisch gut begründeten Vorgaben der Pharmakodizes eine entsprechende Verwendungsbeschränkung in die Sponsoringvereinbarungen dahingehend aufzunehmen, dass die Sponsoringsumme ausschließlich für den berufsbezogenen, wissenschaftlichen Teil der Veranstaltung zu verwenden ist und Rahmen- bzw. Unterhaltungsprogramme mit der Unterstützungsleistung ebenso wenig finanziert werden dürfen wie die Teilnahme von Begleitpersonen.

Über diese Negativausgrenzung unzulässiger Förderungsmaßnahmen hinaus lassen sich als objektive Indikatoren für die Bewertung des Werbeumfangs einer Veranstaltung in positiver Hinsicht u. a. die personelle (Teilnehmerzahl) und geographische (lokal / regional / national / international) Reichweite, die wissenschaftliche Bedeutung einer Veranstaltung sowie Art, Umfang und Anzahl der eingeräumten Werbemöglichkeiten in die Bewertung einbeziehen.

- Transparenzprinzip

Um dem Transparenzprinzip Rechnung zu tragen, fordern die Pharmakodizes, dass die Unterstützung sowohl bei der Ankündigung als auch bei der Durchführung der Veranstaltung von dem Veranstalter offen zu legen ist. Hierauf haben die Mitgliedsunternehmen der Selbstkontrolleinrichtungen hinzuwirken.[23]

Auch insoweit ergibt sich für ärztliche Veranstalter Entsprechendes aus dem Berufsrecht, das darüber hinaus auch eine Offenlegung von „Bedingungen und Umfang" des Sponsorings verlangt[24], worunter in der Praxis die Darstellung von Sponsoringsumme und im Gegenzug eingeräumter Werbemöglichkeiten verstanden wird. Auch diesbezüglich sollten daher entsprechende Verpflichtungen des Veranstalters in die Sponsoringvereinbarungen aufgenommen werden.

---

ist, zeitlich aber nicht parallel zum inhaltlichen Programm stattfinden darf und einen deutlich geringeren zeitlichen Umfang haben muss als die Fortbildung selbst.
23 § 19 Abs. 5 S. 3 AKG-Verhaltenskodex; § 20 Abs. 5 S. 3 FSA-Kodex „Fachkreise".
24 Vgl. § 32 Abs. 3 MBO-Ä.

Sponsoringzuwendungen sind ferner im Rahmen einer etwaigen periodischen Transparenzdarstellung der Unternehmen offen zu legen, soweit sie an von den Kodizes erfasste Empfänger geleistet werden.[25]

Soweit eine Sponsoringmaßnahme mit Patientenorganisationen vereinbart wird, bestehen seitens der pharmazeutischen Selbstkontrolle ebenfalls spezifische Transparenzpflichten, deren Einhaltung sich mit Blick auf das allgemeine Transparenzprinzip auch aus strafrechtlicher Perspektive empfiehlt.[26]

Sollte ein Sponsoringvertrag unter Beteiligung eines als Amtsträger zu qualifizierenden Heilberufsangehörigen zustande kommen (z. B. Arzt an Universitätsklinikum), ist immer auch gegenüber dem jeweiligen Dienstherrn des einwerbenden Arztes Transparenz herzustellen. Es empfiehlt sich, die Zuwendung durch Einholen einer Dienstherrengenehmigung (§§ 331 Abs. 3, 333 Abs. 3 StGB) „abzusichern".

- Dokumentationsprinzip

Dem Dokumentationsprinzip wird zunächst durch Abschluss einer schriftlichen Sponsoringvereinbarung, aus der sich Leistung und Gegenleistung eindeutig und nachvollziehbar ergeben, Rechnung getragen. Dabei sollten vor allem die Leistungen der gesponserten Einrichtung (z. B. Informationsstand mit .... m^2 in der Industrieausstellung, Möglichkeit zur Präsentation von Firmen- / Produktsymbolen, Danksagung in den Veranstaltungsunterlagen etc.) sowie die Leistungspflichten des Sponsors (ggf. einschl. Dauer und technischer Abwicklung) klar und eindeutig geregelt werden.

Über die Beachtung der vorstehenden Prinzipien hinaus sollte bei der Gestaltung von Sponsoringbeziehungen Folgendes berücksichtigt werden:

Sofern Veranstaltungen von medizinischen Einrichtungen oder medizinischen Fachgesellschaften durchgeführt werden, sollte der Vertragsschluss stets mit der Einrichtung erfolgen und nicht etwa mit einem Fachkreisangehörigen, der die Veranstaltung für die Einrichtung organisiert.

Zahlungen sollten immer nur auf das Konto des Veranstalters erfolgen.[27]

---

25 hierzu § 28 AKG-Verhaltenskodex und §§ 5, 6 Nr. 3 FSA Transparenzkodex.
26 § 12 AKG-Kodex Patientenorganisationen; § 15 FSA-Kodex Patientenorganisationen.
27 Vgl. hierzu auch B. I. 2. d) 1 des Gemeinsamen Standpunktes zur strafrechtlichen Bewertung der Zusammenarbeit zwischen Industrie, medizinischen Einrichtungen und deren Mitarbeitern.

Es ist dringend zu empfehlen, auf eine konsistente unternehmensinterne Behandlung der Zuwendungen zu achten. Dies gilt insbesondere für die Verbuchung durch die Finanzabteilung. Bei Sponsoringaufwendungen wird es sich in der Regel um Betriebsausgaben im Sinne des § 4 Abs. 4 EStG handeln. Das liegt insbesondere in dem hier dargelegten Verständnis von „Sponsoring" nahe, nämlich dann, wenn der Sponsor wirtschaftliche Vorteile, die in der Sicherung oder Erhöhung seines unternehmerischen Ansehens liegen können, für sein Unternehmen erstrebt oder für Produkte seines Unternehmens werben will.[28] Der Vorteil der Betriebsausgaben liegt darin, dass sie – im Gegensatz zu Spenden – ohne Begrenzung steuerlich abzugsfähig sind.

Zu beachten ist in diesem Zusammenhang, dass (nur) ein krasses Missverhältnis zwischen den Leistungen des Sponsors und dem erstrebten wirtschaftlichen Vorteil die Anerkennung der Zuwendung als abzugsfähige Betriebsausgabe in Frage stellen kann (§ 4 Abs. 5 Satz 1 Nr. 7 EStG).[29] Auch unter steuerrechtlichen Gesichtspunkten ist daher auf die Wahrung des Angemessenheitsprinzips zu achten.

Hinzuweisen ist schließlich darauf, dass kein Korrespondenzprinzip hinsichtlich der Verbuchung auf Seiten des Zuwendungsempfängers besteht. D. h. die steuerrechtliche Einordnung der Aufwendungen beim Empfänger ist unabhängig von der Einordnung der Aufwendung beim Sponsor.[30]

5.1.2 Spenden

Zuwendungen können als Spenden im Sinne von § 10 b EStG zu behandeln sein, wenn sie zur Förderung steuerbegünstigter Zwecke freiwillig oder aufgrund einer freiwillig eingegangenen Rechtspflicht erbracht werden, kein Entgelt für eine bestimmte Leistung des Empfängers sind und

---

28 Vgl. hierzu auch BFH, Urt. v. 3.2.1993 – I R 37/91, BStBl 1993 II 441, 445; hierzu auch den sog. „Sponsoringerlass" des Bundesministeriums für Finanzen (Fn. 4), Ziff. 1, Rn. 1.
29 Vgl. hierzu auch Ziff. 1, Tz. 5 des sog. „Sponsoringerlasses" des Bundesministeriums für Finanzen (Fn. 4).
30 Hierzu Ziff. III, Tz. 9 des sog. „Sponsoringerlasses" des Bundesministeriums für Finanzen (Fn. 4).

nicht in einem tatsächlichen wirtschaftlichen Zusammenhang mit dessen Leistungen stehen.[31]

Im Unterschied zum Sponsoring handelt es sich bei Spenden also um einseitige Zuwendungen zur altruistischen Förderung gemeinnütziger, mildtätiger oder kirchlicher Zwecke im Sinne der §§ 52 bis 54 AO.[32]

Im Gesundheitswesen werden Spenden meist zur Förderung von Wissenschaft und Forschung (§ 52 Abs. 2 Nr. 1 AO) oder des öffentlichen Gesundheitswesens und der öffentlichen Gesundheitspflege (§ 52 Abs. 2 Nr. 3 AO) gewährt. Eine entsprechende Zweckbestimmung wird von der pharmazeutischen Selbstkontrolle für die Kodexkonformität von Spenden an medizinische Einrichtungen und andere Organisationen im Gesundheitswesen vorausgesetzt.[33] Und auch nach dem Gemeinsamen Standpunkt der Verbände sollen Spenden nur zum Zwecke von Forschung und Lehre, zur Verbesserung der Gesundheits- oder Patientenversorgung, zu Aus- und Weiterbildungszwecken oder für mildtätige Zwecke erfolgen.[34]

Es versteht sich von selbst, dass Spenden nicht zur Beeinflussung von Therapie-, Verordnungs- oder Beschaffungsentscheidungen missbraucht werden dürfen. Sie dürfen daher nicht unter Umsatzgesichtspunkten vergeben oder gar an Umsatzgeschäfte gekoppelt werden (Trennungsprinzip). Aus Sicht des Spenders kann es daher ratsam sein, die Entscheidung über eine Spendenvergabe unternehmensintern unter die zentrale Kontrolle von Entscheidungsträgern außerhalb der Marketing- und Vertriebseinheiten zu stellen, was in der Praxis häufig durch die Einrichtung von sog. „Spendenkomitees" geschieht.

Auf Seiten des Empfängers ist für die – auch steuerrechtlich konsistente – Behandlung einer Zuwendung als „Spende" Voraussetzung, dass es sich bei dem Zuwendungsempfänger um eine inländische juristische Person des öffentlichen Rechts, eine inländische öffentliche Dienststelle oder eine steuerbefreite Körperschaft handelt, die – bei Vorliegen der sonstigen Voraussetzungen – in der Lage ist, dem Zuwendenden eine Zuwendungsbescheinigung für steuerliche Zwecke über die Höhe der gewährten Zuwen-

---

31 BFH, Urt. v. 25.11.1987, I R 126/85; BStBl 1988 II 220; BFH, Urt. v. 12.9.1990, I R 65/86, BStBl 1991 II 258.
32 *Geiger*, A&R, 2008, 254 ff., 256 f.
33 § 22 Abs. 1 AKG-Verhaltenskodex, § 25 Abs. 1 Nr. 1 FSA-Kodex Fachkreise.
34 B. II. 2. b) 2.) des Gemeinsamen Standpunktes zur strafrechtlichen Bewertung der Zusammenarbeit zwischen Industrie, medizinischen Einrichtungen und deren Mitarbeitern.

dung zu erteilen. Zuwendungsempfänger kann im Falle der Spende also niemals der einzelne Arzt sein, sondern nur eine steuerrechtlich entsprechend privilegierte Institution.[35]

Für die Gewährung von Spenden ist zu beachten, dass diese nur unter den Voraussetzungen der § 10b EStG, § 9 Abs. 1 Nr. 2 KStG, § 9 Nr. 5 GewStG abzugsfähig sind und Spenden für steuerbegünstigte Zwecke nur bis zu einer bestimmten Höhe steuerlich geltend gemacht werden können.

Auch Spenden sollten stets nur auf Konten geleistet werden, die unter Kontrolle der jeweiligen Verwaltung der begünstigten Institution stehen. Entsprechendes gilt für Sachspenden. Auch diese sollten in die Verfügungsgewalt der Verwaltung der jeweils begünstigten Einrichtung übergehen.

Sofern Empfänger einer Spende eine unabhängige Organisation wie z. B. eine als gemeinnützig anerkannte wissenschaftliche Fachgesellschaft oder eine Patientenorganisation ist, ist ggf. zu prüfen, ob unter dem Aspekt des „Drittvorteils" die Einholung einer Dienstherrengenehmigung ratsam sein kann, etwa weil in den Spendenvorgang ein als „Amtsträger" zu qualifizierender Klinikarzt (z. B. Arzt an einem Universitätsklinikum) involviert ist.

Spendenvorgänge sind ebenfalls ordnungsgemäß zu dokumentieren und mindestens über einen Zeitraum, der den steuerrechtlichen Vorgaben Rechnung trägt, zu archivieren.

Sollten berufsbezogene wissenschaftliche Veranstaltungen durch Spenden unterstützt werden, so bestehen die zum Sponsoring dargestellten Transparenzpflichten bereits bei Ankündigung und Durchführung der Veranstaltung. Auf eine entsprechende Offenlegung sollte durch eine korrespondierende Vertragsgestaltung hingewirkt werden. Die pharmazeutische Selbstkontrolle sieht darüber hinaus vor, dass Mitgliedsunternehmen Spenden an Krankenhäuser und sonstige Fachkreisorganisationen (HCO)

---

35 Vgl. hierzu auch B. II. 2. b) 1 des Gemeinsamen Standpunktes zur strafrechtlichen Bewertung der Zusammenarbeit zwischen Industrie, medizinischen Einrichtungen und deren Mitarbeitern; § 22 Abs. 3 AKG-Verhaltenskodex; § 25 Abs. 2 FSA-Kodex Fachkreise.

veröffentlichen sollen[36] bzw. müssen[37]. Ähnliche Transparenzpflichten bestehen bei Zuwendungen an Patientenorganisationen.[38]

5.1.3 Drittmitteleinwerbung

Soweit es sich bei Zuwendungen an Institutionen der Sache nach um Drittmittel für Forschung und Lehre handelt, können auf diese die vom BGH in seiner „Drittmittelentscheidung"[39] aufgestellten Grundsätze Anwendung finden.

In besagter Entscheidung hat der BGH eine Einschränkung der Tatbestände der Vorteilsannahme und Vorteilsgewährung (§§ 331, 333 StGB) vorgenommen, die mit Blick auf die hochschulrechtlich verankerte Dienstaufgabe von Hochschullehrern zur Einwerbung von Drittmitteln geboten war, um Wertungswidersprüche zu vermeiden. Denn soweit das Hochschulrecht die Einwerbung von Drittmitteln regle und sich diese Mittel als „Vorteil" im Sinne der Korruptionsdelikte (§§ 331 ff. StGB) darstellten, müssten Hochschulrecht und Strafrecht in Einklang miteinander gebracht werden. Dabei entfalle allerdings, wie der BGH in seiner Entscheidung ausdrücklich betont, die korruptionsrechtliche Relevanz der Drittmitteleinwerbung nicht schon deshalb, weil die als Gegenleistung gewährten Vorteile für Wissenschaft und Forschung verwendet würden. Erforderlich sei vielmehr darüber hinaus die Offenlegung, die Anzeige der Mitteleinwerbung und ihre Genehmigung in dem hochschulrechtlich dafür vorgesehenen Verfahren.[40]

Es ist offensichtlich, dass die vom BGH damit aufgestellten Grundsätze zur Privilegierung der Hochschulforschung nicht, jedenfalls nicht ohne Weiteres, auf Bereiche außerhalb der Hochschulmedizin übertragen werden können, in denen entsprechende, im Gesetz angelegte Wertungswidersprüche nicht bestehen.

Soweit Drittmittel zu Zwecken von Forschung und Lehre an Hochschuleinrichtungen jedoch durch Heilberufsangehörige im Sinne der

---

36 § 28 AKG-Verhaltenskodex.
37 § 5 i. V. m. § 6 Nr. 2 FSA Transparenzkodex.
38 § 12 AKG-Kodex Patientenorganisationen; § 15 FSA-Kodex Patientenorganisationen.
39 BGH, Urt. v. 23.5.2002 – Az. 1 StR 372/01 – BGHSt 47, 295-311.
40 BGH Urt. v. 23.5.2002 – Az. 1 StR 372/01 – BGHSt 47, 295-311, Rn. 44 (juris).

§§ 229a, 299b StGB eingeworben werden, die zugleich Amtsträger im Sinne von §§ 331 ff. StGB sind, dürften die aufgestellten Grundsätze Wirkung auch im Anwendungsbereich der §§ 299a, 299b StGB entfalten. Auch das gebietet das vom BGH in der zitierten Entscheidung betonte Erfordernis der Einheit der Rechtsordnung.[41]

Durch die Einhaltung der aufgezeigten prozeduralen Grundsätze – Offenlegung der Mitteleinwerbung und Genehmigung in dem dafür vorgesehenen Verfahren durch die Verwaltung der jeweiligen Institution – dürften sich Korruptionsrisiken aber auch außerhalb der Hochschullandschaft auf ein Minimum reduzieren lassen. Denn letztendlich würde mit einem analogen Verfahrensablauf in gleicher Weise Transparenz geschaffen und „den Kontroll- und Aufsichtsorganen eine Überwachung ermöglicht" (Trennungsprinzip). Mag daher außerhalb der Hochschulmedizin auch kein gesetzlich veranlasstes Spannungsverhältnis zwischen Drittmitteleinwerbung und Korruptionsdelikten bestehen, so kann ein solches gleichwohl faktisch vorhanden sein und durch eine entsprechende Prozeduralisierung aufgelöst werden. Wird den genannten Prinzipien der Antikorruption auch im Rahmen von Drittmittelzuwendungen Rechnung getragen, dürfte den dargestellten Anforderungen bei konsequenter Umsetzung von Trennungs- und Transparenzprinzip gewissermaßen automatisch Rechnung getragen werden.

---

41 Zu dem Aspekt der Wahrung der Einheit der Rechtsordnung, BGH Urt. v. 23.5.2002 – Az. 1 StR 372/01 – BGHSt 47, 295-311, Rn. 44 (juris).

Wettbewerbsrechtliche Implikationen

RA Michael Weidner, KOZIANKA & WEIDNER Rechtsanwälte

6. Wettbewerbsrechtliche Implikationen des Gesetzes

Ursprünglich sollte nach dem Gesetzentwurf der Bundesregierung die Strafbarkeit von Bezugsentscheidungen – anders als bei Verordnungs-, Abgabe- und Zuführungsentscheidungen – nicht an eine unlautere Bevorzugung im Wettbewerb anknüpfen, da sich die Unlauterkeit einer Bevorzugung auch aus Verstößen gegen Preis- und Rabattvorschriften ergeben kann, bei denen es an einem korruptionsspezifischen Unrechtsgehalt sowie an einer Beeinträchtigung des Vertrauens in die Integrität heilberuflicher Entscheidungen fehlt.[1]

Stattdessen werden die tatbestandlichen Bezugsentscheidungen nunmehr beschränkt auf den Bezug von Arznei- und Heilmitteln und Medizinprodukten, die zur unmittelbaren Anwendung durch den beziehenden Heilberufsangehörigen oder einen seiner Berufshelfer bestimmt sind. In diesen Fällen können die geschützten Rechtsgüter des lauteren Wettbewerbs und der Integrität heilberuflicher Entscheidungen auch durch auf Bezugsentscheidungen gerichtete Vorteile in strafwürdiger Weise beeinträchtigt werden.

Nachdem die §§ 299 a/b StGB dahingehend entschärft worden sind, dass berufsrechtliche Verfehlungen aus dem Tatbestand gestrichen wurden, sowie die Apotheker generell nicht mehr betroffen sind, kommt es gerade im Verhältnis der pharmazeutischen Unternehmer zu den Apothekern darauf an, ob bzw. dass die vielfältigen Kooperationen, die sich in der Vergangenheit herausgebildet haben, wettbewerbsrechtlicher Prüfung standhalten. Im Zuge des Gesetzgebungsverfahrens ist immer wieder auf die Bedeutung der Antikorruptionsvorschriften für einen lauteren Wettbewerb hingewiesen worden. Demnach ist davon auszugehen, dass bei den betroffenen Fachkreisen eine besondere Sensibilität auch für die wettbewerblichen Belange entstanden ist, so dass gerade mit Blick auf das Ver-

---

1 BT-Drs. 18/6446, 22.

hältnis der Industrie vor allem zu den Apothekern diese Aspekte zukünftig an Bedeutung zunehmen dürften.

6.1 Kooperationen mit Apotheken

Vor dem Hintergrund der hinsichtlich der Apotheker entschärften antikorruptionsrechtlichen Bestimmungen bleibt also die Frage, welche weiteren von Apothekern und der Industrie zu beachtenden berufsrechtlichen und wettbewerbsrechtlichen Regelungen es gibt. Im Zuge der Diskussion um §§ 299a/b StGB ist eine Bestimmung aus dem Heilmittelwerbegesetz (HWG) zum Leben erweckt worden, die bisher, mit einigen wenigen Ausnahmen, doch einen gewissen „Dornröschenschlaf" gehabt hat. Im Folgenden sollen § 7 HWG sowie die weiterhin geltenden berufsrechtlichen Schranken für Apotheker in § 10 Apothekengesetz (ApoG) und die jeweiligen Berufsordnungen im Fokus der Darstellung stehen. Dabei ist zu beachten, dass ein Verstoß gegen § 7 HWG eine Ordnungswidrigkeit darstellt und gem. § 15 Abs. 1 Ziff. 4 und 4a HWG mit einer Geldbuße bis zu € 50.000,-- geahndet werden kann. Bei wiederholten Verstößen kann die an anderer Stelle im Arzneimittelrecht geforderte Zuverlässigkeit (§ 15 AMG, § 52a Abs. 2 Ziff. 3 AMG, § 74 Abs. 1a AMG) mit gravierenden Folgen in Zweifel gezogen werden. Ein Verstoß gegen § 7 HWG bzw. auf Seiten des Apothekers gegen das ApoG oder seine Berufsordnung kann auch Grundlage einer wettbewerbsrechtlichen Auseinandersetzung sein. Ein Verstoß gegen solche Marktverhaltensregelungen ist als „Rechtsbruch" unlauter gem. § 3a Gesetz gegen den unlauteren Wettbewerb (UWG).

Auch wenn der Apotheker von strafrechtlichen Folgen befreit ist, hat er somit Marktverhaltensregelungen zu berücksichtigen, deren Nichtbeachtung zwar strafrechtlich irrelevant ist, trotzdem aber erhebliche negative Folgen für den Apotheker haben kann.

Gem. § 7 HWG ist es unzulässig, Zuwendungen oder sonstige Werbegaben anzubieten, anzukündigen oder zu gewähren oder als Angehöriger der Fachkreise anzunehmen. Im Zuge der Entstehung der §§ 299a/b StGB ist naturgemäß der Tatbestand des Annehmens eines „Vorteils" diskutiert worden. Nachfolgend soll der Unterschied zwischen einer Zuwendung im Sinne des § 7 HWG und dem Vorteil im Sinne der §§ 299 a/b StGB aufgezeigt werden.

Bei Zuwendungen handelt es sich um eine geldwerte Vergünstigung, die entweder abstrakt oder akzessorisch im Zusammenhang mit der Werbung für Heilmittel gewährt wird.[2]

Bei einer Zugabe/Zuwendung handelt es sich somit um eine einseitige Leistung an einen Anderen ohne Rechtsgrund. Davon abzugrenzen ist ein Vorteil im Sinne des StGB, der auch dann vorliegt, wenn die Leistung aufgrund eines Vertrages, also mit einem Rechtsgrund erfolgt. Der BGH hat den Vorteil schon vor den §§ 299a/b wie folgt definiert:

> „Jede Zuwendung, auf die der Täter keinen Rechtsanspruch hat und die seine wirtschaftliche, rechtliche oder persönliche Lage objektiv verbessert.[3]

Zwar spricht der BGH hier auch von Zuwendung, er sieht dies aber nicht als einseitige Leistung, sondern sieht den Vorteil bereits darin, dass der Arzt oder Apotheker überhaupt eine adäquat bezahlte Leistung erbringen darf. Der Vorteil ist also schon bei der Möglichkeit, eine vertragliche Leistung erbringen zu dürfen, gegeben, selbst wenn diese angemessen ist,[4] wie z.B. die Teilnahme an einer Anwendungsbeobachtung (AWB) oder der Abschluss eines Behandlungsvertrages.

Dies ist bei § 299 StGB, der die Bestechlichkeit von Angestellten und Beauftragten regelt, von Bedeutung. Im Folgenden werden relevante Fallbeispiele aus der Praxis diskutiert:

6.1.1 Rabatte

§ 7 Abs. 1 HWG enthält ein grundsätzliches Zuwendungs- und Werbegabenverbot für die von diesem Gesetz betroffenen Produktkategorien. Ein kompliziertes System lässt davon freilich mehrere Ausnahmen sowie weitere Rückausnahmen zu. Ein grundsätzliches Zuwendungs- und damit auch Rabattverbot sieht § 7 Abs. 1 Nr. 1 HWG für Arzneimittel vor, soweit sie entgegen den Preisvorschriften gewährt werden, die aufgrund des Arzneimittelgesetzes gelten. Daneben definiert § 7 Abs. 1 Nr. 2 HWG bestimmte Geld- und Mengenrabatte als zulässige Ausnahmen vom grundsätzlichen Zuwendungsverbot nach Abs. 1 Nr. 1.

---

2 *Doepner*, Kommentar zum Heilmittelwerbegesetz, § 7 Rn. 23.
3 BGH, Urteil v. 11.4.2001 – 3 StR 503/00.
4 BGH, Urteil v. 10.3.1983 – 4 StR 375/82.

6.1.1.1 Rabatte für verschreibungspflichtige Arzneimittel

Nach § 7 Abs. 1 Nr. 1 HWG sind Zuwendungen oder Werbegaben für Arzneimittel unzulässig, soweit sie entgegen den Preisvorschriften gewährt werden, die aufgrund des Arzneimittelgesetzes gelten. Damit ist die Arzneimittelpreisverordnung (AMPreisV), deren Rechtsgrundlage § 78 AMG ist, gemeint.

Gem. § 1 Abs. 4 AMPreisV sind von den vorgegebenen Preisspannen nicht verschreibungspflichtige Arzneimittel ausgenommen. Dies bedeutet, dass bei Rx-Arzneimitteln, da dort Preisspannen geregelt sind, Rabatte nur in engem Rahmen zulässig, mithin ganz überwiegend unzulässig sind.

Die Brisanz, welche Rabatte nach der AMPreisV zulässig sind und welche nicht, zeigt die jüngste Rechtsprechung:

So hatte der BGH mit seinem Urteil vom 5.10.2017[5] über die wettbewerbsrechtliche Zulässigkeit von Rabatten und Skonti im pharmazeutischen Großhandel bei Abgabe verschreibungspflichtiger Arzneimittel an Apotheken zu entscheiden. Dem Urteil liegt folgender Sachverhalt zugrunde:

Eine Pharmagroßhändlerin (Beklagte) warb für die von ihr vertriebenen Rx-Arzneimittel, dass sie ihren Apothekenkunden jeweils bis 70 € einen Rabatt von 3 % und 2,5 % Skonto auf den rabattierten Preis gewährte und ab 70 € bis zur Hochgrenze einen Rabatt von 2 % plus 2,5 % Skonto auf den rabattierten Preis.

Die Klägerin, die Wettbewerbszentrale, sah darin einen Verstoß gegen die Preisvorschriften in § 78 AMG und § 2 AMPreisV in der seit 1.1.2012 geltenden Fassung.[6] Demnach läge zugleich ein Verstoß gegen § 7 Abs. 1 Nr. 1 HWG vor.

Das Landgericht hatte die Klage zunächst abgewiesen, das Oberlandesgericht als Berufungsinstanz hatte der Klage stattgegeben und die Beklagte antragsgemäß zur Unterlassung verurteilt. Zu diesem Ergebnis gelangte das Berufungsgericht, weil es annahm, dass § 2 Abs. 1 Satz 1 AMPreisV dem pharmazeutischen Großhandel einen Festzuschlag von 70 Cent bei der Abgabe von Rx-Arzneimitteln vorschreibe[7]. Dieser Festzuschlag dürfe durch Preisnachlässe nicht reduziert, sondern müsse stets erhoben werden. Dagegen habe die beklagte Großhändlerin verstoßen.

---

5 Vgl. BGH, Urteil v. 5.10.2017 – Az. I ZR 172/2016.
6 Pressemitteilung des BGH Nr. 155/2017.
7 Vgl. OLG Bamberg, Urt. v. 29.6.2016 – 3 U 216/15.

Der BGH hat nun mit seinem Revisionsurteil das klagabweisende erstinstanzliche Urteil wiederhergestellt. Er vertritt die Auffassung, dass § 2 Abs. 1 Satz 1 AMPreisV für die dort geregelten Großhandelszuschläge zwar eine Preisobergrenze festlege, aber keine Preisuntergrenze. Zu diesem Ergebnis gelangte er einmal durch eine Auslegung des Wortlauts der Vorschrift („darf ... höchstens ... erhoben werden") und daneben durch einen Vergleich mit dem abweichenden Wortlaut der Bestimmung zu Apothekenzuschlägen für Fertigarzneimittel in § 3 Abs. 2 Mr. 1 AMPreisV („... ist zu erheben ..."). Danach ist der Großhandel nicht verpflichtet, einen Mindestpreis zu beanspruchen, der der Summe aus dem Abgabepreis des pharmazeutischen Unternehmers, der Umsatzsteuer und einem Festzuschlag von 70 Cent entspricht. Er kann deshalb nicht nur auf den in § 2 Abs. 1 Satz 1 AMPreisV genannten preisabhängigen, bis zur Höchstgrenze von 3,15 % veränderlichen Zuschlag, höchstens € 37,80, sondern auch auf den darin erwähnten Festzuschlag von 70 Cent ganz oder teilweise verzichten[8].

Der inhaltlichen Urteilsbegründung vorangegangen ist zunächst eine Auslegung des Klageantrages, den der BGH als „aus sich heraus nicht ohne Weiteres verständlich"[9] ansah. Erst nach Einbeziehung der konkreten Verletzungsform sei deutlich geworden, worin das Klagebegehren liegt. Es soll der Beklagten verboten werden, Rabatte und Skonti zu gewähren, die zu einer Abgabe von verschreibungspflichtigen Arzneimtteln an Apotheken ohne den in § 2 Abs. 1 Satz 1 AMPreisV vorgesehenen und nach Ansicht der Klägerin zwingend zu erhebenden Festzuschlag von 70 Cent führen[10].

Trotz des für den BGH klaren Wortlauts der Regelung hat er sich in der Folge auch noch mit der Systematik der Regelungen des Arzneimittelgesetzes und der Arzneimittelpreisverordnung befasst, aus welchen sich ebenfalls nicht ergebe, dass der Großhandel bei der Abgabe von Rx-Arzneimitteln zwingend einen Mindestpreis zu beanspruchen hat, der der Summe aus dem Abgabepreis des pharmazeutischen Unternehmers, der Umsatzsteuer und einem Festzuschlag von 70 Cent entspricht[11].

---

8 Leitsatz des BGH zum Urt. v. 5.10.2017, a.a.O.
9 BGH a.a.O., Rn. 19.
10 BGH, a.a.O., Rn. 19.
11 BGH, a.a.O., Rn. 32.

Schließlich hat der BGH noch den Willen des Gesetzgebers herangezogen, dieser Teil der Gesetzesauslegung enthält allerdings zwei Wendungen, die durchaus als überraschend bezeichnet werden können:

Einmal sollte nach der Begründung des Gesetzentwurfs der Fraktionen der CDU/CSU und FDP des AMNOG vom 6. Juli 2010 der mit einer Änderung der Arzneimittelpreisverordnung neu einzuführende preisunabhängige Bestandteil nicht rabattfähig sein[12].

Daneben sei ein entsprechender Wille zudem aus der Beschlussempfehlung und dem Bericht des Ausschusses für Gesundheit (14. Ausschuss) zum Entwurf des GKV-Versorgungsstrukturgesetzes vom 30.11.2011 erkennbar, auf dessen Anregung § 78 Abs. 1 Satz 3 AMG in das Arzneimittelgesetz eingefügt worden ist, mit dem die Geltung der Preisvorschriften für den pharmazeutischen Großhandel auf den Direktvertrieb von verschreibungspflichtigen Arzneimitteln durch den pharmazeutischen Unternehmer an Apotheken angeordnet wird[13].

Allerdings – und das dürfte auch für das Schrifttum[14] einigermaßen überraschend sein – folgt der BGH nicht der Ansicht, dass dieses gesetzgeberische Ziel eine Auslegung von § 2 Abs. 1 Satz 1 AMPreisV dahingehend rechtfertige, dass der Großhandel auf den Abgabepreis des pharmazeutischen Unternehmers zwingend 70 Cent aufzuschlagen hat[15].

Diesen Teil der Entscheidungsgründe darf man wohl als Weckruf für den Gesetzgeber bezeichnen, der es nach Ansicht des BGH nicht geschafft hat, seinen gesetzgeberischen Willen in Wortlaut und Systematik der Preisvorschriften entsprechend umzusetzen.

Im Ergebnis zwar völlig richtig ist, dass der BGH sich in seinen Entscheidungsgründen denkbar eng an den zu beurteilenden Sachverhalt gehalten hat. Dennoch wäre aus Praktikersicht ein Hinweis darauf wünschenswert gewesen, ob danach für den pharmazeutischen Großhandel überhaupt keine Preisuntergrenze gilt. Möglicherweise bedurfte es aber auch keines Fingerzeigs darauf, ob der pharmazeutische Großhandel sogar

---

12 BGH, a.a.O., Rn. 36 unter Bezugnahme auf BT-Drucks. 17/2413, 36 f.
13 BGH, a.a.O. Rn. 37 unter Bezugnahme auf BT-Drucks. 17/8005, 135.
14 *Kutlu*, Spickhoff, Medizinrecht, 2. Aufl., § 2 AMPreisV Rn. 4; *Mand*, Gröning/Mand/Reinhart, Heilmittelwerberecht, Stand 1. Januar 2015, § 7 HWG Rn. 205; *Mand*, Prütting, Medizinrecht, 4. Aufl., § 7 HWG Rn. 80b; *Rektorschek*, Preisregulierung und Rabattverbote für Arzneimittel, 62; *Mand*, A&R 2014, 147; *Czettritz/Thewes*, PharmR 2014, 450, 462; *Meyer*, PharmR 2016, 56, 62; zweifelnd *Grau/Volkwein*, A&R 2016, 64, 67, 70.
15 Vgl. BGH, a.a.O., Rn. 39.

den Abgabepreis des pharmazeutischen Unternehmers unterschreiten darf (zumindest kurzzeitig), weil nach dem Weckruf des BGH der Gesetzgeber ohnehin aufgerufen ist, Korrekturen entsprechend seinem eindeutig geäußerten legislatorischen Willen vorzunehmen.

6.1.1.2 Rabatte für nicht verschreibungspflichtige Arzneimittel

Demgegenüber gibt es bei „nur" apothekenpflichtigen Arzneimitteln hinsichtlich der Rabatte durch die Arzneimittelpreisverordnung keine vorgegebenen Rabattgrenzen. Grenzen ergeben sich vielmehr allein aus wettbewerbsrechtlichen bzw. kartellrechtlichen Gründen (Marktführerschaft, Markverstopfung). Insofern sind Rabatte für sog. OTC-Arzneimittel im Verhältnis Industrie / Apotheker zulässig.

Innerhalb der sog. OTC-Arzneimittel unterscheidet man zwischen apothekenpflichtigen und freiverkäuflichen Arzneimitteln, die auch außerhalb der Apotheken angeboten werden dürfen (z.B. in Drogeriemärkten). Für die freiverkäuflichen Arzneimittel erlaubt § 7 Abs. 1 Nr. 2 HWG sowohl Geld- als auch Mengenrabatte, wohingegen für die apothekenpflichtigen Arzneimittel nur Geldrabatte (auch „Barrabatte" genannt) zulässig sind. Wie gesagt, Obergrenzen sieht das HWG für diese ausdrücklich zulässigen Rabatte nicht vor, diese ergeben sich allein unter wettbewerbs- oder kartellrechtlichen Gesichtspunkten (siehe dazu Kapitel 7.3).

6.1.1.3 Zielrabatte bzw. Rückvergütungsvereinbarungen

Ein besonderes Problem der Rabattgewährung ist – unabhängig von § 7 HWG – die Vereinbarung sog. Zielrabatte bzw. Rückvergütungsvereinbarungen. Gegenstand solcher Vereinbarungen ist meist, dass der Apotheker bei einem bestimmten Umsatz, wenn er diesen erzielt hat, eine Umsatzrückvergütung seitens des pharmazeutischen Unternehmers erhält. Dies hat zur Folge, dass der Apotheker, um dieses Ziel mit der Folge einer sich lohnenden Rückvergütung zu erreichen, die von der Vereinbarung betroffenen Präparate bevorzugt abgeben wird. Er ist somit nicht komplett frei in seiner fachlichen Entscheidung über die Empfehlung und Abgabe der Arzneimittel, sondern wird (auch) von wirtschaftlichen Motiven gesteuert, zumindest aber beeinflusst.

Da §§ 299a/b StGB aufgrund der Einschränkung der Bezugsvariante für die Apotheker nicht gilt, ist eine derartige Vereinbarung von Zielrabatten bzw. Rückvergütungen strafrechtlich irrelevant.

Zu beachten ist aber § 10 ApoG, der wie folgt lautet:

> „Der Erlaubnisinhaber darf sich nicht verpflichten, bestimmte Arzneimittel ausschließlich oder bevorzugt anzubieten oder abzugeben oder anderweitig die Auswahl der von ihm abzugebenden Arzneimittel auf das Angebot bestimmter Hersteller oder Händler oder von Gruppen von solchen zu beschränken."

Hier liegt ein entsprechender wirtschaftlicher Anreiz vor, bestimmte Arzneimittel vermehrt abzugeben, so dass die Unvoreingenommenheit des Apothekers in Zweifel zu ziehen ist. Fraglich ist allerdings, ob er sich im Sinne des ApoG bei einer derartigen Konzeption dazu „verpflichtet" hat. § 10 ApoG soll die Unabhängigkeit des Apothekers bei pharmakotherapeutischen Entscheidungen sicherstellen, indem bestimmte selbstgewählte oder rechtlich verfestigte wirtschaftliche Abhängigkeiten gegenüber Arzneimittelfirmen verboten werden.[16]

Sachfremden, vor allem pekuniären Erwägungen, die die fachlich gebotene Arzneimittelversorgung gefährden können, soll so entgegengewirkt und eine ausschließlich fachlich motivierte Beratung sichergestellt werden.[17] Das Kammergericht hat in seinem Urteil vom 11.9.2012 (a.a.O.) festgestellt, dass eine im Rahmen des Partnerprogrammes getätigte Verpflichtung des Apothekers, bei der „aut idem"-Substitution im Rahmen seiner Wahlfreiheit ein bestimmtes Produkt abzugeben, gegen § 10 ApoG verstößt. Nichts Anderes kann gelten, wenn der Apotheker durch ein großzügiges Rückvergütungsprogramm dazu verleitet wird, bestimmte Arzneimittel abzugeben. Es handelt sich hier um sachfremde Erwägungen, die den Apotheker beeinflussen.

Auch die Berufsordnung für Apothekerinnen und Apotheker der Apothekerkammer Schleswig-Holstein vom 17.11.2010 regelt die Unabhängigkeit des Apothekers. In § 9 (Zusammenarbeit mit Dritten und freie Apothekenwahl) heißt es:

> „(2) Unzulässig sind jedoch Vereinbarungen, Absprachen und schlüssige Handlungen, die eine bevorzugte Lieferung bestimmter Arzneimittel, die Zuführung von Patienten, Zuweisung von Verschreibungen oder die Abgabe von

---

16 *Rixen/Krämer*, Kommentar zum Apothekengesetz mit Apothekenbetriebsordnung, § 10 Rn. 1.
17 KG, Urteil v. 11.9.2012 – 5 U 57/11.

Arzneimitteln ohne volle Angabe der Zusammensetzung zum Gegenstand haben oder zur Folge haben können, soweit § 11 Apothekengesetz dies nicht zulässt.

[...]

(4) Dem Apotheker ist es vorbehaltlich gesetzlich abweichender Regelungen nicht gestattet, Geschenke oder andere Vorteile für sich oder Dritte zu fordern, sich oder Dritten versprechen zu lassen oder anzunehmen, wenn hierdurch die Gefahr begründet wird, dass die bei der Ausübung seines Berufs geschuldete fachliche Unabhängigkeit beeinflusst wird. Eine Beeinflussung ist nicht anzunehmen, wenn der Wert der Zuwendung geringfügig ist."

Gleichlautende Regelungen finden sich in den meisten Berufsordnungen.

Den qualitativen Unterschied zwischen einer „normalen" (Mengen-)Rabattgewährung einerseits und einem Zielrabatt bzw. einer Rückvergütungsvereinbarung andererseits mag folgendes Beispiel verdeutlichen:

Bei einem branchenüblichen Rabatt von 20 Prozent auf ein OTC-Arzneimittel (auch ein ganzes Sortiment) wird der Apotheker die Empfehlung eines Präparates im Einzelfall nach fachlichen Kriterien entscheiden. Wirtschaftliche Vorteile bei der Bevorzugung eines Präparates gegenüber einem Anderen dürften in der Regel – wenn überhaupt – kaum spürbar sein, so dass eine unsachliche Beeinflussung eher fernliegend ist. Anders verhält es sich dagegen, wenn dem Apotheker folgende gestaffelte Rabatte in einem Jahreszeitraum versprochen werden, die er nach Abschluss des Jahres im Folgejahr rückvergütet erhält:

- Bis 200 Packungen: 20 Prozent
- 201. bis 300. Packung: 30 Prozent
- 301. bis 400. Packung: 40 Prozent
- ab 401. Packung: 50 Prozent

Durch das Modell der „Rückvergütung" ist es so, dass der Apotheker zunächst überhaupt kein wirtschaftliches Risiko eingeht, da er zuviel bestellte Arzneimittel einfach zurückgibt, wenn er diese nicht absetzen konnte. Hinzu kommt, dass bei derart großzügigen Rabattanreizen die Gefahr besteht, dass der Apotheker, der kurz vor dem Erreichen der nächsten Umsatz- oder Rabatt- „Schwelle" steht, seine Arzneimittelempfehlung an der Zielerreichung ausrichten wird, mithin ausschließlich an wirtschaftlichen und nicht an fachlichen Gesichtspunkten.

6.1.2 Fort- und Weiterbildungsmaßnahmen

Nachdem die OTC-Arzneimittel grundsätzlich aus der Verordnung zulasten der gesetzlichen Krankenkassen herausgenommen sind, ist gerade für diese Präparategruppe der Beratungsbedarf durch den Apotheker größer geworden. So erscheint es fast zwangsläufig, dass auch die Apothekerschaft in den Segen von Fortbildungsveranstaltungen durch die pharmazeutische Industrie kommt. Dabei werden verschiedene Angebote unterbreitet:

6.1.2.1 Produktschulungen

Soweit eine Produktschulung für den Apotheker und das Apothekenpersonal durchgeführt und während der Schulung für eine Verköstigung gesorgt wird, bestehen dagegen keine Bedenken. § 7 Abs. 2 HWG bestimmt ausdrücklich, dass das Zuwendungsverbot des Abs. 1 nicht gilt für Zuwendungen im Rahmen ausschließlich berufsbezogener wissenschaftlicher Veranstaltungen, sofern diese einen vertretbaren Rahmen nicht überschreiten, insbesondere in Bezug auf den wissenschaftlichen Zweck der Veranstaltung von untergeordneter Bedeutung sind und sich nicht auf andere als im Gesundheitswesen tätige Personen erstrecken. Das heißt, die Einladung an ein Apothekenteam zur Produktschulung mit einem Imbiss davor oder danach ist nicht zu beanstanden.

6.1.2.2 Verkaufsschulungen

Es hat sich quasi eingebürgert, dass neben einer Produktschulung auch weitere, für den Apotheker interessante Fortbildungen angeboten werden, wie z.B. „Kommunikationstraining im Umgang mit schwierigen Kunden". Bei einer solchen Verkaufsschulung handelt es sich nicht um eine ausschließlich berufsbezogene wissenschaftliche Fortbildung, so dass die Ausnahmeregelung des § 7 Abs. 2 HWG hier nicht einschlägig ist. Hinzu kommt, dass gesetzliche Ausnahmen immer eng auszulegen sind, d.h., sie dürfen nicht im Wege der Analogie über ihren Wortlaut hinaus ausgeweitet werden. Aus diesem Grunde sind bereits Mischformen aus wissenschaftlichen Fortbildungen und Verkaufs- oder Kommunikationsseminaren kritisch zu sehen. Denn hier liegt bereits eine Zuwendung in Form eines (erheblichen) geldwerten Vorteils vor, wenn man davon ausgeht, dass der Apotheker ein solches Seminar auf dem Markt der gewerblichen Seminaranbieter an sich selbst bezahlen müsste.

Wenn eine Verkaufsschulung aber unabhängig von einer Arzneimittelwerbung erfolgt, sich mithin als Imagewerbung des Unternehmens darstellt, kommt § 7 HWG nicht zum Tragen, da der Anwendungsbereich des Heilmittelwerbegesetzes nur bei einer Arzneimittelwerbung, nicht aber bei einer Imagewerbung eröffnet ist. Der BGH hat hierzu in seinem Urteil vom 15.12.1994 (Pharma-Hörfunkwerbung) Folgendes ausgeführt:

> „Voraussetzung für ein Verbot, wie es die Klägerin begehrt, ist, dass überhaupt für Arzneimittel im Sinne des Heilmittelwerbegesetzes geworben wird (§ 1 Abs. 1 HWG). Wie der Bundesgerichtshof wiederholt ausgesprochen hat, unterfällt den Bestimmungen dieses Gesetzes nicht schlechthin jede Pharmawerbung. Einbezogen in den Geltungsbereich des Heilmittelwerbegesetzes ist die produktbezogene Werbung (Produkt-, Absatzwerbung), nicht aber die allgemeine Firmenwerbung (Unternehmens-, Imagewerbung), die ohne Bezugnahme auf bestimmte Präparate für Ansehen und Leistungsfähigkeit des Unternehmens allgemein wirbt, obwohl auch sie – mittelbar – den Absatz der Produkte des Unternehmens fördern kann und soll, wie umgekehrt die Produktwerbung immer auch Firmenwerbung ist (BGH, Urt. v. 17.6.1992 – I ZR 221/90, GRUR 1992, 873 = WRP 1993, 473 – Pharma-Werbespot m.w.N.). Die Beantwortung der für die Anwendbarkeit des Heilmittelwerbegesetzes danach entscheidenden Frage, ob die zu beurteilende Werbung Absatz- oder Firmenwerbung ist, hängt davon ab, ob nach dem Gesamterscheinungsbild der Werbung die Darstellung des Unternehmens im Vordergrund steht (Firmenwerbung) oder die Anpreisung bestimmter oder zumindest individualisierbarer Arzneimittel (Absatzwerbung)."[18]

Eine andere Frage ist, ob eine derartige Verkaufsschulung mit den Regeln des Kodex des AKG in Einklang zu bringen ist.

6.1.2.3 Wissenschaftliche Weiterbildungsmaßnahme

Auch hier gilt, dass eine wissenschaftliche Weiterbildungsmaßnahme, die die Bedingungen des § 7 Abs. 2 HWG erfüllt, zulässig ist. Eine derartige Fortbildung muss nicht notwendigerweise in den Räumen der Apotheke oder des einladenden pharmazeutischen Unternehmers selbst stattfinden. Sie kann auch von Dritten an anderen Orten veranstaltet werden und der

---

18 BGH, Urteil v. 15.12.1994 – I ZR 154/92.

pharmazeutische Unternehmer übernimmt dafür die jeweils anfallenden Kosten.

Eine wissenschaftliche Fortbildung, in der es nicht um die Präparate der Firma geht, sondern um allgemein gehaltene wissenschaftliche Ausführungen, unterfällt – wie auch die Verkaufsschulung – nicht den Regeln des Heilmittelwerbegesetzes.

Auch hier ist allerdings der Kodex des AKG zu beachten.

6.1.3 Marketingformate

6.1.3.1 Taschentücher und Co. (Werbehilfen und Werbegaben)

Als Zuwendungen zulässig sind die kostenlose Bereitstellung von z.B. Patientenbroschüren, Schaufensterdekorationen, Kunden-Werbeartikeln (Taschentücher, Tragetaschen, etc.). Solange es sich um geringwertige Kleinigkeiten handelt, bestehen keine Bedenken, dem Apotheker derartiges Werbematerial zur Verfügung zu stellen. Wobei allerdings die Frage zu stellen ist, ob hier der Wert der einzelnen Packung oder der der gesamten Lieferung ausschlaggebend ist. Wenn dem Apotheker eine große Menge an Taschentuchpackungen (z.B. eine Euro-Palette) von einem pharmazeutischen Unternehmer zur Verfügung gestellt wird, ist es nicht ausgeschlossen, dass der Gesamtwert berechnet wird. Dann aber dürfte selbst bei solchen Streuartikeln die Geringwertigkeitsgrenze überschritten sein.

6.1.3.2 Schaufenstermiete / Sichtwahlplatzierung

Seit jeher ganz überwiegend als wettbewerbswidrig angesehen wurde in Schrifttum und Rechtsprechung die sog. Schaufenstermiete in Form einer nach außen nicht hervortretenden Werbemaßnahme des Herstellers. Zur Begründung führt der BGH hierzu aus:

> „Diese Beurteilung entspricht auch der Auffassung maßgebender Wirtschaftskreise, wie einer „Gemeinsamen Erklärung" der Spitzenorganisationen der gewerblichen Wirtschaft zur Sicherung des Leistungswettbewerbs (WRP 1975, 594) zu entnehmen ist. Diese bezeichnet – unter Bezugnahme auf eine Dokumentation des Bundeswirtschaftsministeriums über „Wettbewerbsverzerrungen" (WRP 1975, 24 ff.) – als den Leistungswettbewerb gefährdend

u.a. „das Anbieten, Fordern oder Gewähren einer Zahlung von Regal-, Schaufenster- oder sonstiger Platzmieten an den Abnehmer".[19]

Das BerGer. verneint nicht grundsätzlich, dass eine Schaufenster- oder Regalmiete wettbewerbswidrig sein kann, es meint nur, im Streitfall eine andere rechtliche Würdigung Platz greifen lassen zu können.

Ersichtlich sind seine Ausführungen zur Frage der Irreführungsgefahr auch von der Erwägung beeinflusst, dass es sich nur um einen wünschenswerten Preisnachlass handele. Dem kann nicht zugestimmt werden. Es handelt sich nicht um einen Preisnachlass oder Mengenrabatt im eigentlichen Sinne. Denn die Vergütung von 20 DM je Gerät erhält nur, wer einen Schaufensterplatz zur Verfügung stellt. Die Höhe der Vergütung für diese Leistung des Fachhändlers hängt zwar von der Zahl der abgenommenen Geräte ab. Sie bleibt aber eine von der Preisgestaltung im Übrigen unabhängige Zuwendung des Herstellers an den Fachhändler, die diesen veranlassen kann, sich aus sachfremden Erwägungen – um eine möglichst hohe Vergütung für die Überlassung des Schaufensterplatzes zu erhalten – für den Verkauf eines Erzeugnisses besonders einzusetzen. Das aber begründet die Gefahr, dass der Verbraucher irregeführt wird, weil er zwar mit den im Handel üblichen Mengenrabatten rechnet, aber nicht annimmt, dass es sich um eine vom Hersteller bezahlte Werbung handelt."

Und weiter:

„Das BerGer. hat auch zu Unrecht verneint, dass eine gegen die Grundsätze des lauteren Wettbewerbs verstoßende unsachliche Beeinflussung der Einzelhändler vorliege. Es mag zwar zutreffen, dass Einzelhändler, die sich an der Schaufensteraktion der Bekl. beteiligen, durch die Gewährung einer Ausstellungsvergütung von 20 DM je bezogenem Gerät nicht dazu veranlasst werden, ihr Lager mit diesen Geräten zu verstopfen oder auch nur mehr Geräte einzukaufen, als sie erfahrungsgemäß absetzen können. Eine unsachliche Beeinflussung kann jedoch bereits darin liegen, dass sie sich wegen der von der Bekl. zugesagten Prämien überhaupt dazu entschließen, deren Gerät in ihr Verkaufsprogramm aufzunehmen, und sich dann, um eine möglichst hohe Ausstellungsvergütung zu erhalten, verstärkt für den Verkauf des Gerätes einzusetzen. Der erkennende *Senat* hat in der Entscheidung „Verschlusskapsel-Prämie" (*GRUR* 1974, 394) ausgesprochen, dass es wettbewerbswidrig ist, wenn ein Spirituosenhersteller Geldprämien für die Einsendung von Verschlusskapseln verspricht, mit denen die von ihm vertriebenen Flaschen versehen sind. Er hat dabei darauf hingewiesen, dass die Gewährung derartiger Erfolgsprämien die Gefahr einer mehr als üblichen Beeinträchtigung der Objektivität der Kundenberatung begründet und damit auch zu einer unsachli-

---

19 BGH, Urteil v. 3.12.1976 – I ZR 34/75.

chen Beeinflussung des Publikums führen kann. Aus diesen Erwägungen ist auch in der Entscheidung „clix-Mann" (*GRUR* 1971, 223) die Wettbewerbswidrigkeit der angegriffenen Werbemaßnahme bejaht worden. Es muss im Grundsatz davon ausgegangen werden, dass es wettbewerbswidrig ist, dem Einzelhändler Werbehilfen zu gewähren, die nach Art und Umfang sowie der Art ihrer Gewährung geeignet sind, ihn in Bezug auf sein Wettbewerbsverhalten unsachlich zu beeinflussen (vgl. RG GRUR 1938, 619, 620 – Herdweiß; BGHZ 34, 264, 272 = GRUR 1961, 588, 593 – Einpfennig-Süßwaren; Droste a.a.O. Seite 750; Baumbach/Hefermehl a.a.O. UWG § 1 Anm. 72; Reimer/v. Gamm aaO, Ulmer/Reimer aaO). Dies trifft für die von der Bekl. für eine Beteiligung an ihrer Schaufensteraktion zugesagten Prämien zu. Sie können für den Einzelhandel ein nicht unerheblicher Anreiz dafür sein, sich von anderen als wettbewerbseigenen Erwägungen leiten zu lassen. Deshalb verstößt die Werbemethode der Bekl. auch unter diesem Gesichtspunkt gegen § 1 UWG."

Zwar betraf die Schaufenstermiete in der nun schon 40 Jahre alten BGH-Entscheidung eine Werbemaßnahme für Fernsehgeräte bei Einzelhändlern. Die apodiktischen Ausführungen zur Gefahr der Irreführung der Verbraucher lassen sich ebenso zwanglos auf eine Apotheken-Schaufenstermiete übertragen wie die Gefahr der unsachlichen Beeinflussung der Einzelhändler auf die Apotheker, die zusätzlichen gesetzlichen Schranken wie § 10 ApoG und den Berufsordnungen unterliegen.

Letztere verbieten eine Verpflichtung des Apothekers dahingehend, bestimmte Arzneimittel bevorzugt anzubieten. Wenn aber eine Zahlung für einen bestimmten Darstellungsplatz in den Apothekenregalen „gekauft" wird, stellt dies ohne Zweifel einen Verstoß gegen § 10 ApoG dar, da nicht fachliche Argumente für die Platzierung sprechen, sondern rein pekuniäre.

Zudem liegt hier eine Irreführung im Sinne der §§ 3 HWG, 5 UWG vor, da der Besucher einer Apotheke glaubt, der Apotheker hätte die Produktauswahl allein nach fachlichen Gründen vorgenommen, obwohl tatsächlich finanzielle Interessen ausschlaggebend waren.

So hat es letztlich auch das OLG Hamburg in seinem Urteil vom 28.12.2000[20] gesehen. Das streitgegenständliche Sichtwahl-Werbekonzept sah vor, dass es den Apothekern einen besonderen Anreiz geben sollte, OTC-Arzneimittel bevorzugt zu präsentieren und so den Umsatz zu erhöhen. Zum einen bekamen die Apotheker für den laufenden Meter Regalfläche im Jahr 100 DM als „Sichtwahl-Aktiv-Bonus", wenn sie mindestens 3 m zur Verfügung stellen. Zum anderen erhielten sie einen umsatzabhängigen Werbekostenzuschuss, der je nach der Anzahl der Sichtwahl-Indikati-

---

20 (Az. 3 U 98/99 – Sichtwahlwerbung)

onsgebiete zwischen 2 Prozent und 4 Prozent betrug. Dabei sollten in jeder Periode, die entweder das zweite und dritte Quartal eines Jahres oder das vierte und das erste Quartal des Folgejahres umfasste, jeweils zwei Neueinführungen oder besondere Aktionspräparate platziert werden. Das OLG Hamburg beurteilte diese Werbung als unzulässig.

Nach dieser Entscheidung ist eine Werbemethode in Apotheken wettbewerbswidrig, wenn mit ihr für den Kunden unerkennbar auch das Ziel verfolgt wird, besondere Vorteile zu erlangen und nicht nur die beworbenen Leistungen nach der vermeintlich sachkundigen und neutralen Entscheidung des Apothekers für sich selbst sprechen zu lassen. Dabei kommt es nicht darauf an, ob sich der Apotheker rechtlich zu einer solchen Werbung verpflichtet hat, weil bereits der psychische Druck, den der Umstand ausübt, dass die in Aussicht gestellten Vorteile nur bei dem Apotheker angesonnenen Verhalten zu erlangen sind, die Methode unlauter macht.

6.1.3.3 Schaufensterdekoration / Schaufensterwettbewerb

Von der reinen Schaufenstermiete bzw. der „Miete" für die Sichtwahlplatzierung zu unterscheiden sind die sog. Schaufensterwettbewerbe. Solche beschäftigen die Rechtsprechung schon seit 60 Jahren! Beispielhaft sei hier der Sachverhalt genannt, wie er dem BGH-Urteil vom 7.10.1958 (Az. I ZR 62/57) zugrunde lag:

In der ersten Hälfte des Jahres 1956 brachte ein bekannter amerikanischer Hersteller in einem großangelegten Werbefeldzug unter dem Schlagwort „Italienische Note" neue kosmetische Artikel heraus. Für den Vertrieb dieser Artikel wurde ein Verkaufsständer angeboten, mit dessen Verkauf Anfang 1956 begonnen wurde. Im Zusammenhang mit der Werbung für die „Italienische Note" veranstaltete der Hersteller einen Schaufensterwettbewerb. Hierzu wurde ein mehrseitiger Werbeprospekt mit der Aufforderung zur Teilnahme an diesem Wettbewerb an 8.000 Kunden versandt. Bedingung der Teilnahme war, dass bis spätestens 14.5.1956 Ganz- oder Teildekorationen erstellt wurden und mindestens bis zum 30.5.1956 bestehen blieben. Teilnahme und Beurteilung sollten unabhängig vom Warenbezug sein. Es wurden ausgesetzt als 1. Preis eine zehntägige Ferienreise nach Italien für 2 Personen, als 2. Preis 500 DM, als 3. Preis 300 DM, als 4.-6. Preis je 200 DM und als 7.-35. Preis je 50 DM. Die Preisverteilung sollte auf Grund einzusendender Fotos vorgenommen werden, und zwar durch ein Preisgericht. Im Ergebnis hat der BGH diesen Schaufensterwettbewerb als zulässig angesehen, mithin einen Verstoß gegen § 1 UWG verneint. In einem obiter dictum hat der BGH auf folgende Aspekte hingewiesen, die einen Schaufensterwettbewerb unzulässig werden lassen können:

> „Bedenklich können Schaufensterwettbewerbe als Mittel im Wettbewerbskampf erst dann werden, wenn sie durch eine Übersteigerung missbräuchlich zur Behinderung oder zum Ausschluss anderer Mitbewerber benutzt werden. Das kann bei Hinzutreten erschwerender Umstände der Fall sein, etwa dann, wenn durch besondere Maßnahmen ein Druck auf die Einzelhändler zur Ausschaltung anderer Teilnehmer ausgeübt wird oder wenn übermäßig viele und übermäßig hohe Preise ausgesetzt werden und für eine unangemessen lange Zeit ein Schaufenster reserviert werden muss. Hierfür bietet der vorl. Fall in tatsächlicher Hinsicht aber keinen Anhalt. Nach Art und Höhe der Preise und nach der Dauer der Ausstellungszeit ist der vorl. Schaufensterwettbewerb nicht zu beanstanden."[21]

Interessant ist, dass 58 Jahre nach dieser BGH-Entscheidung zumindest ein erstinstanzliches Gericht einen ganz ähnlichen Sachverhalt anders beurteilt hat:

Das Landgericht Saarbrücken hat mit einer neuen Entscheidung vom 1.3.2016, Az. 7 O 10/16, einen Schaufensterwettbewerb für unzulässig erklärt, bei welchem die Dekoration von dem pharmazeutischen Unternehmer gestellt wurde und der Apotheker diese lediglich im Schaufenster anzuordnen hatte. Als „Prämierung" wurden als 1. Preis € 1.500,--, als 2. Preis € 300,-- und als 3. Preis € 200,-- ausgelobt. Das Landgericht hat dazu festgestellt, dass bereits die Gewinnmöglichkeit einen wirtschaftlichen Anreiz darstelle und es sich hierbei um keine geringwertige Kleinigkeit handele. Nicht nur die abstrakte Gefahr der Beeinflussung ist sachwidriger Anreiz, die Schaufenster bzw. im Bereich der Apotheken zu dekorieren. Die Verbraucher dürften erwarten, dass Präparate nicht wegen eines Gewinnspiels beworben werden, sondern wegen der pharmazeutischen Güte und Qualität.

Die Dekoration sei zudem Teil des Beratungs- und Verkaufsverhaltens des Apothekenpersonals und das Gericht geht weiter davon aus, dass keine der Ausnahmen des § 7 Abs. 1 Nr. 1 – 5 HWG vorlägen. Dazu ist anzumerken, dass § 7 HWG nach der Gesetzesbegründung einer unsachgemäßen Beeinflussung entgegenwirken soll. Andererseits verbietet § 7 HWG nicht ein auf Leistung und Gegenleistung basierendes Verhältnis zwischen

---

21 BGH, Urteil v. 7.10.1958 – I ZR 62/57.

Apotheker und Industrie. Im vorliegenden Fall ist die Unzulässigkeit wohl darin zu sehen, dass der pharmazeutische Unternehmer die Dekoration selbst zur Verfügung stellt und der Apotheker diese lediglich zu platzieren hat. Dass ist ähnlich zu beurteilen, wie die unzulässige Schaufenstermiete (s.o.).

Anders dürfte es zu bewerten sein, wenn ein Schaufensterwettbewerb ausgelobt wird, wonach ein Apotheker oder auch ein ganzes Apotheken-Team für ein bestimmtes Präparat selbst eine Dekoration zusammenstellen muss, mithin die zur Gestaltung erforderlichen Gegenstände selbst kaufen oder besorgen muss. Wenn dann entsprechende Fotos eingesandt werden und der Apotheker sich die Rechte an den Bildern abtreten lässt, liegt hier ein Leistungs-Gegenleistungs-Verhältnis vor. Der Unternehmer kann diese Bilder in seine Werbung übernehmen, so dass er von einem solchen Wettbewerb profitiert. Eine unsachgemäße Beeinflussung liegt auch nicht vor, da ein Apotheker sicherlich nicht kreativ an einem solchen Wettbewerb teilnehmen wird, wenn er von dem entsprechenden Produkt nicht überzeugt ist. Das ist anders, wenn die fertige Dekoration quasi nur noch in das Schaufenster gestellt werden muss. Hier ist auf ein Urteil des Landgerichts Itzehoe vom 15.2.2006 (Az. 3 O 46/06 – rechtskräftig) zu verweisen, in welchem ein pharmazeutischer Unternehmer einen Wettbewerb bei 6.000 angeschriebenen Apotheken ausgelobt hatte, wonach eine Idee für ein Bildmotiv zu einem Produktspruch eingeschickt werden sollte. Als Hauptpreis war fünfmal eine Teilnahme für zwei Personen an den Olympischen Spielen ausgelobt (An- und Abreise, drei Übernachtungen im Doppelzimmer, täglicher Eintritt in den Champions-Club, Get-together mit deutschen Olympiateilnehmern, Wettkampftickets u.a. zum Wert von jeweils ca. € 3.000,--). Das Landgericht hat dazu festgestellt, dass bei der Vielzahl der Einsendungen und der Qualität derselben sowie der Möglichkeit des Unternehmers, diese werberechtlich zu verwenden, der ausgelobte Preis angemessen ist.

Ausschlaggebend war insbesondere, dass eine solche Werbemaßnahme bei einer professionellen Werbeagentur mindestens ca. € 20.000,-- gekostet hätte. Die Firma hat daher eine im Verhältnis zum ausgelobten Preis angemessene „Vergütung" gezahlt. Es ist für einen pharmazeutischen Unternehmer sehr viel nützlicher, wenn Werbeideen von den Fachleuten, die eine unmittelbare Nähe zum Verbraucher aufweisen, erstellt werden, anstatt von den Theoretikern einer Werbeagentur.

6.1.3.4 Werbekostenzuschüsse

Der Begriff des Werbekostenzuschusses wird uneinheitlich verwendet, so dass es zahlreiche unterschiedliche Fallkonstellationen und Erscheinungsformen gibt, in denen Werbekostenzuschüsse gewährt oder vereinbart werden:

Meist umschreibt er eine finanzielle Zuwendung eines pharmazeutischen Unternehmers an Apotheken oder (Groß-)Händler zur Unterstützung bei der Bewerbung bestimmter Präparate oder eines ganzen Sortiments. Teilweise handelt es sich dabei um eine Form der Rabattgewährung. In solchen Fallkonstellationen liegt regelmäßig kein wettbewerbswidriges Verhalten vor. Dies sei nachstehend an einem Beispiel aus der Rechtsprechung des BGH verdeutlicht:

Die dortige Beklagte betrieb eine Verbrauchermarktkette mit insgesamt 16 Märkten. Aus Anlass einer geplanten Eröffnung zweier neuer Filialen verschickte sie an ihre Lieferanten im Lebensmittelbereich und im nonfood-Sektor ein Rundschreiben, in dem es heißt:

> "... Anlässlich dieser Neueröffnungen erbitten wir für eine Lieferung einen Eröffnungsrabatt von 10 % und sehen Ihrer schriftlichen Zusage entgegen. Zu gegebener Zeit werden wir Ihnen einen Auftrag deutlich als 'Erstauftrag Neueröffnung' gekennzeichnet zugehen lassen. Aus organisatorischen Gründen soll jedoch die Ware an unser Zentrallager... angeliefert werden. Wir würden es begrüßen, wenn Sie auch diesmal unserer Bitte nachkommen würden. Somit ist gewährleistet, dass wir mit Ihren Artikeln einen guten Start in unseren neuen Niederlassungen haben werden..."[22]

Das Handelsunternehmen war bei (mindestens) einer ähnlichen Gelegenheit früher ebenso an ihre Lieferanten mit der "Erwartung" eines 10 prozentigen Eröffnungsrabatts herangetreten; das seinerzeit versandte – sonst nahezu wortgleiche – Schreiben schloss mit den Worten:

> "Wir würden uns freuen, wenn Sie dieser Bitte nachkommen. So ist umso mehr gewährleistet, dass Ihre Artikel weiterhin gelistet bleiben und wir gemeinsam einen guten Start in unserer neuen Niederlassung haben werden..."

Schon damals beanstandete der Markenverband diese Form des "Anzapfens", woraufhin sich das Handelsunternehmen wie folgt äußerte:

> „... bei künftigen Neueröffnungen mit Markenartikel-Herstellern nur im Rahmen bestehender Gesetze und Marktgepflogenheiten über Einführungsrabatte,

---

22 BGH, Urteil v. 9.6.1982 – I ZR 96/80.

Werbekostenzuschüsse oder sonstige Preisnachlässe verhandeln zu wollen, ohne Druck auf den jeweiligen Partner auszuüben."

Die Klage blieb durch alle Instanzen erfolglos, die angerufenen Wettbewerbsgerichte lehnten einen Verstoß gegen das UWG durchweg ab. Hierbei gab es durchaus Unterschiede in der rechtlichen Einordnung des Sachverhaltes. Das Berufungsbricht hat den Fall wie die Fälle behandelt, in denen der Händler von seinen Lieferanten Zuwendungen gefordert hatte, die selbständig neben Warenlieferungen gewährt werden sollten[23] oder bei denen Geldbeträge allein für die Aufnahme von Waren in das Sortiment des Händlers gefordert worden waren.[24]

Der BGH (a.a.O.) sah darin aber noch keine vom Warenbezug unabhängige Zuwendung in dem genannten Sinne. Denn sie wurde jedenfalls erst und nur nach Maßgabe und im Zusammenhang mit der Lieferung der angekündigten Bestellung "Erstauftrag Neueröffnung" wirksam, also im Preis einer bestimmten Lieferung. Im Übrigen hat er zur verneinten Wettbewerbswidrigkeit ausgeführt:

„Auch soweit das BerGer. in diesem Rahmen das beanstandete Schreiben unter dem Gesichtspunkt einer etwa wettbewerbswidrigen Druckausübung geprüft und als nicht zu beanstanden beurteilt hat, ist aus Rechtsgründen nichts zu erinnern. Dass ein Kaufmann im Zuge geschäftlicher Verhandlungen vor die Situation gestellt wird, Nachteile, auch den Abbruch der Geschäftsverbindung, zu gewärtigen, wenn er auf die Vorstellungen der Gegenseite nicht eingeht, ist jedem freien Aushandeln der günstigsten Konditionen im Wettbewerb eigentümlich. Hierzu hat der Senat bereits in der "Eintrittsgeld"-Entscheidung[25] ausgeführt, die Ablehnung einer Geschäftsverbindung bei Nichtannahme der gestellten Bedingung gehöre im Geschäftsleben zu den üblichen Verhaltensweisen und könne wettbewerbsrechtlich nur unter besonderen Umständen unzulässig sein; dabei liege die Unzulässigkeit regelmäßig nicht in der Ausübung eines gewissen Drucks, sondern in zusätzlichen Umständen wettbewerblicher Art. Das BerGer. hat dem Sachverhalt keinen Anhalt für das Vorliegen solcher besonderen Umstände entnehmen können, auch nicht unter dem Gesichtspunkt des Missbrauchs einer besonders starken oder gar beherrschenden Marktposition. Das ist nach den getroffenen Feststellungen nicht zu beanstanden."

---

23 BGH, NJW 1977, 631; WRP 1977, 177; GRUR 1977, 257 – Schaufensteraktion; OLG Hamm, BB 1977, 668.
24 BGH, NJW 1977, 1242; GRUR 1977, 619, 621; BB 1977, 262; WRP 1977, 183 – Eintrittsgeld.
25 NJW 1977, 1242; GRUR 1977, 621; WRP 1977, 184.

Im Ergebnis hat der BGH also den vorliegend verlangten Einführungsrabatt wettbewerbsrechtlich nicht anders bewertet als andere Arten von Preisnachlass oder Werbekostenzuschuss.

Bei näherer Betrachtung liegt bei einem Werbekostenzuschuss auch keine einseitige Zuwendung vor, sondern – wie das Wort schon sagt – es handelt sich um einen Kostenzuschuss für (im Gegenzuge geleistete) Werbemaßnahmen.

Solche Werbekostenzuschüsse verstoßen nicht gegen § 7 HWG, da hier eine Gegenleistung des Apothekers gegenüber den erhaltenen finanziellen Zuwendungen besteht. Er stellt beispielsweise einen bestimmten Platz in der Apotheke zu Werbezwecken zur Verfügung und verpflichtet sich auch, für eine vernünftige Pflege der Werbemittel Sorge zu tragen. Es kommt hinzu, dass die jeweiligen Werbeträger eindeutig als Werbemaßnahme des pharmazeutischen Unternehmers gekennzeichnet sind, so dass auch Irreführungsgesichtspunkte ausscheiden. Zu beachten allerdings ist, dass die finanziellen Leistungen angemessen sein müssen. Unzulässig ist es, ähnlich wie bei Rückvergütungen, wenn die Höhe der Werbekostenzuschüsse abhängig vom erzielten Umsatz vereinbart wird. Dies wiederum würde gegen § 10 ApoG verstoßen, da auch hierin eine unzulässige finanzielle Einflussnahme auf die Entscheidungsfreiheit des Apothekers besteht.

In diesem Zusammenhang ist noch auf eine Entscheidung des Kammergerichts vom 11.9.2012 – 5 U 57/11 zu verweisen, die verdeutlicht, dass die Grenze zwischen (zulässiger) einseitiger Zuwendung und (unzulässiger) Zuwendung und im Gegenzuge dazu einer bevorzugten Abgabe von Arzneimitteln mitunter recht „dünn" ist:

So ist das Kammergericht der (zutreffenden) Auffassung, dass allein durch das Angebot einer direkten Belieferung der Apotheker zum Herstellerabgabepreis das Pharma-Unternehmen weder gegen das Zuwendungsverbot aus § 7 Abs. 1 Satz 1 Halbs. 1 HWG (in Verbindung mit § 4 Nr. 11 UWG) verstößt noch die Entscheidungsfreiheit dieser Apotheker durch unangemessenen unsachlichen Einfluss im Sinne des § 4 Nr. 1 UWG (a.F.) beeinträchtigt. Auch das Zuwendungsverbot aus § 128 Abs. 2, Abs. 6 Satz 1 Halbs. 2 SGB V steht dem nicht entgegen.

Dagegen verletzt ein Partnerprogramm, das die Verpflichtung des Pharma-Unternehmens zur Belieferung von Apothekern zum Herstellerabgabepreis und die Verpflichtung der Apotheker zur bevorzugten Berücksichtigung dieser verschreibungspflichtigen Arzneimittel bei einer Wahlfreiheit des Apothekers ("aut idem-Substitution") vorsieht, § 10 ApoG (in Verbindung mit § 4 Nr. 11 UWG a.F.) sowie § 4 Nr. 1 UWG a.F.

6.1.3.5 Internet- oder Printwerbung durch den Apotheker

Wie aber sieht es aus, wenn der Apotheker auf seiner Homepage bzw. in von ihm gedruckten Flyern Werbung für bestimmte Arzneimittel betreibt? Dies kann und darf er natürlich grundsätzlich, speziell bei OTC-Arzneimitteln, um dort seine vielleicht günstigeren Preise gegenüber der Konkurrenz auszuloben.

Wenn hierfür aber eine (verdeckte) Zuwendung bzw. Bezahlung durch die Industrie erfolgt, liegt insofern eine Irreführung vor, als dass der Verbraucher wiederum glaubt, der Apotheker stünde aus fachlichen Gründen hinter dieser Werbung. Es liegt zudem ein Verstoß gegen § 10 ApoG vor, da ein bestimmtes Präparat rein aus finanziellen Erwägungen heraus gegenüber dem Verbraucher „angeboten" wird.

Anders sieht es aus, wenn der Apotheker eine eigene (Kunden-)Zeitschrift oder ein sonstiges Werbemittel herausbringt und dort eine Werbefläche an den pharmazeutischen Unternehmer zu Werbezwecken, z.B. für Anzeigen, „vermietet". Dies ist im Sinne eines Leistungs-Gegenleistungsverhältnisses zulässig, jedenfalls solange Leistung und Gegenleistung in einem angemessenen Verhältnis zueinander stehen.

Entsprechend zulässig sein dürfte dies für Versandapotheken und deren Homepage. Auch hier spricht nichts dagegen, wenn Apotheker dort pharmazeutischen Unternehmen die Möglichkeit einräumen, als solche gekennzeichnete „Anzeigen" für ihre Präparate gegen Bezahlung dort zu platzieren.

Etwas Anderes dürfte freilich dann gelten, wenn Versandapotheker ein Arzneimittel gegen Bezahlung des Pharmaunternehmens auf Platz 1 der Empfehlungen setzen. Das ist aus den oben schon mehrfach genannten Gründen unzulässig: denn dann liegt wiederum die o.g. Irreführung der Verbraucher vor, denen suggeriert wird, dass der Apotheker die Empfehlung allein aus fachlichen pharmazeutischen Gründen ausspricht und nicht wegen gewährter Zuwendungen. Daneben tritt ein Verstoß gegen § 10 ApoG hinzu.

6.1.3.6 Musterabgabe an Apotheken

Da durch die Herausnahme der OTC-Präparate aus der Verordnungsfähigkeit zu Lasten der gesetzlichen Krankenkassen und demzufolge eine Vielzahl von Erkrankungen in die Beratung des Apothekers gelangt sind, ist der Beratungsbedarf dort auch hinsichtlich der Anwendung und Nebenwirkungen erheblich gestiegen. Dies war Anlass für einige Unternehmen, den Apothekern Muster ihrer Arzneimittel zur Erprobung zur Verfügung zu stellen. Die Musterabgabe von OTC-Arzneimitteln hat sich daher vom Arzt zum Apotheker verlagert. Unstreitig ist insoweit nur, dass der Arzt nach wie vor Muster von OTC-Arzneimitteln erhalten darf. Er kann und darf diese auf dem sog. „Grünen Rezept" verordnen oder mündlich empfehlen. Hinsichtlich der Apotheker besteht nach der derzeitigen Rechtsprechung, auch wenn diese nicht als gefestigt bezeichnet werden kann, ein erhebliches Risiko, dass eine Musterabgabe an diese unzulässig ist:

Der Streit, ob in einer Musterabgabe an Apotheker ein Verstoß gegen § 47 AMG zu sehen ist oder nicht, kann für die hier zu beantwortende Fragestellung dahinstehen.[26]

Fraglich ist, ob in der Musterabgabe an Apotheker ein Verstoß gegen § 7 HWG zu sehen ist. Das OLG Hamburg[27] hat dazu entschieden, dass die kostenlose Abgabe eines Fertigarzneimittels mit einem Verkaufspreis von 9,97 Euro an Apotheker „zu Demonstrationszwecken" sowohl gegen § 47 Abs. 3 AMG (Verbot der Abgabe von Arzneimittelmustern an andere als die in dieser Vorschrift genannten Personenkreise, zu denen Apotheker nicht gehören) als auch gegen § 7 HWG (Verbot nicht geringwertiger Zuwendungen und Werbegaben) verstößt. Das LG und OLG Frankfurt am Main haben sich in dem anschließend dort geführten Hauptsacheverfahren dieser Auffassung im Ergebnis angeschlossen.[28]

Der Senat geht dabei davon aus, dass der Apotheker eine geöffnete Packung nutzbringend einsetzen könne, indem er diese zu Demonstrationszwecken des Produktes gegenüber Verbrauchern verwende. Der Apotheker müsste somit auf seine Kosten dem Kunden die Anwendung des Arzneimittels erklären. § 47 AMG, der die Musterabgabe an Ärzte ausdrücklich erlaubt, geht in seiner Begründung davon aus, dass der Arzt die Muster als Erklärungshilfe verwenden soll. Warum der Arzt dies ohne eigenen Kostenaufwand machen kann, während der Apotheker eigene Mittel einsetzen soll, ist unerfindlich.

---

26 OLG Hamburg, Hinweisbeschluss v. 10.2.2015 – 3 U 16/13.
27 OLG Hamburg, Urteil v. 24.9.2014 – 3 U 193/13.
28 OLG Frankfurt, Urteil v. 29.9.2016 – 6 U 161/15 – „Zu Demonstrationszwecken".

In dem Kommentar von *Bülow-Ring-Artz-Brixius* heißt es hierzu:

„Wenn sich die Warenprobe aber gerade dadurch kennzeichnet, dass sie eine Quantität aufweist, die für eine hinreichende Erprobung notwendig ist und sich der Werbungtreibende dadurch dem Urteil des Endverbrauchers oder auch des verschreibenden Arztes oder des empfehlenden Apothekers stellt, ist auch die abstrakte Gefahr der unsachlichen Beeinflussung nicht gegeben; vielmehr wird die Kaufentscheidung durch sachliche Beeinflussung, nämlich durch die mittels Warenprobe getestete Güte der Leistung, herbeigeführt. Soweit die Quantität der Warenprobe also vom Erprobungszweck gedeckt ist und nicht darüber hinausgeht, ist in teleologischer Reduktion der Vorschrift von der Zulässigkeit der Warenprobe auszugehen, auch wenn aufgrund der Quantität die Geringfügigkeitsgrenze überschritten ist."[29]

Dies ergibt sich zudem aus § 7 Abs. 1 S. 3 HWG, wonach ausdrücklich § 47 Abs. 3 des Arzneimittelgesetzes unberührt bleibt. Ärzte dürfen somit „Muster" eines Arzneimittels zur Erprobung erhalten.

Bei *Kloesel-Cyran* heißt es:

„Die Begrenzung der Musterabgabe soll verhindern, dass die in Nr. 1 genannten Personen bei der Auswahl des Arzneimittels für den Patienten durch nicht sachgerechte, nämlich nicht von dem Erprobungszweck bestimmte, Erwägungen beeinflusst werden, durch kostenlose Abgabe der Muster von Fertigarzneimitteln in größerem Umfange an ihre Patienten in unerlaubter Weise für ihre Praxis werben oder in beträchtlichem Maße gegenüber Krankenkassen ihren Arzneimittelkosten-Durchschnitt senken."[30]

Dann aber stellt sich die Frage, warum die kostenlose Abgabe von Arzneimitten zur Erprobung eines Arzneimittels durch den Arzt kein Verstoß gegen § 7 Abs. 1 Nr. 1 HWG darstellt, die Abgabe bei einem Apotheker jedoch unzulässig sein soll. Der vorgenannten Kommentierung ist zu entnehmen, dass eine Musterabgabe, die sich an die Grenzen des § 47 AMG hält, eben keine unsachgemäße Beeinflussung darstellt. Das Berufsbild zwischen Arzt und Apotheker ist nicht so unterschiedlich, dass hier eine unterschiedliche Bewertung gerechtfertigt wäre. Auch wird niemand ernstlich behaupten können, dass Apotheker leichter zu beeinflussen sind als Ärzte. Zumal Apotheker ein mit „zur Erprobung" bzw. „ad usum proprium" gekennzeichnetes Arzneimittel nicht verkaufen können, der Arzt ein „Ärztemuster" jedoch zur Senkung seines Arzneimittelbudgets problemlos verwenden kann. Der Patient, der ein solches Muster bekommt, spart zudem die Zuzahlung, was hinsichtlich des Images eines Arztes wei-

---

29 *Bülow-Ring-Artz-Brixius*, Kommentar, 5. Aufl. 2015, § 7 Rn. 89.
30 *Kloesel-Cyran*, Kommentar zum Arzneimittelgesetz, § 47 Rn. 51.

terhin vorteilhaft ist. Vor diesem Hintergrund ist die Entscheidung des OLG Hamburg (a.a.O.) nur schwer nachvollziehbar.

Die Auffassung, der Apotheker könne Verkaufsware zur Erprobung öffnen und verwenden, ist praxisfremd. Dann könnte auch von dem Arzt verlangt werden, dass er die Arzneimittel, die er verschreiben möchte, auf eigene Kosten in der Apotheke erwirbt und zur Erprobung einsetzt. Was dem Arzt aber nicht zugemutet wird, kann nicht vom Apotheker verlangt werden.

Insofern stellt nach Auffassung des Autors die Abgabe eines Apothekenmusters oder als unverkäufliches Muster gekennzeichneten Arzneimittels an den Apotheker keinen Verstoß gegen § 7 Abs. 1 Nr. 1 HWG dar. Es bleibt abzuwarten, ob sich die gegenteilige Auffassung des OLG Hamburg und des OLG Frankfurt am Main beim BGH durchsetzen wird[31].

6.1.3.7 On-Pack-Aktionen

Der Begriff der „On-Pack-Aktion" wird (ebenfalls) für verschiedene Erscheinungsformen von Vermarktungsaktionen verwendet. Meist geht es um mehr oder weniger fix kombinierte, sichtbare „Zugaben" zu Arzneimitteln. D.h. also, dem Apotheker werden neben einem „verkauften" Arzneimittel weitere Produkte oder Gegenstände kostenlos zur Weitergabe an den Endkunden zur Verfügung gestellt. Die Zugabe eines Promotionsartikels, z.B. eines Kino-, Shopping- oder Erlebnisgutscheins oder auch einer DVD in Verbindung mit einem Preisnachlass, kann neue Beziehungen durch positive Erfahrung und Assoziation verstärken. Häufig erfolgt die Abwicklung durch erfahrene Dienstleister, die sowohl die Produktvorgaben des Herstellers als auch die datenschutzrechtlichen Aspekte im Sinne des Verbrauchers berücksichtigt.

Fazit: Mit einer On-Pack Promotion sticht eine Marke aus der Masse hervor und spricht die potenziellen Kunden dort an, wo die Kaufentscheidung fällt: Am Supermarktregal! (Anette Pfennings, Marketing Börse 12.10.2010). Dazu ein Beispiel aus der Praxis:

> „Zu jeder frubiase® SPORT Packung erhalten Kunden ein Päckchen „Compeed® Blasen unter den Füßen" gratis dazu." (*Jean Bouvain* von der Boehringer Ingelheim Pharma GmbH & Co. KG)

---

[31] Das OLG Frankfurt am Main (a.a.O.) hatte die Revision zugelassen, die beim BGH unter dem Az. I ZR 235/16 geführt wird.

Festzuhalten ist, dass es sich bei frubiase Sport um ein Nahrungsergänzungsmittel handelt, auf das das HWG insgesamt, mithin auch § 7 HWG, keine Anwendung findet. Bei dem Compeed Blasenpflaster hingegen handelt es sich um ein Medizinprodukt, das den Regelungen des § 7 HWG unterfällt. Auf den ersten Blick könnte man zu der Auffassung gelangen, dass es sich hier um die Werbung für ein Nahrungsergänzungsmittel handelt, auf das deshalb das Heilmittelwerbegesetz nicht anwendbar ist, so dass das Blasenpflaster umsonst als On-Pack-Aktion abgegeben werden könnte. Allerdings stellt die Abgabe dieses Blasenpflasters auch eine Werbung für das Blasenpflaster dar, womit das Heilmittelwerbegesetz und damit auch § 7 HWG Anwendung findet. Es wäre auch nicht nachvollziehbar, wenn die alleinige Abgabe dieses Pflasters einen Verstoß gegen § 7 HWG darstellte, dann aber, wenn dasselbe Produkt als On-Pack-Aktion für ein nicht dem HWG unterliegendes Produkt auf einmal zulässig sein sollte.

Bei sog. On-pack-Aktionen für Arzneimittel erübrigt sich in der Regel eine Prüfung, ob z.B. bei einer mit einer Arzneimittelverpackung verbundenen DVD ein Verstoß gegen § 7 HWG vorliegt. Denn in solchen Fällen liegt bereits ein Verstoß gegen die Kennzeichnungsvorschriften des § 10 AMG vor.

Der Bundesgerichtshof hatte über die Werbung mit einem aufklappbaren Papp-Flyer, der mit zwei Klebepunkten auf der Längsseite des apothekenpflichtigen Arzneimittels Voltaren Schmerzgel angebracht war, zu entscheiden. Zwar handelte es sich hier nur um einen Flyer und nicht um eine Zuwendung wie etwa bei einer DVD. Allerdings lassen sich die Ausführungen des BGH in den Urteilsgründen ohne Weiteres auf solche On-Pack Promotions übertragen, wenn es heißt:

„[14] a) Unzulässig sind daher insbesondere Gestaltungen, die beim Verwender des Mittels den Eindruck erwecken, dass ein auf seiner äußeren Umhüllung – wenn auch nur mit Klebepunkten und damit ablösbar – angebrachter Werbeflyer mit der übrigen Etikettierung eine Einheit bildet. Diese Voraussetzung ist bei der Gestaltung, die der Kl. mit dem auf die konkrete Verletzungsform abzielenden Insbesondere-Teil seines Klageantrags angreift, angesichts der farblichen Abstimmung des Flyers, der Ähnlichkeit der für die beiden Mittel verwendeten Marken sowie der Ähnlichkeit der Anwendungsgebiete der beiden Mittel erfüllt.

[15] b) Entgegen einer im Schrifttum vertretenen Ansicht[32] ist auch dann keine andere oder auch nur differenzierende Beurteilung geboten, wenn die auf

---

32 Vgl. *Stallberg*, WRP 2011, 1525.

der äußeren Umhüllung angebrachte Werbung anders gestaltet ist als die äußere Umhüllung im Übrigen. Das Verbot, auf der äußeren Umhüllung von Arzneimitteln Angaben zu machen, die Werbecharakter haben können, soll verhindern, dass die Verwender durch solche Angaben von den ihnen gem. § 10 Abs. 1 und 5 AMG gegebenen Informationen abgelenkt werden. Das Erreichen dieses Ziels wird durch eine auf der äußeren Umhüllung angebrachte Werbung unabhängig davon verhindert oder immerhin in Frage gestellt, ob sich die äußere Umhüllung und die auf ihr angebrachte Werbung als Einheit darstellen oder nicht. Für die Bejahung eines Rechtsverstoßes reicht es aus, dass das Erreichen dieses Ziels in Frage gestellt wird; denn auf der äußeren Umhüllung angebrachte Angaben sind nach Art. 62 Halbs. 2 Richtlinie 2001/83/EG bereits dann unzulässig, wenn sie Werbecharakter haben können. Der im Streitfall gestellte Klageantrag ist daher, soweit er allgemein gefasst ist, nicht deshalb unbegründet, weil er auch erlaubte Verhaltensweisen verbietet."[33]

Wenn aber die Kennzeichnung von Arzneimitteln das Anbringen jeglicher Werbung verbietet, weil dies von den wesentlichen gesetzlich vorgeschriebenen Informationen ablenkt, so gilt dies natürlich erst recht für Werbeartikel (wie z.B. eine DVD). Hierdurch werden die Endverbraucher nicht nur von den wesentlichen für ihre Gesundheit relevanten und deshalb vorgeschriebenen Informationen abgelenkt, sondern darüber hinaus wegen der Anreizwirkung des Werbeartikels u.U. auch noch in unlauterer Weise zum Kauf eines Arzneimittels verleitet, das sie möglicherweise überhaupt nicht benötigen.

---

33 BGH, Urteil v. 13. 12. 2012 – I ZR 161/11.

Kartellrechtliche Implikationen der §§ 299a, 299b StGB

RA Dr. Christian Burholt, LL.M., Fachanwalt für Medizinrecht und Partner im Berliner Büro von Baker & McKenzie Partnerschaft von Rechtsanwälten, Wirtschaftsprüfern und Steuerberatern mbB

7. Kartellrechtliche Implikationen der §§ 299a, 299b StGB

Seit Beginn des Gesetzgebungsverfahrens wurde lebhaft debattiert, ob bzw. unter welchen Voraussetzungen die Gewährung von Rabatten – bei Vorliegen der übrigen Voraussetzungen – zu einer Strafbarkeit wegen Bestechlichkeit bzw. Bestechung im Gesundheitswesen gemäß §§ 299a, 299b StGB führen kann. Im Fokus der Diskussion standen dabei insbesondere Rabatte, die Arzneimittelhersteller den Offizinapothekern beim Einkauf von OTC-Arzneimitteln gewähren (OTC-Rabatte). An der Schnittstelle von Kartell-, Lauterkeits- und Strafrecht stellte sich die Frage, ob die Gewährung eines Rabatts, der gegen die Vorgaben des deutschen bzw. EU-Kartellrechts verstößt, zugleich eine Strafbarkeit nach §§ 299a, 299b StGB begründen kann.

Die Antwort auf diese Frage blieb aufgrund der wechselhaften Gesetzeshistorie der §§ 299a, 299b StGB lange unklar. Erst in „letzter Minute" eliminierte der Gesetzgeber das Strafbarkeitsrisiko für Arzneimittelhersteller bei der Gewährung von OTC-Rabatten an Offizinapotheker. Diese strafrechtliche Entschärfung der §§ 299a, 299b StGB bedeutet allerdings nicht, dass Arzneimittelhersteller den Offizinapothekern schrankenlos OTC-Rabatte gewähren dürfen. Insbesondere die Grenzen von Heilmittelwerbe-, Lauterkeits- und Kartellrecht müssen wie bisher beachtet werden. Die Gewährung kartellrechtswidriger OTC-Rabatte an Offizinapotheker birgt weiterhin kartellrechtliche Risiken – etwa in Form von Bußgeldern.

Abseits der Belieferung von Offizinapothekern gibt es darüber hinaus Sonderkonstellationen, in denen die Gewährung eines kartellrechtswidrigen Rabatts bei Vorliegen der übrigen Voraussetzungen eine Strafbarkeit nach §§ 299a, 299b StGB begründen kann.

Um die Diskussion um die OTC-Rabatte und neue Rechtslage zu verstehen, ist ein kurzer Blick auf die Gesetzeshistorie erforderlich.

7.1 Gesetzeshistorie – Referentenentwurf und Regierungsentwurf aus kartellrechtlicher Sicht

Der Referentenentwurf des Bundesministeriums der Justiz und für Verbraucherschutz (Referentenentwurf)[1] knüpfte die Strafbarkeit nach § 299a StGB (Bestechlichkeit und Bestechung im Gesundheitswesen) entweder an eine unlautere Bevorzugung im inländischen oder ausländischen Wettbewerb oder an eine Verletzung von Berufsausübungspflichten an. Dies galt sowohl für den Bezug, die Verordnung, die Abgabe von Arznei-, Heil- oder Hilfsmitteln oder von Medizinprodukten als auch für die Zuführung von Patienten oder Untersuchungsmaterial. Zum damaligen Zeitpunkt stellten sich damit zwei Probleme an der Schnittstelle von Kartell-, Lauterkeits- und Strafrecht: Fraglich war zum einen, ob die Gewährung kartellrechtswidriger Rabatte das Tatbestandsmerkmal der „unlauteren Bevorzugung im Wettbewerb" erfüllt. Diskutiert wurde zudem, ob eine Rabattgewährung den Offizinapotheker zum Verstoß gegen seine Berufsausübungspflichten verleiten und damit eine Strafbarkeit nach § 299a Abs. 2 StGB begründen könnte, selbst wenn der Rabatt im Einklang mit den Vorgaben des deutschen bzw. EU-Kartellrechts gewährt wurde.

Im anschließenden Gesetzentwurf der Bundesregierung[2] wurde beim Bezug von Arznei-, Heil- oder Hilfsmitteln oder Medizinprodukten die Tatbestandsvariante der „unlauteren Bevorzugung im Wettbewerb" vollständig gestrichen. Maßgeblich für eine Strafbarkeit nach §§ 299a, 299b StGB war nur noch die Verletzung einer „berufsrechtlichen Pflicht zur Wahrung der heilberuflichen Unabhängigkeit". Im Regierungsentwurf wurde dies damit begründet, dass sich bei Bezugsentscheidungen die Unlauterkeit einer Bevorzugung auch aus Verstößen gegen Preis- und Rabattvorschriften ergeben könne, bei denen es jedoch an einem korruptionsspezifischen Unrechtsgehalt sowie einer Beeinträchtigung des Vertrauens in die Integrität heilberuflicher Entscheidungen fehle. Die Gewährung kartellrechtswidriger Rabatte beim Bezug von Arznei-, Heil- oder Hilfsmitteln oder von Medizinprodukten hätte nach dem damaligen Willen der Bundesregierung nicht mehr zu einer Strafbarkeit nach §§ 299a, 299b StGB führen können.

---

1 Referentenentwurf des Bundesministeriums der Justiz und für Verbraucherschutz v. 4.2.2015, abrufbar unter: http://www.bmjv.de/SharedDocs/Gesetzgebungsverfahren/DE/Bekaempfung_Korruption_Gesundheitswesen.html.
2 Regierungsentwurf, BT-Drucks. 18/6446.

Im Rahmen der Verordnung oder Abgabe von Arznei-, Heil- oder Hilfsmitteln oder von Medizinprodukten sowie bei der Zuführung von Patienten oder Untersuchungsmaterial wurde hingegen nach wie vor alternativ auch auf eine unlautere Bevorzugung im inländischen oder ausländischen Wettbewerb abgestellt. Sofern der Arzneimittelhersteller daher beispielsweise dem Offizinapotheker kartellrechtswidrige Vorteile dafür gewährt, dass er ausschließlich bestimmte OTC-Arzneimittel abgibt, hätte dies u.U. eine Strafbarkeit nach § 299b Abs. 1 StGB begründen können. Überdies wurde weiterhin diskutiert, ob eine kartellrechtskonforme Rabattgewährung den Offizinapotheker zum Verstoß gegen seine Berufsausübungspflichten verleiten und damit eine Strafbarkeit nach § 299b Abs. 2 StGB begründen könnte. Die insofern gleichlautende Begründung zum Referentenentwurf sowie zum Regierungsentwurf war in diesem Punkt nicht eindeutig und befeuerte die Diskussion:

> „Bei branchenüblichen und allgemein gewährten Rabatten und Skonti kann es bereits an der Unrechtsvereinbarung fehlen, da diese nicht als Gegenleistung für eine konkrete Bezugsentscheidung gewährt, sondern allgemein gegenüber jedermann angeboten werden."[3]

Teilweise wurde die Begründung so interpretiert, dass Rabatte, die heilmittelwerberechtlichen, lauterkeitsrechtlichen und kartellrechtlichen Vorgaben entsprechen, nach dem Willen des Gesetzgebers nicht in den Anwendungsbereich der Korruptionsstraftatbestände fallen sollen. Durch die Wahl des abschwächenden Modalverbs „kann" ließ der Gesetzgeber jedoch die theoretische Möglichkeit einer Korruptionsstrafbarkeit offen. Es hätte abgewartet werden müssen, ob sich die Staatsanwaltschaften und Strafgerichte für eine Kongruenz zwischen strafrechtsexternen und strafrechtlichen Verhaltensnormen entschieden hätten. Als Argument hätte insbesondere das Auslegungsprinzip der asymmetrischen Akzessorietät herangezogen werden können.[4]

---

3 Regierungsentwurf, BT-Drucks. 18/6446, 23; Referentenentwurf v. 4.2.2015, 20.
4 Vgl. hierzu: *Schneider/Kaltenhäuser*, medstra 2015, 24, 27; *Geiger*, medstra 2016, 9, 16.

7.2 Die Rechtslage in der am 4. Juni 2016 in Kraft getretenen Fassung

Die letztlich am 4. Juni 2016 in Kraft getretene Fassung der §§ 299a, 299b StGB wurde im Hinblick auf die korruptionsstrafrechtliche Beurteilung von kartellrechtswidrigen Rabatten beim Ein- bzw. Verkauf von OTC-Arzneimitteln an drei entscheidenden Stellen geändert:

(1) Die Tatbestandsvariante der Abgabeentscheidung wurde vollständig aus dem Gesetz gestrichen.
(2) Die Strafbarkeit beim Bezug von Arzneimitteln, Hilfsmitteln und Medizinprodukten knüpft nun wieder ausschließlich an eine unlautere Bevorzugung im Wettbewerb an.
(3) Diese Tatbestandsvariante gilt jedoch nur für den Bezug von Arzneimitteln, Hilfsmitteln und Medizinprodukten, die zur unmittelbaren Anwendung durch den Heilberufsangehörigen oder einen seiner Helfer bestimmt sind. Rein unternehmerische Entscheidungen, bei denen die Heilberufsangehörigen ausschließlich eigene wirtschaftliche Interessen verfolgen, sollen so strafrechtlich privilegiert werden.[5]

7.3 Rabattgewährung gegenüber den verschiedenen Akteuren im Gesundheitswesen

Die Frage, ob die Gewährung eines kartellrechtswidrigen Rabatts beim Ein- bzw. Verkauf von Arznei- oder Hilfsmitteln oder von Medizinprodukten in den Anwendungsbereich der §§ 299a, 299b StGB fallen könnte, hängt damit entscheidend (i) vom jeweiligen Abnehmer (Offizinapotheker, Ärzte etc.) und (ii) der Frage ab, ob sie zur unmittelbaren Anwendung durch den Heilberufsangehörigen oder einen seiner Berufshelfer bestimmt sind.

7.3.1 Rabatte an Offizinapotheker

Die Rabattgewährung gegenüber Offizinapothekern für verschreibungspflichtige Arzneimittel (sog. Rx-Arzneimittel) ist aufgrund der Geltung der Arzneimittelpreisverordnung (AMPreisV) von vornherein stark einge-

---

5 Vgl. *Tsambikakis*, medstra 2016, 131 f., 135; *Geiger*, medstra 2016, 9, 10.

schränkt bzw. nahezu ausgeschlossen. Von praktischer Relevanz bleibt daher in erster Linie die Gewährung von Rabatten für die von der AMPreisV ausgenommenen Rx- und OTC-Arzneimittel und für Medizinprodukte. Diese werden in der Regel nicht von Offizinapothekern oder ihren Helfern (z.B. Pharmazeutisch-technische Assistenten) unmittelbar angewendet, sondern lediglich an den Kunden abgegeben. Da die Abgabe von Arznei- oder Hilfsmitteln und von Medizinprodukten nicht (mehr) in den Anwendungsbereich von §§ 299a, 299b StGB fällt, kann die Gewährung von kartellrechtswidrigen Rabatten an Offizinapotheker regelmäßig nicht mehr zu einer Korruptionsstrafbarkeit nach §§ 299a, 299b StGB führen.

Kartellrechtswidrige Rabatte an Offizinapotheker sind damit aber keineswegs erlaubt. Sie sind „lediglich" nicht strafbar. Kartellrechtsverstöße können für die beteiligten Arzneimittel- und Medizinproduktehersteller sowie für die für sie handelnden natürlichen Personen zu erheblichen Konsequenzen führen. Vor allem die von den Kartellbehörden (z.B. Bundeskartellamt und Europäische Kommission) verhängten Bußgelder stellen ein beträchtliches Risiko dar. Nach deutschem Kartellrecht ist ein Verstoß gegen das deutsche bzw. EU-Kartellrecht eine Ordnungswidrigkeit (§ 81 Abs. 1-3 des Gesetzes gegen Wettbewerbsbeschränkungen (GWB)). Das Bundeskartellamt ist in diesem Fall berechtigt, gegen natürliche Personen ein Bußgeld in Höhe von bis zu einer Million Euro (§ 81 Abs. 4 Satz 1 GWB) und gegen Unternehmen ein Bußgeld in Höhe von bis zu 10% des weltweiten Konzernumsatzes des betreffenden Unternehmens (§ 81 Abs. 4 Satz 2 GWB) zu verhängen. Das Bundeskartellamt hat z.B. im Jahr 2016 Bußgelder in Höhe von rund 124,6 Mio. Euro gegen insgesamt 24 Unternehmen und 5 Privatpersonen verhängt.[6]

Daneben drohen Arzneimittel- und Medizinprodukteherstellern zunehmend auch zivilrechtliche Schadensersatzansprüche von Wettbewerbern, Abnehmern oder sonstigen Betroffenen. Dieser Trend dürfte sich durch die am 9. Juni 2017 in Kraft getretene 9. GWB-Novelle zukünftig noch verstärken. Im Rahmen der 9. GWB-Novelle wurde u.a. die EU-Richtlinie zur Durchsetzung privater Schadensersatzansprüche bei Kartellrechtsverstößen vor nationalen Zivilgerichten umgesetzt.[7]

---

6 Vgl. Jahresbericht 2016 des Bundeskartellamts, abrufbar unter: http://www.bundesk artellamt.de/SharedDocs/Publikation/DE/Jahresbericht/Jahresbericht_2016.pdf?__b lob=publicationFile&v=4.
7 Vgl. Richtlinie 2014/104/EU des Europäischen Parlaments und des Rates vom 26. November 2014 über bestimmte Vorschriften für Schadensersatzklagen nach

Rabattvereinbarungen, die gegen das deutsche bzw. EU-Kartellverbot verstoßen, sind aus zivilrechtlicher Sicht zudem nichtig. Die Gewährung kartellrechtswidriger Rabatte kann damit auch erhebliche Konsequenzen für Verträge haben, die für einen Arzneimittel- oder Medizinproduktehersteller von großer wirtschaftlicher Bedeutung sind. Letztlich ist auch nicht zu vernachlässigen, dass mit einem Kartellrechtsverstoß typischerweise Image- und Reputationsschäden bei Wettbewerbern, Lieferanten, Abnehmern und Endverbrauchern sowie bei Gerichten und Kartellbehörden einhergehen.

Unter welchen Voraussetzungen ein Rabatt gegen die Vorgaben des deutschen bzw. EU-Kartellrechts verstößt, wird nachfolgend unter Ziff. 7.4 im Einzelnen erläutert.

7.3.2 Rabatte an Krankenhausapotheker

Die Bestechung von Krankenhausapothekern war bereits vor Einführung der §§ 299a, 299b StGB strafbar, vgl. § 299 StGB (Bestechlichkeit und Bestechung im geschäftlichen Verkehr) sowie ggf. auch – im Falle eines staatlichen Krankenhauses – § 334 StGB (Bestechung).[8]

Der Straftatbestand des § 299 StGB (Bestechlichkeit und Bestechung im geschäftlichen Verkehr) knüpft die Korruptionsstrafbarkeit – ebenso wie §§ 299a, 299b StGB – an eine „unlautere Bevorzugung im Wettbewerb" an. Die Gewährung eines kartellrechtswidrigen Rabatts an Krankenhausapotheker hätte daher bereits vor Einführung der §§ 299a, 299b StGB zu einer Strafbarkeit nach § 299 StGB führen können. Soweit ersichtlich, existiert bislang aber keine Entscheidungspraxis deutscher Strafgerichte zu der Frage, ob die Gewährung kartellrechtswidriger Rabatte bei Vorliegen der übrigen Voraussetzungen eine Strafbarkeit gemäß § 299 StGB zur Folge haben kann. Dies ist m.E. auch folgerichtig, weil Kartellrechtsverstöße in Deutschland – von wenigen Ausnahmen abgesehen (z.B. Submissionsbetrug gem. §§ 263, 298 StGB) – nicht strafbar sind, sondern Ordnungswidrigkeiten darstellen. Der Gesetzgeber hat Forderungen, Kartellverstöße zu kriminalisieren, bislang immer eine Absage erteilt. Die Monopolkommission (ein unabhängiges Beratungsgremium, das die Bun-

---

nationalem Recht wegen Zuwiderhandlungen gegen wettbewerbsrechtliche Bestimmungen der Mitgliedstaaten und der Europäischen Union.
8 Hierzu: *Schuhr*, Spickhoff, Medizinrecht, § 338 Rn. 17, 19.

desregierung und die gesetzgebenden Körperschaften auf den Gebieten der Wettbewerbspolitik, des Wettbewerbsrechts und der Regulierung berät) empfahl zwar im Jahr 2015 eine Kriminalisierung besonders schwerwiegender Wettbewerbsverstöße (sog. „Hardcore"-Kartelle).[9]

Auch die Justizministerinnen und Justizminister der Länder haben im Rahmen der Frühjahrskonferenz am 17./18. Juni 2015 ihren Strafrechtsausschuss gebeten,

> „die Möglichkeiten für eine Fortentwicklung des Sanktionsrechts bei Kartellabsprachen auszuloten".[10]

Auf der Herbstkonferenz am 17. November 2016 lehnten die Justizministerinnen und Justizminister der Länder die Strafbarkeit von Kartellverstößen außerhalb von Ausschreibungsverfahren (§ 298 StGB) allerdings ab und plädierten für die Beibehaltung der gegenwärtigen Rechtslage.[11]

Der Gesetzgeber hat bislang ebenfalls nicht zu erkennen gegeben, dass er beabsichtigt, diese Vorschläge umzusetzen.

Demgegenüber ist weder unklar noch umstritten, dass die Arzneimittel- und Medizinproduktehersteller das deutsche bzw. EU-Kartellrecht bei der Rabattgewährung gegenüber Krankenhäusern und Klinikverbünden beachten müssen.

7.3.3 Belieferung von Ärzten mit Arzneimitteln, Medizinprodukten und Hilfsmitteln, die zur unmittelbaren Anwendung bestimmt sind

Es verbleiben jedoch Sonderkonstellationen, in denen die Gewährung kartellrechtswidriger Rabatte beim Verkauf von Arznei- oder Hilfsmitteln oder von Medizinprodukten für Arzneimittel- und Medizinprodukteher-

---

9 Vgl. Sondergutachten 72 der Monopolkommission, Strafrechtliche Sanktionen bei Kartellverstößen, abrufbar unter: http://www.monopolkommission.de/images/PDF/SG/s72_volltext.pdf.
10 Vgl. Beschluss der 86. Konferenz der Justizministerinnen und Justizminister der Länder, TOP II.5 Strafbarkeit von Kartellverstößen, abrufbar unter: http://justizministerium-bw.de/pb/site/jum2/get/documents/jum1/JuM/Justizministerium%20NEU/JuMiKo/Beschl%C3%BCsse/2015%20Fr%C3%BChjahr/TOP%20II.5%20-%20Strafbarkeit%20von%20Kartellverst%C3%B6%C3%9Fen%20%28oA%29.pdf.
11 Vgl. Beschluss der 87. Konferenz der Justizministerinnen und Justizminister der Länder, TOP II.3 Strafbarkeit von Kartellverstößen, abrufbar unter: http://www.jm.nrw.de/JM/jumiko/beschluesse/2016/Herbstkonferenz-2016/top_ii_3_-_strafbarkeit_von_kartellverstoessen_herbstkonferenz.pdf.

steller eine Strafbarkeit nach § 299b StGB begründen kann. Dies gilt für die Belieferung von Ärzten mit Arznei- oder Hilfsmitteln oder mit Medizinprodukten, die zur unmittelbaren Anwendung bestimmt sind wie z.B. Implantate, Prothesen, bestimmte Impfstoffe, sowie Arzneimittel, die einem Sondervertriebsweg unterliegen (vgl. § 47 AMG; Beispiele sind Lösungen zur Haemodialyse und Peritonealdialyse sowie radioaktive Arzneimittel (Kontrastmittel)).

Liegt eine dieser Sonderkonstellationen vor, kann ein Rabatt als „Vorteil" im Sinne der §§ 299a, 299b StGB angesehen werden.[12]

Weitere Tatbestandsvoraussetzung ist, dass die Rabatte als „Gegenleistung" für eine unlautere Bevorzugung im inländischen oder ausländischen Wettbewerb angeboten, versprochen oder gewährt werden. An dieser Stelle kommt es darauf an, ob die Rabattgewährung gegen die Vorgaben des deutschen bzw. EU-Kartellrechts – insbesondere gegen das deutsche bzw. EU-Marktmachtmissbrauchsverbot gem. § 19 GWB bzw. Art. 102 des Vertrages über die Arbeitsweise der Europäischen Union (AEUV) – verstößt. Sofern dies der Fall ist, würde die kartellrechtswidrige Rabattgewährung wohl auch gegen §§ 3, 4 Nr. 4 des Gesetzes gegen den unlauteren Wettbewerb (UWG) verstoßen und wäre damit als unlautere Bevorzugung im Wettbewerb anzusehen.[13]

Wie bereits oben dargelegt, haben sich die deutschen Strafgerichte – soweit ersichtlich – im Rahmen des bereits existierenden § 299 StGB nicht mit der Gewährung kartellrechtswidriger Rabatte befasst. Es bleibt abzuwarten, ob sich diese Praxis bei der Anwendung von §§ 299a, 299b StGB ändern wird.

Desungeachtet kann bereits ein Kartellrechtsverstoß erhebliche Sanktionen und weitere negative Konsequenzen nach sich ziehen (s.o. unter Ziff. 7.3.1), die es zu verhindern gilt. Bei der Gewährung von Rabatten sollten daher die nachfolgend dargestellten Vorgaben des deutschen bzw. EU-Kartellrechts beachtet werden.

---

12 Vgl. zu Preisnachlässen als „Vorteile" im Sinne der Korruptionsstraftatbestände BGH, Urteil v. 11.4.2001, Az. 3 StR 503/00, Rn. 18.
13 Hierzu im Einzelnen: *Geiger*, medstra 2016, 9, 15; vgl. auch *Busche*, Kölner Kommentar zum Kartellrecht, Band 3, Art. 102 AEUV Rn. 223.

7.4 Vorgaben des deutschen bzw. EU-Kartellrechts bei der Gewährung von Rabatten

Niedrige Preise sind als Zeichen eines funktionierenden Preiswettbewerbs grundsätzlich erwünscht, so dass die Gewährung von Preisnachlässen und Rabatten aus kartellrechtlicher Sicht zunächst positiv zu bewerten ist. In Ausnahmefällen können von Rabatten jedoch auch negative Auswirkungen auf den Wettbewerb und die allgemeine Verbraucherwohlfahrt ausgehen. Wann die Gewährung von Rabatten durch Arzneimittel- oder Medizinproduktehersteller gegen das deutsche bzw. EU-Kartellrecht verstößt, wird nachfolgend überblicksartig zusammenfasst:

7.4.1 Verstoß gegen das deutsche bzw. EU-Kartellverbot

Arzneimittel- oder Medizinproduktehersteller können unabhängig von ihrer Marktstärke mit ihrer Rabattgestaltung gegenüber ihren Abnehmern – d.h. gegenüber Apothekern, Ärzten oder auch Großhändlern – zunächst gegen das deutsche bzw. EU-Kartellverbot gem. § 1 GWB bzw. Art. 101 Abs. 1 AEUV verstoßen. Insbesondere langfristige (faktische) Exklusivitätsvereinbarungen sowie die Vereinbarung von Gesamtbedarfsdeckungsklauseln können für Arzneimittel- oder Medizinproduktehersteller kartellrechtlich problematisch sein:

- Eine Exklusivitätsvereinbarung liegt vor, wenn der Arzneimittel- oder Medizinproduktehersteller seine Abnehmer (d.h. Apotheker, Ärzte etc.) nicht nur zum Bezug der Arzneimittel oder Medizinprodukte verpflichtet, sondern darüber hinaus auch den Bezug von Konkurrenten verbietet. Dabei ist es aus kartellrechtlicher Perspektive unerheblich, ob der Alleinbezug auf einer ausdrücklichen vertraglichen Exklusivitätsvereinbarung oder auf anderen Maßnahmen beruht, die *de facto* zu einem Alleinbezug führen (d.h. beispielsweise durch die Gewährung eines Rabatts). Solche Exklusivitätsvereinbarungen stellen grundsätzlich eine vertikale Wettbewerbsbeschränkung zwischen Unternehmen verschiedener Wirtschaftsstufen dar.
- Gleiches gilt für sog. Gesamtbedarfsdeckungsklauseln. Dabei knüpft die Rabattgewährung daran an, dass die Abnehmer (d.h. die Apotheker, Ärzte etc.) ihren gesamten Bedarf oder zumindest einen wesentlichen Teil (mehr als 80%) ausschließlich beim Arzneimittel- bzw. Medizinproduktehersteller decken.

Exklusivvereinbarungen und Gesamtbedarfsdeckungsklauseln können jedoch von einer gesetzlichen gruppenweisen Freistellung nach der Vertikal-GVO (Verordnung (EU) Nr. 330/2010 der Kommission vom 20.4.2010 über die Anwendung von Artikel 101 Absatz 3 des Vertrags über die Arbeitsweise der Europäischen Union auf Gruppen von vertikalen Vereinbarungen und abgestimmten Verhaltensweisen) profitieren, wenn

- die jeweiligen Marktanteile der an der Vereinbarung beteiligten Unternehmen (d.h. sowohl des Arzneimittel- bzw. Medizinprodukteherstellers als auch des Abnehmers) jeweils 30% nicht überschreiten (vgl. Art. 3 Abs. 1 Vertikal-GVO) und
- die Laufzeit der Vereinbarung auf höchstens fünf Jahre begrenzt wird (vgl. Art. 5 Abs. 1 lit. a) Vertikal-GVO). Die Möglichkeit einer stillschweigenden Verlängerung der Vereinbarung muss dabei von vornherein ausgeschlossen werden.

Sollte eine gesetzliche Freistellung nach der Vertikal-GVO nicht in Betracht kommen, bliebe unter Umständen die Möglichkeit einer gesetzlichen Einzelfreistellung nach § 2 Abs. 1 GWB bzw. Art. 101 Abs. 3 AEUV. Um die Einzelfreistellungsvoraussetzungen zu erfüllen, muss der Arzneimittel- oder Medizinproduktehersteller darlegen und im Ernstfall auch beweisen, dass (1.) die Vereinbarung zu Effizienzvorteilen führt, die (2.) auch den Verbrauchern zu Gute kommen. Darüber hinaus müsste (3.) die Vereinbarung unerlässlich sein, um die identifizierten Effizienzvorteile zu erzielen. Und schließlich dürfte sie (4.) nicht geeignet sein, den Wettbewerb in dem relevanten Markt vollständig auszuschalten. Diese Voraussetzungen sind im Einzelfall zu prüfen.

7.4.2 Verstoß gegen das deutsche bzw. europäische Marktmachtmissbrauchsverbot

Es gilt der Grundsatz, dass auch marktbeherrschende Arzneimittel- und Medizinproduktehersteller finanzielle Anreize für eine Bezugskonzentration schaffen dürfen. Der Rabattgestaltung eines marktbeherrschenden Arzneimittel- oder Medizinprodukteherstellers gegenüber Apothekern, Ärzten, Großhändlern etc. werden jedoch durch das Behinderungs- und Diskriminierungsverbot gem. § 19 Abs. 1, 2 Nr. 1 GWB bzw. Art. 102 AEUV kartellrechtliche Grenzen gesetzt.

7.4.2.1 Marktbeherrschung und relative Marktmacht

Das kartellrechtliche Marktmachtmissbrauchsverbot ist grundsätzlich nur anwendbar, wenn und soweit ein Arzneimittel- oder Medizinproduktehersteller über eine marktbeherrschende Stellung verfügt. Das kartellrechtliche Diskriminierungs- und Behinderungsverbot gem. § 19 Abs. 2 Nr. 1 GWB gilt darüber hinaus aufgrund einer Besonderheit des deutschen Rechts auch für nicht marktbeherrschende Arzneimittel- und Medizinproduktehersteller, von denen kleine oder mittlere Unternehmen in der Weise abhängig sind, dass ausreichende und zumutbare Möglichkeiten auf andere Hersteller auszuweichen, nicht bestehen (sog. relative Marktmacht, vgl. § 20 Abs. 1 GWB). Nachfolgend wird der Einfachheit halber nur von marktbeherrschenden Arzneimittel- oder Medizinprodukteherstellern gesprochen, auch wenn damit nach deutschem Recht auch marktstarke Unternehmen gemeint sind.

Gemäß § 18 Abs. 4 GWB wird vermutet, dass ein Unternehmen einzelmarktbeherrschend ist, wenn es auf dem relevanten Markt über einen Marktanteil von mindestens 40% verfügt. Darüber hinaus wird gemäß § 18 Abs. 6 Nr. 1 und Nr. 2 GWB vermutet, dass ein marktbeherrschendes Duopol bzw. Oligopol besteht, wenn drei oder weniger Unternehmen zusammen einen Marktanteil von 50% erreichen bzw. fünf oder weniger Unternehmen über einen Marktanteil von mindestens 66,66% verfügen. Diese Vermutung einer marktbeherrschenden Stellung kann von den betroffenen Unternehmen widerlegt werden.

Nach der Rechtsprechung des EuGH verfügt ein Unternehmen über eine marktbeherrschende Stellung, wenn es einen Spielraum hat, der es ihm erlaubt, sich gegenüber seinen Wettbewerbern, seinen Abnehmern und den Verbrauchern in einem nennenswerten Umfang unabhängig zu verhalten.[14]

Nach der sog. AKZO-Entscheidung des EuGH wird vermutet, dass ein Unternehmen einzelmarktbeherrschend ist, wenn es auf dem relevanten Markt über einen Marktanteil von mindestens 50% verfügt.[15]

Marktanteile zwischen 40% und 50% deuten nach der Entscheidungspraxis des EuGH ebenfalls auf eine marktbeherrschende Stellung hin, al-

---

14 Vgl. EuGH, Urteil v. 13.2.1979, Rs. 85/76, Rn. 38 – Hoffmann-La Roche.
15 Vgl. EuGH, Urteil v. 3.7.1991, Rs. 62/86, Rn. 60 – AKZO; vgl. auch EuGH, Urteil v. 6.12.2012, Rs. C-457/10 P, Rn. 176 – AstraZeneca.

lerdings sind in diesem Fall weitere Faktoren wie z.B. Anzahl und Stärke der Wettbewerber zu berücksichtigen.[16]

Verfügt ein Unternehmen über Marktanteile zwischen 25% und 40%, kann eine marktbeherrschende Stellung nur unter außergewöhnlichen Umständen – z.B. im Fall von erheblichen Marktzutrittsschranken – angenommen werden.[17]

Marktanteile unter 25% reichen hingegen in der Regel nicht aus, um eine marktbeherrschende Stellung begründen zu können.[18]

Für die Beurteilung einer marktbeherrschenden Stellung kommt es demnach weder auf die Größe, die absoluten Konzernumsätze noch auf die Internationalität eines Arzneimittel- oder Medizinprodukteherstellers an. Auch kleine und mittelständische Arzneimittel- oder Medizinproduktehersteller können daher auf den für sie relevanten Märkten über eine (relativ) marktbeherrschende Stellung verfügen. Die o.g. Marktanteile bieten Anhaltspunkte für eine erste Orientierung. Ob tatsächlich eine marktbeherrschende Stellung vorliegt, muss anhand einer Vielzahl von rechtlichen und ökonomischen Kriterien und unter Berücksichtigung der Besonderheiten des relevanten Marktes im Rahmen einer Gesamtschau ermittelt werden.

7.4.2.2 Marktabgrenzung im Arzneimittelsektor

Um beurteilen zu können, ob ein Arzneimittel- oder Medizinproduktehersteller über eine marktbeherrschende Stellung verfügt, muss zunächst der relevante Angebotsmarkt für das jeweilige Arznei-, Hilfsmittel oder Medizinprodukt bestimmt werden. Die Marktabgrenzung erfolgt grundsätzlich in zwei Schritten. Zunächst muss der sachlich relevante Markt (sog. Produktmarkt) definiert und anschließend der räumlich relevante Markt bestimmt werden. Maßgeblich ist dabei insbesondere die bisherige Entscheidungspraxis der deutschen bzw. EU-Kartellbehörden sowie der deutschen bzw. EU-Gerichte.

---

16 Vgl. EuGH, Urteil v. 14.2.1978, Rs. 27/76, Rn. 108 – United Brands.
17 Vgl. EuGH, Urteil v. 15.12.1994, Rs. C-250/92, Rn. 48 – Gottrup-Klim.
18 Vgl. *Fuchs/Möschel*, Immenga/Mestmäcker, Wettbewerbsrecht, Band 1. EU/ Teil 1, Art. 102 AEUV Rn. 93.

7.4.2.3 Missbrauch einer marktbeherrschenden Stellung

Sofern ein Arzneimittel- oder Medizinproduktehersteller über eine marktbeherrschende Stellung verfügt, muss dessen Rabattgestaltung gegenüber Apothekern, Ärzten etc. auch den Anforderungen des deutschen bzw. EU-Marktmachtmissbrauchsverbots genügen. Insbesondere darf von den gewährten Rabatten keine kartellrechtlich problematische „Sogwirkung" für die Abnehmer (d.h. für die Apotheker, Ärzte etc.) ausgehen, die Wettbewerber u.U. behindern könnte (kartellrechtliches Behinderungsverbot). Entsprechend der Entscheidungspraxis des EuGH lassen sich drei Kategorien von Rabatten zusammenfassen:[19]

(1) Die erste Kategorie bilden reine Mengenrabatte. Diese sind nach Auffassung des EuGH grundsätzlich unbedenklich.
(2) Als zweite Kategorie nennt der EuGH sog. Treue- und Exklusivitätsrabatte. Diese sind nach Auffassung des EuGH im Grundsatz stets missbräuchlich[20]. Gleiches gilt für Rabatte, die daran gebunden sind, dass der Kunde seinen Gesamtbedarf bzw. einen wesentlichen Teil seines Gesamtbedarfs (mehr als 80%) beim marktbeherrschenden Unternehmen deckt.[21] Allerdings hat der EuGH jüngst in seinem Intel-Urteil bestätigt: Die Kartellbehörde ist u.a. zur Prüfung des Vorliegens einer eventuellen Strategie zur Verdrängung der mindestens ebenso leistungsfähigen Wettbewerber ("as efficient competitor"-Test) verpflichtet, sofern das betroffene Unternehmen im Verwaltungsverfahren, gestützt auf Beweise, geltend macht, dass sein Verhalten nicht geeignet gewesen ist, den Wettbewerb zu beschränken und die beanstandeten Verdrängungswirkungen zu erzeugen.[22]
(3) Rabatte der dritten Kategorie sind weder exklusiv noch rein mengenbezogen und bedürfen einer umfassenden kartellrechtlichen Einzelfallprüfung.

---

19 Vgl. EuGH, Urteil v. 6.10.2015, Rs. C-23/14 – Post Danmark II.
20 Vgl. zuletzt EuGH, Urteil v. 6.9.2017, Rs. C-413/14 P, Rn. 137 – Intel.
21 Vgl. EuGH, Urteil v. 19.4.2012, Rs. C-549/10 P – Tomra; EuGH, Urteil v. 13.2.1979, Rs. 85/76 – Hoffmann-La Roche.
22 EuGH, Urteil v. 6.9.2017, Rs. C-413/14 P, Rn. 138 ff. – Intel. Mangels Prüfung des gesamten Vorbringens von Intel zu diesem Test durch das EuG wurde die Sache vom EuGH an das EuG zurückverwiesen.

Aus kartellrechtlicher Sicht besonders problematisch können dabei auf das Beschaffungsvolumen der einzelnen Nachfrager individuell zugeschnittene Rabatte sein.[23]

Darunter fallen z.B. individuell zugeschnittene Steigerungs- und Zielrabatte bei Erreichen eines bestimmten Abnahme- bzw. Umsatzziels innerhalb eines bestimmten Referenzzeitraums (z.B. 10% mehr Umsatz als im Vorjahr). Problematisch sind des Weiteren Gesamtumsatzrabatte, bei denen in die Berechnung des (Jahres-)Umsatzrabatts das gesamte oder ein Großteil des Angebotssortiments mit einbezogen wird.

Die nachfolgenden Rabattarten lösen hingegen bei Einhaltung bestimmter Vorgaben in der Regel keine kartellrechtlich problematische Sogwirkung aus:

- Gewährung eines inkrementellen Mengenrabatts am Ende einer bestimmten Referenzperiode, der beim Überschreiten der Rabattstufen nicht auf die erste gekaufte Einheit zurückwirkt. Dabei kommt es entscheidend darauf an, dass zwischen den einzelnen Rabattstufen keine „Rabattsprünge" vorhanden sind, die wieder zu einer kartellrechtlich problematischen Sogwirkung führen könnten. Das inkrementelle Mengenrabattsystem sollte demnach zumindest linear oder aber degressiv ausgestaltet sein. Des Weiteren darf es zu keiner Überkompensation kommen, da eine Kartellbehörde oder ein Gericht dann zu dem Ergebnis gelangen könnte, dass die Rabatte tatsächlich für Treue bzw. die Gewährung faktischer Exklusivität gewährt werden.
- Gewährung eines Funktionsrabatts für die Übernahme bestimmter zusätzlicher Leistungen durch die Abnehmer, die der Arzneimittel- oder Medizinproduktehersteller andernfalls mit eigenen Personal- und Sachmitteln oder entgeltlich von Dritten erledigen lassen müsste (z.B. Werbemaßnahmen, Schulungen von Fachpersonal, Serviceleistungen, Datenerhebungen etc.). Funktionsrabatte sind dann kartellrechtlich zulässig, wenn durch den Rabatt eine zusätzliche Leistung des Abnehmers angemessen vergütet wird. Auch bei Skonti handelt es sich aus kartellrechtlicher Sicht um einen Funktionsrabatt, der eine besondere Leistung des Abnehmers, nämlich die kurzfristige Bezahlung der Rechnung, vergütet. Auch hier darf es zu keiner Überkompensation kommen.

---

23 Vgl. EuGH, Urteil v. 13.2.1979, Rs. 85/76 – Hoffmann-La Roche.

- Gewährung eines angemessenen Neuprodukteinführungsrabatts für ein Produkt, das durch den marktbeherrschenden Arzneimittel- oder Medizinproduktehersteller neu auf den Markt gebracht wurde. Die Dauer der Produkteinführungsphase darf in Anlehnung an die Vertikalleitlinien der EU-Kommission maximal zwei Jahre betragen.[24]

Zusätzlich muss das Rabattsystem eines marktbeherrschenden Arzneimittel- oder Medizinprodukteherstellers diskriminierungsfrei und transparent ausgestaltet werden (kartellrechtliches Diskriminierungsverbot). Das bedeutet, dass im Wesentlichen vergleichbare Kunden im Wesentlichen vergleichbare Rabatte erhalten und dass sie zumindest in groben Zügen über die unterschiedlichen Rabattarten informiert werden müssen.

7.5 Ergebnis

Die Gewährung von kartellrechtswidrigen OTC-Rabatten an Offizinapotheker ist aus den o.g. Gründen gemäß §§ 299a, 299b StGB nicht strafbar. Es bestehen – wie zuvor – allerdings kartellrechtliche Risiken, insbesondere in Form von Bußgeldern und Schadensersatz.

Abseits der Belieferung von Offizinapothekern mit OTC-Arzneimitteln gibt es Sonderkonstellationen, in denen die Gewährung eines kartellrechtswidrigen Rabatts eine Strafbarkeit nach §§ 299a, 299b StGB begründen kann.

Es bleibt abzuwarten, ob der Gesetzgeber den Anwendungsbereich der §§ 299a, 299b StGB zukünftig nicht deutlich erweitern wird. In seinem Billigungsbeschluss zu §§ 299a, 299b StGB hat der Bundesrat ausdrücklich darauf hingewiesen, dass die jetzt vorgenommene Beschränkung des Gesetzes dazu führt,

„dass ganze Berufsgruppen, vor allem die der Apothekerinnen und Apotheker, aus dem Anwendungsbereich des Gesetzes herausfallen".[25]

Vor diesem Hintergrund bittet der Bundesrat die Bundesregierung, zu beobachten,

„ob zukünftig in der Praxis die vorbeschriebenen Strafverfolgungslücken in einem Umfang auftreten, der geeignet ist, das Vertrauen der Patienten in das

---

24 Vgl. Leitlinien für vertikale Beschränkungen (2010/C 130/01), Rn. 61.
25 Vgl. Beschluss vom 13.5.2016, BR-Drucks. 181/16, 2.

Gesundheitssystem zu beeinträchtigen. Sollte dies der Fall sein, müssten die notwendigen gesetzlichen Änderungen im Sinne dieser Entschließung vorgenommen werden."

Korruption im Gesundheitswesen – die strafrechtliche Praxis

Alexander Badle, Oberstaatsanwalt, Leiter Zentralstelle zur Bekämpfung von Vermögensstraftaten und Korruption im Gesundheitswesen, Generalstaatsanwaltschaft Frankfurt am Main
Christian Konrad Hartwig, Staatsanwalt, Zentralstelle zur Bekämpfung von Vermögensstraftaten und Korruption im Gesundheitswesen, Generalstaatsanwaltschaft Frankfurt am Main
Dr. Andreas Raschke, LL.M., oec., M.mel, Staatsanwalt, Staatsanwaltschaft Darmstadt

8. Korruption im Gesundheitswesen – die strafrechtliche Praxis

Das Medizinstrafrecht hat in den zurückliegenden 20 Jahren einen deutlichen Wandel erfahren. Während in früheren Abhandlungen strafrechtliche Implikationen im Zusammenhang mit ärztlichen Behandlungsfehlern den Schwerpunkt der Darstellung bildeten,[1] hat sich seit Mitte der 1990er Jahre, ausgelöst durch die bundesweiten Ermittlungen im Zusammenhang mit dem sog. „Herzklappenskandal",[2] nach und nach ein Wechsel hin zum Medizinwirtschaftsstrafrecht vollzogen. Vermögensstraftaten und Korruption im Gesundheitswesen rücken seitdem auch immer stärker in den Fokus der Strafverfolgungsbehörden. In Anbetracht der wirtschaftlichen Bedeutung des deutschen Gesundheitsmarktes mit einem Jahresumsatz i.H.v. ca. 300 Milliarden Euro überrascht diese Entwicklung nicht. Hinzu kommt der gesellschaftliche Stellenwert des Gesundheitswesens als eine der tragenden Säulen unseres Sozialstaats, die auch des effektiven Schutzes durch das Strafrecht bedarf.[3] Korruptive Anreize werden im Gesundheitsmarkt insbesondere dadurch gesetzt, dass ein Großteil des Umsatzes, ins-

---

1 Vgl. *Ulsenheimer*, Arztstrafrecht in der Praxis; *Ratzel/Lissel*, Handbuch des Medizinschadensrechts; *Kraatz*, Arztstrafrecht.
2 *Mand*, Healthcare Compliance, Teil 1, PharmR 2014, 275 (276); *Dieners/Lembeck/Taschke*, PharmR 1999, 156 (156ff.); *Haeser*, MedR 2002, 55 (55ff.).
3 Vgl. hierzu grundlegend *Badle*, medstra 2015, 2 (3); *Duttge*, Tatort Gesundheitsmarkt, 31f.

besondere der pharmazeutischen Industrie, der Medizinproduktehersteller aber auch von Krankenhäusern und Fachärzten, das „Nadelöhr der ärztlichen Verordnung" durchläuft. Dies eröffnet dem niedergelassenen Vertragsarzt die Möglichkeit, seine Verordnungsmacht gezielt zu Gunsten eines bestimmten Medikaments, Medizinprodukts oder medizinischen Dienstleisters einzusetzen. Die Begünstigten erweisen sich im Gegenzug mit materiellen Zuwendungen erkenntlich. Diese korruptive Praxis hatte sich über Jahrzehnte hinweg als feste Größe im Gesundheitsmarkt etabliert und blieb vom Strafrecht weitgehend unbehelligt, sofern es sich bei dem Vorteilsnehmer um einen niedergelassenen Vertragsarzt in Einzelpraxis handelte.[4] Es war ein junger Assessor aus Hamburg, der in seiner Dissertation[5] und weiteren Veröffentlichungen[6] erstmals die „Gretchen – Frage" nach der Strafbarkeit der Beeinflussung des Verordnungsverhaltens des niedergelassenen Vertragsarztes durch die Gewährung materieller Zuwendungen stellte. Was folgte, war eine jahrelange juristische Debatte, die besonders heftig und kontrovers geführt wurde[7] und in der auch die Strafverfolgungsbehörden diametral entgegengesetzte Positionen einnahmen.[8] Der Große Senat für Strafsachen zog in seinem Beschluss vom 29.3.2012[9] einen vorläufigen Schlussstrich unter die juristische Debatte, indem er den Forderungen nach einer Strafbarkeit – de lege lata – eine klare Absage er-

---

4 Eine Ausnahme bildeten z.B. bundesweite Ermittlungen gegen Verantwortliche und Mitarbeiter von Dentallaboren und niedergelassene Zahnärzte wegen der Gewährung von Barrabatten auf Zahnersatz. Das Dentallabor hatte den Zahnersatz kostengünstig im Ausland fertigen lassen, die Rechnungen an die Zahnärzte wurden jeweils auf den abrechnungsfähigen Höchstbetrag (BEL II) erhöht. Die mit den Zahnärzten vereinbarten Preisnachlässe wurden am Monatsende jeweils in bar ausbezahlt. Aufgrund der bestehenden Rechtspflicht, Preisnachlässe auf Zahnersatz, die einen üblichen Skonto übersteigen, an den Kostenträger weiterzureichen, konnte dieses „kick-back-Modell" seinerzeit über § 263 StGB geahndet werden.
5 *Pragal*, Die Korruption innerhalb des privaten Sektors und ihre strafrechtliche Kontrolle durch § 299 StGB, 2006.
6 *Pragal*, NStZ 2005, 133 ff.; *Pragal/Apfel*, A&R 2007, 10ff.
7 Vgl. die Übersicht mit Literaturnachweisen bei *Schneider*, HRRS 2010, 241ff.
8 Beispielhaft ist die bundesweite Bearbeitung von Ermittlungsverfahren gegen Mitarbeiter der Firma Ratiopharm und niedergelassene Vertragsärzte, die von der Firma Ratiopharm umsatzabhängige Zuwendungen für die Verordnung von Arzneimitteln der Firma Ratiopharm erhielten. Während in Hessen und weiteren Bundesländern die Ermittlungsverfahren allesamt gemäß § 170 Abs. 2 StPO eingestellt worden sind, wurden in Hamburg, Rheinland-Pfalz und weiteren Bundesländern Anklagen gegen Ärzte und Außendienstmitarbeiter der Firma Ratiopharm erhoben.
9 BGHSt 57, 202ff. = wistra 2012, 341ff.

teilte, gleichzeitig aber auch in einem obiter dictum den deutlichen Appell an den Gesetzgeber richtete, „Missständen, die – allem Anschein nach – gravierende finanzielle Belastungen des Gesundheitssystems zur Folge haben, mit Mitteln des Strafrechts effektiv entgegenzutreten".[10] Was folgte, waren Gesetzesinitiativen der Fraktionen der CDU/CSU und FDP, einen Straftatbestand zur Bestechung und Bestechlichkeit von Leistungserbringern im Gesundheitswesen ins Sozialgesetzbuch V (§ 307c SGB V) aufzunehmen[11] und der Länder Hamburg, Rheinland-Pfalz und Mecklenburg-Vorpommern die Bestechlichkeit und Bestechung im Gesundheitswesen als § 299a StGB unter Strafe zu stellen,[12] die in der 17. Legislaturperiode der Diskontinuität anheimfielen. Im Koalitionsvertrag zwischen CDU, CSU und SPD für die 18. Legislaturperiode wurde schließlich die Vereinbarung getroffen, einen neuen Straftatbestand der Bestechlichkeit und Bestechung im Gesundheitswesen im Strafgesetzbuch zu schaffen,[13] die mit dem am 3.6.2016 verabschiedeten Gesetz zur Bekämpfung von Korruption im Gesundheitswesen als §§ 299a, 299b StGB in das Strafgesetzbuch aufgenommen worden sind.

Auch nach einem Jahr Praxiserfahrung mit den neuen Strafvorschriften ist die Angst der Marktteilnehmer vor einem „hypertrophierenden Strafrecht",[14] das den gesamten Gesundheitsmarkt wie ein Leviathan verschlingt, deutlich spürbar. Umso wichtiger ist es, dass sich eine Strafrechtspraxis entwickelt, die die neuen Straftatbestände mit Sachverstand und Augenmaß anwendet und so die Lauterkeit des Wettbewerbs im Gesundheitsmarkt effektiv und effizient schützt, zugleich aber auch die Grenze beachtet, die das Ultima Ratio Prinzip dem Strafrecht von Verfassungswegen setzt, indem es sich insbesondere nicht als Werkzeug der Wirtschaftslenkung instrumentalisieren lässt.[15] Der folgende Beitrag soll ein grundlegendes Verständnis für die Arbeit der Strafverfolgungsbehörden in den verschiedenen Phasen des strafrechtlichen Ermittlungsverfahrens vermitteln (unter II. und III.), die wichtige Schnittstelle zu den Internal Inves-

---

10 BGHSt 57, 202 (218) = wistra 2012, 341 (345).
11 Vgl. BT Drs. 17/14184.
12 Vgl. BT Drs. 17/451.
13 Vgl. Ziffer 2.4 des Koalitionsvertrags –
   https://www.bundesregierung.de/Content/DE/_Anlagen/2013/2013-12-17-koalitio
   nsvertrag.pdf?__blob=publicationFile.
14 *Schneider/Strauß*, HRRS 2011, 333 (338).
15 Vgl. *Badle*, medstra 2015, 2 (3).

tigations (unter IV.) darstellen und schließlich auch die Medienarbeit der Strafverfolgungsbehörden kurz beleuchten (unter V.).

8.1 Entstehung des Ermittlungsverfahrens

8.1.1 Legalitätsprinzip

Nach der Legaldefinition in § 152 Abs. 2 StPO ist die Staatsanwaltschaft, „soweit nicht gesetzlich ein anderes bestimmt ist, verpflichtet, wegen aller verfolgbaren Straftaten einzuschreiten, sofern zureichende tatsächliche Anhaltspunkte vorliegen". Das Legalitätsprinzip verpflichtet die Staatsanwaltschaft bei Offizialdelikten mithin zur Aufnahme von Ermittlungen, sobald ein sog. Anfangsverdacht besteht. Bei der Beurteilung, ob ein Anfangsverdacht vorliegt, handelt es sich nicht um eine Ermessensentscheidung.[16] Der Staatsanwaltschaft wird jedoch ein gewisser Beurteilungsspielraum eingeräumt. Sie darf bei der Bewertung der Tatsachen insbesondere auf kriminalistische Erfahrungswerte und offenkundige Tatsachen des Zeitgeschehens zurückgreifen. Bloße Vermutungen reichen hingegen für die Begründung eines Anfangsverdachts nicht aus.[17]

8.1.2 Anonyme Strafanzeigen und Hinweise

Die Beurteilung, wann zureichende tatsächliche Anhaltspunkte für die Begehung einer verfolgbaren Straftat vorliegen, kann sich in der Praxis als durchaus schwierig erweisen. Dies gilt insbesondere für anonyme Strafanzeigen und Hinweise, mit denen die Strafverfolgungsbehörden bei Korruptionsdelikten regelmäßig konfrontiert werden. Ob es sich hierbei z.B. um die Mitteilung eines (ehemaligen) Mitarbeiters handelt, der im Rahmen seiner beruflichen Tätigkeit tatsächlich Kenntnis von korruptiven Praktiken seines Prinzipals erlangt hat und diese – gleich aus welchen Motiven – an die Strafverfolgungsbehörde übermittelt, oder ob es sich um eine gezielt falsche Verdächtigung handelt, lässt sich oft schwer beurteilen. Dies gilt insbesondere dann, wenn den Strafverfolgungsbehörden nur wenige und zudem lückenhafte Informationen zur Verfügung gestellt werden.

---

16 Vgl. Meyer-Goßner/Schmitt-*Schmitt*, § 152 Rn. 4.
17 S.o. FN 363.

Auch die Möglichkeiten der ergänzenden Informationsbeschaffung sind in dieser Phase limitiert. Die Kommunikation mit dem anonymen Anzeigeerstatter kommt insbesondere dann nicht in Betracht, wenn seine Eingabe schriftlich erfolgt ist. Auch wenn eine Kommunikation, z.b. über internetbasierte Kommunikationsanwendungen, wie z.b. das BKMS System[18] oder einen anonymen E-Mailaccount, grundsätzlich möglich ist, ist sie inhaltlich oft wenig ergiebig, sodass sich die Beurteilung des Anfangsverdachts als schwierig erweist. Ihr kommt jedoch erhebliche Bedeutung zu. Bereits die Einleitung eines Ermittlungsverfahrens und die Aufnahme von Ermittlungen haben regelmäßig weitreichende Folgen, zu denen u.a. Durchsuchungsmaßnamen, Zeugenvernehmungen im beruflichen und privaten Umfeld, die Sicherung von Vermögenswerten bis hin zur Inhaftierung des Beschuldigten und eine Berichterstattung in den Medien, zählen können. Die hierbei eintretenden faktischen Nachteile, insbesondere Reputationsschäden infolge einer Medienberichterstattung, lassen sich auch im Falle der Feststellung der Rechtmäßigkeit des Verhaltens des Beschuldigten am Ende eines Strafverfahrens meist nicht mehr – zumindest nicht vollständig – beseitigen. Der hieraus resultierenden besonderen Verantwortung müssen sich die Strafverfolgungsbehörden in jedem Stadium des Ermittlungsverfahrens bewusst sein und insbesondere ihre Ermittlungsmaßnahmen am verfassungsrechtlich garantierten Verhältnismäßigkeitsgrundsatz ausrichten. Dies kann – insbesondere bei der Einleitung eines Ermittlungsverfahrens auf der Grundlage einer anonymen Strafanzeige – dazu führen, dass auf bestimmte strafprozessuale Maßnahmen aus Gründen der Verhältnismäßigkeit verzichtet wird. Eine solche Selbstlimitierung mag dem ein oder anderen schwerfallen, in begründeten Fällen ist sie aber unabdingbarer Bestandteil des fairen Verfahrens.

8.1.3 Institutionalisierte Anzeigeerstatter

Weitere wichtige Quellen, aus denen sich Erkenntnisse für die Einleitung eines Ermittlungsverfahrens regelmäßig speisen, sind Strafanzeigen und

---

18 Mithilfe der internetbasierten Kommunikationsanwendung BKMS System können Hinweisgeber interne Missstände und Risiken an ihren Arbeitgeber oder an eine zuständige Behörde melden. Dabei bleiben sie – falls gewünscht – anonym, können aber dennoch in einen geschützten Dialog mit den Hinweisbearbeitern des BKMS Systems treten.

Verdachtsmitteilungen der mit dem GKV-Modernisierungsgesetz – GMG -vom 14.11.2003[19] geschaffenen Stellen zur Bekämpfung von Fehlverhalten im Gesundheitswesen der gesetzlichen Krankenkassen und der Kassenärztlichen und Kassenzahnärztlichen Vereinigungen. Auch wenn der Schwerpunkt der Fehlverhaltensbekämpfung dieser Institutionen traditionell im Bereich der Betrugsstraftaten liegt, besteht kein Zweifel daran, dass die in den § 81a Abs. 4 und § 197a Abs. 4 SGB V normierte Verpflichtung, die Staatsanwaltschaft unverzüglich zu unterrichten, „wenn die Prüfung ergibt, dass ein Anfangsverdacht auf strafbare Handlungen mit nicht nur geringfügiger Bedeutung für die gesetzliche Krankenversicherung bestehen könnte"[20] auch korruptive Sachverhalte erfasst. In der Praxis der Fehlverhaltensbekämpfung lassen sich auch oft Überschneidungen zwischen betrügerischen und korruptiven Praktiken feststellen. So eröffnen beispielsweise Verstöße gegen das in § 128 Abs. 1 SGB V normierte Verbot der Abgabe von Hilfsmitteln an Versicherte über Depots bei Vertragsärzten nicht nur den Anfangsverdacht des Betruges gegen den Verantwortlichen des Sanitätshauses, weil die unter Verstoß gegen das Depotverbot an die Versicherten abgegebenen Hilfsmittel nach den Grundsätzen der streng formalen Betrachtungsweise des Sozialversicherungsrechts[21] nicht gegenüber der Krankenkasse hätten abgerechnet werden dürfen. Darüber hinaus bestehen in diesen Fällen regelmäßig konkrete Anhaltspunkte für eine Unrechtsvereinbarung i.S.d. §§ 299a, 299b StGB zwischen Arzt und Sanitätshausbetreiber, die darin begründet liegt, dass der Sanitätshausbetreiber dem Arzt als Gegenleistung für die unlautere Bevorzugung bei der Verordnung von Hilfsmitteln einen Vorteil gewährt, z.B. in Gestalt einer Raummiete für das Depot. Oft werden vom Sanitätshausbetreiber auch die Kosten für Einrichtungsgenstände, Fahrzeuge oder Personalkosten der Arztpraxis übernommen. So ergab beispielsweise die Befragung einer Arzthelferin zu ihrer geringfügigen Beschäftigung in einem Sanitätshaus, dass sie dort tatsächlich nicht tätig war. Vielmehr hatte ihre Forderung nach einer Gehaltserhöhung den Arzt dazu veranlasst, ihr – pro Forma – eine Teilzeitbeschäftigung im Sanitätshaus zu beschaffen, womit die Forderung nach einer Gehaltserhöhung – zur Zufriedenheit der Beteiligten – abgegolten war. Im Gegenzug erwies sich der Arzt gegenüber dem Sani-

---

19 Vgl. BGBl. 2003 I, 2190 (2204, 2228f.).
20 *Eichenhofer/Wenner*, SGB V, § 81a Rn. 7; § 197a Rn. 12., vgl. *Raschke*, Andreas, medstra 2018, S. 20 ff.
21 Vgl. BGH wistra 1995, 29 (30).

tätshausbetreiber durch die Einrichtung eines Hilfsmitteldepots in seinen Praxisräumen erkenntlich.

Anders als anonyme oder private Anzeigeerstatter können die Stellen zur Bekämpfung von Fehlverhalten im Gesundheitswesen ihre Strafanzeigen regelmäßig auf eine solide Faktenbasis stützen, da sie insbesondere über Abrechnungsdaten verfügen, die gemäß §§ 81a Abs. 3a, 197 Abs. 3a SGBV[22] zwischen den Institutionen ausgetauscht werden dürfen. Dies ermöglicht beispielsweise einen EDV-basierten Abgleich der Verordnungen eines niedergelassenen Vertragsarztes mit den Abrechnungsdaten eines Sanitätshauses. Um weitere Faktoren, wie beispielsweise den Wohnort des Versicherten und die räumliche Entfernung anderer Sanitätshäuser ergänzt, liefert der Datenabgleich eine solide Basis für die weitere Aufklärung des Sachverhalts, beispielsweise durch Versichertenbefragungen, die – zumindest in Hessen – von den Fehlverhaltensbekämpfungsstellen der gesetzlichen Krankenkassen regelmäßig erfolgreich durchgeführt werden. Das vorstehende Beispiel eignet sich zugleich als Beleg für eine funktionierende Zusammenarbeit zwischen den Stellen zur Bekämpfung von Fehlverhalten im Gesundheitswesen und der Staatsanwaltschaft. Die Frage, in welchem Umfang die Fehlverhaltensbekämpfungsstelle vor einer Mitteilung an die Staatsanwaltschaft eigene Sachverhaltsaufklärung betreibt, wann sie ihre Verdachtsmitteilung erstattet und wie sie die recherchierten Informationen aufbereitet, sollte mit der Strafverfolgungsbehörde abgestimmt werden. Dies setzt eine funktionierende Kommunikation zwischen den Fehlverhaltensbekämpfungsstellen und den Strafverfolgungsbehörden voraus, von der auch der Gesetzgeber ausgeht, wenn er in den §§ 81a Abs. 3 Satz 2, 197a Abs. 3 Satz 2 einen regelmäßigen Erfahrungsaustausch normiert. Die Umsetzung dieser gesetzlichen Vorgabe dürfte in der Praxis alles andere als einfach sein, insbesondere mit Blick auf die personelle Diskontinuität auf Seiten der Strafverfolgungsbehörden, die den Aufbau einer nachhaltigen Kommunikationsstruktur erschwert. Hier nützt auch der Ruf nach sog. Schwerpunktstaatsanwaltschaften wenig, denn auch innerhalb dieser Organisationsstruktur findet in den meisten Bundesländern ein regelmäßiger Personalwechsel statt, der die Entwicklung von Fachexpertise und die Schaffung einer kommunikativen Infrastruktur erschwert. Hier bedarf es mithin grundlegender konzeptioneller Entscheidungen, die

---

22 Eingefügt durch das Gesetz zur Verbesserung der Versorgungsstrukturen in der gesetzlichen Krankenversicherung (GKV-Versorgungsstrukturgesetz – GKV-VStG) v. 22.12.2011 – BGBl. 2011 I, 2983 (2986, 3008).

eine Personalplanung ermöglicht, die den Anforderungen an die Bearbeitung komplexer Wirtschaftsstrafverfahren gerecht wird.

8.2 Gang des Ermittlungsverfahrens

8.2.1 Einführung

Ein strafrechtliches Ermittlungsverfahren dient der Aufklärung eines Sachverhaltes, welcher nach einer ersten Bewertung auf Tatsachengrundlage einem möglichen Straftatbestand unterfällt. Je spezieller – weil tatsächlich und/oder rechtlich umfangreich, schwierig, konfus – sich der Lebenssachverhalt darstellt, umso mehr sind die Ermittlungsbehörden in den einzelnen Bundesländern bemüht, Fachkompetenz und Erfahrung zu bündeln. Das Ziel dieser Bemühungen ist eine effektive Ermittlungstätigkeit, welche die einzelnen Betroffenen nicht mehr als nötig belastet und dem Sanktionsanspruch des Staates bei Vorliegen eines hinreichenden Tatverdachts[23] Geltung verleiht. Neben dieser repressiven Zielrichtung spielt gerade im Bereich der Korruptionsstraftaten im Gesundheitswesen auch die Prävention eine nicht zu unterschätzende Rolle. Werden neue Straftatbestände eingeführt, entsteht automatisch Verunsicherung und das Bedürfnis nach Erläuterung, zumal das Gesundheitswesen wie kaum ein anderer Wirtschaftssektor unmittelbaren Einfluss auf das Leben und das Wohlergehen der Bevölkerung hat. Um diesem dynamischen Anforderungsprofil gerecht zu werden, gehen die Staatsanwaltschaften in den jeweiligen Bundesländern unterschiedliche Wege.

Grundsätzlich werden die Ermittlungsverfahren bei jeder Staatsanwaltschaft in die Zuständigkeitskategorien Allgemein- und Sonderdezernat aufgeteilt. Dabei richten sich Art und Anzahl der „Sonderdezernate" nach der jeweiligen landeseigenen „Anordnung über Organisation und Dienstbetrieb der Staatsanwaltschaft" – kurz „OrGStA". Ein klassisches Sonderdezernat stellt dabei u.a. die Abteilung zur Bekämpfung von Wirtschaftsstrafsachen bei den jeweiligen landgerichtlichen Staatsanwaltschaften dar. Diesen kann dann auch die Bearbeitung von Delikten der Bestechung und Bestechlichkeit im Gesundheitswesen zugeordnet sein. In einigen Bundesländern erfolgt die Bearbeitung der betroffenen Verfahren jedoch zentrali-

---

23 Näheres dazu unter 8.2.4.1.

siert: So ist z.B. in Berlin die Zentralstelle zur Korruptionsbekämpfung bei der Staatsanwaltschaft am Kammergericht eingerichtet.[24] Bei der Staatsanwaltschaft München I befasst sich eine eigene Abteilung mit Korruption und Abrechnungsbetrug.[25] In anderen Bundesländern wie Nordrhein-Westfalen[26] oder Niedersachsen[27] sind bei den Generalstaatsanwaltschaften entsprechende Abteilungen eingerichtet. In Hessen ist die bundesweit erste Zentralstelle zur Bekämpfung von Vermögensstraftaten und Korruption im Gesundheitswesen (ZBVKG) ebenfalls dem Dienstbetrieb der dortigen Generalstaatsanwaltschaft angegliedert.[28] Dort werden jährlich rund 600 Ermittlungsverfahren für sämtliche neun hessische Staatsanwaltschaften aus den betroffenen Deliktsbereichen geführt.

Dieser kurze Überblick zeigt die landesweiten Unterschiede in der infrastrukturellen Ausgestaltung der Strafverfolgung im Bereich der Korruptionsstraftaten im Gesundheitswesen.

8.2.2 Strafprozessuale Zwangsmaßnahmen

Neben der unterschiedlichen sachlichen und personellen Ausstattung der Ermittlungsbehörden sind die Eingriffsbefugnisse indes bundeseinheitlich in der StPO geregelt. Bei der Erforschung des Lebenssachverhaltes gilt es, das Vorliegen der einzelnen Tatbestandsmerkmale mit tatsächlichen Anknüpfungstatsachen nachzuweisen. Dabei wird zwischen Sachbeweisen (Urkunden, Augenscheinsobjekte) einerseits und Personalbeweisen (Zeugenaussagen) andererseits unterschieden. Während der Nachweis der tauglichen Tätereigenschaft relativ einfach, ggfs. durch ein Auskunftsersuchen

---

24 Die entsprechende Organisation und der Tätigkeitsbericht können unter folgendem Link abgerufen werden:
https://www.berlin.de/generalstaatsanwaltschaft/ueber-uns/zustaendigkeit/zentralstellen/zentralstelle-korruptionsbekaempfung/ (letzter Abruf 26.10.2017).
25 https://www.justiz.bayern.de/gerichte-und-behoerden/staatsanwaltschaft/muenchen-1/verfahren.php (letzter Abruf 26.10.2017).
26 http://www.gsta-duesseldorf.nrw.de/aufgaben/geschaeftsverteilung/gvp_gsta.pdf (letzter Abruf 26.10.2017).
27 http://www.generalstaatsanwaltschaft-celle.niedersachsen.de/startseite/informationen/zok/zentrale-stelle-organisierte-kriminalitaet-und-korruption-zok-151356.html (letzter Abruf 26.10.2017).
28 https://gsta-frankfurt-justiz.hessen.de/irj/GSTA_Internet?cid=a0dfd7d9c4f371420b71028481113ac2 (letzter Abruf 26.10.2017).

gestützt auf die „allgemeine Ermittlungsbefugnis der Staatsanwaltschaft" nach § 161 Abs. 1 StPO an die jeweilige Approbations-/Zulassungsbehörde, zu führen ist, sind zum Nachweis der weiteren Tatbestandsmerkmale in der Regel umfangreichere Ermittlungen zu führen.

8.2.2.1 § 102 StPO-Durchsuchung beim Beschuldigten

Gerade zum Nachweis der Tathandlung – Annahme / Gewähren / Versprechen von Vorteilen – aber auch hinsichtlich der Unrechtsvereinbarung kommt der Durchsuchung beim Beschuldigten besondere Bedeutung zu.

8.2.2.1.1 Voraussetzungen

Voraussetzung einer solchen Maßnahme ist das Vorliegen eines Anfangsverdachtes.[29] Daraus ergibt sich, dass eine Durchsuchung, die zur Begründung eines Verdachtes (erst) erforderlich wäre, unzulässig ist.[30] Durchsuchungen ordnet gem. § 105 Abs. 1 S. 1 StPO der Richter, bei Gefahr im Verzug auch die Staatsanwaltschaft oder ihre Ermittlungspersonen, an. Der grundsätzliche Richtervorbehalt entfällt damit, wenn die mit der Einholung einer richterlichen Entscheidung verbundene Zeitverzögerung unmittelbar zu einem Beweismittelverlust führen würde.[31] Ein solch unmittelbar bevorstehender Beweismittelverlust wird i.d.R. im Bereich der Korruptionsdelikte im Gesundheitswesen nicht zu befürchten sein, da die Beschuldigten von der Einleitung eines Ermittlungsverfahrens meist keine Kenntnis haben und oft aktuell noch laufende „Geschäftsbeziehungen" Gegenstand der Betrachtung sind. Diejenigen Gegenstände, nach denen die Staatsanwaltschaft suchen möchte, müssen als Beweismittel für das

---

29 Dazu bereits oben unter 8.1.1.
30 BVerfG, Beschluss v. 7.9.2006 – 2 BvR 1219/15; BGH, Beschluss v. 12.8.2015 – 5 StB 8/15.
31 BVerfG, Urteil vom 20.2.2001 – 2 BvR 1444/00; im Übrigen stellt „Gefahr im Verzug" einen unbestimmten Rechtsbegriff dar, welcher gerichtlich uneingeschränkt überprüfbar ist. Eine irrtümliche Annahme des Vorliegens der Voraussetzungen der „Gefahr im Verzug" führt indes nicht zu einem grds. Verwertungsverbot der durch die Maßnahme gewonnen Erkenntnisse. Dies stellt sich jedoch anders dar, wenn und soweit der Richtervorbehalt bewusst oder willkürlich umgangen wird.

Ermittlungsverfahren in Betracht kommen. Die konkrete Beschaffenheit der Gegenstände kann dabei vielfältig sein – klassisch sind hier Geschäftsunterlagen in Form von vertraglichen Absprachen zwischen Versprechendem und Annehmendem über die Zahlung von Kopfprämien für Zuweisungen, Kick-Back-Leistungen oder die Übernahme von Kosten gegenüber Dritten. Ob diese Unterlagen körperlich in Papier oder als sogenannte elektronische Schriften gem. § 11 Abs. 3 StGB vorliegen, ist unerheblich. Auf der „Leistungsebene" können sodann entsprechend die Kontoauszüge des Beschuldigten von Interesse sein, besonders, wenn sich das Einnahmenverhalten ab einem bestimmten Zeitpunkt stark (nach oben) verändert oder plötzlich Zahlungsdienstleister gewählt werden, die aufgrund ihres Unternehmenssitzes außerhalb der Europäischen Union nur eine bedingte Rückverfolgbarkeit der Giralgeldströme zulassen. Auch Terminkalender, Einzelverbindungsnachweise der Telefongesellschaft und Quittungen sind geeignet, jedenfalls einen bestimmten Aufenthalt zu einer bestimmten Zeit an einem bestimmten Ort und damit verbundene Kontakte hinreichend wahrscheinlich nachzuweisen. Durchsuchungsobjekte sind die Wohnung des Beschuldigten, etwaige Nebenräume und andere Räume. Dabei ist es unerheblich, ob der Beschuldigte unter der Wohnanschrift melderechtlich erfasst ist – die tatsächliche Aufenthaltssituation, wie sie sich nach dem Ergebnis der bisherigen Ermittlungen darstellt – ist entscheidend.[32] Der Begriff des Wohnens ist unter Berücksichtigung seiner verfassungsrechtlichen Bedeutung gem. Art. 13 GG weit auszulegen – erfasst sind demnach auch Hotelzimmer, Ferien- und Wochenendhäuser. Als „andere Räume" im Sinne des § 102 StPO sind nicht allgemein zugängliche Geschäfts- und Büroräume zu verstehen, sofern der Beschuldigte – was regelmäßig der Fall sein dürfte – jedenfalls Mitbesitz an den Räumlichkeiten ausübt.[33] Regelmäßig werden daher vom Durchsuchungsbeschluss die Privatwohnung des Beschuldigten sowie seine eigenen Geschäftsräume bzw. die ihm zuzuordnenden Räumlichkeiten im Gebäude seines Arbeitgebers[34] umfasst sein. Schließlich kann sich die Durchsuchung auch auf das dem Beschuldigten gehörende oder jedenfalls von ihm überwiegend genutzte (Leasing-/Firmen-) Fahrzeug und auch auf die darin verbauten Geräte – Navigation/Fahrtenschreiber – beziehen. Der Durchsuchungsbeschluss selbst,

---

32 Meyer-Goßner/Schmitt-*Schmitt*, § 102 Rn. 7; *Hegmann*, BeckOK StPO Stand: 1.1.2017, § 102 Rn. 8.
33 BVerfG, Beschluss v. 9.2.2005 – 2 BvR 984/04.
34 Dazu näher unter 8.2.2.1.2. in Hinblick auf § 103 StPO.

welcher dem Beschuldigten grds. auszuhändigen ist, muss hinreichend den Zweck der Durchsuchung, ihren Umfang und die aufzufindenden Beweismittel beschreiben.[35] Dabei gilt jedoch zu berücksichtigen, dass ausgehend von der gesetzlichen Anforderung „Anfangsverdacht" bisweilen keine allzu genauen Informationen über die jeweiligen Beweismittel vorliegen. Insoweit ist die Umschreibung der aufzufindenden Beweismittel als „Geschäftskorrespondenz, interne Vermerke über..." nicht zu beanstanden.[36] Schließlich ist nach Ende der Durchsuchung dem Beschuldigten auf sein Verlangen gem. § 107 S. 1 StPO eine Durchsuchungsbescheinigung sowie ein Sicherstellungsverzeichnis bzw. ein entsprechendes Negativattest auszustellen, § 107 S. 2 StPO. Sind die in amtliche Verwahrung genommenen Gegenstände für den weiteren Untersuchungszweck nicht mehr von Bedeutung, so werden sie gem. § 111n StPO an den letzten Gewahrsamsinhaber herausgegeben. Die praktische Durchführung dieser Herausgabe ist gerade bei umfangreichen Papiersammlungen, Rechnungen, Vertragswerken oder Patientenkarteien für alle Beteiligten von besonderem Interesse. Dabei wird im Falle einer rechtmäßigen Beschlagnahme der Rechtsgedanke des § 697 BGB – Rückgabeort der in Verwahrung genommen Sache – fruchtbar gemacht mit der Folge, dass die Rückgabe der Gegenstände an dem Ort zu erfolgen hat, an welchem diese aufzubewahren waren, mithin am Dienstsitz der jeweiligen Staatsanwaltschaft. Eine Verpflichtung zur Überbringung der Gegenstände an den Ort der Sicherstellung/Beschlagnahme besteht grds. nicht.[37]

8.2.2.1.2 Rechtsmittel

Der Beschuldigte kann eine gerichtliche Überprüfung der gegen ihn gerichteten Durchsuchung veranlassen. Dabei kommt es für die Wahl der zu ergreifenden Rechtsschutzmöglichkeit zunächst darauf an, ob das Gericht oder die Ermittlungsbehörden wegen der Annahme von Gefahr in Verzug die Maßnahme anordneten. Da eine Anhörung des Beschuldigten vor Erlass des Durchsuchungsbeschlusses im Ermittlungsverfahren regelmäßig

---

35 BVerfG, Beschluss v. 3.9.1991 – 2 BvR 279/90; Beschluss v. 27.5.1997 – 2 BvR 1992/92; Beschluss v. 9.11.2001 – 2 BvR 436/01.
36 BVerfG, Beschluss v. 23.3.1994 – 2 BvR 396/94; Beschluss v. 9.11.2001 – 2 BvR 436/01.
37 BGH, Urteil v. 3.2.2005 –III ZR 271/04.

gem. § 33 Abs. 4 StPO unterbleibt, um den Erfolg der Maßnahme nicht zu gefährden, wird ein vorbeugender Rechtsschutz gem. § 304 Abs. 1 StPO in Form der Beschwerde gegen die Anordnung der Durchsuchung die Ausnahme bilden. Häufiger ist die Durchsuchungsmaßnahme bereits vollzogen und damit beendet.[38] In diesen Fällen darf die Beschwerde nach § 304 Abs. 1 StPO aufgrund der verfassungsrechtlichen Bedeutungen der Wohnung als Rückzugsort gem. Art. 13 GG und der Garantie des Anspruchs auf rechtliches Gehör gem. Art. 19 Abs. 4 GG nicht als unzulässig wegen prozessualer Überholung verworfen werden; vielmehr ist das Beschwerdevorbringen zu würdigen und die Anordnung der Durchsuchungsmaßnahme gerichtlich zu überprüfen.[39] Prüfungsmaßstab ist die Sach- und Rechtslage zum Zeitpunkt des Erlasses des Durchsuchungsbeschlusses. Das Beschwerdegericht darf zur Begründung seiner Entscheidung daher keine Erkenntnisse heranziehen, die dem Ermittlungsrichter nicht bekannt waren, etwa weil sie erst durch die Durchsuchung gewonnen wurden.[40] Haben hingegen die Ermittlungsbehörden die Durchsuchung angeordnet und ist Selbige abgeschlossen, kann der Betroffene auf gerichtliche Entscheidung unter den Voraussetzungen des § 98 Abs. 2 S. 2 StPO in entsprechender Anwendung antragen. Insoweit wird als Zulässigkeitsvoraussetzung ein besonderes Rechtsschutzinteresse statuiert, welches regelmäßig jedoch durch den mit der Durchsuchungsmaßnahme verbundenen nicht unerheblichen Grundrechtseingriff gegeben sein dürfte.[41] Richtet sich der Einwand des Beschuldigten schließlich nicht gegen die Anordnung der Durchsuchungsmaßnahme als solche, sondern gegen die Art und Weise der Durchführung – etwa weil der Beschuldigte den an der Durchsuchung teilnehmenden Sachverständigen nicht für unbefangen hält – so kann der Beschuldigte ebenfalls gem. § 98 Abs. 2 S. 2 StPO in entsprechender Anwendung gerichtliche Entscheidung beantragen.[42]

---

38 Sofern sie nicht durch Maßnahmen nach § 110 StPO noch andauert, dazu unter 8.2.3.
39 BVerfG, Beschluss v. 5.7.2013 – 2 BvR 370/13.
40 BVerfG, Beschluss v. 10.9.2010 – 2 BvR 2561/08.
41 BGH, Beschluss v. 13.6.1978 – 1 BJs 93/77.
42 BVerfG, Beschluss v. 31.8.2007 – 2 BvR 1681/07.

8.2.2.2 § 103 StPO-Durchsuchung beim Nichtverdächtigen

Beschuldigte im Bereich der Korruptionsdelikte im Gesundheitswesen treten – schon denknotwendig – nicht als Privatperson auf. Sie sind als vorteilsannehmender- oder -gebender Angestellter, als Freiberufler mit Honorarverträgen für verschiedene Auftraggeber oder als Geschäftsführer einer Gesellschaft tätig, mithin in die Geschäftsstrukturen einer von ihnen personenverschiedenen Organisationseinheit eingebunden oder nutzen für ihre Datenverwaltung und Abrechnung externe Dienstleister. Diese Einbindung in externe Strukturen sowie das Outsourcen bestimmter Aufgaben können für die Ermittlungsbehörden die Notwendigkeit begründen, sich zur Sachverhaltsaufklärung an die betroffenen Dritten als Nichtverdächtige zu wenden. Auch hier kommen insbesondere das Auffinden von Verträgen, Zahlungsnachweisen und „Umsatzübersichten" in Betracht. Nach § 103 Abs. 1 S. 1 StPO ist eine solche Durchsuchung beim Nichtverdächtigen zulässig, wenn Tatsachen vorliegen, aus denen zu schließen ist, dass sich die gesuchten und zu beschlagnahmenden Sachen in den zu durchsuchenden Räumen befinden.[43] Durchsuchungsobjekte sind dabei regelmäßig die Geschäftsräumlichkeiten (Vorzimmer, Serverraum, Buchhaltungsabteilung, Archivstelle) einer GmbH,[44] für welche der Beschuldigte tätig ist oder die entsprechenden Räumlichkeiten eines Abrechnungsdienstleisters. Da mit einer solchen Maßnahme der Eingriff in Rechtsgüter Dritter verbunden ist, haben die Ermittlungsbehörden folgende Aspekte zu berücksichtigen: Auch dem Dritten ist grds. eine Ausfertigung des Durchsuchungsbeschlusses mit vollständiger Begründung auszuhändigen. Ein Zurückstellen der Mitteilung und Aushändigung der (vollständigen) Begründung ist nur dann angezeigt, wenn und solange andernfalls der Untersuchungszweck gefährdet würde, was wiederrum vor allem dann in Betracht kommt, wenn der Dritte im Anschluss an die Maßnahme als Zeuge vernommen werden soll und die (vollständige) Angabe der Gründe geeignet wäre, den Inhalt der Aussage zu beeinflussen. Andererseits können jedoch auch schutzwürdige Belange des Beschuldigten gegen eine vollständige Mitteilung der Gründe an den Arbeitgeber oder den langjährigen Ge-

---

43 Gleiches gilt im Übrigen für den Durchsuchungszweck zum Auffinden der Person des Beschuldigten in den entsprechenden Räumlichkeiten.
44 Zur Durchsuchung des Geschäftsführers und in der Regel auch des von diesem genutzten Büros bedarf es eines Beschlusses nach § 102 StPO, siehe oben.

schäftspartner sprechen.⁴⁵ Ungeachtet dessen sind jedoch in jedem Fall die aufzufindenden Gegenstände konkret zu bezeichnen.⁴⁶ Gleiches gilt für die Angabe der Gründe, warum die Ermittlungsbehörden davon ausgehen, dass sich die Gegenstände gerade am Ort der Durchsuchung beim Dritten befinden sollen⁴⁷ und woraus sich die Verbindung zwischen dem Beschuldigten und dem Dritten ergibt.⁴⁸ Als Ausdruck des allgemeinen Grundsatzes der Verhältnismäßigkeit staatlicher Maßnahmen kann es geboten sein, den Dritten zunächst zur freiwilligen Herausgabe der aufzufindenden Gegenstände aufzufordern; dies bedarf stets der umfassenden Einzelfallprüfung. Steht indes fest, dass sich der hinreichend konkretisierte Gegenstand (beispielsweise die Abrechnung vom 31.3.2017 des Beschuldigten gegenüber der X-GmbH) im Gewahrsam des Dritten befindet und ist eine Gefährdung des Ermittlungszwecks nicht zu befürchten, dann haben die Ermittlungsbehörden ein Herausgabeverlangen nach § 95 StPO zu stellen, weil dieses – als milderes Mittel – Vorrang genießt.⁴⁹ Als weitere Ausgestaltung des Verhältnismäßigkeitsgrundsatzes gilt es, die Durchsuchungsmaßnahme vor Ort durch die Ermittlungsbehörde möglichst ohne größeres Aufsehen durchzuführen. Dabei kann der Anzahl der Ermittlungsbeamten einerseits und der zeitlichen Dimension der Maßnahme andererseits besondere Bedeutung zukommen. Insoweit kommt es vor, dass zwischen Ermittlungsbehörde und Betroffenen „Vereinbarungen" getroffen werden, wie und wann in der aktuellen Situation nur schwer auffindbare Unterlagen zur Verfügung gestellt werden.⁵⁰ Solche „Vereinbarungen" sollten indes äußerst differenziert betrachtet werden und keinesfalls den Blick auf die eigentlichen Parameter der jeweiligen Durchsuchung verstellen – steht fest, dass bestimmte Unterlagen sich im Unternehmen befinden, sind sie aber nur unter großem Zeit-/Personalaufwand zu beschaffen, dann kann (sic!) davon abgesehen werden, diese Maßnahme durch Ermittlungsbeamte zu begleiten. In diesem Falle dürfte sodann jedoch auch die Wertung des § 95 StPO zu berücksichtigen sein, mit der Folge, dass für entsprechende „Vereinbarungen" keine Notwendigkeit besteht. Insoweit ist es

---

45 BGH, Beschluss v. 28.6.2017 – 1 BGs 148/17.
46 BVerfG, Beschluss v. 28.4.2003 – 2 BvR 358/03.
47 BVerfG, Beschluss v. 11.1.2016 – 2 BvR 1361/13.
48 BVerfG, Beschluss v. 3.7.2006 – 2 BvR 299/06.
49 LG Saarbrücken, Beschluss v. 12.3.2013 – 2 Qs 15/13.
50 Zur Rechtsnatur und möglichen Folgen einer solchen „Vereinbarung": *Schelzke*, NZWiSt 2017, 142 ff.

schließlich auch unbeachtlich, dass der „Vereinbarung" keine verbindliche Wirkung zukommen soll.[51] Kommen die Betroffenen dem Herausgabeverlangen sodann nicht nach, besteht für sie – ungeachtet einer Unterschrift unter einer „Vereinbarung" – das Risiko der Strafverfolgung unter dem Aspekt der Strafvereitelung gem. § 258 StGB. Schließlich ist auch dem Drittbetroffenen nach Ende der Durchsuchung auf sein Verlangen gem. § 107 S. 1 StPO eine Durchsuchungsbescheinigung sowie ein Sicherstellungsverzeichnis bzw. ein entsprechendes Negativattest auszustellen, § 107 S. 2 StPO. Hinsichtlich der Rechtsschutzmöglichkeiten gilt das oben Ausgeführte entsprechend.

8.2.2.3 Weitere Ermittlungsmaßnahmen

Neben der Durchsuchung stehen den Ermittlungsbehörden weitere Möglichkeiten der Aufklärung des Sachverhaltes zur Verfügung.

8.2.2.3.1 Einholung behördlicher Auskünfte

Die „Generalklausel" dafür ist § 161 Abs. 1 StPO. Hiernach kann die Staatsanwaltschaft insbesondere von Behörden Auskünfte verlangen. In Hinblick auf Kreditinstitute ist zu unterscheiden: nur öffentlich-rechtliche Kreditinstitute, nicht aber Privatbanken müssen dem Auskunftsverlangen der Staatsanwaltschaft nachkommen. Ein „Bankgeheimnis" besteht nicht.[52]

8.2.2.3.2 Zeugenbefragung

Doch auch Privatbanken sind im Ergebnis zur Auskunft verpflichtet: über die entsprechend zu erteilenden Informationen – Kontostammverträge, Kontoauszüge oder Angaben über etwaige Schließfächer – haben die entsprechenden Mitarbeiter als Zeugen im Ermittlungsverfahren auszusagen

---

51 *Schelzke*, NZWiSt 2017, 142 (143).
52 LG Frankfurt, Beschluss v. 25.11.1953 – 5/7 Qs 183/53.

und entsprechende Dokumente vorzulegen.[53] Gleiches gilt für sämtliche als Zeugen in Betracht kommende Personen wie Angestellte des Beschuldigten auf Nehmer- und Geberseite, Organisatoren von Kongressen, Mitarbeiter von Hotels oder – sicherlich einer der wichtigsten Fälle – Patienten. Eine Berechtigung zur Verweigerung des Zeugnisses besteht indes bei Angehörigen des Beschuldigten, § 52 StPO, sowie für den Fall, dass ein Berufsgeheimnisträger, § 53 StPO, betroffen ist. Dabei gilt jedoch zu berücksichtigen, dass das Verweigerungsrecht nur diejenigen Informationen umfasst, die der Berufsgeheimnisträger gerade in dieser Funktion erlangt hat. Zudem besteht ein Recht des Zeugen, die Auskunft auf einzelne Fragen zu verweigern, wenn er sich oder einen Angehörigen nach § 52 Abs. 1 StPO durch die wahrheitsgemäße Beantwortung der Gefahr der Strafverfolgung aussetzen würde, § 55 StPO.

8.2.2.3.3 Verdeckte Maßnahmen

Neben den genannten Maßnahmen, bei denen die Gefahr für die Ermittlungsbehörden besteht, dass durch die als Zeugen in Betracht kommenden Personen der Beschuldigte über das laufende Ermittlungsverfahren informiert wird,[54] können sich die Ermittler auch sogenannter „verdeckter" Maßnahmen zur Erforschung des Sachverhaltes bedienen. Darunter fällt z.B. der Einsatz eines verdeckten Ermittlers nach § 110a StPO. Dabei handelt es sich um einen Polizeibeamten, der unter einer Legende auftritt und dessen Ermittlungsauftrag über eine einzelne konkrete Ermittlungshandlung hinausgeht. Dabei kann der verdeckte Ermittler z.B. eingesetzt werden, um das Ausmaß und die Beteiligung an netzwerkartigen Geber-/und Nehmerstrukturen festzustellen. Entsprechend der teils hochspeziellen inhaltlichen Themen im Gesundheitssektor kommt der Anlage der Legende eine besondere Bedeutung zu. Voraussetzung für die Maßnahme ist das

---

53 Aufgrund der Neuregelungen durch das „Gesetz zur effektiveren und praxistauglicheren Ausgestaltung des Strafverfahrens" (BGBl. I 2017, 3202) in § 163 Abs. 3 StPO sind Zeugen seit dem 24.8.2017 verpflichtet, auf Ladung der Polizei zu erscheinen und auszusagen, wenn die Staatsanwaltschaft dies verfügt. Bisher galt eine Erscheinungspflicht nur für gerichtliche und staatsanwaltschaftliche Vernehmungen.
54 Wobei insoweit ein Strafverfolgungsrisiko für die Betroffenen wegen des Anfangsverdachts der Begünstigung, § 257 StGB, oder der Strafvereitelung, § 258 StGB, besteht.

Vorliegen eines Anfangsverdachts einer Straftat von erheblicher Bedeutung jedenfalls in der Begehungsform der Gewerbs- (§ 110a Abs. 1 S. 1 Nr. 3 Fall 1 StPO) oder Bandenmäßigkeit (§ 100a Abs. 1 S. 1 Nr. 4 Fall 1 StPO), mithin ein Anfangsverdacht der Erfüllung des Regelbeispiels des § 300 S. 2 Nr. 2 StGB. Eine weitere verdeckte Ermittlungsmaßnahme, welcher im Bereich der organisierten Wirtschaftskriminalität eine herausgehobene Rolle zukommt, steht den Ermittlungsbehörden jedenfalls de lege lata nicht zur Verfügung: Die Telekommunikationsüberwachung nach § 100a StPO. Die Aufzeichnung der Telekommunikation[55] setzt voraus, dass bestimmte Tatsachen den Verdacht begründen, dass der zu Überwachende als Täter oder Teilnehmer einer enumerativ in Abs. 2 der Vorschrift aufgezählten Straftat in Betracht kommt. Dabei sind die Katalogtaten – wie allein bereits die Quantität der Aufzählung von lit. a bis lit. t einzig bezogen auf das StGB zeigt – recht umfangreich. In § 100 a Abs. 2 lit. r werden schließlich auch die Bestechlichkeit und Bestechung im geschäftlichen Verkehr in besonders schweren Fällen gem. §§ 299, 300 S. 2 StGB als ausreichend angesehen, um einen Eingriff in das Fernmeldegeheimnis und das allgemeine Persönlichkeitsrecht zu rechtfertigen. Angesichts dieser Wertung überrascht es durchaus, dass die Tatbestände der Bestechlichkeit und Bestechung im Gesundheitswesen – jedenfalls bei dem Verdacht auf einen besonders schweren Fall – keinen Eingang in den Reigen der Katalogtaten gefunden haben. Tragfähige Gründe für diese Auslassung etwa wegen einer möglichen Tangierung der Arzt-Patientenbeziehung lassen sich z.B. angesichts der Qualifizierung des § 95 Abs. 1 Nr. 2 a AMG (Inverkehrbringen, Verschreiben oder Anwenden von Arzneimitteln zu Dopingzwecken entgegen § 6 AMG) als Katalogtat gem. § 100a Abs. 2 Nr. 3 StPO nicht erblicken.[56]

---

55 Worunter beim E-Mail Versand die Phase zwischen Absenden der Nachricht bis zum Ankommen im Speicher des Providers und der Vorgang des Abrufens durch den Empfänger zu dieser Telekommunikation zählen, Meyer-Goßner/Schmitt-*Schmitt*, § 100 a Rn. 6 b.
56 Ausführlich dazu und ebenfalls kritisch: *Cosack*, ZRP 2016, 18 ff.; Stellungnahme des Deutschen Richterbundes, Nr. 22/2015 a.E.

8.2.2.3.4 Untersuchungshaft

Als den Beschuldigten in der Regel am gravierendsten betreffende Maßnahme ist die Anordnung und die Vollziehung von Untersuchungshaft auch als Ermittlungsmaßnahme zu qualifizieren.[57] Voraussetzung der Anordnung und der Vollziehung sind ein dringender Tatverdacht, das Vorliegen von Haftgründen und die Verhältnismäßigkeit der Maßnahme, §§ 112, 116 StPO. Ein dringender Tatverdacht liegt dann vor, wenn die Wahrscheinlichkeit groß ist, dass der Beschuldigte Täter oder Teilnehmer einer Straftat ist.[58] Dabei ist dieser Verdachtsgrad stärker als der hinreichende Tatverdacht; während des Ermittlungsverfahrens kann der Verdachtsgrad aufgrund unterschiedlicher Erkenntnislage jeweils anders zu beurteilen sein – bei Beginn der Ermittlungen können die vorliegenden Erkenntnisse „erdrückend" wirken, sodass die Staatsanwaltschaft bereits unmittelbar nach Einleitung des Ermittlungsverfahrens Antrag auf Erlass eines Untersuchungshaftbefehls stellt; werden sodann im weiteren Verlauf potentiell entlastende Erkenntnisse bekannt, ist die Anordnung aufzuheben, ohne dass die Ermittlungen bereits abgeschlossen wären. Dieser dynamische Prozess kann dabei freilich auch in umgekehrter Reihenfolge verlaufen. Als Haftgründe kommen im Bereich der Korruptionsstraften im Gesundheitswesen im Wesentlichen die Flucht (-gefahr) gem. § 112 Abs. 2 Nr. 1 u. 2 StPO und die Verdunkelungsgefahr, § 112 Abs. 2 Nr. 3 StPO, in Betracht.

8.2.2.3.4.1 Haftgrund der Flucht (-gefahr)

Flucht im Sinne des § 112 Abs. 2 Nr. 1 StPO liegt vor, wenn der Beschuldigte flüchtig ist oder sich verborgen hält. Flüchtig ist, wer vor, während oder nach der Tat seine Wohnung aufgibt, ohne eine neue zu beziehen, oder sich ins Ausland absetzt, sodass er für die Ermittlungsbehörden nicht mehr erreichbar ist.[59] Fluchtgefahr besteht, wenn die Würdigung aller Umstände der bisherigen Ermittlungsergebnisse es wahrscheinlicher

---

57 Zweck der Untersuchungshaft ist die Durchsetzung des Anspruchs der staatlichen Gemeinschaft auf vollständige Aufklärung der Tat und rasche Bestrafung des Täters, BVerfG, Beschluss v. 15.12.1965 – 1 BvR 513/65.
58 Meyer-Goßner/Schmitt-*Schmitt*, § 112 Rn. 5.
59 Meyer-Goßner/Schmitt-*Schmitt*, § 112 a Rn. 13.

macht, dass sich der Beschuldigte dem Strafverfahren entzieht, als dass er sich ihm zur Verfügung stellen werde.[60] Wird der Beschuldigte, welcher flüchtig war, aufgrund eines entsprechenden Haftbefehls gestützt auf den Haftgrund der Flucht schließlich festgenommen, so entfällt dieser Haftgrund. Allerdings wird der Umstand der stattgehabten Flucht ein wichtiges Indiz für das Vorliegen von Fluchtgefahr sein. Schließlich bedarf die Feststellung, ob Fluchtgefahr anzunehmen ist, gerade bei Wirtschaftsstraftaten einer umfassenden Prüfung, da hier regelmäßig Sachverhaltskonstellationen vorliegen, die je nach Auslegung für oder gegen die Annahme sprechen. Obergerichtlich (vermeintlich) geklärt ist: Eine hohe konkrete Straferwartung allein reicht nicht aus, um Fluchtgefahr zu begründen.[61] Eine *besonders* hohe konkrete Straferwartung führt aber dazu, dass „lediglich" zu prüfen ist, ob Umstände vorliegen, die die hieraus herzuleitende Fluchtgefahr ausräumen können.[62] Angesichts der abstrakten Straferwartung der als Vergehen ausgestalteten Korruptionstatbestände im Gesundheitswesen kommt dem letztgenannten Fall untergeordnete Bedeutung zu, wobei etwaige (einschlägige/kriminologisch vergleichbare) Vorstrafen, laufende Bewährungszeiten oder ein erheblicher Schaden für eine besonders hohe Straferwartung sprechen können. Regelmäßig streiten für die Annahme einer Fluchtgefahr folgende Umstände: kaum bis keine familiäre/persönliche/berufliche/geschäftliche Kontakte im Inland, Familienbezüge/Eigentum im Ausland, (zusätzliche) Staatsbürgerschaft eines anderen Staates. Ob liquides Vermögen in größerem Ausmaß einerseits oder aber Vermögenslosigkeit andererseits besonders fluchtanreizend wirken, kann isoliert betrachtet nicht beantwortet werden.[63] Die Beschuldigten von Korruptionsstraftaten im Gesundheitswesen verfügen meist über einen akademischen Abschluss, eine Approbation, (wissenschaftliche) Kontakte ins Ausland und ein jedenfalls meist noch bestehendes Arbeitsverhältnis.[64] Die Bewahrung des status quo kann sodann einerseits gegen die Annahme von Fluchtgefahr sprechen, andererseits kann jedoch die Vorstellung, nunmehr

---

60 BGH, Beschluss v. 8.5.2014 – 1 StR 726/13.
61 OLG Celle, Beschluss v. 2.8.2016 – 1 Ws 358-359/16; OLG Frankfurt, Beschluss v. 21.11.1996 – 1 Ws 166/96; OLG Karlsruhe, Beschluss v. 18.5.2000 – 3 HEs 112/00; OLG Saarbrücken, Beschluss v. 26.1.2000 – 1 Ws 3/00.
62 OLG Hamm, Beschluss v. 5.6.2008 – 3 Ws 220/08.
63 Vgl. zu dieser Konstellation sehr anschaulich: OLG München, Beschluss v. 20.5.2016 – 1 Ws 369/16.
64 Instruktiv unter Berücksichtigung der „kriminologischen Besonderheiten von Wirtschaftsstraftätern": *Bock*, NZWiSt 2017, 23 ff.

sprichwörtlich „Alles" zu verlieren, für die Annahme von Fluchtgefahr streiten, wobei eine entsprechende (weitere) Staatsbürgerschaft, Auslandskontakte, Fremdsprachenkenntnisse und etwaig dort vorhandenes Vermögen geeignet sind, die Annahme zu stützen. Sollte demnach eine Fluchtgefahr angenommen werden, muss die Anordnung und der Vollzug von Untersuchungshaft verhältnismäßig sein, insbesondere dürfen keine weniger einschneidenden Maßnahmen gegeben sein, sich des Beschuldigten zu versichern, § 116 StPO. Dazu zählen z.B. Meldeauflagen, die Überwachung durch Polizeibeamte außerhalb der Wohnung oder die Leistung einer angemessenen Sicherheit („Kaution").

8.2.2.3.4.2 Haftgrund der
           Verdunkelungsgefahr

Der Haftgrund der Verdunkelungsgefahr liegt vor, wenn das Verhalten des Beschuldigten den dringenden Verdacht begründet, dass er in unzulässiger Weise auf sachliche oder persönliche Beweismittel einwirkt und dadurch die Ermittlung der Wahrheit erschwert werden wird. Dazu zählen das Vernichten/Verfälschen von relevanten Geschäftsunterlagen oder die Drohung gegenüber Zeugen mit einem empfindlichen Übel – wie Kündigung, sonstige Repressalien – für den Fall der wahrheitsgemäßen Aussage über verfahrensrelevante Tatsachen.

8.2.3 EDV-Daten als Beweismittel

Von praktisch überaus hoher und beinahe alltäglicher Relevanz für die Ermittlungsbehörden ist der Umgang mit EDV-Daten des Beschuldigten bzw. von Personen/Institutionen, die als Zeugen in Betracht kommen. Wie oben bereits dargelegt, werden die Datensätze im Rahmen von Durchsuchungen erlangt. Die strafprozessuale Grundlage für die Erfassung und die Auswertung dieser Daten ist § 110 StPO. Hiernach steht die Durchsicht von Papieren des von der Durchsuchung Betroffenen der Staatsanwaltschaft und auf deren Anordnung ihren Ermittlungspersonen zu. Dabei umfasst der Begriff „Papiere" nicht nur sämtliches Schriftgut, sondern auch und gerade sämtliche EDV-Daten im Arbeitsspeicher eines PC's und auf Speichermedien wie Festplatten, USB-Sticks, DVD's, Flash-Speichern in

Mobiltelefonen und Navigationsgeräten.[65] Die Regelung des § 110 Abs. 3 StPO erweitert die Durchsichtsbefugnis im Falle der elektronischen Speichermedien insofern, als dass im Falle einer „räumlich getrennten Speicherung" mit Zugriffsmöglichkeit vom Ort des Betroffenen aus, mit anderen Worten also bei Server- oder Cloudlösungen, auch auf diese externen Speicherorte zugegriffen werden darf. Dazu ist es den Ermittlungsbehörden auch erlaubt, etwaige nicht freiwillig herausgegebene Zugangsdaten entsprechend festzustellen.[66] Die Abrechnungssoftware einer Arztpraxis, das Warenwirtschaftssystem einer Apotheke oder die Buchungsprogramme eines Wirtschaftsunternehmens lassen in der Regel keine Reporterstellung bzgl. eines einzelnen Patienten, eines einzelnen Medikamentes etc. zu – jedenfalls wäre diese Reporterstellung jedoch im Falle von mehreren hundert oder tausend relevanten Datensätzen im laufenden Geschäftsbetrieb einer Praxis oder eines Unternehmens mit erheblichen Folgen für die Betroffenen verbunden, zumal unter Aspekten des drohenden Beweismittelverlustes regelmäßig die Arbeit an der EDV-Anlage während der Durchsuchung den Betroffenen untersagt wird. Die Durchsicht dient schließlich dazu, die als Beweisgegenstände in Betracht kommenden Daten inhaltlich darauf zu prüfen, ob die richterliche Beschlagnahme zu beantragen oder die Rückgabe notwendig ist, sofern eine Auswertung nicht sogleich an Ort und Stelle möglich ist.[67] Damit verbunden ist sodann auch die Feststellung, dass die Durchsuchung im Rechtssinne solange andauert, bis die Durchsicht abgeschlossen ist. Die Papiere bzw. die EDV-Daten werden in der konkreten Durchsuchungssituation vorläufig sichergestellt und zunächst in amtliche Verwahrung genommen. Rein praktisch geschieht dies im Falle von umfangreichen EDV-Daten in der Regel durch die sogenannte „Spiegelung". Hierbei wird ein 1-zu-1 Abbild des jeweiligen Datenträgers auf einem neuen Speichermedium erstellt. Dieses Abbild ist technisch so herzustellen, dass Schreibschutz gewahrt und auch dokumentiert ist, um den Beweiswert zu sichern. Dabei können sich die Ermittlungsbehörden der Kompetenz von Sachverständigen bedienen, was jedenfalls bei EDV-Systemen im geschäftlichen Umfeld regelmäßig der Fall

---

65 BVerfG, Beschluss v. 30.1.2002 – 2 BvR 2248/00; BGH, Beschluss v. 5.8.2003 – 2 BJs 11/03-5 – StB 7/03; LG Dessau-Roßlau, Beschluss v. 3.1.2017 – 2Qs 236/16.
66 Meyer-Goßner/Schmitt-*Schmitt*, § 100 Rn. 6.
67 LG Saarbrücken, Beschluss v. 14.7.2016 – 2 Qs 16/16; LG Dessau-Roßlau, Beschluss v. 3.1.2017 – 2Qs 236/16.

sein wird.[68] Die jeweils spezifischen Anforderungen der Hard- und Software, der Server und Cloudspeicher übersteigen meist die Fachkunde der Ermittlungsbehörden.[69] Wird indes von der Spiegelung vor Ort abgesehen, etwa weil ein Smartphone sichergestellt wurde und dessen Spiegelung je nach Modell und Updatestatus des Betriebssystems einen erhöhten, vor Ort nicht leistbaren, technischen Aufwand voraussetzt, so stellt sich für den Betroffenen die Frage nach der zeitlich zulässigen Erstreckung der Durchsuchungsmaßnahme, zumal er regelmäßig die Geräte wird weiter nutzen wollen. Eine feste zeitliche (durch Gesetz oder Rechtsprechung explizit genannte) Grenze gibt es nicht. Vor allem sind die vom BVerfG zum zeitlichen Geltungsbereich von Durchsuchungsbeschlüssen aufgestellten Grundsätze – 6 Monate ab Beschlussdatum[70] – nicht anzuwenden. Damit verbietet sich auch die vorherige Festlegung eines Datums durch den Ermittlungsrichter im Durchsuchungsbeschluss, bis wann die Durchsicht abzuschließen sei.[71] Die Entscheidung, in welchem Umfang die inhaltliche Durchsicht notwendig, konkret zu gestalten und zu beenden ist, obliegt einzig der Staatsanwaltschaft, wobei ihr dabei ein Ermessensspielraum zukommt.[72] Freilich ist die Staatsanwaltschaft dabei an den Verhältnismäßigkeitsgrundsatz gebunden. Der zulässige Zeitraum der Durchsicht wird dabei maßgeblich durch folgende Parameter bestimmt: Bedeutung des Eingriffs in Relation zum Tatverdacht, der konkreten Straferwartung, den Umfang der vorläufig sichergestellten Daten und die Schwierigkeit der Auswertung (verschlüsselte Daten).[73] Möchte der Betroffene die Durchsicht gerichtlich überprüfen lassen, stehen ihm die Rechte aus § 98 Abs. 2 S. 2 StPO zu. Dies gilt insbesondere dann, wenn er die zeitliche Erstre-

---

68 Vgl. zur Anwesenheit und Einsatz von Sachverständigen: LG Berlin, Beschluss v. 3.5.2012 – 526 Qs 10-11/12; LG Kiel, Beschluss v. 14.8.2006 – 37 Qs 54/06.
69 Insoweit ist die gesetzgeberische Vorstellung, dass die „Polizei in der Regel über besonders ausgebildete, spezialisierte und erfahrene Bedienstete verfüge, die die Durchsicht elektronischer Speichermedien vornehmen" könnten (BT-Drs. 15/1508, S. 24), auf einfache – im Bereich der Korruptionsstraftaten regelmäßig nicht anzutreffende – Sachverhalte beschränkt.
70 BVerfG, Beschluss v. 27.5.1997 – 2 BvR 1992/92.
71 BVerfG, Beschluss v. 30.1.2002 – 2 BvR 2248/00; LG Saarbrücken, Beschluss v. 20.9.2016 – 2 Qs 26/16.
72 BVerfG, Beschluss v. 28.4.2003 – 2 BvR 358/03; BGH, Beschluss v. 3.8.1995 – StB 33/95.
73 BVerfG, Beschluss v. 18.6.2008 – 2 BvR 1111/08; LG Frankfurt, Beschluss v. 4.9.1996 – 5/29 Qs 16/96.

ckung der Durchsicht für zu lange erachtet oder eine Teillöschung von behauptet nicht verfahrensrelevanten Daten begehrt.[74]

8.2.4 Abschlussentscheidung

Sind die Ermittlungen abgeschlossen, hat der Staatsanwalt eine Abschlussentscheidung zu treffen. Maßgebliches Kriterium dabei ist der hinreichende Tatverdacht, d.h., es ist festzustellen, ob die Ermittlungsergebnisse eine Verurteilung wahrscheinlicher erscheinen lassen als einen Freispruch. Dabei kann ein mangelnder Tatverdacht auf Rechtsgründen oder aber auch auf tatsächlichen Gründen beruhen. Ein mangelnder hinreichender Tatverdacht aus Rechtsgründen mit der Folge der Verfahrenseinstellung nach § 170 Abs. 2 StPO liegt z.B. vor, wenn der betrachtete Lebenssachverhalt zwar grds. geeignet wäre, die Tatbestände der §§ 299a, b StGB zu erfüllen, er sich jedoch vollständig vor Inkrafttreten des Gesetzes zum 4.6.2016 abgespielt hat. Eine Verfahrenseinstellung nach § 170 Abs. 2 StPO mangels hinreichender tatsächlicher Anhaltspunkte kommt indes häufiger vor und kann z.B. darauf beruhen, dass eine Vorteilsgewährung schlichtweg nicht mit den strafprozessual zulässigen Mitteln nachweisbar ist. Ist hingegen ein hinreichender Tatverdacht gegeben, so stellt sich die weitere Frage, ob tatsächlich Anklage zu erheben bzw. Antrag auf Erlass eines Strafbefehls nach § 407 StPO zu stellen ist, oder ob der Staatsanwalt von den sogenannten Opportunitätseinstellungen der §§ 153, 153a StPO Gebrauch macht.[75] Der abstrakte Strafrahmen der Vergehenstatbestände nach §§ 299a,b StGB, auch beim etwaigen Vorliegen des Regelbeispiels nach § 300 StGB, von Geldstrafe bis Freiheitsstrafe von fünf Jahren bzw. mit Freiheitsstrafe nicht unter drei Monaten bis maximal fünf Jahre bei Erfüllung eines Regelbeispiels, steht keiner Abschlussmöglichkeit grds. entgegen. Die Prüfung, ob eine Sanktion (Schuld- und Strafausspruch) oder eine Einstellung, ggfs. gegen Auflagen, erfolgt, knüpft an unterschiedliche gesetzliche Merkmale an.

---

74 Vgl. dazu: OLG Rostock, Beschluss v. 29.6.2017 – 20 VAs 5/16.
75 Die Einstellungsmöglichkeiten nach §§ 154, 154a StPO wegen weniger gravierenden Nebentaten sollen hier nicht betrachtet werden.

8.2.4.1 Einstellung nach Opportunitätsvorschriften

Stellt der Staatsanwalt das Ermittlungsverfahren, ggfs. unter Beteiligung des für die Entscheidung über die Eröffnung des Hauptverfahrens zuständigen Gerichts, nach einer Opportunitätsvorschrift ein, so kann dies für den Beschuldigten vorteilhaft sein. Ein Vorteil der Einstellung nach §§ 153, 153a StPO ist, dass gem.§ 4 BZRG keine Eintragung in das Bundeszentralregister erfolgt. Der Beschuldigte gilt nach (endgültiger) Einstellung des Verfahrens als unschuldig. Ungeachtet der strafprozessualen Schuldfrage ist jedoch andererseits die berufsrechtliche Bewertung des Verhaltens des vormals Beschuldigten zu sehen. Die jeweils zuständige Kammer bzw. Approbationsbehörde kann die strafrechtlichen Ermittlungen zum Anlass nehmen, die persönliche Eignung des Betroffenen zu überprüfen und ggfs. in Frage zu stellen.[76] Dabei streitet der Umstand, dass die Staatsanwaltschaft letztlich von einer Sanktionierung abgesehen hat, zwar grds. für den Betroffen, zumal die berufsrechtlichen Institutionen regelmäßig nur über begrenzte Erkenntnisquellen verfügen – allerdings kann ein entsprechendes Verhalten des Betroffenen letztlich im Einzelfall geeignet sein, Zweifel an seiner Zuverlässigkeit und Eignung zu begründen. Den entsprechenden öffentlichen Stellen sind gem. § 474 Abs. 2 StPO Auskünfte aus den Ermittlungsakten auf Anfrage zu erteilen. Schließlich braucht sich der Beschuldigte im Falle einer Einstellung nach den §§ 153, 153a StPO keiner öffentlichen Hauptverhandlung zu stellen.

8.2.4.1.1 Absehen von der Verfolgung nach § 153 StPO

Der Staatsanwalt kann in dem Ermittlungsverfahren mit Zustimmung des Gerichts wegen „Geringfügigkeit" gem. § 153 Abs. 1 StPO von der Verfolgung absehen, wenn die Schuld des Täters als gering anzusehen wäre und kein öffentliches Interesse an der Verfolgung besteht. Die Zustimmung des Gerichts ist gem. § 153 Abs. 1 S. 2 StPO nicht erforderlich, wenn die Tat nicht mit einer im Mindestmaß erhöhten Strafe bedroht ist. Da es für die Bewertung der Schuld darauf ankommt, ob sie als gering

---

[76] Wobei eine Mitteilung der Einstellung nach §§ 153, 153 a StPO (ebenso wie die Einleitung eines entsprechenden Ermittlungsverfahrens) z.B. bei Ärzten gem. Nr. 26 MiStra nicht vorgesehen ist; im Einzelfall kann sie jedoch bei Vorliegen eines besonderen öffentlichen Interesses gem. Nr. 1 Abs. 3 MiStra erfolgen.

„anzusehen wäre", müssen die Ermittlungen in diesem Falle noch nicht abgeschlossen sein. Der Staatsanwaltschaft wird hier ein Einschätzungsspielraum eingeräumt. Die u.U. aufwendigen Ermittlungen müssen nicht zu Ende geführt werden, wenn bereits absehbar ist, dass die gewährten Vorteile z.B. überwiegend ideeller Natur sind. Geringe Schuld ist dann anzunehmen, wenn eine auszuurteilende Strafe im untersten Bereich läge, z.B. wenn ein hypothetischer minder schwerer Fall vorläge.[77] Voraussetzung für die Bewertung der Schuld als gering ist i.d.R., dass der Beschuldigte nicht, jedenfalls nicht einschlägig, strafrechtlich vorbelastet ist. In Hinblick darauf, ob ein öffentliches Interesse an der Strafverfolgung besteht, ist der Schutzzweck der Norm ein entscheidender Faktor. Neben der Sicherung des fairen Wettbewerbs soll auch das Vertrauen der Bevölkerung bzw. der Patienten in die Redlichkeit des Gesundheitswesens geschützt werden. Mögliche Anknüpfungspunkte zur Bewertung der Erschütterung dieser Fairness bzw. des Vertrauens können zum einen die Höhe der Leistung sein, auf welche kein Anspruch bestand (die Vorteilsgewährung), zum anderen aber auch der – durchaus schwieriger zu bemessende – erlangte Umfang des Marktvorteils. Von einer entsprechenden Geringfügigkeit wird man jedenfalls nicht mehr sprechen können, wenn die vorgenannten Faktoren (addiert) den fünfstelligen Eurobereich erreichen.

8.2.4.1.2 Einstellung nach § 153a StPO

Anders als bei § 153 StPO ist für eine Einstellung nach § 153a StPO die geringe Schuld keine Voraussetzung – die Schwere der Schuld darf der Einstellung jedoch jedenfalls nicht entgegen stehen, womit von einem „mittleren Schuldmaß" auszugehen ist.[78] Voraussetzung ist jedoch, dass ein hinreichender Tatverdacht besteht. Das damit dem Grunde nach bestehende öffentliche Interesse an der Strafverfolgung kann jedoch durch die Erteilung von Auflagen beseitigt werden. Als Auflage in den hier interessierenden Fällen kommen vor allem die Schadenswiedergutmachung nach § 153a Abs. 1 Nr. 1 StPO, die Zahlung einer Geldauflage an gemeinnützige Einrichtungen und/oder die Staatskasse, § 153a Abs. 1 Nr. 2 StPO, oder im Einzelfall auch die Erbringung gemeinnütziger Arbeit gem. § 153a

---

77 *Rieß*, NStZ 1981, 2 (8); *Beukelmann* in BeckOK StPO Stand 1.1.2017, § 153 Rn. 12.
78 KK-StPO-*Diemer*, § 153 a Rn. 10.

Abs. 1 Nr. 3 StPO in Betracht. Erklärt der Beschuldigte sich mit der Erbringung einer Auflage einverstanden, so wird das Ermittlungsverfahren vorläufig bis zu einer Dauer von sechs Monaten eingestellt. Ist die Auflage am Ende der Frist erfüllt, so stellt der Staatsanwalt das Ermittlungsverfahren endgültig ein.[79] Eine erneute Verfolgung dieser Tat ist sodann in Hinblick auf die §§ 299a, b StGB nicht mehr möglich. Die Einstellung nach § 153a StPO hat eine praktisch hohe Bedeutung im Bereich der Wirtschaftskriminalität. Bei der Frage, ob von ihr Gebrauch zu machen ist, gelten die obigen Ausführungen zu § 153 StPO mit der Maßgabe entsprechend, dass auch bei höheren Schadenssummen oder etwaigen Vorstrafen eine Einstellung grds. in Betracht kommt, jedenfalls dann, wenn der Schaden bereits ausgeglichen und das Fehlverhalten den äußeren Umständen nach eingeräumt wurde. Die Höhe der Geldauflage bemisst sich dabei anhand der finanziellen Situation des Beschuldigten einerseits sowie an den durch die Tat verursachten Folgen andererseits.[80] Ein gesetzliches Höchstmaß existiert dabei nicht.[81]

8.2.4.2 Anklageerhebung / Antrag auf Erlass eines Strafbefehls

Kommt eine Einstellung etwa aufgrund des Schadensumfangs oder der wiederholten Tatbegehung oder deshalb nicht in Betracht, weil der Beschuldigte die Erfüllung einer Auflage ablehnt, wird der Staatsanwalt eine Abschlussentscheidung treffen, welche schließlich mit einem Schuld- und Strafausspruch durch das Gericht enden kann. In Fällen, in denen mit einer Geldstrafe oder Freiheitsstrafe nicht über zwei Jahren konkret zu rechnen sein wird, wird er Anklage zum Amtsgericht und zum dortigen Strafrichter erheben, § 25 GVG. Ist eine Freiheitsstrafe von bis zu vier Jahren konkret

---

79 Diese endgültige Einstellung wird auch nicht in die in einigen Ländern vorhandenen sogenannten „Korruptionsregister" (z.B. Berliner Korruptionsregistergesetz oder Korruptionsbekämpfungsgesetz NRW) eingetragen. In diesen Registern werden Unternehmen eingetragen, welche an öffentlichen Ausschreibungen teilnehmen und gegen deren Geschäftsführer u.a. Ermittlungsverfahren nach § 153a StPO wegen Bestechung und Bestechlichkeit im geschäftlichen Verkehr eingestellt wurden. Die §§ 299a, b StGB werden von den Gesetzen (noch) nicht erfasst.
80 *Beukelmann*, BeckOK StPO Stand: 1.1.2017, § 153a Rn. 26.
81 Aufwendungen für ein nach § 153 a StPO eingestelltes Strafverfahren sind im Übrigen keine außergewöhnlichen Belastungen im Sinne des § 33 EStG, BFH, Beschluss v. 21.9.2016 – VI B 34/16.

zu erwarten, bleibt sachlich das Amtsgericht zuständig – dort dann jedoch das i.d.R. mit einem Berufsrichter und zwei Schöffen (Laienrichter) besetzte Schöffengericht, §§ 24 Abs. 1 S. 1, 28, 25 GVG. Liegt die konkrete Straferwartung über vier Jahren, so ist das Landgericht mit einer Regelbesetzung von drei Berufsrichtern und 2 Laienrichtern zuständig, §§ 24, 74, 76 Abs. 1 GVG. In diesen Fällen der relativ hohen Straferwartung ist jedoch zu berücksichtigen, dass sich die Ermittlungen umfangreich und komplex gestalteten und die zu erwartende Hauptverhandlung spezielle Kenntnisse der jeweiligen Abrechnungsmethoden, Marktüblichkeiten und Zusammenhänge im Gesundheitswesen voraussetzt. Deshalb ist gem. § 74c Abs. 1 Ziff. 5 a StPO sodann auch die spezielle Wirtschaftsstrafkammer des Landgerichts funktional zuständig.

Sind hingegen Geldstrafe oder Freiheitsstrafe von nicht über einem Jahr und die Aussetzung der Vollstreckung zur Bewährung zu erwarten, so kann der Staatsanwalt auch einen Antrag auf Erlass eines Strafbefehls stellen, § 407 StPO. Für den Beschuldigten hat dieses Verfahren den Vorteil, dass er nicht zu einer öffentlichen Hauptverhandlung erscheinen muss. Erlässt das Amtsgericht den Strafbefehl mit dem Schuld- und Strafausspruch und legt der Beschuldigte nicht innerhalb von zwei Wochen Einspruch gegen den Strafbefehl ein, so steht der rechtskräftige Strafbefehl einem erstinstanzlichen Urteil gleich, § 410 Abs. 3 StPO. Das Verfahren bietet sich vor allem an, wenn der Beschuldigte die Tat eingeräumt hat.[82]

Die Anklage kann schließlich weitere Anträge enthalten. Nach § 70 StGB kann auf ein Berufsverbot angetragen werden. Dieses verhängt das erkennende Gericht als Maßregel der Besserung und Sicherung, wenn die Tat unter Missbrauch des Berufs/Gewerbes oder unter grober Verletzung der damit verbundenen Pflichten begangen wurde und die Gesamtwürdigung des Täters und der Tat die Gefahr erkennen lässt, dass ohne entsprechendes Verbot bei weiterer Ausübung des Beruf gleiche, erhebliche rechtswidrige Taten begangen werden. Der Prognose kommt damit besondere Bedeutung zu.

In Hinblick auf zu Unrecht zunächst erlangte Vermögenswerte soll eine bleibende Bereicherung des Beschuldigten nach dem Willen des Gesetzgebers möglichst vermieden werden. Dementsprechend ist das, was der Beschuldigte durch eine Tat erlangt hat, mit Urteilsausspruch einzuziehen,

---

[82] Ein zu erwartender Einspruch des Beschuldigten soll den Staatsanwalt jedoch nicht grds. vom Antrag auf Erlass eines Strafbefehls abhalten, Nr. 175 Abs. 3 S. 2 RiStBV.

§ 73 Abs. 1 StGB. Das Gleiche gilt für den etwaigen Wert des Erlangten, sofern dieses selbst nicht mehr vorhanden sein sollte, § 73c StGB. Zur vorläufigen Sicherung dieser Einziehung kann die Staatsanwaltschaft bereits im Ermittlungsverfahren Maßnahmen ergreifen. Hierzu wird sie für den Fall der Einziehung von Taterträgen die Beschlagnahme gem. § 111b StPO und für den Fall der Einziehung des Wertes gem. § 111e StPO den Vermögensarrest bei Gericht gem. § 111j StPO beantragen.[83] Bewegliche Gegenstände werden sodann in amtlichen Gewahrsam genommen; Herausgabeansprüche oder Zahlungsansprüche werden hingegen gepfändet. Der entsprechende Pfändungsbeschluss wird dem Drittschuldner zugestellt.

8.3 Unternehmensinterne Erkenntnisquellen

8.3.1 Relevanz von Internal Investigations

Der Unternehmensleitung obliegen unternehmensinterne Aufklärungs- und Überwachungspflichten, wenn Hinweise dafür bestehen, dass es unternehmensintern zu Fehlverhalten gekommen ist, § 43 GmbHG, §§ 76 Abs. 1, 91 Abs. 2, 93 Abs. 1 AktG, § 131 OWiG.[84] Möglich ist dies durch sog. Internal Investigations (interne Untersuchungen). Diese internen Untersuchungen sind zu einem festen Baustein in der wirtschaftsstrafrechtlichen Beratungslandschaft geworden, wenn es darum geht, Vorgänge über unternehmensinterne Erkenntnisquellen aufzuklären.[85] Dieses Anliegen

---

[83] Sollte Gefahr im Verzug vorliegen, kann die Staatsanwaltschaft die Anordnung zunächst in eigener Zuständigkeit treffen, § 111j Abs. 1 S. 2 StPO.
[84] Uneinigkeit besteht indes, aus welcher normativen Grundlage, sich diese Verpflichtung jeweils für die Leitungsorgane von GmbH bzw. AG ergeben, vgl. *Wagner*, CCZ 2009, 8 ff.; Knierim/Rübenstahl/Tsambikakis-*Potinecke/Block*, Internal Investigations, Kap. 2 Rn. 5 ff.; *Moosmayer,* NJW 2012, 3013. Auf § 266 StGB verweisen *Jahn/Kirsch*, StV 2011, 151 (152); Kritisch *Kretschmer*, StraFo 2012, 259 (264).
[85] *Anders*, wistra 2014, 329; *Klengel/Buchert*, NStZ 2016, 383 (384); *Krug/Skoupil,* NJW 2017, 2374; *Raum*, StraFo 2012, 395 (396); *Sarhan*, wistra 2015, 449; *Schneider,* ZIS 2016, 626 (628); *Wehnert*, StraFo 2012, 253.

manifestiert sich auch in den Nuancen des Wirtschaftsstrafrechts der Heilberufe und damit auch im Bereich der Korruption im Gesundheitswesen.[86]

Blickt man indes auf die gesetzlichen Vorgaben für solche internen Untersuchungen, fällt die deutliche Inkongruenz von ausdrücklichen normativen Strukturen und der Bedeutung in der Beratungspraxis auf. Wesentliche Detailfragen sind trotz einiger maßgeblicher Entscheidungen der Instanzgerichte[87] ungelöst.[88] Auch im Bereich der Korruptionstatbestände im Gesundheitswesen wirft dies Fragen nach der Durchführbarkeit solcher Untersuchungen, der Beschlagnahmefähigkeit von internen Interviewprotokollen sowie deren anschließende Verwertbarkeit im Strafverfahren auf.

8.3.1.1 Ausgangspunkt und Zielrichtung

Das Kernanliegen einer jeden internen Untersuchung ist die Ermittlung eines Sachverhalts.[89] Hierfür werden neben intern beauftragten Personen (bspw. Compliance-Officer) zumeist Rechtsanwaltskanzleien[90] bzw. Prüfungsgesellschaften mandatiert, die bereits durch ihre Größe die notwendige „Manpower" zur Verfügung stellen können oder jene interne Untersuchung zumindest koordinieren.[91]

Für die Korruptionstatbestände im Gesundheitswesen gelten indes Besonderheiten. Die medienwirksamen internen Untersuchungen u.a. bei Siemens betrafen Marktteilnehmer mit mehreren Tausend Mitarbeitern. Die Ausmaße werden interne Untersuchungen im Gesundheitssektor kaum

---

86 Erste Kommentierungen zu §§ 299a ff. StGB etwa durch *Tsambikakis*, medstra 2016, 131; vgl. auch *Damas*, wistra 2017, 128; *Krüger*, NZWiSt 2017, 129; *Grzesiek/Sauerwein*, NZWiSt 2016, 369; Zu den steuerstrafrechtlichen Folgefragen *Rübenstahl*, medstra 2017, 194.
87 LG Hamburg, NZWiSt 2012, 26; LG Mannheim, NStZ 2012, 713; LG Bochum, NStZ 2016, 500; LG Braunschweig, NStZ 2016, 308.
88 Vgl. *Kottek*, wistra 2017, 9; *Haefcke*, CCZ 2014, 39; *Schneider*, ZIS 2016, 626 (631).
89 *Haefcke*, CCZ 2014, 39.
90 BRAK-Thesen, vgl. *Theile*, ZIS 2013, 378 (380).
91 Die organisatorische Ausgestaltung variiert dabei je nach Einzelfall. Im Regelfall besteht intern ein Koordinator. Werden zudem Untersuchungsmaßnahmen durch den externen Prüfer (externer Koordinator) an weitere Kanzleien ausgelagert, folgen hieraus Anschlussprobleme (sog. Legal Outsourcing). Hierzu *Raschke*, BB 2017, 579 ff.; Zur Vorbereitung, Durchführung und Umgang siehe *Krug/Skoupil*, NJW 2017, 2374.

annehmen. Jenseits der großen Laborverfahren betreffen die Verfahren wegen Fehlverhaltens im Gesundheitswesen „kleinere" Akteure. Selbst bei involvierten Kliniken werden zumeist selbst bei interdisziplinärer Zusammenarbeit allenfalls wenige Dutzend Mitarbeiter in den Fokus geraten.[92] An der Zielrichtung zur Durchführung einer internen Untersuchung ändert dies dem Grunde genommen jedoch nichts.[93]

Die Intention für die Durchführung einer internen Untersuchung ist vielfältig. Im Zentrum der Zielvorgaben stehen dabei zumeist das Wechselspiel aus Hinweisen infolge unternehmensinterner Compliance-Struktur, angestrebter sekundärer Rechtsdurchsetzung und einer etwaigen Zusammenarbeit mit Strafverfolgungsbehörden.[94] Den jeweiligen Schwerpunkt bestimmt der konkrete Einzelfall. Einigkeit besteht indes dahingehend, dass interne Untersuchungen sowohl repressive Zielrichtungen aufweisen als auch präventiv Wirkungen entfalten. Der heute aufgedeckte Normverstoß soll im Idealfall durch die Compliance-Maßnahme von morgen verhindert werden.[95]

Ihren Ausgangspunkt nehmen interne Untersuchungen meist durch einen Hinweis, der die Unternehmensspitze (Vorstand/Aufsichtsrat) erreicht und die eine Plausibilitätsschwelle überschreitet. Insoweit lassen sich interne und externe Hinweise unterscheiden. Bei installierten Hinweisgebersystemen[96] gehen Hinweise bei den hierfür eingerichteten Stellen (z.B. interne/externe Ombudspersonen)[97] oder aber direkt bei der Unternehmensspitze ein. Nicht selten jedoch erhält die Unternehmensspitze erst durch den Hinweis einer Aufsichtsbehörde Kenntnis von möglichem Fehlverhalten innerhalb des Unternehmens. In diesem Fall wird die inter-

---

92 Vgl. zum Compliance-Management am Universitätsklinikum Düsseldorf, *Lambers/Schneider*, CEJ 2016/2, 27 ff.
93 Vgl. Studie „Compliance im Klinikmarkt" des DKK, Rhön-Klinikum AG und Ernst&Young GmbH, 2017, abrufbar unter: http://www.ey.com/Publication/vwLU Assets/EY_-_Compliance_im_Klinikmarkt/$FILE/ey-compliance-im-klinikmarkt.pdf (letzter Abruf: 26.7.2017).
94 *Sarhan*, wistra 2015, 449; *Schneider*, ZIS 2016, 626 (628).
95 Vgl. die Herleitung von *Wagner*, CCZ 2009, 8 (11); *Blassl*, CCZ 2016, 201 (202); *Göpfert/Merten/Siegrist*, NJW 2008, 1703; *Klengel/Buchert*, NStZ 2016, 383 (384); Knierim/Rübenstahl/Tsambikakis-*Nestler*, Internal Investigations, Kap. 1 Rn. 35; *Momsen*, ZIS 2009, 508 (509); *Theile*, ZIS 2013, 378 (384).
96 Vgl. *Schemmel/Ruhmannseder/Witzigmann*, Hinweisgebersysteme, passim.
97 Vgl. LG Bochum, NStZ 2016, 500; sowie *Frank/Vogel*, NStZ 2017, 313 ff.

ne Untersuchung parallel zu einem Verwaltungs- und/ oder Strafverfahren durchgeführt.

Für das Unternehmen ist es von außerordentlicher Bedeutung, die Tragweite eines unternehmensinternen Fehlverhaltens überblicken zu können. Mit den Rechtsinstrumenten der Unternehmensgeldbuße (§ 30 OWiG) und möglichen Einziehungsentscheidungen (§§ 73 ff. StGB) stehen den Strafverfolgungsbehörden existenzbedrohende Maßnahmen zur Verfügung.

8.3.1.2 Konfliktpotential

In jedem Fall jedoch birgt eine beabsichtigte interne Untersuchung für die beteiligten Personen ein hinreichendes Konfliktpotential. Während auf Seiten des Unternehmens das Interesse an einer Sachverhaltsaufklärung überwiegt, stellt sich für den Mitarbeiter die Frage, inwieweit im Rahmen der Befragungen eine Aussagepflicht besteht und ob seine (Beschuldigten-)Rechte gewahrt bleiben. [98] Existenziell wird es für den Arbeitnehmer, wenn er „an Erinnerungslücken leidet" oder gar mit dem Gedanken spielt, aus prozessualen Gründen die Aussage zu verweigern und er sich gleichzeitig den Instrumenten der Verdachtskündigung oder der Androhung von Schadenersatzforderungen konfrontiert sieht. Nicht weniger konfliktbehaftet ist die Außenwirkung einer internen Untersuchung für die Reputation des Unternehmens. Aus diesem Grund haben Unternehmen bei aufgedecktem Fehlverhalten ein Interesse daran, dass sie die Deutungshoheit darüber haben, welche Informationen nach außen getragen werden.[99] Grundsätzlich signalisiert die Durchführung einer internen Untersuchung nach außen das Bild eines Unternehmens, in welchem Fehlverhalten nicht geduldet wird.[100] Dies gilt nicht mehr und nicht weniger bei Akteuren im Gesundheitswesen. Auswirkungen hat dies in zweierlei Hinsicht. Das Unternehmen wird insbesondere als ein solches wahrgenommen, das Fehlverhalten aufdecken und aufarbeiten will. Zugleich ermöglicht ein solch offensives Vorgehen auch, dass zumindest in der öffentlichen Wahrnehmung vielmehr der Eindruck entsteht, dass das Fehlverhalten einem einzelnen Mit-

---

98 *Jahn/Kirsch*, StV 2011, 151 (152); *Kottek*, wistra 2017, 9.
99 *Schneider*, ZIS 2016, 626 (628).
100 Knierim/Rübenstahl/Tsambikakis-*Nestler*, Internal Investigations, Kap.1 Rn. 47; *Schneider*, ZIS 2016, 626 (628); *Schuster*, NZWiSt 2012, 29.

arbeiter zuzurechnen ist und weniger dem Unternehmen.[101] In selteneren Fällen geht die Deutungshoheit des betroffenen Unternehmens auch soweit, dass die Durchführung einer internen Untersuchung (noch) nicht publik gemacht wird.[102] Eines abgestimmten Informationsmanagements auf Seiten des Unternehmens bedarf es jedoch in beiden Fällen.[103]

8.3.2 Definitionsmacht des Unternehmens bei internen Untersuchungen

Der „Herr des Verfahrens" ist bei internen Untersuchungen das Unternehmen. Dieses mandatiert die Rechtsanwaltskanzlei/Prüfungsgesellschaft mit der Durchführung der internen Untersuchung. Aus diesem Grund liegt auch vorbehaltlich berufsrechtlicher Pflichten die Definitionsmacht über den Umfang und die Tiefe der internen Untersuchung beim Unternehmen.[104]

8.3.2.1 Sachebene

Zu dieser Definitionsmacht gehört die Bestimmung, in welcher Form und in welchem Umfang die interne Untersuchung erfolgen soll. Anknüpfungspunkt hierfür ist wiederum der (zumindest) in Eckpunkten konkretisierte Fehlverhaltensverdacht. Ausgehend von diesem Fehlverhaltensverdacht lassen sich zum einen die Ermittlungsmaßnahmen und Ermittlungsziele definieren.

Zu den Ermittlungsmaßnahmen gehören die Durchführung von Mitarbeiterinterviews, die Sichtung von E-Mails und die Durchsicht von Unternehmens- und Patientenunterlagen. Dies wiederum setzt eine abgestimmte Planung voraus. Bereits vorab sollte klar sein, wonach gesucht wird und wie dies umgesetzt werden kann.

Die Geschäftsleitung muss dabei vielfältige Faktoren berücksichtigen. In Abwägung zu bringen sind dabei insbesondere der konkrete Vorwurf,

---

101 Vgl. auch *Schneider*, ZIS 2016, 626 (628).
102 *Wagner*, CCZ 2009, 8.
103 *Anders*, wistra 2014, 329 (330).
104 Vgl. *Schneider*, ZIS 2016, 626, der vom Unternehmen in „Schildkröten-Formation" spricht; Hinsichtlich der Planung und Durchführung vgl. *Krug/Skoupil*, NJW 2017, 2374 ff.

die Glaubhaftigkeit der Anzeige, der absehbare Schaden für das Unternehmen, zu berücksichtigende Patientenrechte, aber auch inwieweit durch die interne Untersuchung unternehmenseigene Ressourcen gebunden werden.[105] Insbesondere der in Schichten geführte Klinikalltag kann für die internen Untersucher besondere Hürden aufstellen, so z.B., wenn Dienstpläne und Interviewzeiten abgestimmt oder größere Datenmengen gesichert werden müssen.

8.3.2.1.1 Einschränkungen durch die ärztliche Schweigepflicht

Von ganz entscheidender Relevanz ist dabei die Frage, inwieweit die Patientendaten geschützt werden.[106] Zu den Kernpflichten des Arztes gehört die ärztliche Verschwiegenheitspflicht. Ein Arzt hat über das, was ihm in seiner Eigenschaft als Arzt anvertraut ist – auch über den Tod des Patienten hinaus – zu schweigen, vgl. § 9 MBO-Ä. Gemäß § 203 StGB ist die ärztliche Schweigepflicht auch strafrechtlich geschützt. Verpflichtet sind dabei nicht nur die in die Behandlung involvierten Ärzte, sondern auch alle jene berufsmäßig tätigen Gehilfen[107] und solche, die sich in Ausbildung zu einem solchen Beruf befinden, § 203 Abs. 3 S. 2 StGB. Ein Informationsaustausch ist zu Behandlungszwecken innerhalb des „Kreises der Wissenden" möglich. Weder das Interview mit einem Berufsgeheimnisträger, das Patienteninformation zum Gegenstand hat, noch die Durchsicht von Patientenunterlagen durch einen externen Dritten ist hiervon erfasst. Der Rechtsgutsträger ist in diesem Fall der Patient und nicht der Arzt oder das Unternehmen. Nur der Patient kann darüber entscheiden, ob einem Dritten Auskünfte über seine Daten erteilt werden. Dass der Rechtsanwalt, der die Befragung durchführt oder die Dokumente sichtet, grundsätzlich selbst Berufsgeheimnisträger ist, ändert an dieser grundlegenden Wertung nichts.[108] Maßgeblich ist allein die Dispositionsbefugnis des Patienten, die

---

105 Knierim/Rübenstahl/Tsambikakis-*Potinecke/Block*, Internal Investigations, Kap. 2 Rn. 165.
106 Vgl. BRAK-These Nr. 3 Abs. 2 der Stellungnahme 35/2010: *„Bei internen Erhebungen, insbesondere bei der Befragung von Mitarbeitern des Unternehmens, wahrt der Unternehmensanwalt die allgemeinen Gesetze und die sich aus den rechtsstaatlichen Grundsätzen ergebenden Standards."*
107 Vgl. OLG Köln, medstra 2017, 231.
108 Vgl. *Raschke*, Der intensivpflichtige Patient und die ärztliche Schweigepflicht, 2012, 19.

er auch nicht dadurch verliert, dass er womöglich in das Fehlverhalten involviert ist.[109]

Strafrechtlich relevant wäre daher eine Weitergabe von Patientendaten nur dann nicht, wenn der externe Dritte, der die interne Untersuchung durchführt, Gehilfe im Sinne des § 203 Abs. 3 S. 2 StGB wäre. Nach dem bislang geltenden Gehilfenbegriff sind nur solche Personen erfasst, die in den organisatorischen und weisungsgebundenen internen Bereich einbezogen sind. Externe sollen gerade nicht hierzu zählen,[110] sodass hiernach eine Informationspreisgabe tatbestandlich wäre. Dieses, zwischen *intern/extern* differenzierende, Verständnis wird bisweilen jedoch als überholt angesehen.[111] Danach müsse vielmehr für die Bestimmung der Gehilfeneigenschaft die Parallelität zur Auftragsdatenverarbeitung im BDSG berücksichtigt und diese Maßstäbe bei der Auslegung des Gehilfenbegriffs angelegt werden, § 11 Abs. 2 Nr. 1 bis 10 BDSG. Eine Weitergabe ist in den Fällen zulässig, in denen die effektive Steuerungsmacht über die Inhalte beim Auftraggeber – dem Unternehmen – verbleibt.[112]

Diese Konzeptionen greift auch die Neufassung des § 203 StGB auf.[113] Nach der Neuregelung werden die Absätze drei und vier des § 203 StGB geändert, wonach fortan keine Abgrenzung von intern/extern mehr notwendig wird. Es kommt nur noch darauf an, ob die Person an der beruflichen oder dienstlichen Tätigkeit des Berufsgeheimnisträgers mitwirkt. Eine Eingliederung in die Sphäre des Berufsgeheimnisträgers ist nicht mehr erforderlich. Maßgeblich ist ausschließlich, ob die betreffende Person in die Tätigkeit des Berufsgeheimnisträgers in *irgendeiner Weise* eingebunden ist und hierfür Beiträge leistet.[114] Der Referentenentwurf betont insoweit noch, dass die Dienstleistung

---

109 Vgl. *Auffermann/Vogel*, NStZ 2016, 387 ff.
110 *Fischer*, StGB, § 203 Rn. 16; *Raschke*, BB 2017, 579 (580).
111 *Hartung/Weberstaedt*, NJW 2016, 2209 (2213); *Cornelius*, StV 2016, 380 (385 f.).
112 Vgl. Darstellungen bei *Raschke*, BB 2017, 579 (581).
113 Referentenentwurf des BMJV hinsichtlich eines Gesetzes zur Neuregelung des Schutzes von Geheimnissen bei der Mitwirkung Dritter an der Berufsausübung schweigepflichtiger Personen vom 15.12.2016 sowie der hierzu veröffentlichte Regierungsentwurf vom 15.2.2017.
114 Referentenentwurf des BMJV hinsichtlich eines Gesetzes zur Neuregelung des Schutzes von Geheimnissen bei der Mitwirkung Dritter an der Berufsausübung schweigepflichtiger Personen vom 15.12.2016, 17.

„nicht unmittelbar einem einzelnen Mandanten dienen" dürfe.[115] Am 29. Juni 2017 hat der Bundestag in dritter Lesung dem Gesetzgebungsvorhaben zugestimmt. Den Bundesrat hat das Gesetz am 22. September 2017 passiert. Bislang ist noch nicht bekannt, wann das Gesetz im Bundesgesetzblatt verkündet wird.

Ob durch die Neuregelung auch angesichts der gesellschaftsrechtlichen Pflicht des Unternehmens zur Aufklärung interner Sachverhalte zumindest ansatzweise eine Einbindung externer Dritter begründen lässt, kann nicht abschließend beurteilt werden. Dies ist angesichts der lediglich EDV-bezogenen Konzeption der Neuregelung eher zu bezweifeln.

8.3.2.1.2 Interne Untersuchungen, Sozialadäquanz

Auch durch die Rechtsfigur der Sozialadäquanz lassen sich die Friktionen mit Blick auf § 203 StGB nicht abschließend lösen. Dies wäre allenfalls dann möglich, wenn man die interne Untersuchung als sozialadäquates Instrument eines funktionierenden Compliance-Systems betrachten würde. Von Sozialadäquanz ist auszugehen, wenn es sich bei der in Rede stehenden Handlung um eine solche handelt, die objektiv einer üblichen, von der Allgemeinheit gebilligten Verhaltensweise im sozialen Leben entspricht (Sozialadäquanz). Ungeachtet etwaiger Vorbehalte[116] gegen diese Rechtsfigur als strafrechtlich relevanter Erlaubnissatz[117] muss angesichts der Bedeutung von Patientendaten eine von der Allgemeinheit gebilligte Verhaltensweise verneint werden. Bereits bei der Diskussion um die Auslagerung juristischer Dienstleistungen besteht bislang kein darauf bezogener Erfahrungssatz, wonach der Mandant davon ausgehen müsse, dass seine mandatsbezogenen vertraulichen Informationen für Zwecke der Rechtsberatung an Dritte ausgelagert werden. Dies gilt noch weniger für den Patienten. Dieser wird im Regelfall davon ausgehen, dass seine Daten – jen-

---

115 Referentenentwurf des BMJV hinsichtlich eines Gesetzes zur Neuregelung des Schutzes von Geheimnissen bei der Mitwirkung Dritter an der Berufsausübung schweigepflichtiger Personen vom 15.12.2016, 31.
116 *Beckemper,* JURA 2001, 163 (169); *W. Hartung,* AnwBl. 2015, 649; *Raschke,* Geldwäsche und rechtswidrige Vortat, 2014, 65.
117 Für die Sozialadäquanz als Rechtfertigungsgrund im Allgemeinen: *Franzmann,* JZ 1956, 241 (243); *Welzel,* Das Deutsche Strafrecht, 5. Aufl., 69.

seits anstehender Abrechnungsfragen – vertraulich und nur zu Behandlungszwecken kommuniziert werden.

8.3.2.1.3 Einwilligung oder anonymisierte Informationen und zweistufige Überprüfung

Nach geltendem Recht verwirklicht eine Weitergabe von Patienteninformationen den Tatbestand des § 203 StGB, sofern der Patient nicht in die Weitergabe eingewilligt hat.[118] Spiegelbildlich heißt dies jedoch, dass Mitarbeiterbefragungen nur anonymisiert erfolgen könnten bzw. sich eine Durchsicht von Unterlagen oder E-Mails verbietet, sofern Patienteninformationen betroffen wären.[119] In jedem anderen Fall läge ein unbefugtes Offenbaren eines fremden Geheimnisses vor. Eine solche Befugnis ergibt sich auch nicht aus den aufgezeigten Normen zur Durchführungspflicht von internen Untersuchungen. Insoweit fordern jene Regelungen nur das „Ob" einer solchen internen Untersuchung ein. „Wie" diese letztlich durchgeführt wird, obliegt dem Unternehmen unter Einhaltung gesetzlicher Mindeststandards.

Abhilfe schafft in diesen Fällen ein gestuftes Prüfverfahren. Sofern sich aus Mitarbeiterbefragungen ergibt, dass es zu Fehlverhalten gekommen ist, wird dies an die Unternehmensleitung unter Nennung der abstrakten Parameter berichtet. Zu diesen Parametern gehören etwa der zeitliche Bezug, die besonderen Modalitäten der Tatausführung sowie entsprechende Auffälligkeiten, die es der Unternehmensleitung erlauben, die konkrete Sachverhaltsermittlung intern unter Bezugnahme der Patientendaten zu organisieren. Auswirkungen hat dies unweigerlich auf die Effektivität der internen Untersuchung durch externe Dienste, wobei dies wiederum den Vorwurf nähren kann, die Ermittlungen würden einseitig geführt werden.[120] Ein solcher Vorwurf lässt jedoch zumeist außer Acht, dass die Pro-

---

118 Zu anderen Tatbeständen, vgl. *Weiß*, CCZ 2014, 136.
119 Ein Erlaubnissatz ergibt sich dabei auch nicht aus dem Grundsatz der Wahrnehmung berechtigter Interessen, § 193 StGB. Diese Rechtsfigur greift allenfalls im bipolaren Verhältnis, so in etwa, wenn Honorarforderungen unbefriedigt bleiben. In der Dreieckskonstellation Unternehmen/Klinik – Patient – Externer greift diese indes nicht.
120 Dieser Vorwurf bezieht sich jedoch auch auf „normale" interne Untersuchungen, dem jedoch meist die gesellschaftsrechtliche Durchführungspflicht entgegnet wird, *Wehnert*, StraFo, 2012, 253 (254); Vgl. *von Hehn*, Börsenzeitung 2007, 15.

blematik von unrechtmäßigen Zuweisungsverhalten sowohl sozialversicherungs- als auch berufsrechtlich Folgefragen aufwirft. In diesen Verfahren wird es nicht weniger auf eine objektive Sachverhaltsermittlung ankommen.

8.3.2.2 Personenebene

Darüber hinaus hat die Unternehmensleitung die Definitionshoheit darüber, wer innerhalb des Unternehmens zu den Vorfällen befragt werden soll. An dieser Stelle eröffnet sich die Spannungslage aus der Weisungsbefugnis des Arbeitgebers und den (Beschuldigten-)Rechten des Arbeitnehmers. Vorbehaltlich einiger Stimmen[121] geht die Rechtsprechung und Literatur gegenüber dem Arbeitgeber von einer arbeitsvertraglichen Auskunftspflicht des Arbeitnehmers aus, §§ 666, 675 BGB.[122] Als Angestellter ist er „Wissensträger"[123] und damit Sachverhaltslieferant für das aufzuklärende Geschehen. Für den Mitarbeiter bedeutet diese Definitionsmacht des Arbeitgebers ein nicht zu unterschätzendes Konfliktpotential.

Die Befragungen werden im Regelfall durch externe Dritte durchgeführt, die nicht in gleichem Maße wie die Strafermittlungsbehörden an die strafprozessualen Ermittlungsmaßstäbe gebunden sind. Während der Beschuldigte im Strafverfahren sich auf sein Aussageverweigerungsrecht berufen kann, ist dies infolge der Aussagepflicht des (beschuldigten) Mitarbeiters ausgeschlossen. Die Privatermittler sind durch die Beauftragung durch den Arbeitgeber im Stande, über die Bandbreite arbeits- und zivilrechtlicher Instrumentarien Drohkulissen aufzubauen, deren existenzielle Bedeutung für den Mitarbeiter bei diesem faktisch zu einer Zwangssituati-

---

121 *Bauer*, StraFo 2012, 488 (489). Vgl. *Roxin*, StV 2012, 116 (121); *Göpfert/ Merten/Siegrist*, NJW 2008, 1703 (1705).
122 BGHZ 41, 318 (321); BGH, NJW 1990, 510 (511); LG Hamburg, StV 2011, 148 (151); *Anders*, wistra 2014, 329 (330); *Haefcke*, CCZ 2014, 39; *Knauer/Gaul*, NStZ 2013, 192 (194); Knierim/Rübenstahl/Tsambikakis-*Mengel*, Internal Investigations, Kap. 14 Rn. 35; *Kottek*, wistra 2017, 9; *Spehl/Momsen/Grützner*, CCZ 2014, 2 (5); *Theile*, StV 2011, 381 (384). Differenzierend *Greco/Caracas*, NStZ 2015, 7.
123 *Göpfert/Merten/Siegrist*, NJW 2008, 1703.

on führen.[124] Dies wirft insbesondere mit Blick auf die Verwertbarkeit Folgefragen auf (dazu unter 8.3.4).

Zeichnet sich indes frühzeitig eine solche Situation für den Mitarbeiter ab, drängt sich eine anwaltliche Individualvertretung auf. Es versteht sich von selbst, dass in diesen Situationen die Nuancen im Umgang mit der unternehmensseitigen Vertretung sehr vielfältig sind. Will man sachgerechte Ergebnisse erhalten, sollte man einen konstruktiven und kooperativen Umgang anstreben.

Auch in diesem Zusammenhang steht der Mitarbeiter in der Schnittstelle aus Aufklärungspflicht und Fürsorgepflicht des Arbeitgebers. Hieraus folgt, dass dem Mitarbeiter eine sachliche Befragungssituation ermöglicht wird, die frei ist von jeder Täuschung und unzulässigem Zwang.[125] Insbesondere dem nicht anwaltlich vertretenen Mitarbeiter muss durch Aufklärung ermöglicht werden, die besondere Befragungssituation einschließlich der hiermit verbundenen Konsequenzen zu verstehen.[126] Die Maßstäbe hierfür werden durch die sog. BRAK-Thesen Unternehmensanwalt im Strafrecht skizziert.[127]

8.3.3 Beschlagnahmefähigkeit

Neben die unternehmensinterne Aufarbeitung rechtswidriger Verstöße tritt bei Kenntnis der Strafverfolgungsbehörden auch die Ermittlung eines strafrechtlich relevanten Sachverhalts, § 152 Abs. 2 StPO. Die Durchführung einer internen Untersuchung hat für die Strafverfolgungsbehörden nicht selten die willkommene Konsequenz, dass der zu ermittelnde Sachverhalt bereits grundsätzlich durch das Unternehmen aufgearbeitet wurde und die hierfür relevanten Dokumente geordnet und in einem Datenraum

---

124 BRAK-Stellungnahme 35/2010, These 3 Erläuterung 4: *„Der Unternehmensanwalt darf dem Mitarbeiter zu keinem Zeitpunkt vor, während oder nach einer Befragung mit arbeitsrechtlichen Konsequenzen drohen, um eine Aussage zu erzwingen. Die Freiheit der Willensentschließung darf in keinem Fall beeinträchtigt sein."*.
125 Vgl. BRAK-Stellungnahme 35/2010, These 3 Erläuterung 3, Satz 1 und 2: *„Interne Erhebungen stellen hohe Anforderungen an den Unternehmensanwalt. Sie sind mit besonderem Augenmaß zu führen."*.
126 Vgl. Krug/Skoupil, NJW 2017, 2374 (2375).
127 BRAK-Stellungnahme 35/2010, vom November 2010.

verwaltet sind.[128] Hiermit geht meist einher, dass zumindest unternehmensintern nicht zuletzt über die Definitionsmacht der internen Untersuchung ein Wissensvorsprung auf Seiten der Unternehmen vorliegt. Dieser Sachverhaltsvorsprung kann über den strafprozessualen Hebel der Durchsuchung und Beschlagnahme auf Seiten der Strafverfolgungsbehörden ausgeglichen werden.[129]

Eine leges speciales für interne Untersuchungen – wie bereits betont wurde – gibt es nicht. Alle Detailfragen müssen aus den normativen Vorgaben der StPO beantwortet werden. Hierzu gehört ganz wesentlich, ob die Unterlagen, die im Rahmen einer internen Untersuchung erstellt worden sind, der Beschlagnahme unterliegen, oder ob in diesem Fall die Anwaltsprivilegien der §§ 53, 97, 160a, 148 StPO greifen und demzufolge eine Beschlagnahme bzw. genau genommen die Beschlagnahmeanordnung, § 98 StPO, unzulässig ist.

8.3.3.1 Schutzbedürftiges Mandatsverhältnis

Mit Blick auf das besonders schutzbedürftige Verhältnis zwischen Beschuldigtem und seinem Verteidiger knüpfen die Regelungen zur Beschlagnahmefreiheit, § 97 StPO, an die Vorschriften zur Zeugnisverweigerung an, §§ 52, 53 ff StPO. Die Beschlagnahmeverbote sollen verhindern, dass die Regelungen zur Zeugnisverweigerung durch Beschlagnahme umgangen werden.[130] Ergänzt werden diese Schutzbestimmungen um das Kommunikationsrecht mit dem Verteidiger, § 148 StPO, sowie um die Regelung zum Schutz zeugnisverweigerungsberechtigter Berufsgeheimnisträger, § 160a StPO.

Ohne Weiteres beantworten diese Regelungen jedoch nicht die Fragestellungen, wie sie bei internen Untersuchungen entstehen. Sie sind zugeschnitten auf das Verhältnis des Beschuldigten zu seinem Verteidiger. Bei internen Untersuchungen besteht das Mandatsverhältnis[131] im Regelfall

---

128 *Schuster*, NZWiSt 2012, 28 (29) spricht gar unter Verweis auf Wessing II von einem „fest geschnürtem Paket".
129 *Krug/Skoupil,* NJW 2017, 2374 (2378).
130 Gercke/Julius/Temming/Zöller-*Gercke*, StPO, § 97 Rn. 1 m.w. N.
131 Maßgeblich hängt dies auch davon ab, ob die interne Untersuchung durch interne Unternehmensjuristen oder aber externe Rechtsanwälte geschehen soll. Zu den Auswirkungen auf die Anwaltsprivilegien vgl. *Schneider*, ZIS 2016, 626 (630 f.).

nicht zum einzelnen Mitarbeiter, sondern ausschließlich zum Unternehmen. Gleichwohl kann im Rahmen der Mitarbeiter-Interviews, mehr aber noch bei Hinweisgebersystemen, ein faktisches Vertrauensverhältnis entstehen,[132] weswegen die Frage nach der Beschlagnahmefreiheit dieser Unterlagen in den Vordergrund rückt.[133] Allerdings sind auch innerhalb der Rechtsprechung der Instanzgerichte viele Einzelfragen ungeklärt.

8.3.3.2 LG Bochum, Beschluss v. 16.3.2016 – II-Qs 1/16

Eine Schlüsselstelle in dieser Diskussion nimmt die Entscheidung des LG Bochum ein.[134] Ausgangspunkt der Entscheidung war die Durchsuchung und Beschlagnahme bei einer als externen Ombudsfrau tätigen Rechtsanwältin. Diese hatte Hinweise von Mitarbeitern eines Unternehmens entgegen genommen und anonymisiert an die Integritätsbeauftragte des Unternehmens weitergeleitet. Um die Identität der Hinweisgeber zu erfahren, damit diese als Zeugen auftreten können, hatte das AG Bochum einen Durchsuchungsbeschluss erlassen. Die Durchsuchung hatte die Rechtsanwältin durch die Übergabe des Originals der Anzeige bei gleichzeitigem Widerspruch gegen die Beschlagnahme abgewendet und kurz darauf Beschwerde gegen die Durchsuchung eingelegt.

Sowohl die Beschwerdebegründung als auch die Stellungnahme der Staatsanwaltschaft drehen sich schwerpunktmäßig um die Frage, ob die genannten Regelungen (§§ 52 ff., 97, 148, 160a StPO) zum Schutze des Vertrauensverhältnisses zwischen Hinweisgeber und Ombudsperson einschlägig sind.

Das LG Bochum hat dies im Ergebnis verneint. In ihrer Begründung verweist die Kammer auf den besonderen Regelungsgehalt des § 97 Abs. 1 Nr. 3 StPO, wonach andere Gegenstände, auf die sich das Zeugnisverweigerungsrecht der in § 53 Abs. 1 Satz 1 Nr. 1 bis 3b genannten Personen erstreckt, nicht beschlagnahmt werden dürfen. Gleichwohl sei § 97 Abs. 1 Nr. 3 StPO dahingehend einschränkend auszulegen, dass das Vertrauens-

---

132 Vgl. *Frank/Vogel*, NStZ 2016, 313 ff.
133 Vgl. *Krug/Skoupil*, NJW 2017, 2374 (2379).
134 LG Bochum, NStZ 2016, 500. Nicht weniger relevant ist auch die Entscheidung des LG Hamburg im Fall HSH Nordbank, vgl. LG Hamburg, NZWiSt 2012, 26. Die Kammer hat auch dort die Beschlagnahmefreiheit von solchen Unterlagen verneint.

verhältnis des Beschuldigten zu seinem Rechtsanwalt durch ein Beschlagnahmeverbot geschützt sein soll. Nicht erfasst sei jedoch das Verhältnis von einem Nichtbeschuldigten zu einem Berufsgeheimnisträger. Dieses Verständnis ergebe sich insbesondere aus den vorherigen Ziffern des § 97 Abs. 1 StPO. Nicht gemeint sei eine personelle Ausweitung des Schutzbereichs. Hierdurch würde andernfalls das Gefüge der Ziffern 1 und 2 teilweise unterlaufen werden, das insoweit ausschließlich auf dem Vertrauensverhältnis von Beschuldigten und Rechtsanwalt fuße. Zudem sei auch kein mandatsähnliches Vertrauensverhältnis entstanden. Die Annahme einer solchen konkludenten Mandatsübernahme würde bereits strukturell einen inhärenten Konflikt der Standespflichten begründen. Weiterhin führt die Kammer aus, dass sich auch aus verfassungsrechtlichen Gründen kein Beschlagnahmeverbot ergebe. Die Entscheidung des LG Bochum bestätigt damit fast wortgleich die bereits zuvor in der Rechtsprechung vertretene Auffassung des LG Hamburg (HSH Nordbank), wonach die Protokolle von Mitarbeiterbefragungen nicht beschlagnahmefest seien.[135]

8.3.3.3 LG Mannheim, Beschluss v. 3.7.2012 – 24 Qs 1/12

Bereits knapp vier Jahre vorher hat das LG Mannheim[136] eine differenziertere Auffassung vertreten. Die Kammer setzt sich dabei intensiv mit der zum damaligen Zeitpunkt noch jungen Neufassung des § 160a StPO auseinander und kam zu dem Schluss, dass Mitarbeiterprotokolle im Gewahrsam eines durch das Unternehmen mandatierten Rechtsanwalts beschlagnahmefest seien. Diese Schutzrichtung ergebe sich aus der durch den Gesetzgeber vorgenommenen Privilegierung des Rechtsanwalts in den Anwendungsbereich des § 160a Abs. 1 StPO. Zwar teilt das Gericht – nahezu schon fast zähneknirschend – intensiv seine Bedenken gegen eine solche Ausweitung mit, doch orientiert es sich – Art. 20 Abs. 3 GG – im Ergebnis an den bestehenden Regelungen zu §§ 97, 160a StPO. Danach könne hinsichtlich der Fragen und Antworten einer internen Untersuchung nicht in jedem Fall zwischen mandatsbezogen und nicht-mandatsbezogen unterschieden werden, sodass beide Teile dem Schutzbereich der §§ 97, 160a StPO unterfielen. Allerdings betont die Kammer auch, dass in besonderen

---

135 LG Hamburg, NZWiSt 2012, 26.
136 LG Mannheim, NStZ 2012, 713.

Fällen in verfassungskonformer Auslegung § 160a StPO beschränkt werden könne. Dies sei insbesondere dann nötig, wenn eine bewusste Verschiebung von Unterlagen in Richtung Berufsgeheimnisträger geschehe, um diese Unterlagen gezielt dem Zugriff der Strafverfolgungsbehörden zu entziehen. Dies sei dann denkbar, wenn Unternehmen große Datenpakete in den Gewahrsam des Rechtsanwalts überantworten, um sie schlechterdings zu „schützen" und weiterhin die Definitionshoheit darüber zu behalten.

Liegen die Daten jedoch bei dem Unternehmen, können diese beschlagnahmt werden. Dies begründet die Kammer mit der Systematik von § 97 und § 160a StPO. Das Verhältnis beider Normen werde abschließend durch § 160a Abs. 5 StPO dahingehend geordnet, dass § 97 Abs. 1 StPO durch die § 160a StPO unberührt bleibe und daher dieser Vorschrift vorgehe.

8.3.3.4 Konsequenzen und die Zukunft des „mandatsähnlichen Näheverhältnis"

In der anwaltlichen Praxis hat keine der genannten Entscheidungen euphorischen Beifall ausgelöst. Moniert wird vielmehr die Tatsache, dass in den Entscheidungen in nur unzureichendem Maß die Rolle des Hinweisgebers bzw. des Mitarbeiters berücksichtigt wird.[137] An der Bedeutung der internen Untersuchung für die wirtschaftsstrafrechtliche Beratungspraxis ändert dies freilich wenig.

Vielmehr steht angesichts der Akzeptanz, der sich interne Untersuchungen in der Praxis erfreuen, zu vermuten, dass diese „Großwetterlage" perspektivisch abermals zu einer gerichtlichen Auseinandersetzung mit den Detailfragen interner Untersuchungen führen wird. Bis dahin bleibt es bei der Beschlagnahmefreiheit der Ergebnisse von internen Untersuchungen, zumindest wenn diese sich im Gewahrsam der vom Unternehmen manda-

---

137 *Ballo*, NZWiSt 2013, 46 ff.; *De Lind van Wijngaarden/Egler*, NJW 2013, 3549 (3551); *Frank/Vogel*, NStZ 2016, 313 ff.; *Jahn/Kirsch*, StV 2011, 151 ff.; Knierim/Rübenstahl/Tsambikakis-*Bock/Gerhold,* Internal Investigations, Kap. 5 Rn. 41; Vgl. *Krug/Skoupil,* NJW 2017, 2374.

tierten Rechtsanwaltskanzlei befinden. Aus dem Beschlagnahmeverbot resultiert insoweit zugleich ein Beweisverwertungsverbot.[138]

Anschlussfragen zur Verwertbarkeit eröffnen sich gleichwohl. Dies ist insbesondere in den Fällen denkbar, in denen die Unterlagen beim Unternehmen beschlagnahmt[139] werden oder das Unternehmen freiwillig Daten an die Strafverfolgungsbehörden übergibt. In diesen Fällen entfällt das Schutzregime der §§ 97, 160a StPO und es stellt sich die Frage, ob der Mitarbeiter einen besonderen Schutz genießt.

8.3.4 Verwertbarkeit im Strafverfahren

Kommt es im Anschluss an die interne Untersuchung tatsächlich zu einem Strafverfahren gegen den Mitarbeiter, drängt sich die zentrale Frage auf, wie die Informationen infolge der Auskunftspflicht unter Würdigung strafprozessualer Garantien in den Strafprozess eingeführt werden können.

Im Zentrum der Betrachtung steht dabei die Frage, inwieweit Ermittlungskompetenzen auf Private übertragen werden können, um die hierdurch gewonnenen Erkenntnisse in einem Strafverfahren verwerten zu können. Für die internen Untersuchungen kommt dem Grunde nach in Betracht, den externen Dritten, der die Mitarbeiterbefragung durchgeführt hat, zu vernehmen, wenn sich der Mitarbeiter im Strafverfahren auf sein Schweigerecht beruft. Entbindet das Unternehmen seinen internen Ermittler von seinem Zeugnisverweigerungsrecht, ist er zur vollständigen Aussage verpflichtet. Dies kann im Ergebnis dazu führen, dass das prozessuale Schweigerecht des Mitarbeiters über den Hebel der internen Untersuchung leerläuft und seine Aussage gleichwohl in den Strafprozess eingeführt werden kann. Inwieweit hierdurch offenen Auges ein Systembruch eingegangen wird, ist bislang – wie aufgezeigt wurde – durch die Rechtsprechung nicht abschließend geklärt.

---

138 BGHSt 18, 228; 25, 170; 44, 51; Gercke/Julius/Temming/Zöller-*Gercke*, StPO, § 97 Rn. 90; Meyer/Goßner/Schmitt-*Schmitt*, § 97 Rn. 50.
139 Vgl. LG Mannheim, NStZ 2012, 713 ff.

8.3.4.1 Rechtsprechung des LG Hamburg (HSH Nordbank) und Reaktionen aus der Literatur

Einen wichtigen Eckpunkt in der Diskussion hat die Entscheidung des LG Hamburg im Fall HSH Nordbank gesetzt.[140] Nach Auffassung der Kammer bestehe in einem Strafverfahren für die infolge der internen Untersuchung und aufgrund der Aussagepflicht gewonnenen selbstbelastenden Erkenntnisse kein Verwertungsverbot. Die Instanzgerichte seien daher nicht gehindert, trotz (arbeitsrechtlicher) Aussagepflicht diese Aussage in ein Strafverfahren einzuführen. Das Privileg der Selbstbelastungsfreiheit gelte in diesem Verhältnis nicht. Die Kammer führte diesbezüglich aus, dass der Gedanke, dass die Staatsgewalt den Betroffenen nicht durch sanktionsbewehrte Auskunftspflichten zur Selbstbelastung zwingen und deren Inhalt anschließend strafrechtlich gegen ihn verwenden darf, auf den vorliegenden Fall, dass sich Privatpersonen freiwillig arbeitsvertraglichen Pflichten unterwerfen und hieraus Offenbarungspflichten (von möglicherweise auch strafbaren Verhaltens), ersichtlich nicht anwendbar ist.[141] Dabei verkenne die Kammer nicht, dass diesen Pflichten mitunter existenzielle Bedeutung zukommen könne. Ausschlaggebend sei vielmehr, dass es sich um eine freiwillig eingegangene und nicht um eine gesetzliche Auskunftspflicht handele. Aus diesem Grund sei kein Widerspruch zum Grundsatz der Selbstbelastungsfreiheit erkennbar.[142]

Das auf die Entscheidung erfolgte Echo aus der Literatur ist hinlänglich bekannt. Der von der Kammer postulierten Verwertbarkeit sind verschiedene Argumentationen entgegengetreten. Federführend[143] sind dabei jene Ansätze, die entweder das Privileg der Selbstbelastungsfreiheit[144] in den Vordergrund rücken oder ein Verwertungsverbot aus dem rechtsstaatlichen Fair-Trial-Gedanken ableiten.[145]

---

140 LG Hamburg, StV 2011, 148 ff. *Jahn/Kirsch* bezeichnen den Sachverhalt des LG Hamburg als „Idealtyp" für die Phänomene unternehmensinterner Ermittlungen, StV 2011, 151; Vgl. *Jahn,* StV 2009, 41.
141 LG Hamburg, StV 2011, 148 (151).
142 LG Hamburg, StV 2011, 148 (151).
143 Alternativ wird sogar ein Auskunftsverweigerungsrecht vorgeschlagen, da hierdurch ein höherer rechtsstaatlicher Standard bestünde, vgl. *Rudolph*, StraFo 2017, 183.
144 *Sarhan*, wistra 2015, 449.
145 *Knauer/Buhlmann*, AnwBl. 2010, 387 (390); *Momsen*, ZIS 2013, 508 (513).

Gemein ist diesen Ansätzen ihr Ausgangspunkt, wonach die Auslegung des LG Hamburg in nicht ausreichendem Maße Antworten auf die Aussagepflicht des Mitarbeiters finde und aus es aus diesem Grund heraus eines Korrektivs bedürfe.

Dem steht indes der Einwand gegenüber, dass die Befragungssituation durch einen privaten Ermittler vom Vernehmungsbegriff der StPO abweiche. Danach gelten die strafprozessualen Maßstäbe nur dann, wenn der Vernehmende dem Beschuldigten in amtlicher Funktion gegenüber tritt und in dieser Eigenschaft Auskunft verlangt.[146] Maßgeblich sei gerade kein funktionaler Vernehmungsbegriff, der Schweigerechte des Beschuldigten bzw. Verwertbarkeitsproblematiken bereits dann auslöst, wenn die Befragung zumindest indirekt durch Strafverfolgungsorgane herbeigeführt wurde.

8.3.4.2 Verwertungsverbot als Ergebnis eines Abwägungsprozesses

Eine allgemein verbindliche Regel, unter welchen Voraussetzungen ein Verwertungsverbot besteht, konnte sich bislang in Rechtsprechung und Literatur nicht etablieren.[147] Die Rechtsprechung orientiert sich an der sog. Abwägungslehre,[148] wonach die Interessen der Strafverfolgungsbehörden an der Tataufklärung und die Individualinteressen des Beschuldigten in Abwägung zu bringen sind.

Die Rechtsprechung hatte sich bereits wiederholt mit der Frage auseinander zu setzen, inwieweit die Einbindung privater Personen in Strafverfolgungsaufgaben die Aussagefreiheit des Beschuldigten berührt.[149]

Der Abwägungsprozess hinsichtlich der bei internen Untersuchungen gewonnenen Erkenntnisse darf dabei die sich in einem Motivbündel zusammenfindenden Intentionen an der Durchführung einer internen Untersuchung nicht unberücksichtigt lassen. Insoweit wurde aufgezeigt, dass es dem Unternehmen sowohl zu entscheiden obliegt, ob eine solche interne Untersuchung durchgeführt wird als auch ob die dort ermittelten Erkenntnisse an die Strafverfolgungsbehörden übergeben werden. Die Definiti-

---

146 BGHSt 42, 139 (145); Meyer/Goßner/Schmitt-*Schmitt*, § 136a Rn. 4.
147 *Eisenberg,* Beweisrecht der StPO, Rn. 364; Meyer/Goßner/Schmitt-*Meyer/ Goßner,* Einl. Rn. 55a.
148 BVerfG, NJW 2012, 907 (911); BGHSt 52, 110; BGH, NJW 2013, 1827 (1830).
149 Vgl. BGHSt 34, 362; 42, 139.

onsmacht über die Erkenntnisgewinnung und die Weiterleitung liegen somit nicht beim Mitarbeiter. Dem vorgeschaltet ist die Auskunftspflicht des Mitarbeiters.

Indem er seinen Pflichten nachkommt, entlässt er die Entscheidung über seine Aussagefreiheit in die Sphäre des Unternehmens.

Hierdurch ist in besonderer Weise sein allgemeines Persönlichkeitsrecht berührt. Das BVerfG hat in seinem Gemeinschuldnerbeschluss die Aussagefreiheit insbesondere aus dem Allgemeinen Persönlichkeitsrecht hergeleitet und inhaltlich konkretisiert. Danach geraten Auskunftspersonen durch rechtlich vorgeschriebene Auskunftspflichten in die Konfliktsituation, sich entweder selbst einer strafbaren Handlung zu bezichtigen oder aber sich wegen ihres Schweigens Zwangsmitteln ausgesetzt zu sehen. Bereits hierdurch liegt ein Eingriff in eine Handlungsfreiheit sowie in das Persönlichkeitsrecht vor, der zugleich die Würde des Menschen berührt, indem seine Aussage als Mittel gegen ihn selbst verwendet wird, Art. 2 Abs. 1 iVm. Art. 1 Abs. 1 GG.[150] Das Schweigerecht gehört, so führt der Senat aus, seit Langem zu den anerkannten Grundsätzen des Strafprozesses. Es bestehen keinerlei strafprozessuale Bedenken, den Prozessbeteiligten Auskunftsverweigerungsrechte zuzusprechen. Schwierigkeiten sieht das BVerfG indes in den Fällen, in denen die Auskunftsperson aus besonderen Rechtsgründen rechtsgeschäftlich oder gesetzlich verpflichtet ist, einem Anderen oder einer Behörde die für diese notwendigen Informationen zu erteilen. In diesen Fällen kollidiere das Interesse des Auskunftspflichtigen mit dem Informationsbedürfnis Anderer.[151]

Der Senat löste seinerzeit die Konfliktlage bekanntermaßen auf, indem er die bestehende Auskunftspflicht um ein aus verfassungsrechtlichen Gründen gebotenes ungeschriebenes Verwertungsverbot ergänzte,[152] welches durch den Erlass des § 97 Abs. 1 S. 3 InsO abgelöst wurde.

Ein solches Bedürfnis besteht nach hier vertretener Auffassung auch für die Mitarbeiterbefragungen im Rahmen interner Untersuchungen.[153] Der Aussagefreiheit als Ausprägung des allgemeinen Persönlichkeitsrechts des Mitarbeiters wird nur dann in verfassungskonformer Weise entsprochen, wenn dem Mitarbeiter im Falle eines Strafverfahrens ein Verwertungsver-

---

150 BVerfG, NJW 1981, 1431.
151 BVerfG, NJW 1981, 1431 (1432).
152 BVerfG, NJW 1981, 1431 (1433).
153 Knierim/Rübenstahl/Tsambikakis-*Bock/Gerhold,* Internal Investigations, Kap. 5 Rn. 41.

bot zur Seite tritt. Allein der Umstand, ob eine solche Pflicht freiwillig begründet wird, kann nicht maßgeblich sein.

Insoweit hat der Senat im Gemeinschuldnerbeschluss nahezu beiläufig bemerkt, dass ein solches Verwertungsverbot auch bei rechtsgeschäftlich begründeten Aussagepflichten erforderlich sein kann, wenn besondere Rechtsgründe hinzutreten. Dies gelte selbst dann, wenn die Auskunftspflicht nicht allein gegenüber einer Behörde, sondern auch gegenüber anderen Personen besteht.

Die Ausgangslage bei internen Untersuchungen macht ein solches Verwertungsverbot erforderlich. Die bisweilen gegenläufigen Positionen bei internen Untersuchungen wurden aufgezeigt. Die Konfliktlage der Interessen muss in Ausgleich gebracht werden, um zum einen dem Unternehmen zu ermöglichen interne Sachverhalte aufzuklären, und zum anderen den Mitarbeiter nicht in seinen Rechten zu beschneiden, sollte es zu einem Strafverfahren infolge der internen Untersuchung kommen. Auf diesen Umstand macht auch das OLG Stuttgart in einer nur vereinzelt beachteten zivilrechtlichen Entscheidung aus dem Jahr 2015 aufmerksam.[154] Der Auskunftsanspruch sowie die grundrechtliche Position des Auskunftspflichtigen könne am ehesten in Ausgleich gebracht werden, wenn der zivilrechtlichen Offenbarungspflicht ein strafprozessuales Verwertungsverbot zur Seite gestellt wird.

Dass der Gesetzgeber ein Verwertungsverbot auch bei vertraglich begründeten Auskunftspflichten kennt, wird dabei häufig übersehen. Innerhalb der Normen zum ärztlichen Behandlungsvertrag formuliert § 630c Abs. 2 S. 2 und 3 BGB eine solche Regelung. Gemäß Satz 2 hat der Behandelnde den Patienten über die Umstände zu informieren, die die Annahme eines Behandlungsfehlers begründen, wenn er durch den Patienten hierzu befragt wird oder dies zur Abwendung gesundheitlicher Gefahren geschieht. Der nachfolgende Satz 3 konkretisiert sodann das Verwertungsverbot. Danach darf die Information nach Satz 2 zu Beweiszwecken in einem gegen den Behandelnden geführten Straf- oder Bußgeldverfahren

---

154 OLG Stuttgart, WRP 2016, 767.

nur mit Zustimmung des Behandelnden verwendet werden. Dabei ist das Verwendungsverbot als ein Verwertungsverbot[155] zu verstehen.[156]

Mit Blick auf das Zusammenspiel von Freiheit der Arztwahl und der ärztlichen Therapiefreiheit, wozu auch das „Ob" einer Behandlung zählt, wird deutlich, dass auch in freiwillig eingegangenen Rechtsverhältnissen Verwertungsverbote nicht fremd sind.

8.3.4.3 Notwendigkeit einer gesetzlichen Regelung

Eine erhöhte Rechtssicherheit ließe sich durch eine gesetzliche Regelung schaffen. In vergleichbaren Konfliktsituationen hat der Gesetzgeber reagiert und Aussagepflichten ein strafprozessuales Verwertungsverbot zur Seite gestellt. Verorten ließe sich eine solche Regelung ebenso im BGB bei den Regelungen zum Arbeitsvertrag.

8.3.5 Anwaltliche Kooperation mit Strafverfolgungsbehörden

Die Ausführungen zur Beschlagnahmefähigkeit von Unterlagen, die aus einer internen Untersuchung stammen, haben bereits aufgezeigt, dass neben dem Unternehmen naturgemäß auch die Strafverfolgungsbehörden ein Interesse an den Erkenntnissen zum Sachverhalt haben.

8.3.5.1 Primat des eigenen Mandats

In der kommunikativen Schnittstelle zwischen Unternehmen und Strafverfolgungsbehörden steht zumeist der Unternehmensanwalt. Zu dessen vielfältigem Aufgabenspektrum gehört u.a. die Koordinierungsaufgabe, zu er-

---

155 Der Wortlaut spricht grundsätzlich von einem Verwendungsverbot, wobei dies nahezu übereinstimmend als ein Verwertungsverbot verstanden wird, *Katzenmeier*, NJW 2013, 817 (818); *Rehborn*, GesR 2013, 257 (261); *Ruppert*, HRRS 2015, 448 (449); Spickhoff-*Spickhoff*, Medizinrecht, § 630c Rn. 24; *ders.*, ZRP 2012, 65 (67).

156 Ähnlich wie es gegenwärtig bei internen Untersuchungen noch der Fall ist, war vor dem Erlass des § 630c Abs. 2 S. 2 BGB umstritten, inwieweit der Arzt den Patienten über ärztliches Fehlverhalten aufzuklären hatte und ihm deswegen ein Verwertungsverbot zustand.

messen, wie die grundsätzlich gegenläufigen Interessensphären zu Gunsten des Unternehmens überein gebracht werden können. [157] Da das Mandat ausschließlich zum Unternehmen besteht, gilt es zum einen genau abzuschichten, welche Unternehmensinteressen in Abgrenzung zu den Individualinteressen der Unternehmensleitung bestehen und in welcher Form dem Unternehmen eine Zusammenarbeit mit den Strafverfolgungsbehörden Vorteile verschafft. [158]

In welcher Form dies geschehen kann, hängt nicht zuletzt vom Verfahrensstand und der Stellung des Unternehmens im Verfahren ab. Eine Zusammenarbeit kann sich insbesondere dann aufdrängen, wenn hierdurch Verzicht von Zwangsmaßnahmen, abgestimmte Ermittlungsmaßnahmen[159] oder ein geringeres Bußgeld in Aussicht gestellt werden, §§ 30, 130 OWiG. Dies setzt indes voraus, dass sich die Beteiligten in konstruktiver Weise mit den Handlungsintentionen des Anderen auseinandersetzen und zugleich einmal erklärte Zusagen belastbar bleiben.

8.3.5.2 Anreiz der Bußgeldminderung

Richten sich die Ermittlungen auch gegen das Unternehmen, wirkt sich eine frühzeitige Kooperationsbereitschaft nicht selten bußgeldmindernd aus. Im Rahmen des Auslegungsgefüges der §§ 30, 130 OWiG ist es bereits nach geltender Rechtslage möglich, etwaige Compliance-Maßnahmen (auch in repressiver Ausrichtung) bei der Bußgeldbemessung zu berücksichtigen. In welcher Form dies konkret geschehen soll, lässt sich den §§ 30, 130 OWiG nicht entnehmen.

Impulsgeber könnten dabei jedoch die Bußgeldleitlinien sein, die bereits in anderen Bereichen des Wirtschaftsstrafrechts fest etabliert sind und

---

157 *Jahn*, ZWH 2012, 477 (481).
158 *Ignor*, CCZ 2011, 143 (144); *Jahn*, ZWH 2013, 1 (2 und 3); *Sidhu/Saucken/Ruhmannseder*, NJW 2011, 881 (882); *Süße/Püschel*, CEJ 2016/1, 26 (52). Abstimmungsmöglichkeiten bestehen jedoch nicht allein gegenüber den Strafverfolgungsbehörden, sondern zugleich auch gegenüber den Landesärztekammern bzw. der Kassenärztlichen Vereinigung.
159 Hierunter lassen sich insbesondere abgestimmte Ermittlungsmaßnahmen fassen, wie z.B. die Ankündigung der Strafverfolgungsbehörden an einem bestimmten Tag Datenspiegelungen, etc. im Unternehmen durchzuführen. Dies ermöglicht für beide Seiten, eine „medial geräuschlose" Atmosphäre zu schaffen. Vgl. die Darstellung von *Schelzke*, NZWiSt 2017, 142 ff.

bei der Bußgeldbestimmung bereits ausdrücklich Compliance-Bemühungen als regulatorische Größe einbeziehen. Neben den Leitlinien im Kartellordnungswidrigkeitenrecht[160] sehen die WpHG-Bußgeldleitlinien II der BaFin[161] bei der Bußgeldbestimmung (Stufe 2 – Anpassung des Grundbetrages unter Berücksichtigung mildernder Anpassungskriterien) vor, sog. „Besserungsversprechen" zu berücksichtigen.[162] Hierunter versteht die Leitlinie glaubhafte Ausführungen des Betroffenen, dass er Vorkehrungen getroffen habe, um weitere Verstöße in Zukunft zu verhindern. Werden konkrete „Besserungsmaßnahmen" sowohl ausführlich als auch und substantiiert gegenüber der BaFin dargestellt und belegt, werden diese auch berücksichtigt.

Aufgegriffen werden diese Überlegungen auch in den verschiedenen Entwürfen zur Reform des Rechts der Ordnungswidrigkeiten im Unternehmensbereich/Schaffung eines Unternehmensstrafrechts. Über (monetäre) Anreize soll die Installation von (belastbaren) Compliance-Systemen angeregt werden, was zugleich wieder Kooperationsmöglichkeiten mit den Ermittlungsbehörden schafft.[163]

---

160 Leitlinien für die Bußgeldzumessung in Kartellordnungswidrigkeitenverfahren des Bundeskartellamtes vom 25.6.2016, abrufbar unter: http://www.bundeskartellamt.de/SharedDocs/Publikation/DE/Leitlinien/Bekanntmachung%20-%20Bu%C3%9Fgeldleitlinien-Juni%202013.pdf?__blob=publicationFile&v=5 (letzter Abruf am 3.8.2017). Allerdings regeln diese auch nicht, welche Rolle aktive Compliance-Maßnahmen bei der Bußgeldbemessung spielen. Lediglich Bonusregelungen sind für kooperationswillige Beteiligte möglich, die dazu beitragen Kartellverstöße festzustellen, vgl. Bekanntmachung Nr. 9/2006 über den Erlass und die Reduktion von Geldbußen in Kartellsachen – Bonusregelung vom 7.03.2006, abrufbar unter: https://www.bundeskartellamt.de/SharedDocs/Publikation/DE/Bekanntmachungen/Bekanntmachung%20-%20Bonusregelung.pdf?__blob=publicationFile&v=7 (letzter Abruf: 3.8.2017).

161 WpHG-Bußgeldleitlinien II der Bundesanstalt für Finanzdienstleistungsaufsicht (BaFin) vom 22.2.2017, abrufbar unter: https://www.bafin.de/SharedDocs/Downloads/DE/Leitfaden/WA/dl_bussgeldleitlinien_2016.pdf ;jsessionid=F6B7682F4685B140D7049A5F7A4B87EB.1_cid390?__blob=publicationFile&v=5, (letzter Abruf am 3.8.2017). Der vorausgegangen waren die WpHG-Bußgeldleitlinien aus dem Jahr 2013, hierzu der aufschlussreiche Beitrag von *Heinrich/Krämer/Mückenberger*, ZIP 2014, 1557.

162 WpHG-Bußgeldleitlinien II der Bundesanstalt für Finanzdienstleistungsaufsicht (BaFin) vom 22.2.2017, 11.

163 *Beulke/Moosmayer*, CCZ 2014, 146 (147); *Dierlamm*, CCZ 2014, 194; *Grützner*, CCZ 2015, 56 (57).

8.3.5.3 BGH, Urteil. v. 9.5.2017 – 1 StR 265/16

Die bußgeldmindernde Relevanz von Compliance-Maßnahmen hat der BGH erst jüngst unterstrichen. Das LG München I hatte in der Vorinstanz den Angeklagten wegen Steuerhinterziehung verurteilt. Zudem verhängte die Wirtschaftsstrafkammer eine Unternehmensgeldbuße gegen das Unternehmen als Nebenbeteiligte des Verfahrens gemäß § 30 OWiG. Der BGH hat die gegen die Nebenbeteiligte verhängte Geldbuße aufgehoben und den Fall zur erneuten Verhandlung und Entscheidung an das Landgericht zurückverwiesen. Insoweit wies der BGH darau fhin, dass im Rahmen der Bußgeldbemessung zu berücksichtigen ist, inwieweit die Nebenbeteiligte ihrer Pflicht, Rechtsverletzungen aus der Sphäre des Unternehmens zu unterbinden, genügt und ein effizientes Compliance-Management installiert habe.

Das Compliance-Management müsse, so der Senat weiter, auf die Vermeidung von Rechtsverstößen ausgerichtet sein. Dabei sei insbesondere der dynamische Prozess von Relevanz. Insoweit komme es darauf an, ob die Nebenbeteiligte nunmehr entsprechende Regelungen optimiert und ihre betriebsinternen Abläufe so gestaltet habe, dass vergleichbare Normverletzungen zukünftig jedenfalls deutlich erschwert werden.[164]

Die Entscheidung des BGH macht auf zwei wesentliche Umstände aufmerksam. Zum einen bestätigt er die bereits in der Kommentarliteratur vertretene Auffassung, dass im Rahmen der Bußgeldbemessung in § 30 Abs. 2 OWiG zudem auch die unternehmensbezogenen Umstände zu berücksichtigen sind,[165] wozu insbesondere etwaige Compliance-Maßnahmen gehören.[166] Zum anderen unterstreicht der BGH durch diese Rechtsprechung, dass interne Untersuchungen ein wichtiger Bestandteil eines dynamischen Compliance-Systems sein können und sich bei ernsthaften Aufklärungsbemühungen im Regelfall positiv auf das Unternehmen auswirken.

---

164 BGH, Urteil. v. 9.5.2017 – 1 StR 265/16, Rn. 118.
165 Göhler-*Gürtler*, OWiG, § 30 Rn. 36a.
166 Göhler-*Gürtler*, OWiG, § 30 Rn. 36a.

8.4 Die Medienarbeit der Strafverfolgungsbehörden

Ein weiterer wichtiger Aspekt moderner staatsanwaltschaftlicher Tätigkeit ist die Medienarbeit der Behörden.

8.4.1 Grundsätzliche Bedeutung der Medienarbeit

Zu den möglichen „Kollateralschäden eines Strafverfahrens" zählen zweifelsohne auch die negativen Auswirkungen, die eine Medienberichterstattung über ein laufendes Strafverfahren gegen Verantwortliche oder Mitarbeiterinnen/Mitarbeiter eines Unternehmens regelmäßig für das Unternehmen selbst haben wird. Hierbei handelt es sich nicht um bloße Unannehmlichkeiten, sondern um massive wirtschaftliche Folgen, die den Marktwert eines Unternehmens nachhaltig negativ beeinflussen und im schlimmsten Fall sogar seinen Bestand gefährden können.[167] Hinzu kommt, dass sich ihr konkretes Ausmaß kaum vorherbestimmen lässt. Art und Umfang der Medienberichterstattung erweisen sich allzu oft als ein unkalkulierbares Risiko mit hoher Eigendynamik und unberechenbaren Wechselwirkungen. Diesen Effekten haben selbst Unternehmen mit hochentwickelten Compliance-Strukturen kaum etwas entgegenzusetzen. Bei dem Versuch einer Rechtfertigung über die Medien droht sogar der gegenteilige Effekt. Sie erhöht lediglich die mediale Halbwertszeit, ohne etwas am „negative labeling" des Themas zu ändern. Erschwerend kommt hinzu, dass sich das Medieninteresse regelmäßig nicht an den Individualbeschuldigten des Ermittlungsverfahrens festmacht, sondern am Unternehmen selbst. Dies entspricht der langjährigen Erfahrung als Pressesprecher der Generalstaatsanwaltschaft Frankfurt am Main, in der u.a. komplexe Ermittlungsverfahren aus dem Bereich des Steuerstrafrechts, z.B. wegen des Verdachts der Steuerhinterziehung im Zusammenhang mit sog. „Cum-/Ex"-Geschäften oder Umsatzsteuerkarussellen, bearbeitet werden. Die Versuche, bei Journalisten für das in Deutschland geltende Individualstrafrecht zu werben, mit dem Ziel, das von Rechtsverstößen faktisch betroffene Unternehmen nicht

---

167 Vgl. *Theile,* Wirtschaftskriminalität und Strafverfahren, 2009, 185 f.; Der Gesamtschaden für ThyssenKrupp im sog. Schienenkartellprozess soll sich auf 300 Millionen Euro belaufen, abrufbar unter http://www.n-tv.de/wirtschaft/Neue-Runde-in-spektakulaererem-Kartellfall-article15917081.html (letzter Abruf am 22.10.2017).

in den Mittelpunkt der Medienberichterstattung rücken zu lassen, stößt – selbst bei Fachjournalisten – nur auf mäßige Akzeptanz. Dies gilt insbesondere dann, wenn sich die strafrechtlichen Ermittlungen nicht gegen Personen aus der obersten Führungsebene eines Unternehmens richten, sondern gegen Verantwortliche aus den mittleren Führungsetagen, die in der Öffentlichkeit nicht bekannt sind. Der mediale Wert der Berichterstattung speist sich dann unweigerlich aus dem Unternehmensbezug. Das mag man beklagen, sollte sich der Erkenntnis aber nicht verschließen, da sie den Anknüpfungspunkt für die Entwicklung einer effizienten Strategie im Umgang mit den Medien bildet. Deren Ziel muss sein, das Unternehmen möglichst wirkungsvoll vor den Kollateralschäden einer negativen Medienberichterstattung zu schützen.

8.4.2 Rechtliche Grundlagen der Medienarbeit der Strafverfolgungsbehörden

Die Medienarbeit der Strafverfolgungsbehörden dient nicht der „Imagepflege" der Justiz, sondern einzig und allein der Durchsetzung des Grundrechts der Pressefreiheit aus Art. 5 Abs. 1 GG. Mit Blick auf die herausragende Bedeutung der Pressefreiheit für unsere freiheitlich demokratische Grundordnung ist der Auskunftsanspruch der Medien in den Landespressegesetzen als Regel – Ausnahme – Verhältnis konzipiert.[168] Die Strafverfolgungsbehörden sind mithin grundsätzlich verpflichtet, den Medien Auskünfte zu erteilen, es sei denn, dass sich – neben weiteren Ausnahmetatbeständen – bei Abwägung der divergierenden Grundrechtspositionen ein Vorrang schutzwürdiger Belange eines von der Auskunftserteilung Betroffenen ergibt.

Der Schutz des „goodwill" eines Unternehmens, gegen dessen Verantwortliche oder Mitarbeiterinnen/Mitarbeiter ein strafrechtliches Ermittlungsverfahren geführt wird, ist eine solche schützenswerte Grundrechtsposition, die bei der Entscheidung, ob und in welchem Umfang die Strafverfolgungsbehörde eine Medienauskunft erteilt, berücksichtigt werden muss. Die Rechtsposition des Unternehmens wird durch den Umstand verstärkt, dass in Deutschland bislang kein Unternehmensstrafrecht existiert. Ein strafrechtliches Ermittlungsverfahren richtet sich niemals gegen das

---

168 Vgl. Landespressegesetze, z.B. § 3 HPresseG.

Unternehmen als juristische Person, sondern stets gegen Verantwortliche oder Mitarbeiterinnen/Mitarbeiter eines Unternehmens. Hierbei handelt es sich nicht um eine semantische Feinheit, sondern – mit Blick auf die unterschiedlichen Grundrechtspositionen – eine grundlegende Positionsbestimmung, an der Art und Umfang der behördlichen Auskunftserteilung auszurichten sind. Die Frage nach dem Namen eines Unternehmens wird von der Pressestelle der Generalstaatsanwaltschaft Frankfurt am Main dementsprechend wie folgt beantwortet: „Die Namen von Unternehmen, gegen deren Verantwortliche oder Mitarbeiterinnen/Mitarbeiter ein Ermittlungsverfahren anhängig ist, werden von unserer Behörde weder genannt noch bestätigt". Diese Antwort erfolgt unabhängig davon, ob der Name des Unternehmens in der Medienberichterstattung bereits genannt worden ist oder nicht. Art und Umfang der Auskunftserteilung richten sich nicht danach, welche Informationen bereits in den Medien kursieren, sondern allein danach, welche Auskünfte die Strafverfolgungsbehörde zu erteilen rechtlich befugt ist. Dies gilt umso mehr, als sich die Medien in der Regel auf die Verlautbarungen einer Behörde verlassen dürfen und diese nicht gesondert überprüfen müssen. Die medienrechtlichen Sorgfaltspflichten sind bei einer Auskunftserteilung durch eine sog. „privilegierte Quelle" reduziert.[169] Dies ist der maßgebliche Grund, weshalb Journalisten gegenüber der Behörde auch auf die Bestätigung eines bereits bekannten Unternehmensnamens drängen.

8.4.3 Praxishinweise für die Medienarbeit von Unternehmen und Strafverfolgungsbehörden

Insbesondere um die Gefahr eines öffentlichen Schlagabtauschs zwischen der Strafverfolgungsbehörde und dem Unternehmen über die Medien zu vermeiden, ist es ratsam, möglichst bereits zu Beginn des Ermittlungsverfahrens, regelmäßig während der Durchsuchung, die Eckpfeiler für die Medienarbeit abzustimmen. Dieser Prozess erfordert wechselseitiges Vertrauen und transparente Kommunikation. Das Unternehmen muss darauf vertrauen können, dass sich die Strafverfolgungsbehörde bei der Auskunftserteilung gegenüber den Medien in der gebotenen Zurückhaltung übt, sich insbesondere nicht vom medialen Druck leiten lässt, der in gro-

---

169 Vgl. BVerfG, Beschluss v. 9.3.2010 – 1 BvR 1891/05 –, Rn. 35.

ßen Wirtschaftsstrafverfahren regelmäßig entsteht. Im Gegenzug ist das Unternehmen seinerseits gut beraten, seine Sprachregelung mit der Strafverfolgungsbehörde abzustimmen. Hier hat sich die Formel etabliert: „das Unternehmen unterstützt die Ermittlungen der Staatsanwaltschaft rückhaltlos. Darüber hinaus werden mit Blick auf die laufenden Ermittlungen keine Auskünfte erteilt". Mit dieser knappen Formel kommuniziert das Unternehmen die einzig positive Botschaft, die es im Kontext eines strafrechtlichen Ermittlungsverfahrens zu verkünden gibt und läuft dabei nicht Gefahr, das mediale Interesse zusätzlich anzufachen.

Über ein abgestimmtes Medienkonzept ergeben sich positive Synergieeffekte, die weit über die Vermeidung medialer Kollateralschäden für das Unternehmen hinausreichen. Die objektive und sachliche Medienarbeit wird sich insbesondere positiv auf die Zusammenarbeit zwischen Unternehmen und Strafverfolgungsbehörde auswirken.

8.5 Fazit und Ausblick auf die Entwicklung der Arbeit der Strafverfolgungsbehörden im Medizinwirtschaftsstrafrecht

Die vergleichsweise junge Disziplin des Medizinwirtschaftsstrafrechts wird auch in den kommenden Jahren eine dynamische Entwicklung erleben, die u.a. von der strafrechtlichen Praxis bei der Anwendung der neuen Straftatbestände der §§ 299a, 299b StGB geprägt sein wird. Deren Praxisrelevanz sollte jedoch nicht überschätzt werden. Bei der Hessischen Zentralstelle zur Bekämpfung von Vermögensstraftaten und Korruption im Gesundheitswesen (ZBVKG) sind seit Inkrafttreten der neuen Straftatbestände der §§ 299a, 299b StGB bislang lediglich fünf Ermittlungsverfahren eingeleitet worden. Das ist kein Negativattest i.S. einer mangelnden Praxisrelevanz der neuen Strafvorschriften, sondern vielmehr ein Indiz für die hervorragende Präventionsarbeit, die in sämtlichen Branchen des Gesundheitsmarktes, allen voran der Pharmaindustrie, in den zurückliegenden Jahren geleistet worden ist. Dieser Befund mag die Befürworter eines moralisierenden Strafrechts, das von tradierten „Feindbildern" geprägt ist, irritieren. Für die Vertreter eines modernen liberalen Wirtschaftsstrafrechts eröffnet er hingegen Chancen und Möglichkeiten einer effektiven und effizienten Strafverfolgung, in die die Unternehmen künftig noch viel stärker eingebunden werden sollten. Nur eine am Ultima Ratio Prinzip ausgerichtete und mit Fachexpertise und Augenmaß praktizierte Strafverfolgung kann gewährleisten, dass sich das Strafrecht im Gesundheitsmarkt auch künftig seine gesellschaftliche Akzeptanz bewahrt und einen effektiven Beitrag zum Schutz dieses wichtigen Teilbereichs unserer Wirtschaft zu leisten vermag.

Verteidigung im Korruptionsstrafrecht (§§ 299a, b StGB)

RA Felix Rettenmaier, RETTENMAIER & ADICK, Rechtsanwälte PartG mbB

9. Verteidigung im Korruptionsstrafrecht (§§ 299a, b StGB)

Das Korruptionsstrafrecht zählt zu den Kernbereichen des sog. Wirtschaftsstrafrechts. Es umfasst neben den §§ 299ff. und 331ff. StGB seit dem 4. Juni 2016 auch den Tatbestand der Bestechung und Bestechlichkeit im Gesundheitswesen gemäß der §§ 299a, b StGB.[1] Neben einer Darstellung allgemeiner Grundsätze der Verteidigung in Korruptionsstrafsachen[2] soll nachfolgend insbesondere auf die Verteidigung in den Fällen der Bestechung und Bestechlichkeit im Gesundheitswesen eingegangen werden.

Die strafrechtliche Beratung und Verteidigung in Korruptionsstrafsachen kann sowohl präventiv (sog. Vorfeldberatung) als auch repressiv (Verteidigung im Ermittlungs-, Zwischen- und Hauptverfahren) erfolgen.[3] Der in diesem Bereich tätige strafrechtliche Berater bzw. Verteidiger[4] kann bereits im Vorfeld strafrechtlicher Ermittlungen durch die Erstattung belastbarer rechtsgutachterlicher Stellungnahmen, der Einführung und Verbesserung eines Risikomanagement- und Compliance-Systems dazu beitragen, strafrechtliche Risiken aufzudecken, diese zu verringern oder bestenfalls vollständig zu vermeiden.[5] Insbesondere in den Fällen der Korrup-

---

1 Vgl. grundlegend zum Tatbestand der §§ 299a, b StGB, *Rettenmaier/Adick*, Webel (Hrsg.), Sachkosten im Krankenhaus – Medizinischer Sachbedarf, 2017, 219ff.
2 Allgemein zu Strafverfahren bei Wirtschaftsdelikten vgl. *Rettenmaier*: Adick/Bülte (Hrsg.) Fiskalstrafrecht, 3. Kap. 35ff.
3 Die anwaltliche Beratung und Vertretung im Vollstreckungsverfahren ist nicht Gegenstand dieses Beitrages.
4 Zur Pflicht der Auswahl einer Auskunftsperson, die eine Gewähr für eine objektive, sorgfältige, pflichtgemäße und verantwortungsbewusste Auskunftserteilung bietet vgl. *Fischer*, StGB, 64, Aufl. 2017, § 17 Rn. 9 m. w. N.
5 Eingehend hierzu: Wabnitz/Janovsky/*Dierlamm*, Hdb. des Wirtschafts- und Steuerstrafrechts, 4. Aufl. 2014, Kap. 29 Rn. 6.

tion im Gesundheitswesen liegt ein Schwerpunkt der strafrechtlichen (Unternehmens-)Beratung auf der Erstellung angemessener Verhaltensregeln für Angehörige eines Heilberufs bzw. eines Pharmaunternehmens, anhand der sich aus den §§ 299a, b StGB ergebenden Kriterien. Im Rahmen der Verteidigung von Einzelpersonen liegt der Schwerpunkt demgegenüber regelmäßig auf der (vollständigen) Ermittlung des jeweils maßgeblichen Sachverhaltes, der Prüfung aller Tatbestandsmerkmale der §§ 299a, b StGB im Vorwurfszeitraum sowie der Verteidigung gegen die den Betroffenen entstandenen Verdachtslage.

9.1 Entstehung Ermittlungsverfahren

Aus dem Legalitätsprinzip folgt die Verpflichtung der Ermittlungsbehörden (Staatsanwaltschaft, Polizei und Finanzbehörden)[6], im Falle des Verdachts einer Straftat Ermittlungen aufzunehmen (§§ 152 Abs. 2, 160 StPO).[7] Demgegenüber steht es bei dem Verdacht von Ordnungswidrigkeiten im pflichtgemäßen Ermessen der Behörde (sog. Opportunitätsprinzip), diesen nachzugehen, oder aber von einer Verfolgung abzusehen.

Auch und insbesondere bei der Verteidigung in Korruptionsstrafsachen ist das Ermittlungsverfahren der bedeutendste Verfahrensabschnitt. Bereits in diesem (frühen) Verfahrensstadium wird der strafrechtliche Vorwurf von den Ermittlungsbehörden erstmals sachlich und rechtlich begründet. Infolgedessen – und vor dem Hintergrund der zahlreichen Möglichkeiten der Verfahrensbeendigung in diesem Verfahrensstadium – ist der Verteidiger gehalten, unmittelbar gestaltend Einfluss auf das Verfahren zu nehmen. Aufgrund der weitreichenden Folgewirkungen[8] einer Verurteilung muss in jedem Fall eine Beendigung, bestenfalls in Form einer Einstellung des Ermittlungsverfahrens nach den §§ 170 Abs. 2, 153, 153a StPO angestrebt werden.[9] Die Entstehung eines Ermittlungsverfahrens selbst kann unterschiedliche Ursachen haben:

---

6 Zum Geltungsbereich des Legalitätsprinzips vgl. HK-StPO/*Gercke*, 5. Aufl. 2012, § 152 Rn. 6.
7 Meyer-Goßner/*Schmitt*, StPO, 60. Aufl. 2017, § 152 Rn. 2: „Das Legalitätsprinzip bedeutet Verfolgungszwang, und zwar gegen jeden Verdächtigen [...]".
8 Instruktiv: *Lehr*, MAH Strafverteidigung, 2. Aufl. 2014, § 21 (Strafverteidigung und Medien).
9 Ebenso: *Böttger/Brockhaus*, Wirtschaftsstrafrecht in der Praxis, 2. Aufl. 2015, Kap. 12 Rn. 106.

Verteidigung im Korruptionsstrafrecht (§§ 299a, b StGB)

9.1.1 Offizialdelikte

Anders als die Angestelltenbestechung gemäß § 299 StGB sind die §§ 299a, b StGB sog. Offizialdelikte, d. h., dass es zur Strafverfolgung keines Strafantrags bedarf.[10] Dies wird mit der überindividuellen Bedeutung des Instituts des Gesundheitswesens begründet.[11] Jede Bestechung und Bestechlichkeit im Gesundheitswesen ist demnach im Falle eines Anfangsverdachts[12] von Amts wegen zu verfolgen (§§ 152 Abs. 2, 160 Abs. 1, 163 Abs. 1 StPO).

Im Rahmen der parlamentarischen Debatte um die §§ 299a, b StGB wurde diesbezüglich u. a. ausgeführt, dass

„insbesondere Scheinverträge oder wirtschaftlich unausgewogene Vertragsgestaltungen den Verdacht strafbaren Verhaltens begründen"

können.[13] Damit ist die Schwelle für den ein Ermittlungsverfahren auslösenden Anfangsverdacht denkbar niedrig.[14] Für die präventive strafrechtliche Beratung bedeutet dies, dass verdachtsbegründende Sachverhalte vermieden und Geschäftsvorfälle transparent dokumentiert werden sollten, um bereits den Anschein korruptiver Verhaltensweisen zu vermeiden.[15]

9.1.2 Strafanzeige

Darüber hinaus kommt die Einleitung des Ermittlungsverfahrens infolge einer Strafanzeige gemäß § 158 StPO in Betracht. Diese kann von jedermann erstattet werden. Bei der Korruption im Gesundheitswesen kommen

---

10 *Fischer*, StGB, 64. Aufl. 2017, § 301 Rn. 2 zu den Fällen des besonderen öffentlichen Interesses an der Strafverfolgung; zur Entstehungsgeschichte vgl. *Rettenmaier/Adick*, a. a. O., 219, 231.
11 *Sommer/Schmitz*, Korruptionsstrafrecht, 2. Aufl. 2016, § 4 Rn. 34; *Leitner/Rosenau/Gaede*, Wirtschafts- und Steuerstrafrecht, 2017, § 299a Rn. 24; zu den gesetzgeberischen Beweggründen eingehend Kindhäuser/Neumann/Paeffgen-*Dannecker/Schröder*, StGB, 5. Aufl. 2017, Rn. 216.
12 *Rettenmaier/Rostalski*, Der Anfangsverdacht bei der Korruption im Gesundheitswesen, StV 2018 (im Erscheinen).
13 S. hierzu: BT-Drs. 18/4001, 66.
14 Kritisch: *Geiger*, CCZ 2016, 172, 176f.
15 Vgl. dazu: BGHSt 47, 295, 303; 48, 44, 51; 53, 6, 20; Zu Maßnahmen zur Erhöhung der Transparenz vgl.; *Benz/Heißner/John* Dölling, Hdb. der Korruptionsprävention, 2007, 2. Kap. Rn. 21ff.

als Anzeigeerstatter insbesondere Patienten, Wettbewerber, Verbände oder Unternehmen, die im Rahmen interner Ermittlungen Feststellungen getroffen haben, die ein strafbares Verhalten von Mitarbeitern i. S. der §§ 299a, b StGB nahelegen, in Betracht.[16] Teilweise wird vertreten, dass eine Unternehmensleitung gemäß § 93 Abs. 1 AktG bzw. § 43 Abs. 1 GmbHG gesellschaftsrechtlich dazu verpflichtet sei, Straftaten von Mitarbeitern gegenüber der zuständigen Behörde anzuzeigen.[17] Dies erscheint zumindest dann zweifelhaft, wenn die mit einer Anzeige verbundenen Auswirkungen aufgrund des Inhalts, des Umfang und der (möglichen) Folgen nicht im Interesse des Unternehmens sind. Die §§ 299a, b StGB sind, anders als § 299 StGB, zudem keine Privatklagedelikte, d. h., sie können von dem Verletzten nicht selbst verfolgt werden, ohne dass es einer vorhergehenden Anrufung der Staatsanwaltschaft bedarf.

9.1.3 Sonstige Kenntniserlangung

Unabhängig von einer Strafanzeige muss die Staatsanwaltschaft auch aufgrund von privat erlangten (zureichenden) Verdachtsmomenten einzelner Staatsanwälte[18] oder aber aufgrund ihr zur Kenntnis gelangten Presseberichterstattungen ermittelnd tätig werden.[19]

Stellt ein Unternehmen Korruptionsstraftaten von Mitarbeitern fest, so kommt außerdem eine Offenlegungspflicht gegenüber den Steuerbehörden im Rahmen einer sog. Berichtigungserklärung gemäß § 153 AO[20] in Betracht, welche ihrerseits zu einer Meldung gegenüber der Staatsanwaltschaft verpflichtet sind. Die Offenlegungspflicht des Unternehmens besteht etwa, wenn Korruptionszahlungen im Rahmen einer Steuererklärung

---

16 Vgl. *Anhalt/Dieners/Taschke*, Medizinprodukterecht, 2. Aufl. 2017, § 20 Rn. 334f.
17 Eingehend: *Anhalt/Dieners/Taschke*, Medizinprodukterecht, 2. Aufl. 2017, § 20 Rn. 336f. unter Hinweis auf die Vorteile der Meldung von Straftaten durch Mitarbeiter, bspw. eine mögliche Milderung der Unternehmensgeldbuße gem. §§ 30, 130 OWiG, aber auch zu Grenzen bzgl. der Weiterleitung von Unterlagen (anwaltliche Untersuchungsberichte, Geschäftsinteressen).
18 SSW-StPO/*Ziegler/Vordermayer*, 2014, § 160 Rn. 6 m. w. N.
19 Zur Begründung eines Anfangsverdachts aufgrund entfernter Indizien: Meyer-Goßner/*Schmitt*, StPO, 60. Aufl. 2017, § 152 Rn. 4.
20 Zu den Einzelheiten der Berichtigungserklärung gem. § 153 AO vgl. *Füllsack/Bürger* Quedenfeld/Füllsack (Hrsg.), Verteidigung in Steuerstrafsachen, 5. Aufl. 2016, Rn. 670ff.

(fehlerhaft) als Betriebsausgaben geltend gemacht wurden.[21] Sollte das Unternehmen eine entsprechende Meldung erwägen, so ist diese sinnvollerweise durch einen strafrechtlichen Berater auch gegenüber der Staatsanwaltschaft vorzunehmen, da diese ohnehin Kenntnis von entsprechenden Vorgängen erlangt und ggf. strafprozessuale Zwangsmaßnahmen ergreift.[22]

9.2 Ablauf des Ermittlungsverfahrens

Die Staatsanwaltschaft führt ein Ermittlungsverfahren durch, um den bei ihr entstandenen Anfangsverdacht aufgrund eigener Ermittlungen zu bestätigen oder zu widerlegen (§ 160 Abs. 2 StPO). Die Aufgabe der Staatsanwaltschaft besteht folglich in der Erforschung des verdachtsbegründenden Sachverhalts (§ 160 Abs. 1 StPO). Im Rahmen der Ermittlungen kommen als Zwangsmaßnahmen insbesondere die Durchsuchung zur Sicherstellung von Beweismitteln, die Vernehmung von Zeugen und Beschuldigten oder aber der richterliche Erlass eines Haftbefehls (in Korruptionsstrafsachen häufig wegen Verdunklungs- oder Fluchtgefahr) in Betracht. Darüber hinaus kann das Vermögen des Beschuldigten im Wege sog. vorläufiger Vermögenssicherungsmaßnahmen blockiert werden.

Wenn die aus Sicht der Staatsanwaltschaft notwendigen Ermittlungen abgeschlossen wurden und sich der Anfangsverdacht nicht bestätigt hat, ist das Ermittlungsverfahren einzustellen. Im Falle eines hinreichenden Tatverdachts ist gemäß § 170 Abs. 1 StPO grundsätzlich die öffentliche Klage zu erheben.

Während der Dauer des Ermittlungsverfahrens gilt die Unschuldsvermutung uneingeschränkt.

9.2.1 Einleitung wegen Anfangsverdachts einer Straftat

Die Staatsanwaltschaft leitet das Ermittlungsverfahren im Falle des Bestehens von zureichenden tatsächlichen Anhaltspunkten für eine Straftat (An-

---

21 *Anhalt/Dieners/Taschke*, Medizinprodukterecht, 2. Aufl. 2017, § 20 Rn. 338.
22 So: *Anhalt/Dieners/Taschke*, Medizinprodukterecht, 2. Aufl. 2017, § 20 Rn. 338.

fangsverdacht)[23] ein; §§ 152 Abs. 2, 160 StPO. Dies ist der Fall, wenn es nach kriminalistischer Erfahrung möglich erscheint, dass eine verfolgbare Straftat begangen worden ist und damit die Möglichkeit einer späteren Verurteilung besteht.[24] Bloße Vermutungen sind demgegenüber nicht ausreichend, um einen Anfangsverdacht zu begründen.[25] Die Einleitung von Ermittlungen erfordert keinen förmlichen (schriftlichen) Akt, sondern kann auch konkludent durch erste Beweiserhebungen, etwa Befragung von Augenzeugen oder die Sicherung von Spuren, erfolgen. Solange keine bestimmte Person als Täter in Betracht kommt, richten sich die Ermittlungen "gegen Unbekannt"[26] und werden bei der Staatsanwaltschaft unter dem Geschäftszeichen "UJs" geführt. Sobald sich der Verdacht auf eine oder mehrere bestimmte (noch nicht unbedingt namentlich bekannte) Personen bezieht, richtet die Strafverfolgungsbehörde die Ermittlungen gegen diese(n) Beschuldigten. Aufgrund der spiegelbildlichen Deliktsstruktur der §§ 299a, b StGB ist im Bereich der Korruption im Gesundheitswesen davon auszugehen, dass sich ein Verfahren grundsätzlich gegen den Vorteilsgeber und den Vorteilsnehmer richtet. Eine Verteidigung dieser beiden Beschuldigten durch ein und denselben Verteidiger ist indes aufgrund des sog. Doppelvertretungsverbotes gemäß § 146 StPO ausgeschlossen.

9.2.2 Geschlossene und offene Phase des Ermittlungsverfahrens

Der Beschuldigte muss anfangs nicht zwingend über die Einleitung eines Ermittlungsverfahrens in Kenntnis gesetzt werden. Gerade im Korruptionsstrafrecht wird die Staatsanwaltschaft zunächst versuchen, den Sachverhalt unbemerkt aufzuklären und bspw. sog. schwarze Kassen oder Kopplungsgeschäfte aufzudecken, bevor der Beschuldigte hiervon Kenntnis erlangt und ggf. Verdunklungsmaßnahmen ergreifen kann. Als verdeckte Ermittlungsmaßnahme kommt in besonders schweren Fällen der

---

23 Umfassend zu den Voraussetzungen des Anfangsverdachts vgl. LR-StPO/*Beulke*, § 152 Rn. 21ff.
24 BGH v. 21.4.1988 – III ZR 255/86, NJW 1989, 96, 97; BVerfG v. 8.03.2004 – 2 BvR 27/04, NStZ-RR 2004, 206f.; MüKo-StPO/*Peters*, 2016, § 152 Rn. 35.
25 SSW-StPO/*Schnabl/Vordermayer*, 2014, § 152 Rn. 6 m. w. N.; vgl. auch: *Rettenmaier/Rostalski*, Der Anfangsverdacht bei der Korruption im Gesundheitswesen, StV 2018 (im Erscheinen).
26 Meyer-Goßner/*Schmitt*, StPO, 60. Aufl. 2017, § 152 Rn. 5 m. w. N.

Korruption im Gesundheitswesen i. S. des § 300 StGB auch der Einsatz verdeckter Ermittler in Betracht.

Art. 6 Abs. 3a, b EMRK billigt dem Beschuldigten jedoch das Recht zu, frühzeitig und vollständig über den Vorwurf und die Beweismittel der Staatsanwaltschaft informiert zu werden.[27] Besteht von Seiten der Staatsanwaltschaft kein Anlass für verdeckte Ermittlungen, so wird dem Beschuldigten der Tatvorwurf spätestens im Rahmen seiner ersten Vernehmung offengelegt werden; § 136 Abs. 1 Satz 1 StPO.

Der genaue Verfahrensstand und dessen Grundlagen wird im Rahmen der Akteneinsicht offenbart. Das Recht auf uneingeschränkte Akteneinsicht besteht spätestens bei Abschluss des Ermittlungsverfahrens, § 147 Abs. 2 StPO. Einer regelmäßig gebotenen frühestmöglichen Gewährung der Akteneinsicht kann eine zu befürchtende Gefährdung des Untersuchungszwecks entgegenstehen, § 147 Abs. 2 S. 1 StPO. Vernehmungsprotokolle des Mandanten sowie Sachverständigengutachten können gemäß § 147 Abs. 3 StPO stets eingesehen werden.

9.2.3 Maßnahmen im Ermittlungsverfahren

Zur Ausermittlung des Tatverdachts stehen der Staatsanwaltschaft mehrere Kompetenzen zu, die teilweise der richterlichen Anordnung bedürfen. Neben den allgemeinen Ermittlungsbefugnissen der Staatsanwaltschaft (§ 161 StPO), zu denen bspw. das Auskunftsersuchen bei einer Behörde gehört, stehen der Ermittlungsbehörden insbesondere folgende Maßnahmen zur Verfügung:

9.2.3.1 Durchsuchung/Beschlagnahme

Auf Antrag der Staatsanwaltschaft kann der Ermittlungsrichter eine Durchsuchung beim Beschuldigten (§ 102 StPO) oder bei anderen Personen (§ 103 StPO) verfügen. Eine Durchsuchung wegen Gefahr im Verzug (§ 105 Abs. 1 StPO) ist im Korruptionsstrafrecht indes selten, da aufgrund häufig langer Vorermittlungen ein unmittelbar drohender Beweismittelverlust in der Regel nicht zu befürchten ist.

---

27 SSW-StPO/*Satzger*, 2014, Art. 6 EMRK Rn. 34 m. w. N.; *Sommer/Schmitz*, Korruptionsstrafrecht, 2. Aufl. 2016, § 6 Rn. 16.

Bei Ermittlungen gegenüber Beteiligten des Gesundheitswesens besteht jedoch grundsätzlich die Problematik, dass die Durchsuchung regelmäßig in Praxis- oder Krankenhausräumlichkeiten durchgeführt wird, in denen sich u. a. sensible Patientendaten befinden. Die Durchsuchung von Arztpraxen wird zwar grundsätzlich als verfassungsrechtlich zulässig erachtet, muss aber im Hinblick auf den besonderen Schutz von Geheimnisträgern (vgl. § 53 StPO) strengen Voraussetzungen genügen.[28] In die stets vorzunehmende Interessenabwägung ist nach Maßgabe des Grundsatzes der Verhältnismäßigkeit die Stärke des Tatverdachtes mit der Gefährdung empfindlicher Daten Dritter abzuwägen.[29]

Grenzen sind der Durchsuchung eines Krankenhauses oder einer Arztpraxis außerdem wegen der Rechte unbeteiligter Berufsgeheimnisträger gesetzt. Gerät lediglich ein Arzt in den Verdacht einer Bestechlichkeit, so muss im Rahmen einer Durchsuchung der Zugriff auf all das vermieden werden, was den Geheimhaltungsbereich anderer Berufsgeheimnisträger betrifft.[30]

Unabhängig davon gilt, dass schwerwiegende, bewusste oder willkürliche Verfahrensverstöße in der Regel ein Beweisverwertungsverbot zur Folge haben.[31]

Grundsätzlich ermächtigt ein gerichtlicher Durchsuchungs- und Sicherstellungsbeschluss die zuständigen Ermittlungsbehörden, bei der Durchsuchung aufgefundenes Beweismaterial sicherzustellen oder zu beschlagnahmen; §§ 94ff. StPO. Von einer Sicherstellung ist auszugehen, wenn die in Verwahrung zu nehmenden Gegenstände freiwillig von dem Gewahrsamsinhaber herausgegeben werden; § 94 Abs. 2 StPO. Andernfalls erfolgt eine Beschlagnahme. Erklärt der Gewahrsamsinhaber sein Einverständnis mit der Sicherstellung, entbindet dies die Staatsanwaltschaft von der Einholung einer zusätzlichen gerichtlichen Entscheidung und legitimiert die Ermittlungsbehörden, alle mitgenommenen Gegenstände bis auf Weiteres zu behalten.[32] Im Falle einer Beschlagnahme ohne richterliche Anordnung ist die Staatsanwaltschaft hingegen gezwungen, innerhalb von drei Tagen eine richterliche Entscheidung über die Rechtmäßigkeit der Beschlagnah-

---

28 Vgl. LR-StPO/*Tsambikakis*, 26. Aufl. 2014, § 102 Rn. 47.
29 *Böttger/Brockhaus*, Wirtschaftsstrafrecht in der Praxis, 2. Aufl. 2015, Kap. 12 Rn. 109.
30 *Sommer/Schmitz*, Korruptionsstrafrecht, 2. Aufl. 2016, § 6 Rn. 55.
31 BVerfG v. 12.4.2005 – 2 BvR 1027/02, NJW 2005, 1917.
32 *Sommer/Schmitz*, Korruptionsstrafrecht, 2. Aufl. 2016, § 6 Rn. 56.

me herbeizuführen; § 98 Abs. 2 S. 1 StPO. Die Beschlagnahme erlischt spätestens mit rechtskräftigem Abschluss des Verfahrens.[33]

§ 97 Abs. 2 S. 2 StPO enthält eine Sonderregelung im Falle der Beschlagnahme bei Angehörigen der Heilberufe.[34] Gegenstände, auf die sich das Zeugnisverweigerungsrecht der dort genannten Personen erstreckt, dürfen nicht beschlagnahmt werden, wenn sie sich im Gewahrsam einer Krankenanstalt befinden.[35] Darüber hinaus ist die Beschlagnahme der (gesamten) EDV-Anlage einer Arztpraxis im Hinblick auf die technischen Möglichkeiten der Datensicherung vor Ort mit dem Grundsatz der Verhältnismäßigkeit grundsätzlich nicht zu vereinbaren.[36] Jedenfalls ist der Zugriff auf für das Verfahren bedeutungslose Informationen – soweit vertretbar – zu vermeiden.[37] In Zusammenhang mit der Durchsuchung von IT-Daten, die sich räumlich getrennt vom konkreten Durchsuchungsort befinden, ist die Regelung des § 110 Abs. 3 StPO (Durchsuchung von elektronischen Speichermedien) von besonderer Bedeutung. Danach darf auch auf elektronische Speichermedien im In- und offen zugängliche Daten im Ausland zugegriffen werden, sofern der Zugriff von dem Durchsuchungsort aus möglich ist.[38] Potentiell beweiserhebliche Daten (z.B. Mitarbeiterdaten, E-Mail-Korrespondenz, Geschäftsdaten), die sich im Intranet auf externen Servern oder bei Cloud-Anbietern im Inland befinden, dürfen von den Ermittlungsbehörden daher grundsätzlich gespeichert werden.[39]

Liegt ein richterlicher Durchsuchungsbeschluss vor, so muss er den gesetzlichen Vorgaben der §§ 102, 103 StPO genügen. Anderenfalls ist der mit der Durchsuchung stets einhergehende Eingriff in die Grundrechte des Betroffenen (Art. 2, 13 GG) nicht gerechtfertigt. So ist ein Durchsuchungsbeschluss grundsätzlich nur für die Dauer von sechs Monaten gültig.[40] Darüber hinaus muss im Durchsuchungsbeschluss der konkrete Tat-

---

33 OLG Düsseldorf v. 20.3.1995 – 1 Ws 135/95, NJW 1995, 2239; OLG Düsseldorf v. 17.1.1997 – 1 Ws 1063/94, 1 Ws 1064/96, NStZ 1997, 301.
34 Zu den Einzelheiten: LR-StPO/*Menges*, 26. Aufl. 2013, § 97 Rn. 20ff.
35 *Burhoff*, Hdb. für das strafrechtliche Ermittlungsverfahren, 7. Aufl. 2015, Rn. 760.
36 *Badle*, NJW 2008, 1028, 1030; *Böttger/Brockhaus*, Wirtschaftsstrafrecht in der Praxis, 2. Aufl. 2015, Kap. 12 Rn. 111.
37 BVerfG v. 12.4.2005 – 2 BvR 1027/02, NJW 2005, 1917 zur Datenträgern einer Anwaltskanzlei; *Böttger/Brockhaus*, Wirtschaftsstrafrecht in der Praxis, 2. Aufl. 2015, Kap. 12 Rn. 111.
38 Meyer-Goßner/*Schmitt*, StPO, 60. Aufl. 2017, § 110 Rn. 6f.
39 *Anhalt/Dieners/Taschke*, Medizinprodukterecht, 2. Aufl. 2017, § 20 Rn. 357.
40 Vgl.: BVerfG, Beschl. v. 27.05.1997 – Az.: 2 BvR 1992/92 = BVerfGE 96, 44.

verdacht und das gesuchte Beweismittel nebst möglichen Orten der Durchsuchung nachvollziehbar fixiert werden.[41]

Im Falle einer Durchsuchung sollten insbesondere folgende Aspekte berücksichtigt werden:[42] Bereits im Vorfeld sollte eine Räumlichkeit bestimmt werden, in der die Kenntnisnahme von dem Durchsuchungsbeschluss und eine Erörterung des Ablaufes der Durchsuchung ohne (weitergehende) Öffentlichkeit erfolgen kann. Hilfreich ist zudem die Zurverfügungstellung eines Raumes, in dem Gespräche mit den Vertretern der Ermittlungsbehörde und Sichtungen von Unterlagen während der Durchsuchung unter Ausschluss der Öffentlichkeit vorgenommen werden können. Unmittelbar nach dem Eintreffen der Ermittlungspersonen ist es zudem ratsam, einen fachkundigen Rechtsbeistand hinzuzuziehen. Zu Beginn der Maßnahme kann außerdem u. U. eine „Kooperationsvereinbarung" über den Ablauf der Durchsuchung bzw. eine Übergabevereinbarung sinnvoll sein. Eine solche „Vereinbarung" betrifft zumeist die elektronische Datenverarbeitung („EDV") des durchsuchten Unternehmens und enthält bspw. die Regelung, dass das von der Durchsuchung betroffene Unternehmen bestimmte Postfächer, persönliche Laufwerke oder bestimmte Daten, auf die ein Beschuldigter Zugriff hatte, den Ermittlungsbehörden übergeben werden.[43] Im Laufe der Durchsuchungsmaßnahme sollten informatorische Gespräche vollständig vermieden werden. Befragungen („Was hat Herr Meier in dieser Sache eigentlich getan?" „Wieso ist Vertrag A und nicht Vertrag B geschlossen worden?") ohne einen rechtlichen Beistand (§ 68b StPO) sollten grundsätzlich unterbunden werden. Dagegen darf die Durchsuchung selbst in keiner Weise behindert werden. Auch dürfen in keinem Fall Akten und/oder elektronische Daten beiseite geschafft oder vernichtet werden, da dies fast zwangsläufig zur Annahme einer Verdunklungsgefahr führt (§ 112 Abs. 2 Nr. 2 StPO); in diesem Fall drohen Festnahme und Untersuchungshaft.

Am Ende der Durchsuchungsmaßnahme sollte der Verteidiger die Auflistung der sichergestellten Gegenstände verlangen (Asservatenverzeichnis) und sich das Durchsuchungsprotokoll aushändigen lassen (§ 107 S. 1 StPO). Das Protokoll sollte insbesondere Angaben zu Beginn und Ende der Durchsuchungsmaßnahme, durchsuchte Räumlichkeiten, Kontakt-

---

41 BVerfG v. 5.7.2016 – 2 BvR 1710/15, StRR 2016, 2.
42 Hierzu eingehend: *Kusnik*, CCZ 2015, 22; Wabnitz/Janovsky/*Dierlamm*, Hdb. des Wirtschafts- und Steuerstrafrechts, 4. Aufl. 2014, Kap. 29 Rn. 65.
43 Eingehend: *Schelzke*, NZWiSt 2017, 142ff.

daten des Einsatzleiters und des sachbearbeitenden Staatsanwaltes, ggfls. erfolgte Vernehmungen und etwaige Auffälligkeiten (Hinweise auf Beschuldigte und anderweitige Maßnahmen) enthalten.

Strafprozessuale Erklärungen, wie der Verzicht auf Rechtsmittel und die Bestätigung der freiwilligen Herausgabe der sichergestellten Gegenstände etc. sollten dem Strafverteidiger vorbehalten bleiben. Ferner sollte darauf geachtet werden, dass Unterlagen, die zur Fortführung der Behandlung von Patienten bzw. der Fortführung des Geschäftsbetriebes notwendig sind, kopiert werden. Nach Abschluss der Durchsuchungsmaßnahme sollte von jedem Beteiligten zudem ein internes Protokoll erstellt und dem Verteidiger oder anwaltlichen Berater des Unternehmens zugeleitet werden. Im Anschluss an die Durchsuchungsmaßnahme ist den Mitarbeitern mitzuteilen, ob, und wenn ja, wie, die Durchsuchung gegenüber Dritten kommuniziert werden darf (sog. einheitliche Sprachregelung). Bei umfangreichen Maßnahmen mit Außenwirkung (Presse etc.) kann es ggfls. geboten sein, eine Pressemitteilung zwischen den Beteiligten abzustimmen und im Anschluss daran abzugeben. Sämtliche Schritte sollten mit dem Verteidiger bzw. anwaltlichen Berater des Unternehmens eng abgestimmt werden.

Unabhängig von dem Verhalten während einer Durchsuchungsmaßnahme kann diese ggfls. sogar im Vorfeld abgewendet werden.[44] So kann sich eine bevorstehende Durchsuchung bspw. ankündigen, wenn bereits in der Presse über entsprechende Verdachtsmomente berichtet oder aber einem Akteneinsichtsgesuch des Verteidigers unter Hinweis auf die Gefährdung des Ermittlungszwecks nicht entsprochen wird. In diesen Fällen kann sich eine Kontaktaufnahme mit der Staatsanwaltschaft anbieten. Dies gilt insbesondere dann, wenn der Beschuldigte bereit ist, Informationen, Unterlagen und Daten freiwillig und auf erstes Anfordern an die Ermittlungsbehörden zu übergeben. Diese Kooperationsbereitschaft ist zwingend aktenkundig zu machen, u. U. unter dem Hinweis auf die fehlende Verhältnismäßigkeit einer gleichwohl beantragten Durchsuchung.[45]

In Ausnahmefällen ist die Staatsanwaltschaft in übersichtlichen Verfahren sogar bereit, einen Fragenkatalog mit Anforderungen von Unterlagen

---

44 Hierzu: *Dahs*, Hdb. des Strafverteidigers, 8. Aufl. 2015, Rz. 388.
45 *Böttger/Tsambikakis/Rübenstahl*, Wirtschaftsstrafrecht in der Praxis, 2. Aufl. 2015, Kap. 15 Rn. 106ff. m.w.N. *Sommer/Schmitz*, Korruptionsstrafrecht, 2. Aufl. 2016, § 6 Rn. 45.

an den Verteidiger zu richten.[46] Dies insbesondere dann, wenn das Bestehen des Verfahrens bekannt ist und mit einem Auffinden von Beweismitteln im Rahmen einer Durchsuchung nicht mehr gerechnet werden kann. Darüber hinaus kann die Möglichkeit einer „schonenden" Durchsuchung bestehen. In diesem Fall kommen die Ermittlungsbeamten etwa zu einem vereinbarten Zeitpunkt (bspw. außerhalb der Öffnungszeiten) zu einem Raum, in welchem die gesamten zu prüfenden Unterlagen konzentriert zur Verfügung stehen.[47]

Gegen die richterliche Durchsuchungsanordnung ist die Beschwerde gemäß § 304 StPO statthaft. Im Falle der Durchsuchung von Geschäftsräumen sind Privatpersonen nur dann beschwerdebefugt, wenn und soweit die Räumlichkeiten der Privatsphäre der natürlichen Person zuzuordnen sind.[48] Wird die Durchsuchung bei Gefahr im Verzug durch die Staatsanwaltschaft angeordnet, so kann nach § 98 Abs. 2 S. 2 StPO ein Antrag auf gerichtliche Entscheidung gestellt werden. Wegen der Art und Weise der Vollstreckung von richterlichen oder nichtrichterlichen Durchsuchungsanordnungen ist Antrag auf richterliche Entscheidung entsprechend § 98 Abs. 2 S. 2 StPO zu stellen.[49] Gegen diese richterliche Entscheidung ist wiederum die Beschwerde zulässig.

9.2.3.2 Vermögensarrest

Der Arrest (§ 111e StPO; § 73 StGB; [§ 111e Abs. 6 StPO i. V. mit] § 324 AO; sog. „Untersuchungshaft für Geld") ist ein Hoheitsakt, der es den Ermittlungsbehörden ermöglicht, zeitnah in das Vermögen des Betroffenen (Beschuldigter oder Dritter, wie z.B. einer GmbH) zu vollstrecken. Bei Arresten zur vorläufigen Sicherung von Vermögenswerten können sich existenzbedrohende Situationen für den Betroffenen ergeben, da der Arrest eine Sicherstellung des gesamten Vermögens ermöglicht. Vorläufige Arreste erstrecken sich bspw. auf alle Kontoverbindungen oder können in Form von Sicherungshypotheken in Grundstücke eingetragen werden.

---

46 *Dahs*, Hdb. des Strafverteidigers, 8. Aufl. 2015, Rz. 388.
47 *Dahs*, Hdb. des Strafverteidigers, 8. Aufl. 2015, Rz. 388.
48 BVerfG v. 16.4.2015 – 2 BvR 2279/13, NJW 2015, 2869.
49 BVerfG v. 29.1.2002 – 2 BvR 94/01, NStZ-RR 2002, 144; BVerfG v. 18.3.2009 – 2 BvR 1036/08 – 2 BvR 1036/08, NJW 2009, 2518.

Die Arrestierung von Konten hat im Regelfall die Zahlungsunfähigkeit zur Folge, da der Arrest das gesamte Kontenguthaben erfasst, und zwar auch dann, wenn die Arrestforderung geringer ist als das Guthaben.[50] Um die notwendige Liquidität wiederherzustellen, bedarf es in der Regel der Einlegung von Rechtsmitteln (Beschwerde gemäß § 304 StPO, Einspruch im steuerlichen Verfahren/Sprungklage gemäß § 45 Abs. 4 FGO) gegen den Arrest. Ist nicht mit einer rechtzeitigen Entscheidung zu rechnen und droht ein bleibender Schaden für den Betroffenen, so sind Gespräche mit der Staatsanwaltschaft über eine Aufhebung des Arrestes, gegebenenfalls gegen Stellung von Sicherheiten, zu führen.[51] Bei Arresten hat der beratende Anwalt außerdem auf eine Bewertung der Arrestforderung hinzuwirken, da je nach Höhe und Einschätzung zum Bestand der Forderung eine Insolvenzanmeldung (§ 64 Abs. 1 GmbHG, § 92 Abs. 2 AktG) in Betracht kommen kann.[52]

9.2.3.3 *Vorläufiges Berufsverbot*

Lediglich in absoluten Ausnahmefällen kann gemäß § 132a StPO ein vorläufiges Berufsverbot durch den im Ermittlungsverfahren zuständigen Richter am Amtsgericht (§ 162 StPO) verhängt werden. Voraussetzung dafür ist, dass sichere Gründe dafür sprechen, dass im Strafverfahren gemäß § 70 StGB ein Berufsverbot verhängt werden wird. Dabei ist jedoch dem Grundsatz der Verhältnismäßigkeit strikt Rechnung zu tragen.[53] Dies hat zur Folge, dass vor der Verhängung eines vorläufigen Berufsverbotes zu prüfen ist, ob das Berufsverbot auf bestimmte Tätigkeiten innerhalb der grundrechtlich geschützten Berufsausübung beschränkt werden kann. Ist dies der Fall, scheidet die vorläufige Verhängung eines vollständigen Berufsverbotes aus. Der Verteidiger hat in diesen Ausnahmefällen folglich darauf hinzuwirken, dass der Verhältnismäßigkeitsgrundsatz eingehalten und unwiederbringliche Nachteile bspw. durch die Einstellung des Geschäftsbetriebes vermieden werden.

---

50 *Taschke*, StV 2007, 495, 498.
51 *Taschke*, StV 2007, 495, 498.
52 *Taschke*, StV 2007, 495, 498.
53 OLG Karlsruhe v. 6.4.2001 – 3 Ws 31/01, StV 2002, 147; Meyer-Goßner/*Schmitt*, StPO, 64. Aufl. 2017, § 132a Rn. 5; *Böttger/Brockhaus*, Wirtschaftsstrafrecht in der Praxis, 2. Aufl. 2015, Kap. 12 Rn. 122.

9.2.3.4 Vernehmungen

Fehlt es aus Sicht der Staatsanwaltschaft an einem Anlass für verdeckte Ermittlungen, wird der Beschuldigte häufig zur Vernehmung geladen. Die Pflicht, einer polizeilichen Ladung Folge zu leisten, besteht indes nur dann, wenn der Ladung ein entsprechender Auftrag der Staatsanwaltschaft zugrunde liegt; § 163 Abs. 3 StPO. Ladungen der Staatsanwaltschaft oder des Gerichts ist stets Folge zu leisten (§ 163a Abs. 3 S. 1 StPO). Der Beschuldigte hat das Recht, vor seiner Vernehmung einen Anwalt zu konsultieren.[54]

Darüber hinaus können Zeugen zur Sachverhaltsaufklärung vernommen werden; § 161a StPO. Diese stehen im Falle einer Aussage unter Wahrheitspflicht und sind grundsätzlich zur Aussage verpflichtet.[55] Bestimmten Zeugen steht im Strafverfahren ein Zeugnisverweigerungsrecht zu. Als Grundlage hierfür kommt insbesondere das Angehörigenverhältnis (§ 52 StPO) und die berufliche Schweigepflicht (für das Gesundheitswesen: § 53 Abs. 1 Nr. 3 StPO) in Betracht. Im Falle des § 53 StPO muss der Beweisgegenstand dem Zeugnisverweigerungsberechtigten jedoch gerade auf Grund seiner besonderen Eigenschaft (bspw. als Arzt oder Apotheker) anvertraut oder bekannt geworden sein.[56] Nach § 203 StGB wäre eine unrechtmäßige Offenbarung von fremden Geheimnissen für Angehörige eines Heilberufs sogar strafbewehrt. Gemäß § 55 StPO kann ein Zeuge darüber hinaus bzgl. einzelner Aussagen von seinem Auskunftsverweigerungsrecht Gebrauch machen. Dies ist der Fall, wenn er sich oder einen Angehörigen bei Beantwortung der ihm gestellten Fragen der Gefahr einer Strafverfolgung aussetzen würde, § 55 Abs. 1 StPO. Auch als Zeuge besteht der Anspruch auf Konsultation eines anwaltlichen Zeugenbeistands; § 68b StPO.[57] Verstößt ein Zeuge gegen seine Wahrheitspflicht, besteht die Gefahr, dass er sich selbst strafbar macht. In Betracht kommen insbesondere Strafbarkeiten wegen Strafvereitelung (§ 258 StGB), falscher Verdächtigung (§ 164 StGB) oder, vor Gericht, wegen uneidlicher Falschaussage (§§ 153ff. StGB). Für den Zeugen besteht grundsätzlich eine Erschei-

---

54 *Beulke*, NStZ 1996, 257; MüKo-StPO/*Kölbel*, 2016, § 163a Rn. 40f.
55 MüKo-StPO/*Kölbel*, 2016, § 161a Rn. 3f.
56 *Anhalt/Dieners/Taschke*, Medizinprodukterecht, 2. Aufl. 2017, § 20 Rn. 347.
57 MüKo-StPO/*Kölbel*, 2016, § 161a Rn. 5 mwN; zur Verteidigung als Zeugenberater und anwaltlicher Zeugenbeistand: *Dahs*, Hdb. des Strafverteidigers, 8. Aufl. 2015, Rz. 1160ff.

nens- und Aussagepflicht gegenüber der Staatsanwaltschaft und dem Gericht; § 161a StPO. Die Aufgabe des Verteidigers oder des anwaltlichen Beraters (bspw. als Zeugenbeistand) besteht folglich darin, die Rechte des Betroffenen zu prüfen, diesen entsprechend aufzuklären und Strafbarkeiten, die sich aus der Vernehmung ergeben können, zu verhindern.

9.2.3.5 Beauftragung von Sachverständigen

Die Staatsanwaltschaft kann im Rahmen ihrer Ermittlungen außerdem Sachverständige beauftragen; §§ 161 Abs. 1, 161a Abs. 1 StPO. Dies gilt insbesondere dann, wenn zur Beurteilung des untersuchten Sachverhaltes besondere Sach- und Fachkenntnisse (bspw. zur Beantwortung medizinischer, pharmazeutischer oder arzneimittelrechtlicher Fachfragen) notwendig sind. Vor der Beauftragung des Sachverständigen ist die Staatsanwaltschaft indes gemäß Nr. 70 Abs. 1 Satz 1 RiStBV gehalten, der Verteidigung Gelegenheit zur Stellungnahme zu geben. Etwas Anderes gilt nur dann, wenn Gegenstand der Untersuchung ein häufig wiederkehrender, gleichartiger Sachverhalt ist oder eine Gefährdung des Untersuchungszwecks bzw. eine (erhebliche) Verzögerung des Verfahrens befürchtet werden muss. Erhält der Verteidiger Gelegenheit zur Stellungnahme, bietet es sich häufig an, hiervon in der Form Gebrauch zu machen, dass dem (geeigneten) Sachverständigen Fragen, die zur Entlastung des Mandanten beitragen, gestellt werden. Die Beauftragung eines Sachverständigen kann jedoch auch durch die Verteidigung erfolgen, wobei hierbei insbesondere der in weiten Teilen des Gesundheitswesens geltende Geheimhaltungsschutz beachtet werden muss.[58]

9.2.3.6 Verdeckte Ermittlungen

In den besonders schweren Fällen der §§ 299a, b StGB (§ 300 StGB), können unter den Voraussetzungen des § 110a Abs. 1 Nr. 3, 4 StPO verdeckte Ermittler eingesetzt werden.[59] Dies ist der Fall, wenn die vom Täter ge-

---

58 *Anhalt/Dieners/Taschk*e, Medizinprodukterecht, 2. Aufl. 2017, § 20 Rn. 373.
59 Kindhäuser/Neumann/Paeffgen/*Dannecker/Schröder*, StGB, 5. Aufl. 2017, § 299a Rn. 217.

werbs-, aber auch lediglich gewohnheitsmäßig begangene Tat von erheblicher Bedeutung ist, vgl. § 110a Abs. 1 Nr. 3, 4 StPO.

Eine Telekommunikationsüberwachung gemäß § 100a StPO kommt dagegen nach dem gesetzgeberischen Willen nicht in Betracht.[60]

9.3 Betroffene des Ermittlungsverfahrens

Strafrechtliche Ermittlungen richten sich grundsätzlich gegen natürliche Personen. Allerdings bedingt bereits der Charakter der §§ 299a, b StGB die Beteiligung von mindestens zwei Personen, den Vorteilsgeber einerseits und den Vorteilsnehmer andererseits. Zudem sind die von den §§ 299a, b StGB erfassten Personengruppen bereits aus beruflichen Gründen häufig in größeren Organisationsstrukturen, wie bspw. Gemeinschaftspraxen, Krankenhäusern und Industrieunternehmen tätig. Vor diesem Hintergrund bedürfen sowohl der Beschuldigte als auch Zeugen und das betroffene Unternehmen selbst der anwaltlichen Beratung und Vertretung.

9.3.1 Individualverteidigung

Grundlage des deutschen Strafrechts ist die persönliche Verantwortlichkeit des Individuums. Daher bedarf es gegenüber einem Beschuldigten im Ermittlungsverfahren auch stets der Individualverteidigung.[61] Der Verteidiger vertritt dabei allein die Interessen des Betroffenen. Hat der Verteidiger im Vorfeld der Ermittlungen zunächst beratend Unternehmensinteressen wahrgenommen, so droht eine Interessenkollision. Zwar verstößt die Tätigkeit eines Unternehmensanwalts als Einzelverteidiger nicht gegen das Verbot der Mehrfachverteidigung gemäß § 146 S. 1 StPO, gleichwohl birgt sie Schwierigkeiten. Oft tritt eine entsprechende Interessenkollision erst im Laufe des weiteren Verfahrens zutage – bspw. kann ein aus Sicht der Individualverteidigung sachgerechtes Geständnis den Firmeninteressen

---

60 Kindhäuser/Neumann/Paeffgen/*Dannecker/Schröder*, StGB, 5. Aufl. 2017, § 299a Rn. 217; krit. hierzu *Cosack*, ZRP 2016, 18ff.
61 Zur Verteidigung im Ermittlungsverfahren grundlegend: *Dahs*, Hdb. des Strafverteidigers, 8. Aufl. 2015, Rz. 233ff.

vollständig zuwiderlaufen.⁶² Als gegenläufige Interessen kommen außerdem das Interesse des Unternehmens an einer schnellen und vollständigen Aufklärung der Vorwürfe einerseits und andererseits das Interesse des Beschuldigten, die Ermittlungsergebnisse abzuwarten, nicht aktiv an der Sachverhaltsaufklärung mitzuwirken und von strafprozessualen Rechten, wie dem Schweigerecht, Gebrauch zu machen, in Betracht.⁶³ Dem Interesse eines Beschuldigten, die Vorwürfe umfassend zu klären, gegebenenfalls auch im Rahmen einer öffentlichen Hauptverhandlung mit dem Ziel eines Freispruchs, kann wiederum das Interesse des Unternehmens entgegenstehen, nicht mit der mit einer Fortdauer des Verfahrens verbundenen Medienberichterstattung belastet zu werden.⁶⁴ Die Individualverteidigung eines Beschuldigten in einem Korruptionsverfahren ist daher stets vielschichtig und erfordert die Berücksichtigung einer Vielzahl von Interessen. Der Verteidiger muss diese Interessen erfassen und seine Verteidigungsstrategie nach der Maßgabe seines Verteidigungsauftrages daran ausrichten.

9.3.2 Sockelverteidigung

Richten sich die Ermittlungen – wie bei den §§ 299a, b StGB grundsätzlich der Fall – gegen mehrere Beschuldigte, kann es auch im Rahmen der Individualverteidigung sinnvoll sein, sich mit anderen Verteidigern über die Verteidigungsstrategie abzustimmen. Die sog. Sockelverteidigung ist der Begriff für strategische und taktische Gemeinsamkeiten in der Verteidigung mehrerer Beschuldigter – auf Dauer angelegt oder temporär, flächendeckend oder partiell.⁶⁵ Ziel dieser Verteidigungsstrategie ist die Optimierung der Gesamtverteidigung. Die Sockelverteidigung führt zu einer Koordination der Verteidigungsaktivitäten, sie hilft, Widersprüche im Verteidigungsverhalten verschiedener Verteidiger zu vermeiden – aus Sicht der Verteidigung unerwünschte Belastungen einzelner Beschuldigter durch Mitbeschuldigte werden weitestgehend ausgeschlossen.⁶⁶ Sichergestellt

---

62 Eingehend Wabnitz/Janovsky/*Dierlamm*, Hdb. des Wirtschafts- und Steuerstrafrechts, 4. Aufl. 2014, Kap. 29 Rn. 26.
63 *Taschke*, StV 2007, 495, 497.
64 *Taschke*, StV 2007, 495, 497.
65 MAH-StV/*Pfordte/Tsambikakis*, 2. Aufl. 2014, § 17 Rn. 1 mit weiteren Ausführungen; eingehend *Müller*, StV 2001, 649.
66 Eingehend Wabnitz/Janovsky/*Dierlamm*, Hdb. des Wirtschafts- und Steuerstrafrechts, 4. Aufl. 2014, Kap. 29 Rn. 18ff.

werden muss jedoch, dass den Individualinteressen des Mandanten umfassend Rechnung getragen wird. Im Falle der Aufkündigung der Sockelverteidigung besteht gegenüber den anderen Verteidigern des Sockels eine Informationspflicht.[67]

9.3.3 Strafrechtliche Unternehmensvertretung

Ermittlungen wegen Korruptionsstraftaten im Gesundheitswesen können sich selbstverständlich auch gegen Verantwortliche von (Pharma-)Unternehmen richten. Anders als im Rahmen der Individualverteidigung hat es der strafrechtliche (Unternehmens-)Berater in diesen Fällen regelmäßig mit einer Vielzahl von Personen (Geschäftsführung, Vorstand, Aufsichtsrat) und Funktionsträgern aus den betroffenen Unternehmensbereichen (bspw. Marketing, Vertrieb) zu tun,[68] sodass es diesbezüglich einer besonderen Koordination bedarf.

Die Notwendigkeit einer (strafrechtlichen) Interessenvertretung des Unternehmens[69] beginnt bereits im Zeitpunkt der Einleitung von Ermittlungen gegen Verantwortliche des Unternehmens. Aufgabe des Unternehmensanwalts ist es zunächst, die sich daraus für das Unternehmen ergebenden Risiken zu ermitteln und in einer Verteidigungsstrategie abzubilden, die den Interessen des Unternehmens angemessen Rechnung trägt. Zu den typischen Aufgaben des Unternehmensanwaltes zählen hierbei insbesondere: Aufklärung des maßgeblichen Sachverhaltes; Beratung des Unternehmens auf der Grundlage einer (ersten) strafrechtlichen Einschätzung; die Abwendung/Begleitung strafprozessualer Zwangsmaßnahmen (bspw. Durchsuchung, Sicherstellung, Beschlagnahme) sowie die Korrespondenz mit den zuständigen Ermittlungs- und Aufsichtsbehörden. Soweit Mitarbeiter des Unternehmens als Zeugen vernommen werden, kann zudem die Sicherstellung von geeigneten Zeugenbeiständen sowie die Klärung von Fragen der Übernahme von Beistands- und Verteidigerkosten

---

67 *Richter*, NJW 1993, 2152, 2156; Wabnitz/Janovsky/*Dierlamm*, Hdb. des Wirtschafts- und Steuerstrafrechts, 4. Aufl. 2014, Kap. 29 Rn. 21.
68 Eingehend *Berndt/Theile*, Unternehmensstrafrecht und Unternehmensverteidigung, 2016, Teil 5 Rn. 431.
69 *Taschke*, StV 2007, 495, 497.

bzw. Auflagenzahlungen und Geldstrafen für beschuldigte Mitarbeiter notwendig sein.[70]

Darüber hinaus kann es zweckdienlich sein, aus Sicht des Unternehmens zu der gegen Mitarbeiter und/oder Dritte entstandenen Verdachtslage schriftsätzlich Stellung zu nehmen. Der Unternehmensanwalt kann die Gesellschaft ferner in Bußgeldverfahren nach § 30 OWiG oder in verwaltungsrechtlichen Annexverfahren, z. B. gegenüber dem Gewerbeaufsichtsamt, vertreten.[71]

Eine isoliert strafrechtliche Beratung ist dabei häufig nicht ausreichend. Vielmehr müssen gerade in Korruptionsstrafverfahren auch außerstrafrechtliche Aspekte, bspw. die zivilrechtliche Haftung gegenüber Dritten, arbeitsrechtliche und gegebenenfalls zivilrechtliche Maßnahmen gegenüber Unternehmensmitarbeitern, kapitalmarktrechtliche Fragen (Ad-hoc-Mitteilungen u. a.), steuerliche und bilanzielle Aspekte (Bildung von Rückstellungen für Schadensersatzansprüche, Verfahrenskosten u. a.) oder Fragen interner und externer Kommunikation des Unternehmens berücksichtigt werden.[72]

Unabhängig davon, in welchem Verfahrensstadium und in welchem Umfang der Unternehmensanwalt tätig wird, ist stets zu berücksichtigen, dass der mandatsinterne Schriftverkehr im Rahmen einer Durchsuchung des Unternehmens sichergestellt werden kann.[73] Auch Unterlagen aus einer internen Untersuchung ("Internal Investigation") sind nach derzeitigem Stand[74] nur in den engen Grenzen des § 148 StPO als Verteidigungsunterlagen vor einer Beschlagnahme geschützt. Hierzu müssen im Zeitpunkt der Mandatierung des Rechtsanwaltes bereits konkrete Anhaltspunkte für die Einleitung eines Verfahrens gegen das Unternehmen vorliegen und die entsprechenden Unterlagen müssen auch tatsächlich dem Zweck der Verteidigung dienen.[75] Gerade Letzteres sollte der strafrechtli-

---

70 Eingehend *Taschke*, StV 2007, 495, 500.
71 Wabnitz/Janovsky/*Dierlamm*, Hdb. des Wirtschafts- und Steuerstrafrechts, 4. Aufl. 2014, Kap. 29 Rn. 25.
72 Vgl. *Taschke*, StV 2007, 495, 497.
73 Wabnitz/Janovsky/*Dierlamm*, Hdb. des Wirtschafts- und Steuerstrafrechts, 4. Aufl. 2014, Kap. 29 Rn. 28.
74 Vgl. zum aktuellen Stand der Diskussion: Pressemitteilung BVerfG Nr. 62/2017 v. 26. Juli 2017 zu Beschlüssen v. 25. Juli 2017 – 2 BvR 1287/17, 2 BvR 1583/17, 2 BvR 1405/17, 2 BvR 1562/17.
75 Zur Rspr. *Klengel/Buchert*, NStZ 2016, 383; *Burhoff*, Hdb. für das strafrechtliche Ermittlungsverfahren, 7. Aufl. 2015, Rn. 754.

che Berater nachvollziehbar dokumentieren, um sonst später ggfls. auftretende Missverständnisse zu vermeiden. Andernfalls sind die Unterlagen „nur" nach § 97 StPO geschützt, wenn sie durch einen Rechtsanwalt erstellt wurden und sich im anwaltlichen Gewahrsam befinden.[76] Stehen Unterlagen im Alleingewahrsam des Anwalts und sind vom Zeugnisverweigerungsrecht umfasst, so sind sie beschlagnahmefrei, § 97 Abs. 1 Nr. 1 bis 3 StPO.[77]

9.4 Verteidigung in Korruptionsverfahren

9.4.1 Beratung des Mandanten

Mit dem jeweiligen Mandanten (Einzelperson/Unternehmen) ist zunächst der Sachverhalt zu erörtern. Kommt nach dem Ausschluss etwaiger Interessenskollisionen ein Mandatsverhältnis zustande, so lässt sich der Verteidiger eine (Individual- oder Unternehmens-) Vollmacht erteilen.[78] Im Korruptionsstrafrecht gehört es – neben der Beratung über die Rechtslage – zu den wesentlichen Aufgaben des Rechtsanwaltes, über die möglichen Berührungspunkte mit Ermittlungsbehörden, die Eingriffsvoraussetzungen, deren Grenzen sowie das richtige Verhalten bei unmittelbaren Konfrontationen umfassend aufzuklären.[79] Außerdem hat er über die Folgen, etwaige Rechtsmittel und Auswirkungen auf das soziale Umfeld und die Öffentlichkeit zu informieren.[80] Vorsorglich sollte dem Mandanten empfohlen werden, zunächst nicht mit Dritten über den Gegenstand des Verfahrens zu sprechen oder schriftliche Äußerungen hierüber abzugeben.[81] Die Informationspflicht des Verteidigers und der korrespondierende Rechtsanspruch des Mandanten sind umfassend (§ 11 BORA). Alles, was der Ver-

---

76 Eingehend *Klengel/Buchert*, NStZ 2016, 383.
77 *Burhoff*, Hdb. für das strafrechtliche Ermittlungsverfahren, 7. Aufl. 2015, Rn. 759; zum Syndikusanwalt: *Burhoff*, Hdb. für das strafrechtliche Ermittlungsverfahren, 7. Aufl. 2015, Rn. 761.
78 Zur Mandatsübernahme und dem Verbot der Doppelverteidigung grundlegend: *Dahs*, Hdb. des Strafverteidigers, 8. Aufl. 2015, Rz. 120ff.
79 Wabnitz/Janovsky/*Dierlamm*, Hdb. des Wirtschafts- und Steuerstrafrechts, 4. Aufl. 2014, Kap. 29 Rn. 35.
80 *Volk/Knierim*, MAH Verteidigung in Wirtschafts- und Steuerstrafsachen, 2. Aufl. 2014, § 7 Rn. 125.
81 BGH StV 1993, 623.

Verteidigung im Korruptionsstrafrecht (§§ 299a, b StGB)

teidiger in zulässiger Weise bspw. über die Akteneinsicht erfahren hat, darf und muss er uneingeschränkt an seinen Mandanten weitergeben.[82]

9.4.2 Ermittlung des Sachverhalts

Zur Sachverhaltsaufklärung sollte der Verteidiger auf alle ihm zugänglichen Informationsquellen zurückgreifen.[83] Als Informationsquellen kommen insbesondere richterliche Beschlüsse, Akteneinsicht in behördliche Akten (§ 147 StPO *„für den Beschuldigten"*, § 406e StPO *„für den Verletzten"*, § 475 StPO *„für einen Dritten"*),[84] Auskünfte von Mitarbeitern, Ergebnisse interner Ermittlungen[85], eigene Ermittlungen[86] und die Verfolgung der aktuellen Presseberichterstattung in Betracht. Im Idealfall erhält der Verteidiger so einen in tatsächlicher und rechtlicher Hinsicht belastbaren Sachverhalt als Grundlage für seine rechtliche Bewertung und die sich anschließende Beratung seines jeweiligen Mandanten.[87]

9.4.3 Beurteilung der Sach- und Rechtslage

Auf der Grundlage des zuvor festgestellten Sachverhalts ergeben sich Inhalt und Umfang der (straf)rechtlichen Bewertung aus dem jeweiligen Auftragsverhältnis. Im Falle der Individualverteidigung zielt die rechtliche Bewertung stets darauf ab, ob sich der Betroffene nach den §§ 299a, b StGB strafbar gemacht haben könnte. Bei der strafrechtlichen Beratung eines Unternehmens steht demgegenüber häufig zudem die Frage im Vordergrund, ob sich das Unternehmen wegen eines Organisationsverschuldens nach den §§ 30, 130 OWiG zu verantworten hat. Darüber hinaus sind

---

82 Wabnitz/Janovsky/*Dierlamm*, Hdb. des Wirtschafts- und Steuerstrafrechts, 4. Aufl. 2014, Kap. 29 Rn. 53.
83 *Rettenmaier*, Die Verteidigung in Umweltstrafsachen – Strategische Grundlagen – in: *Kloepfer/Heger*, Das Umweltstrafrecht nach dem 45. Strafrechtsänderungsgesetz, 2015, 81, 83.
84 Hierzu: *Dahs*, Hdb. des Strafverteidigers, 8. Aufl. 2015, Rz. 259ff.
85 Vgl. zu deren praktischer Durchführung: *Groß*, Internal Investigations bei Compliance-Verstößen, Studien des Deutschen Aktieninstituts 2010, Heft 48; *Böttger/Minoggio*, Wirtschaftsstrafrecht in der Praxis, 2. Aufl. 2015, Kap. 18.
86 Vgl. *Dahs*, Hdb. des Strafverteidigers, 8. Aufl. 2015, Rz. 313ff.
87 *Rettenmaier*, a. a. O., 83.

hierbei etwaige zivil- und arbeitsrechtliche Folgen zu berücksichtigen.[88] Hierzu sind erforderlichenfalls geeignete Berater hinzuzuziehen.

9.4.4 (Verteidigungs-)Strategie

Grundsätzlich kann zwischen einer konfrontativen, einer konsensualen und einer vermittelnden Verteidigungsstrategie unterschieden werden. Unabhängig von der Wahl der Strategie sollte der Rechtsanwalt verlässlicher Ansprechpartner für alle Verfahrensbeteiligten sein. Dementsprechend empfiehlt sich eine „offene" Kommunikation sowohl mit dem Mandanten als auch mit den Ermittlungsbehörden.

Basierend auf dem möglichst ausermittelten Sachverhalt und dessen rechtlicher Würdigung sollte der Verteidiger eine strafrechtliche Risikoanalyse durchführen. Aus dieser Analyse sollte sich die Strategie der Verteidigung ergeben.[89]

Zielt die Verteidigung darauf ab, die Strafbarkeit einzelner Personen vollständig oder teilweise zu verhindern, so kann dies dazu führen, dass der Sachverhalt in Ausübung des Schweigerechts nicht offenbart wird und die Mitwirkung an der Sachverhaltsaufklärung gegenüber den Ermittlungsbehörden unterbleibt. Ist die Straftat demgegenüber „erwiesen", so empfiehlt sich häufig ein konsensualer Umgang mit den Ermittlungsbehörden. Hierzu kann im Falle der Unternehmensvertretung die Durchführung interner Untersuchungen zählen; im Falle der Verteidigung von Einzelpersonen die Abgabe einer strafmildernden geständigen Einlassung (§ 46 Abs. 2 StGB). Durch die Umsetzung dieser Verteidigungsstrategie kann es u. U. gelingen, eine Ausweitung des Verfahrens in personeller und tatsächlicher Hinsicht zu verhindern und ein öffentlichkeitswirksames Verfahren zu vermeiden.

Im Rahmen der strafrechtlichen Beratung eines Unternehmens sind neben rechtlichen auch außerrechtliche Aspekte (Reputation, Aktienkurs, Schwächung oder Stärkung von Vertriebsmöglichkeiten u.a.) zu berücksichtigen.[90] Vor diesem Hintergrund kann eine vermittelnde Verteidigungsposition bereits wegen der mit strafrechtlichen Ermittlungen stets

---

88 *Taschke*, StV 2007, 495, 497.
89 Zu Strategie und Taktik in Wirtschaftsstrafverfahren allgemein: *Volk/Salditt/ Minoggio*, MAH Wirtschafts- und Steuerstrafsachen, 2. Aufl. 2014, § 9.
90 *Taschke*, StV 2007, 495, 499.

einhergehenden Öffentlichkeit geboten sein. Schließlich verfolgt das Unternehmen in der Regel das Ziel, dass möglichst wenige Mitarbeiter zu Beschuldigten werden, die Feststellung eines die Begehung von Straftaten begünstigenden Organisationsverschuldens (§§ 130, 30 OWiG) ausbleibt und keine negative Presseberichterstattung erfolgt. Infolgedessen ist auch von Bedeutung, wie sich das Verteidigungsverhalten auf die Dauer des Ermittlungsverfahrens auswirkt. Wird der Vorwurf bestritten, führt dies in der Regel zu einem längeren Ermittlungsverfahren. Die mit dem Ermittlungsverfahren grundsätzlich einhergehenden negativen Effekte werden hierdurch zwangsläufig verstärkt.[91] So bindet das Ermittlungsverfahren häufig interne Kapazitäten (etwa des Vertriebs, der Rechtsabteilung oder auch des Managements), die für operative Zwecke benötigt werden, beeinträchtigt Kundenbeziehungen und verursacht im Falle einer wiederkehrenden öffentlichen Berichterstattung teils erhebliche Imageschäden.[92] Die Umsetzung einer vermittelnden Strategie, d. h der Kooperation in rechtlich unproblematischen Fällen und der Geltendmachung von Rechten zur Verhinderung der Ausdehnung der Ermittlungen, wird in der Regel durch eine dokumentierte Bereitschaft zur kooperativen Begleitung des Ermittlungsverfahrens erreicht. Diese Strategie hat in der Regel den Vorteil, dass das Verfahren im „Einvernehmen" mit den Behörden geführt, die Ausdehnung verhindert und die Berücksichtigung der schützenswerten Rechte des Unternehmens gesichert wird. Zwingende Voraussetzung für die Umsetzung dieser Strategie ist die vollständige Erfassung des Sachverhaltes und dessen (belastbare) rechtliche Einordnung.[93] Nur so ist es dem strafrechtlichen Berater möglich, Sachverhaltsänderungen zutreffend rechtlich einzuordnen und seine Verteidigungsstrategie darauf abzustimmen.

9.5 Beendigung des Ermittlungsverfahrens

Die Beendigung des Ermittlungsverfahrens hängt von der Stellung des Betroffenen ab. Gegenüber einem Beschuldigten kommt grundsätzlich die Erhebung der öffentlichen Klage oder aber eine Einstellung nach §§ 170 Abs. 2, 153ff. StPO in Betracht; gegenüber einem Unternehmen die Verhängung einer Geldbuße oder die Vermögensabschöpfung.

---

91 *Taschke*, StV 2007, 495, 499.
92 *Taschke*, StV 2007, 495, 499.
93 Vgl. *Rettenmaier*, a. a. O., 87.

9.5.1 Einzelperson

Ist der Sachverhalt ausermittelt und hatte der Beschuldigte Gelegenheit, sich zu der gegen ihn entstandenen Verdachtslage zu äußern, muss die Staatsanwaltschaft entscheiden, wie das Verfahren abgeschlossen werden soll. Die Abschlussentscheidung der Staatsanwaltschaft hängt vor allen Dingen davon ab, ob nach Durchführung der Ermittlungen von einem hinreichenden Tatverdacht ausgegangen werden kann. Ist dies der Fall, ist die Staatsanwaltschaft zur Erhebung der Anklage verpflichtet; § 170 Abs. 1 StPO. Andernfalls stellt die Staatsanwaltschaft das Verfahren (folgenlos) ein; § 170 Abs. 2 StPO. Überdies hat die Staatsanwaltschaft die Möglichkeit, von der Verfolgung aus Opportunitätsgründen abzusehen; §§ 153ff. StPO.

9.5.1.1 Erhebung der öffentlichen Klage

Liegt ein hinreichender Tatverdacht vor, d. h., ist in Ansehung des gesamten Akteninhalts bei vorläufiger Tatbewertung die Verurteilung des Beschuldigten mit Wahrscheinlichkeit zu erwarten[94], erhebt die Staatsanwaltschaft Anklage (s.o.). Hieran fehlt es allerdings, wenn ein Verfahrenshindernis besteht (bspw. Verjährung, Strafklageverbrauch etc.). Diese Verfahrenshindernisse muss der Verteidiger kennen, prüfen und – falls die Ermittlungsbehörden diese nicht zutreffend berücksichtigen – zugunsten seines Mandanten geltend machen.

9.5.1.2 Strafbefehl

Alternativ zur Anklageerhebung kann die Staatsanwaltschaft gemäß §§ 407ff. StPO einen Strafbefehl beantragen, in dem das Gericht – ohne Durchführung einer öffentlichen Hauptverhandlung – eine Strafe bis zu einer Höchstgrenze von einem Jahr Freiheitsstrafe zur Bewährung aussprechen kann. Durch dieses schriftliche Verfahren wird der Beschuldigte rechtskräftig zu einer Strafe verurteilt (§ 410 Abs. 3 StPO). Gegen den

---

94 BGH v. 18.5.2000 – III ZR 180/99, NJW 2000, 2672, 2673; BGH v. 22.7.1970 – 3 StR 237/69, NJW 1970, 2071, 2072; Meyer-Goßner/*Schmitt*, StPO, 64. Aufl. 2017, § 170 Rn. 1.

Strafbefehl kann der Betroffene innerhalb von zwei Wochen nach Zustellung durch das Gericht Einspruch einlegen (§ 410 Abs. 1 StPO) und die Durchführung einer Hauptverhandlung erzwingen.

Durch das im Strafbefehlsverfahren wird zwar die negative Publizität einer Hauptverhandlung umgangen; die urteilsgleiche Wirkung stellt jedoch ein Präjudiz für zivil- bzw. arbeitsgerichtliche und mögliche berufsrechtliche Folgeverfahren dar. In den Fällen des Erlasses eines Strafbefehls muss daher eine umfassende Beratung des Mandanten erfolgen, die diesem eine belastbare Abwägung der für und gegen diese Verfahrensweise sprechenden Argumente ermöglicht.

9.5.1.3 Einstellung gemäß § 170 Abs. 2 StPO

Haben die Ermittlungen keinen hinreichenden Tatverdacht ergeben und fehlen Ansätze für weitere Ermittlungen oder scheinen diese nach kriminalistischer Erfahrung nicht erfolgversprechend, so hat die Staatsanwaltschaft das Ermittlungsverfahren ohne Verzögerung einzustellen.[95] Einstellungsreife liegt demnach vor, wenn realistische und mit zumutbarem Aufwand mögliche Ermittlungshandlungen nicht mehr ersichtlich sind.[96]

Eine Fortsetzung des Verfahrens mit dem Ziel eines öffentlichkeitswirksamen Freispruchs kann vom Beschuldigten indes nicht verlangt werden. Denn die Unschuldsvermutung schützt den Beschuldigten nur vor Nachteilen, die einem Schuldspruch oder einer Strafe gleichkommen, nicht jedoch vor Rechtsfolgen, die keinen Strafcharakter haben.[97] Eine Rehabilitation des Beschuldigten kann im Rahmen des Einstellungsbescheids jedoch durch die Begründung erfolgen, dass der Beschuldigte unschuldig ist oder kein begründeter Verdacht gegen ihn besteht (Nr. 88 S. 2 RiStBV).[98] Ob eine solche Einstellungsverfügung in Patienten- oder Kundenkreisen tatsächlich geeignet ist, eine vollständige Rehabilitation des Betroffenen herbeizuführen, ist indes zweifelhaft. Denn oftmals erlangt die Einstellung

---

95 Meyer-Goßner/*Schmitt*, StPO, 64. Aufl. 2017, § 170 Rn. 6.
96 LR-StPO/*Graalmann-Scheerer*, StPO, 26. Aufl. 2008, § 170 Rn. 11; allgemein: *Dahs*, Hdb. des Strafverteidigers, 8. Aufl. 2015, Rz. 323ff.
97 KK-StPO/*Moldenhauer*, 7. Aufl. 2013, § 170 Rn. 18; zum Umgang mit personenbezogenen Daten: *Schmidt*, SVR 2007, 351.
98 *Dahs*, Hdb. des Strafverteidigers, 8. Aufl. 2015, Rz. 323; MüKo-StPO/*Kölbel*, 2016, § 170 Rn. 32.

eines Ermittlungsverfahrens gegenüber dessen Eröffnung nur geringe Beachtung in der Öffentlichkeit.

Die Einstellungsverfügung wird dem Beschuldigten grundsätzlich formlos mittels einfachen Briefs bekannt gegeben (Nr. 91 Abs. 2 S. 1 RiStBV). Wurde der Beschuldigte als solcher noch nicht vernommen und wurde nicht gesondert um einen Bescheid gebeten, so werden der Beschuldigte und dessen Verteidiger von der Einstellung des Verfahrens grundsätzlich nicht benachrichtigt, § 170 Abs. 2 S. 2 StPO.[99]

Ob der Anspruch auf Gewährung der Akteneinsicht[100] nach § 147 StPO mit der Verfahrenseinstellung entfällt, wird unterschiedlich beurteilt. Nach einer befürwortenden Ansicht müssen die Voraussetzungen des § 475 StPO – und damit ein berechtigtes Interesse an der Akteneinsicht – nach wie vor geltend gemacht werden.[101] Nach anderer Ansicht muss der Verteidiger nach Einstellung des Verfahrens kein rechtliches Interesse darlegen, da dem Antrag schon deshalb stattzugeben ist, weil die Staatsanwaltschaft die Ermittlungen jederzeit wieder aufnehmen kann.[102] Für den Verletzten im Sinne des § 406e StPO besteht das berechtigte Interesse an einer Akteneinsicht vor dem Hintergrund, dass geprüft werden muss, ob die Einstellungsentscheidung der Staatsanwaltschaft zutreffend war. Andernfalls kommt die Prüfung eines Rechtsbehelfs in Betracht.

Durch die Einstellung nach § 170 Abs. 2 StPO wird kein Strafklageverbrauch bewirkt. Dies hat zur Folge, dass das Verfahren auch ohne Änderung der Sach- und Rechtslage jederzeit wiederaufgenommen werden kann.[103] Eine Einschränkung kann hier nur aus dem Willkürverbot folgen.[104]

---

99 *Dahs*, Hdb. des Strafverteidigers, 8. Aufl. 2015, Rz. 323; zum Meinungsstand, zu welchem Zeitpunkt eine Benachrichtigungspflicht gegenüber einem Beschuldigten entsteht: *Heide*, NStZ 2008, 677.
100 Zum Recht der Akteneinsicht vgl.: *Rettenmaier/Reichling*, Adick/Bülte (Hrsg.), Fiskalstrafrecht, 2015, 5. Kap. 82ff.
101 BeckOK-StPO/*Gorf*, 27. Ed. 2017, § 170 Rn. 19.
102 KK-StPO/*Laufhütte*, 7. Aufl. 2013, § 147 Rn. 21.
103 RG v. 9.10.1933 – II 391/33, RGSt 67, 316; zur „Wiederaufnahme" eingehend *Radtke*, NStZ 1999, 481; zum europarechtlichen Rahmen *Hiéramente*, StraFo 2014, 445, 451.
104 HK-StPO/*Zöller*, 5. Aufl. 2012, § 170 Rn. 6; LR-StPO/*Graalmann-Scheerer*, StPO, 26. Aufl. 2008, § 170 Rn. 51.

9.5.1.4 Einstellung §§ 153, 153a StPO

Bereits im Ermittlungsverfahren kann die Staatsanwaltschaft das Verfahren nach Opportunitätsgrundsätzen (sog. Diversionserledigung) einstellen; hierzu ist unter Umständen die Zustimmung des Gerichts erforderlich. Auch nach der Anklageerhebung besteht für das Gericht die Möglichkeit, das Strafverfahren nach diesen Bestimmungen einzustellen; je nach Art der Einstellung ist dies allerdings nur auf Antrag oder mit Zustimmung der Staatsanwaltschaft zulässig.[105]

In Fällen, in denen dem Beschuldigten kein besonders schwerer Fall der Korruption im Gesundheitswesen zur Last gelegt wird und kein öffentliches Interesse an der Strafverfolgung besteht sowie die Schuld des Beschuldigten gering wäre, ist eine Einstellung nach § 153 StPO auch ohne Auflagen oder Weisungen möglich. Die Schuld ist gering, sofern der Vergleich mit Vergehen gleicher Art ergibt, dass sie nicht unerheblich unter dem Durchschnitt liegt.[106] Eine Einstellung des Verfahrens nach § 153a StPO kommt demgegenüber in Betracht, wenn der Beschuldigte Auflagen oder Weisungen erfüllt, die ihm von der Staatsanwaltschaft oder dem Gericht erteilt wurden, und diese Auflagen oder Weisungen geeignet sind, das öffentliche Interesse an der Strafverfolgung zu beseitigen. Eine solche Einstellung ist nur bei Vergehen zulässig und wenn die Schwere der Schuld nicht entgegensteht.

Von der Einstellung aus Opportunitätsgründen wird annährend genauso häufig Gebrauch gemacht wie von § 170 Abs. 2 StPO.[107] Erfolgt eine Einstellung gemäß § 153a StPO, darf sich der Beschuldigte darauf berufen, dass gerade kein strafbares Verhalten feststellt wurde.[108] Die Einstellung gemäß § 153 Abs. 1 bzw. § 153a StPO bietet gegenüber § 170 Abs. 2 StPO außerdem den Vorteil, dass kein Beschwerderecht existiert. Dies ist gerade bei aufwendigen Ermittlungsverfahren nicht unerheblich.[109] Darüber hinaus folgt aus der Erfüllung der Auflagen und Weisungen im Rahmen des § 153a StPO ein (auf Vergehen beschränkter) Strafklageverbrauch, den

---

105 Grundlegend: *Dahs*, Hdb. des Strafverteidigers, 8. Aufl. 2015, Rz. 328ff.
106 Meyer-Goßner/*Schmitt*, StPO, 60. Aufl. 2017, § 153 Rn. 4 m.w.N.
107 Statistisches Bundesamt, Justiz auf einen Blick, 2015, 13.
108 *Sommer/Schmitz*, Korruptionsstrafrecht, 2. Aufl. 2016, § 6 Rn. 26.
109 Hierzu eingehend: *Bosbach*, Verteidigung im Ermittlungsverfahren, 8. Aufl. 2015, Rn. 199.

§ 170 Abs. 2 StPO gerade nicht bewirkt.[110] Ggfls. kann durch eine Einstellung nach § 153a StPO sogar vermieden werden, dass die zuständigen Stellen (Ärztekammer, Bezirksregierung) überhaupt Kenntnis von dem Strafverfahren erlangen; die Unterrichtungspflicht der Staatsanwaltschaft gemäß Nr. 26 MiStra bei Verfahren gegen Angehörige der Heilberufe besteht erst mit Anklageerhebung.[111] Mit der Einstellung wird außerdem die Verhängung eines strafrechtlichen Berufsverbotes (§§ 70ff. StGB) verhindert.

Zu bedenken ist allerdings, dass Patienten und Kunden die Zahlung einer Geldauflage häufig als faktisches Schuldeingeständnis werten.[112] Darüber hinaus kommt eine präjudizierende Wirkung auf mögliche zivil- bzw. arbeitsgerichtliche und mögliche berufsrechtliche Folgeverfahren in Betracht.[113] Die erforderliche Zustimmung zur Einstellung sollte daher in jedem Fall den Hinweis enthalten, dass diese aus rein prozessökonomischen Gründen erfolgt.

Erwägt die Staatsanwaltschaft eine Einstellung aus Opportunitätsgründen, so können u. a. gewisse Abstriche von dem sonst erforderlichen Ausermittlungsniveau gemacht werden.[114] Kommen §§ 153, 376 StPO in Betracht, bedarf es nur der Feststellung der betr. Voraussetzungen (insbes. keine Schwere der Schuld bzw. Katalogtat), während andere Sachverhaltsaspekte offenbleiben können. Wird jedoch eine Einstellung nach § 153a StPO erwogen, so muss ein hinreichender Tatverdacht aufgezeigt und sich mit gleicher Sicherheit auf ein Vergehen gemäß § 12 Abs. 2 StGB beschränkt werden.[115]

9.5.2 Individualverteidigung im Zwischenverfahren

Im Rahmen des Zwischenverfahrens prüft das zuständige Gericht, ob die ihm von der Staatsanwaltschaft übersendete Anklageschrift zur Hauptver-

---

110 *Bosbach*, Verteidigung im Ermittlungsverfahren, 8. Aufl. 2015, Rn. 202.
111 *Böttger/Brockhaus*, Wirtschaftsstrafrecht in der Praxis, 2. Aufl. 2015, Kap. 12 Rn. 114.
112 Vgl. *Böttger/Brockhaus*, Wirtschaftsstrafrecht in der Praxis, 2. Aufl. 2015, Kap. 12 Rn. 115.
113 Zu außerstrafrechtlichen Folgen der Verfahrenseinstellung nach § 153a StPO: *Rettenmaier*, NJW 2013, 123ff.
114 MüKo-StPO/*Kölbel*, 2016, § 170 Rn. 8.
115 Eingehend MüKo-StPO/*Kölbel*, 2016, § 170 Rn. 8.

handlung zugelassen und diese gegen den Angeschuldigten eröffnet wird. Zuvor erhält dieser jedoch Gelegenheit, Einwendungen gegen die Eröffnung des Hauptverfahrens und die Zulässigkeit der Anklage vorzubringen; § 201 Abs. 1 StPO. Hierauf beschränkt sich häufig die Verteidigung im Zwischenverfahren; die Ablehnung der Eröffnung erfolgt indes äußerst selten.[116]

Erfolgt eine Mandatierung erst, wenn dem Mandanten bereits eine Anklageschrift zugestellt wurde, so bieten sich dennoch Verteidigungsmöglichkeiten. Insbesondere im Rahmen einer schriftsätzlichen Stellungnahme können das Fehlen der Prozessvoraussetzungen sowie Fehler der Anklageschrift, die häufig im Eröffnungsbeschluss wiederkehren, gerügt werden. Ferner besteht die Möglichkeit des Eintritts einer (absoluten) Verjährung, §§ 78, 78c Abs. 3 StGB sowie des Strafklageverbrauchs.[117]

9.5.3 Individualverteidigung in der Hauptverhandlung

Die Hauptverhandlung in Korruptionsverfahren weist keine grundlegenden Besonderheiten auf.[118] Sie findet in der Regel und je nach Bedeutung und Umfang der Sache vor dem Strafrichter am Amtsgericht, dem Wirtschaftsschöffengericht oder aber der großen Wirtschaftsstrafkammer des örtlich zuständigen Landgerichts statt; § 74c GVG.

Am Ende der Hauptverhandlung steht das Urteil. In Betracht kommen Freispruch, Geld- und Freiheitsstrafe, welche zur Bewährung ausgesetzt werden kann.[119] Darüber hinaus kann als Rechtsfolge einer Korruptionstat ein Berufsverbot gemäß § 70ff. StGB (bis zu 5 Jahre) verhängt werden,

„wenn die Gesamtwürdigung des Täters und der Tat die Gefahr erkennen läßt, daß er bei weiterer Ausübung des Berufs, Berufszweiges, Gewerbes oder Ge-

---

116 Vgl. *Dahs*, Hdb. des Strafverteidigers, 8. Aufl. 2015, Rz. 421; Wabnitz/Janovsky/*Dierlamm*, Hdb. des Wirtschafts- und Steuerstrafrechts, 4. Aufl. 2014, Kap. 29 Rn. 82: nur 0,3% der Verfahren wird nicht eröffnet.
117 *Dahs*, Hdb. des Strafverteidigers, 8. Aufl. 2015, Rz. 422.
118 Zu Verhaltensempfehlungen: *Böttger/Brockhaus*, Wirtschaftsstrafrecht in der Praxis, 2. Aufl. 2015, Kap. 12 Rn. 118; zu Verteidigungsstrategien: Wabnitz/Janovsky/*Dierlamm*, Hdb. des Wirtschafts- und Steuerstrafrechts, 4. Aufl. 2014, Kap. 29 Rn. 97f.; grundlegend: *Dahs*, Hdb. des Strafverteidigers, 8. Aufl. 2015, Rz. 448ff.
119 Hierzu eingehend: *Anhalt/Dieners/Taschke*, Medizinprodukterecht, 2. Aufl. 2017, § 20 Rn. 386ff.

werbezweiges erhebliche rechtswidrige Taten der bezeichneten Art begehen wird".

Die Verteidigung in diesem Verfahrensstadium zielt infolgedessen darauf ab, entlastende Beweise gerichtsverwertbar und revisionssicher zu erheben, den Anklagevorwurf – nach Möglichkeit – zu entkräften und ggfls. eine Einstellung des Verfahrens zu erwirken. Während der Hauptverhandlung ist zudem eine Abkürzung des Verfahrens auf der Grundlage einer sog. Verständigung (§ 257c StPO) möglich.[120]

9.5.4 Nebenfolgen und Risiken

Neben Strafen müssen Betroffene spätestens nach Abschluss des Strafverfahrens mit einer Vermögensabschöpfung und mit berufsgerichtlichen Sanktionen rechnen. Hierzu können der Widerruf bzw. das Ruhen der Approbation oder der Zulassung zählen. Diese außerstrafrechtlichen Folgen sind insbesondere bei der Abgabe von Erklärungen, der Beschränkung des Verfahrens auf bestimmte Anklagepunkte und der Verfahrensbeendigung im Rahmen einer Verständigung zu berücksichtigen. Vor diesem Hintergrund ist die Hinzuziehung eines in diesem Bereich spezialisierten Rechtsanwaltes zu empfehlen.[121]

9.5.4.1 Einziehung von Taterträgen

Die §§ 73ff. StGB normieren die Einziehung von Taterträgen zur Abschöpfung inkriminierter Vermögenswerte. Die Einziehung des Erlangten wird bereits im Strafurteil angeordnet – der Betrag ist an die Staatskasse abzuführen. Der kriminalpolitische Zweck dieser "Sanktion" besteht darin, Gewinne aus Straftaten abzuschöpfen und durch geeignete finanzielle Belastungen die Begehung von Straftaten oder Ordnungswidrigkeiten präventiv zu verhindern.[122] Der Straftäter soll wissen, dass das in ein deliktisches Verhalten investierte Vermögen unwiederbringlich verloren ist.

---

120 *Dahs*, Hdb. des Strafverteidigers, 8. Aufl. 2015, Rz. 501ff.
121 *Böttger/Brockhaus*, Wirtschaftsstrafrecht in der Praxis, 2. Aufl. 2015, Kap. 12 Rn. 119.
122 *Anhalt/Dieners/Taschke*, Medizinprodukterecht, 2. Aufl. 2017, § 20 Rn. 389.

Am 1. Juli 2017 ist das Gesetz zur Neugestaltung des Rechts der Vermögensabschöpfung in Kraft getreten.[123] Dieses Gesetz ist sofort anwendbar, da es keine Sanktion im engeren Sinne ist, sondern lediglich den Bereich der Vermögensabschöpfung regelt. Danach gilt die Neuregelung auch für Straftaten, die vor Inkrafttreten der Gesetzesänderung begangen wurden, aber erst jetzt Gegenstand eines Ermittlungsverfahrens sind oder abgeurteilt werden.

Eine Einziehung nach neuem Recht ist entgegen der bisherigen Regelung in § 73 Abs. 2 S. 2 StGB auch dann zulässig, wenn Ansprüche von Verletzten der Straftat bestehen. Gemäß § 73a StGB besteht außerdem die Möglichkeit einer erweiterten Einziehung von Taterträgen. Danach können auch solche Erträge eingezogen werden, die nicht aus den konkreten Taten entstammen. Nach § 76a Abs. 4 StGB ist sogar eine selbstständige Einziehung möglich, wenn eine konkrete rechtswidrige (Katalog-)Tat zwar nicht nachgewiesen werden kann, das Gericht aber zu der Überzeugung gelangt, der Gegenstand stamme aus einer rechtswidrigen Tat. Auch die Einziehung von Taterträgen bei Dritten ist gemäß § 73b StGB möglich.

9.5.4.2 Berufsrechtliche Folgen

Das berufsgerichtliche Verfahren findet vor dem selbstständigen Heilberufsgericht statt. Eingeleitet wird das Verfahren auf Antrag der Ärztekammer im Falle von Verstößen gegen die ärztlichen Berufspflichten. Am Ende des Verfahrens können Sanktionen wie eine Warnung, ein Verweis, eine Geldbuße und – in einigen Bundesländern- auch die Feststellung der Berufsunwürdigkeit sein.[124] Dabei ist das Berufsgericht nicht an die Entscheidung im Strafverfahren gebunden.[125]

Außerdem kann ein Verstoß gegen §§ 299a, b StGB zum Widerruf (§ 5 BOÄ) oder dem Ruhen (§ 6 BOÄ) der Approbation führen. Dies ist der Fall, wenn die Unwürdigkeit oder Unzuverlässigkeit des Arztes zur Ausübung des ärztlichen Berufes festgestellt werden konnte (§§ 5 Abs. 1

---

123 BT-Drucks. 18/9525 48; eingehend zur Neuregelung: *Schulz-Merkel*, jurisPR-StrafR 16/2017 Anm. 2; BeckOK-StGB/*Heuchemer*, 35. Ed. 2017, § 73 Rn. 1ff.
124 Eingehend *Böttger/Brockhaus*, Wirtschaftsstrafrecht in der Praxis, 2. Aufl. 2015, Kap. 12 Rn. 126.
125 *Böttger/Brockhaus*, Wirtschaftsstrafrecht in der Praxis, 2. Aufl. 2015, Kap. 12 Rn. 127.

und 2, 6 Abs. 1 Nr. 1 BÄO).[126] Darüber hinaus kommt die Einleitung eines Zulassungs- und Disziplinarverfahrens durch die zuständige Krankenversicherung in Betracht (§ 95 Abs. 6 SGB V).[127]

9.5.5 Unternehmen

Da es der juristischen Person und Personengesellschaften an einer Strafrechtsfähigkeit fehlt,[128] drohen Unternehmen keine Strafen im Sinne der §§ 38ff. StGB. Nichtsdestotrotz hält der Gesetzgeber Regelungen vor, die Unternehmen mit förmlichen Sanktionen belegen. Hierzu zählt – neben der Entziehung von Vermögensvorteile aus der Straftat – ein darüber hinausgehender Vermögensentzug mit strafähnlichem Charakter.[129] In bestimmten Fällen kann der juristischen Person sogar die Auflösung drohen.[130] Die westlichen Regelungen sind §§ 73ff. StGB und dem Ordnungswidrigkeitenrecht zu entnehmen:

9.5.5.1 Einziehung von Taterträgen

Die strafrechtliche Sanktionierung von Unternehmen erfolgt über die Einziehung von Taterträgen gemäß §§ 73ff. StGB. Wie bereits dargelegt, kann durch das Gericht die Einziehung von Taterträgen bei Dritten angeordnet werden, wenn der Täter für diesen gehandelt und dieser dadurch etwas erlangt hat, § 73b StGB. Anderer in diesem Sinne kann jede natürliche oder juristische Person oder Personengruppe sein.[131] Auf die Gut- oder Bösgläubigkeit des Dritten kommt es hierbei nicht an – war er gutgläubig, so kommt die Anwendung des § 74f. StGB in Betracht.[132] Eine besondere Zurechnungsnorm für die Einziehung zulasten juristischer Personen und

---

126 Ausführlich *Böttger/Brockhaus*, Wirtschaftsstrafrecht in der Praxis, 2. Aufl. 2015, Kap. 12 Rn. 128ff.
127 Hierzu: *Böttger/Brockhaus*, Wirtschaftsstrafrecht in der Praxis, 2. Aufl. 2015, Kap. 12 Rn. 134ff.
128 Vgl. *Botke*, wistra 1997, 246f.
129 *Minoggio*, Unternehmensverteidigung, 3. Aufl. 2016, § 3 Rn. 2.
130 So § 62 GmbHG, § 396 AktG; *Minoggio*, Unternehmensverteidigung, 3. Aufl. 2016, § 3 Rn. 3.
131 BeckOK-StPO/*Heuchemer*, 35. Ed. 2017, § 73b Rn. 2.
132 BeckOK-StPO/*Heuchemer*, 35. Ed. 2017, § 73b Rn. 2.

Personenvereinigungen enthält § 74e StGB. Handlungen und Kenntnisse der dort genannten Leitungsebene – etwa bei der Beurteilung einer Vereitelungshandlung gemäß § 74c Abs. 1 StGB oder der in den §§ 74a Nr. 2, 74f. Abs. 2 Nr. 2 StGB geforderten Kenntnis – werden der Organisationseinheit zugerechnet.[133]

Infolge dieser weitreichenden Regelung wird das Unternehmen im Strafprozess über die §§ 424ff. StPO beteiligt.

9.5.5.2 Ordnungswidrigkeitenrecht

Zentrale Rechtsnorm im Ordnungswidrigkeitenrecht ist § 30 OWiG, sofern die Tat von dem Mitglied eines „Verbandes", wie Kliniken, Pharmakonzernen, Berufsausübungsgemeinschaften oder medizinischen Versorgungszentren begangen wurde.[134] Gemäß § 30 Abs. 2 Nr. 1 OWiG kann ein Unternehmen als Nebenfolge eines Verstoßes gegen §§ 299a, b StGB mit einer Geldbuße bis zu 10 Millionen Euro belegt werden. Voraussetzung dafür ist, dass durch ein Organ, einen Vertreter oder eine sonstige mit der Leitung des Unternehmens betraute Person eine Straftat oder Ordnungswidrigkeit begangen worden ist, durch die Pflichten, welche die juristische Person oder die Personenvereinigung treffen, verletzt worden sind, oder eine Bereicherung auf Seiten der juristischen Person oder der Personenvereinigung eingetreten ist oder eintreten sollte.[135] Richtet sich der strafrechtliche Vorwurf nicht gegen die Leitungsorgane der Gesellschaft, kann diesen die Verletzung ihrer Aufsichtspflichten vorgeworfen und gegen sie und/oder gegen das Unternehmen ein Bußgeld verhängt werden.[136]

Darüber hinaus besteht gemäß § 17 Abs. 4 OWiG die Möglichkeit der Gewinnabschöpfung. Durch diese Vorschrift kann der wirtschaftliche Vorteil, den das Unternehmen durch die Tat erhalten hat, eingezogen werden – übersteigt dieser Vorteil das gesetzliche Höchstmaß der Verbandsgeldbuße von zehn Millionen Euro, kann diese Grenze überschritten werden.

---

133 noch zur alten Gesetzeslage: *Minoggio*, Unternehmensverteidigung, 3. Aufl. 2016, § 3 Rn. 49.
134 Satzger/Schluckebier/Widmaier/*Rosenau*, StGB, 3. Aufl. 2017, § 299a Rn. 42.
135 *Anhalt/Dieners/Taschke*, Medizinprodukterecht, 2. Aufl. 2017, § 20 Rn. 390.
136 Vgl. hierzu: *Rettenmaier/Palm*, NJOZ 2010, 1414ff.

Wird keine Geldbuße festgesetzt, § 30 Abs. 5 OWiG, besteht gemäß § 29a OWiG die (gegenüber dem Strafrecht subsidiäre) Möglichkeit der Einziehung des Wertes von Taterträgen. Mithilfe dieser Nebenfolge in Form einer Vermögensabschöpfung soll gewährleistet werden, dass der Begünstigte aus der Tat keinen Vorteil zieht. Hat der Täter für einen Anderen (bspw. juristische Person) gehandelt, kann gemäß § 29a Abs. 2 OWiG auch gegen den unbeteiligten begünstigten Dritten die Einziehung angeordnet werden. Der Verfolgungsbehörde bleibt es überlassen, ob sie den Gewinn über die Verhängung einer Geldbuße (§ 17 Abs. 4 OWiG) oder über die Einziehung abschöpft.[137]

9.5.5.3 Sonstiges

Rechtskräftige Verurteilungen wegen §§ 299a, b StGB sind nach § 2 Abs. 1 Nr. 1 lit. a WRegG in Verbindung mit § 123 Abs. 1 Nr. 6 GWB in das vom Bundeskartellamt als Registerbehörde zum Schutz des Wettbewerbs um öffentliche Aufträge und Konzessionen geführte Wettbewerbsregister einzutragen (§ 1 WRegG).[138] Dies kann zur Folge haben, dass Unternehmen von der Teilnahme an öffentlichen Ausschreibungen ausgeschlossen werden. Auch hierauf hat der strafrechtlich beratende Rechtsanwalt hinzuweisen.

---

137 OLG Stuttgart v. 19.1.2012 – 1 Ss 730711, Die Justiz 2012, 299; BeckOK-OWiG/*Meyberg*, 16. Ed. 2017, § 29a Rn. 11.
138 BeckOK-StGB/*Momsen/Laudien*, 35. Ed. 2017, § 299a Rn. 21.